Pragmatische Aspekte
in der Interimsprache

Tübinger Beiträge zur Linguistik

herausgegeben von Gunter Narr

168

Gabriele Kasper

Pragmatische Aspekte in der Interimsprache

Eine Untersuchung des Englischen fortgeschrittener deutscher Lerner

gnv Gunter Narr Verlag Tübingen

CIP-Kurztitelaufnahme der Deutschen Bibliothek

Kasper, Gabriele:
Pragmatische Aspekte in der Interimsprache: e. Unters. d. Engl. fortgeschrittener dt. Lerner / Gabriele Kasper. — Tübingen: Narr, 1981.
  (Tübinger Beiträge zur Linguistik; 168)
  ISBN 3 - 87808 - 168 - 5
NE: GT

© 1981 · Gunter Narr Verlag Tübingen
Alle Rechte vorbehalten. Nachdruck oder Vervielfältigung, auch auszugsweise, in allen Formen wie Mikrofilm, Xerographie, Mikrofiche, Mikrocard, Offset verboten.

Druck: fotokop weihert, Darmstadt
Printed in Germany

ISBN 3 - 87808 - 168 - 5

Meinen Kollegen und Studenten
am Seminar für Sprachlehrforschung
der Ruhr-Universität Bochum

Vorwort

Die vorliegende Arbeit stellt den Schlußpunkt hinter meiner siebenjährigen Studien-, Lehr und Forschungstätigkeit am Seminar für Sprachlehrforschung der Ruhr-Universität Bochum dar. Deshalb möchte ich an dieser Stelle all denen herzlich danken, die mir während dieser Zeit mit ihrer Diskussionsbereitschaft, Kritik und Geduld zur Seite gestanden und so dafür gesorgt haben, daß der Arbeitsfrust die Arbeitslust nie dauerhaft verdrängen konnte.

Karl-Richard Bausch setzte durch seine wissenschaftliche Arbeit und Kooperation, durch die Anregungen und Erkenntnisse, die er mir über beides vermittelte, sowie - und das nicht zuletzt - durch die in der Tat optimalen Arbeitsbedingungen, die er mir an seinem Lehrstuhl einräumte, die wesentlichen inhaltlichen und organisatorischen Voraussetzungen für diese Arbeit. Gäbe es eine Auszeichnung für die Förderung des wissenschaftlichen Nachwuchses, würde ich ihn gern dafür vorschlagen. So aber bleibt mir nur, ihm ganz ausdrücklich meine Dankbarkeit, Anerkennung und Hochachtung auszusprechen.

Willis Edmondson, Juliane House und Brigitte Stemmer waren mir im Projekt "Kommunikative Kompetenz als realisierbares Lernziel" nicht "nur" kompetente, solidarische und offene Kollegen, sondern auch echte Freunde. Neben einer Fülle von "pragmatischen" Einsichten habe ich ihnen vor allem die (nicht minder pragmatische) Erfahrung zu verdanken, daß wissenschaftliche Produktivität samt Spaß an der Arbeit am besten in einer solcherart "funktionierenden" Arbeitsgruppe verwirklicht werden kann.

Jochen Rehbein und Claus Færch gaben mit ihrer scharfsinnigen und detaillierten Kritik an Struktur, Begrifflichkeit und Einzelanalysen der Arbeit entscheidende Anstöße zu ihrer Abfassung in der vorliegenden Form. Sie hätte sicher formal und inhaltlich gewonnen, hätte ich ihre Vorschläge noch gründlicher eingearbeitet.

HP Kasper half mir durch technische und psychische Unterstützung, auch während der unvermeidlichen Durststrecken bei der Stange zu bleiben. Seine von sprachlehrforscherischen Kenntnissen ungetrübten Diskussionsbeiträge verhalfen mir zu mancher Einsicht, die mir meine Fachbborniertheit verstellt hätte.

Marlene Schwarz hat das Manuskript schnell, zuverlässig und technisch hervorragend erstellt.

Schließlich gilt mein Dank auch all jenen nicht namentlich aufgeführten Mitarbeitern und Studenten am Seminar für Sprachlehrforschung, die mir in vielen Fachdiskussionen und im freundlich-freundschaftlichen Umgang wertvolle wissenschaftliche Erkenntnisse und zwischenmenschliche Erfahrungen vermittelt haben.

Ihnen allen ist dieses Buch in Freundschaft und dankbarer Erinnerung gewidmet.

Århus, den 1. März 1981   G.K.

Hinweis für den Leser

Der Aufbau des Buches geht aus der Einleitung hervor; außerdem wird der Stellenwert der und die Vorgehensweise in den einzelnen Kapiteln jeweils einführend erläutert. Der Leser, der sich über einzelne Aspekte informieren will, kann das betreffende Kapitel durchaus auch ohne den Kontext des gesamten Buches lesen. Wer besonders an Konzeption und Verfahren der *Interimsprachenanalyse* interessiert ist, sei vor allem auf die Kapitel 2, 4 und 7.0 verwiesen. Die verwendeten *pragmatischen und diskursanalytischen Kategorien* werden in 6.1.0, 6.2.0, 6.3.0, 6.4.0, 6.5.0 und zu Beginn der einzelnen Unterkapitel entwickelt. Das *Transkriptionsverfahren* ist in 4.2.3.1 dargestellt. Den besonders eiligen Leser möchte ich noch auf die Zusammenfassungen am Ende der Kapitel aufmerksam machen.

INHALTSVERZEICHNIS

Seite

Einleitung I

1.	Das Lernziel Kommunikative Kompetenz	1
1.1	Die pragmadidaktische Wende	1
1.2	Kritik an der Pragmadidaktik	6
2.	Der interimsprachliche Ansatz	10
2.1	Zweitsprachenerwerbshypothesen	10
2.2	*Interlanguage*- und Interimsprachenhypothese	12
2.3	Interimsprachliche Einheiten	18
2.3.1	Versatzstücke und Regeln	19
2.3.2	Lern- und Kommunikationsstrategien	27
3.	Zur Zielsetzung dieser Arbeit	30
3.1	Gegenstand und Problembereiche	30
3.2	Literaturbericht zum engeren thematischen Kontext	33
4.	Datenerhebung	51
4.1	Skizze einer Typologie interimsprachlicher Daten	51
4.2	Die Datenbasis der vorliegenden Arbeit	57
4.2.1	Primärdaten: Zur Erhebung der textuellen Daten	58
4.2.2	Sekundärdaten	63
4.2.2.1	Interviews	63
4.2.2.2	Informationen zum Erwerbskontext	65
4.2.2.2.1	Richtlinien	65
4.2.2.2.2	Fragebogen zum Erwerbskontext	67
4.2.3	Datenaufbereitung und -analyse	73
4.2.3.1	Transkription	73
4.2.3.2	Analyseschritte	74
5.	Identifizierung lernerspezifischer Äußerungen	75
5.1	Komponenten der Lernerperformanz	75
5.2	Komponenten der Norm	77
5.3	Welches Englisch?	79
5.4	Rekonstruktion fehlerhafter Äußerungen	81

6.	Deskription pragmatischer Aspekte in der Lernerperformanz	84
6.1	Initiierende Sprechakte	86
6.1.0.1	Zur Beschreibung initiierender Sprechakte	86
6.1.0.1.1	Klassifizierung von Sprechakten	86
6.1.0.1.2	Klassifizierung von Sprechakten in der vorliegenden Arbeit	96
6.1.0.1.3	Realisierung von Sprechakten	99
6.1.0.2	Vorgehen bei der Beschreibung initiierender Akte	110
6.1.1	Auffordern *(request)*	111
6.1.1.0	Beschreibung	111
6.1.1.1	Direktheitsstufen in Aufforderungsakten	114
6.1.1.2	Modalitätsmarkierungen in Aufforderungsakten	121
6.1.1.3	Fehler in Aufforderungsakten	121
6.1.1.4	Zusammenfassung	126
6.1.2	Vorschlagen *(suggest)*	127
6.1.2.0	Beschreibung	127
6.1.2.1	Direktheitsstufen in Vorschlagsakten	131
6.1.2.2	Modalitätsmarkierungen in Vorschlagsakten	131
6.1.2.3	Fehler in Vorschlagsakten	133
6.1.2.4	Zusammenfassung	139
6.1.3	Anbieten/Einladen *(offer/invite)*	140
6.1.3.0	Beschreibung	140
6.1.3.1	Direktheitsstufen im Sprechakt Anbieten/Einladen	141
6.1.3.2	Modalitätsmarkierungen im Sprechakt Anbieten/Einladen	145
6.1.3.3	Fehler im Sprechakt Anbieten/Einladen	147
6.1.3.4	Zusammenfassung	151
6.1.4	Beschweren *(complain)*	152
6.1.4.0	Beschreibung	152
6.1.4.1	Direktheitsstufen in Beschwerdeakten	154
6.1.4.2	Modalitätsmarkierungen in Beschwerdeakten	157
6.1.4.3	Fehler in Beschwerdeakten	161
6.1.4.4	Zusammenfassung	165
6.1.5	Zusammenfassung: Initiierende Akte in der Lernerperformanz	166
6.2	Respondierende Sprechakte	168
6.2.0.1	Zur Beschreibung respondierender Sprechakte	168
6.2.0.2	Vorgehen bei der Beschreibung respondierender Sprechakte	173
6.2.1	Annehmen *(accept)*	173
6.2.1.1	Beschreibung	173

6.2.1.2	Sprechakt *Annehmen* in E und L	174
6.2.1.3	Fehler im Sprechakt *Annehmen*	179
6.2.1.4	Zusammenfassung	183
6.2.2	Versprechen *(promise, undertake)*	184
6.2.2.1	Beschreibung	184
6.2.2.2	Sprechakt *Versprechen* in E und L	185
6.2.2.3	Fehler im Sprechakt *Versprechen*	187
6.2.2.4	Zusammenfassung	195
6.2.3	Einwenden *(object)* und Ablehnen *(reject)*	196
6.2.3.1	Beschreibung	196
6.2.3.2	Sprechakt *Einwenden* in E und L	198
6.2.3.3	Fehler im Sprechakt *Einwenden*	199
6.2.3.4	Sprechakt *Ablehnen* in E und L	203
6.2.3.5	Fehler im Sprechakt *Ablehnen*	205
6.2.3.6	Zusammenfassung	212
6.2.4	Abbitte leisten *(apologize)*	213
6.2.4.1	Beschreibung	213
6.2.4.2	Sprechakt *Abbitte leisten* in E und L	214
6.2.4.3	Fehler im Sprechakt *Abbitte leisten*	217
6.2.4.4	Zusammenfassung	220
6.2.5	Bedanken *(thank)*	221
6.2.5.1	Beschreibung	221
6.2.5.2	Sprechakt *Bedanken* in E und L	222
6.2.5.3	Fehler im Sprechakt *Bedanken*	226
6.2.5.4	Zusammenfassung	231
6.2.6	Zusammenfassung: respondierende Akte in der Lernerperformanz	232
6.3	<u>Gambits</u>	234
6.3.0.1	Zur Beschreibung von *gambits*	234
6.3.0.2	Vorgehen bei der Beschreibung von *gambits*	244
6.3.1	*Gambit*-Klassen in L, E und D	246
6.3.2	Realisierungen der *gambit*-Klassen in L, E und D	250
6.3.3	Fehler bei der Verwendung von *gambits*	255
6.3.3.1	Redundantes *gambit*	256
6.3.3.2	Kontextunabhängig fehlerhafte Realisierungen einer *gambit*-Klasse	260
6.3.3.3	Kontextuell fehlerhafte Realisierungen einer *gambit*-Klasse	264
6.3.4	Zusammenfassung: *gambits* in der Lernerperformanz	268
6.4	<u>Eröffnungsphasen</u>	271
6.4.0.1	Zur Beschreibung von Eröffnungs- und Beendigungsphasen	271
6.4.0.1.1	Zur Beschreibung von Eröffnungsphasen	274
6.4.0.2	Vorgehen bei der Beschreibung von Eröffnungs- und Beendigungsphasen	276
6.4.1	Eröffnungssignal	277
6.4.1.1	Eröffnungssignal in E und L	277
6.4.1.2	Fehler in Eröffnungssignalen	279
6.4.2	Territoriumsinvasionssignal (TIS) und Themeneinführung	281

6.4.2.1	TIS und Themeneinführung in E und L	281
6.4.2.2	Fehler in TIS und Themeneinführung	283
6.4.3	Bereitschaftssignal	287
6.4.3.1	Bereitschaftssignal in E und L	287
6.4.3.2	Fehler im Bereitschaftssignal	288
6.4.4	Identifizierung	288
6.4.4.1	Identifizierung in E und L	289
6.4.4.2	Fehler in Identifizierungen	290
6.4.5	Phatische Erkundigungen nach dem Befinden und ihre Repliken	293
6.4.5.1	Phatische Erkundigungen nach dem Befinden und ihre Repliken in E und L	294
6.4.5.2	Fehler in phatischen Erkundigungen nach dem Befinden und ihren Repliken	295
6.4.6	Anteilnahmesignal	299
6.4.6.1	Anteilnahmesignal in E und L	299
6.4.6.2	Fehler im Anteilnahmesignal	299
6.4.7	Zusammenfassung: Eröffnungsphasen in der Lernerperformanz	301
6.5	__Beendigungsphasen__	303
6.5.0	Zur Beschreibung von Beendigungsphasen	303
6.5.1	Schlußeinleitungssignal (SES) und Schlußzustimmungssignal (SZS)	306
6.5.1.1	SES und SZS in E und L	308
6.5.1.2	Fehler in SES und SZS	308
6.5.2	Legitimierung	309
6.5.2.1	Legitimierung in E und L	310
6.5.2.2	Fehler in Legitimierungen	311
6.5.3	Ergebnissicherung	312
6.5.3.1	Ergebnissicherung in E und L	312
6.5.3.2	Fehler in der Ergebnissicherung	314
6.5.4	Wünsche - Dank - Minimierung	315
6.5.4.1	Wünsche - Dank - Minimierung in E und L	316
6.5.4.2	Fehler in Danksagungen	318
6.5.5	Terminalsignal: Verabschieden	319
6.5.5.1	Terminalsignal in E und L	319
6.5.5.2	Fehler im Terminalsignal	321
6.5.6	Zusammenfassung: Beendigungsphasen in der Lernerperformanz	322
6.6	__Zusammenfassung des Deskriptionsteils__	324
7.	__Explikation lernerspezifischer Merkmale__	329
7.0	Zur Aufstellung von Erklärungshypothesen	329
7.0.1	Typen von Kausalprozessen	329
7.0.2	Kausalambiguität - Plurikausalität	334
7.0.3	Der Einfluß des Lernkontextes	337
7.0.4	Bedingungsfelder, Prozesse und Präferenzen	340
7.0.5	Zur Auflösung von Kausalambiguität	343
7.0.6	Kausalkategorien zur Explikation pragmatischer Fehler und angemessener lernerspezifischer Merkmale	345

7.1	Grundsprachlicher Transfer	346
7.1.1	Grundsprachlicher pragmatischer Transfer	352
7.1.1.1	- als Erklärungshypothese für pragmatische Fehler	352
7.1.1.2	- als Erklärungshypothese für angemessene lernerspezifische Merkmale	354
7.1.2	Grundsprachlicher Transfer von Redemitteln	355
7.1.2.1	- als Erklärungshypothese für pragmatische Fehler	355
7.1.2.2	- als Erklärungshypothese für angemessene lernerspezifische Merkmale	361
7.1.3	Grundsprachlicher Transfer mit Reduktion	362
7.1.4	Transfervermeidung	368
7.2	Generalisierung	370
7.2.1	Pragmatische Generalisierung	372
7.2.1.1	- als Erklärungshypothese für pragmatische Fehler	372
7.2.1.2	- als Erklärungshypothese für angemessene lernerspezifische Merkmale	383
7.2.2	Generalisierung von Redemitteln	386
7.2.2.1	- als Erklärunshypothese für pragmatische Fehler	386
7.2.2.2	- als Erklärungshypothese für angemessene lernerspezifische Merkmale	396
7.3	Funktionale Reduktion	399
7.3.1	- als Erklärungshypothese für pragmatische Fehler	400
7.3.2	- als Erklärungshypothese für angemessene lernerspezifische Merkmale	405
7.3.3	Zur Beziehung zwischen Generalisierung und Reduktion	406
7.4	Inferenzieren	409
7.4.1	Pragmatisches Inferenzieren	410
7.4.2	Inferenzieren von Redemitteln	412
7.5	Diskursinduktion	415
7.5.1	- als Erklärungshypothese für pragmatische Fehler	415
7.5.2	- als Erklärungshypothese für angemessene lernerspezifische Merkmale	419
7.6	Fremdsprachenunterrichtsinduktion	421
7.7	Zusammenfassung des Explikationsteils	435
7.7.1	Verteilung der pragmatischen Fehler auf die Kausalkategorien	435

7.7.2	Verteilung der angemessenen lernerspezifischen Merkmale auf die Kausalkategorien	442
7.7.3	Verteilung von pragmatischen Fehlern und angemessenen lernerspezifischen Merkmalen auf die Kausalkategorien	445
8.	Schlußbemerkungen und Ausblick	449
Bibliographie		454
Anhang 1:	Rollenbeschreibungen zur Situation $1B_1$	477
Anhang 2:	Dialoge der Situation $1B_1$	481
Anhang 3:	Fragebogen zum Lern-/Erwerbskontext	489
Anhang 4:	Tabellen zu Modalitätsmarkierungen in initiierenden Sprechakten und zur Distribution der pragmatischen Fehler auf die Kausalkategorien	493

EINLEITUNG

Die vorliegende Arbeit entstand als Teil des Forschungsprojekts "Kommunikative Kompetenz als realisierbares Lernziel" (KoKoPro), das im Zeitraum 1976-1980 am Seminar für Sprachlehrforschung der Ruhr-Universität Bochum durchgeführt wurde.[1] Ausgangspunkt des Projekts war die Hypothese, daß das übergeordnete Lernziel "Kommunikative Kompetenz" oder "Kommunikationsfähigkeit", wie es von derzeit gültigen Richtlinien für den Englischunterricht in den meisten Bundesländern gefordert wird (vgl. exemplarisch die "Empfehlungen für den Kursunterricht im Fach Englisch in der Sekundarstufe II", Kultusministerium NRW 1973), von Abiturienten nicht in voll befriedigender Weise erreicht wird. Insbesondere auf der pragmatischen Dimension vermuteten wir Defizite, die es den Schulabsolventen erschweren würden, erfolgreich im Englischen zu kommunizieren. Das Projekt nahm sich daher zum Ziel,

a) den Globalbegriff "Kommunikative Kompetenz" zu konkretisieren, indem er in verschiedene pragmatische und diskursstrukturelle Teilaspekte gegliedert und deren Realisierung im Englischen und Deutschen untersucht wird;

b) die Realisierung dieser pragmatischen und Diskursfunktionen im Englischen deutscher Lerner nach Abschluß ihres schulischen Englischunterrichts zu analysieren;

c) durch die Erstellung eines Kommunikationskurses für Lehramtsstudenten im Fach Englisch und einer "Didaktischen Interaktionsgrammatik" für den Englischlehrer (Edmondson/ House 1981) direkt zur qualitativen Verbesserung eines kommunikationsorientierten Englischunterrichts beizutragen.

---

[1] Zur Beschreibung des Projekts vgl. Edmondson/House/Kasper/McKeown (1979); Edmondson/House/Kasper/Stemmer (1980); Edmondson/House/Kasper/ Stemmer (in Vorbereitung).

Um die Ausgangshypothese des Projekts zu überprüfen und die unter c) genannten "Endprodukte" auf eine empirische Basis zu stellen, wurde, ebenfalls ab 1976, eine Interimsprachenanalyse in Angriff genommen, die die Bearbeitung der unter b) angesprochenen Problemstellung zum Ziel hat. Verschiedene punktuelle Begleituntersuchungen, die parallel zu dieser längerfristig geplanten Interimsprachenanalyse durchgeführt wurden, verwiesen auf konkrete pragmatische und diskursfunktionale Defizite im Englischen fortgeschrittener Lerner (Edmondson/House/Kasper/McKeown 1979; Kasper 1979 a; b) und stellten erste Hypothesen zur Erklärung dieser Defizite auf (Kasper 1979 c; vgl. auch die Resümees dieser Arbeiten im Literaturbericht Kap. 3.2).

Mit der vorliegenden Arbeit wird der umfassendste[1] Teil der Interimsprachenanalyse vorgestellt. Ihre Zielsetzung ist es, ausgewählte pragmatische Aspekte des Englischen fortgeschrittener deutscher Lerner in der *face-to-face*-Interaktion mit englischen *native speakers* zu beschreiben, fehlerhafte und nicht-fehlerhafte, aber dennoch lernerspezifische Merkmale zu ermitteln und für diese Merkmale Hypothesen über ihre psycholinguistische, lern- und kommunikationskontextuelle Kausalbedingtheit aufzustellen.

Einleitend werden die beiden theoretischen und praktischen Grundlagen dieser empirischen Untersuchung skizziert: zum einen wird die fremdsprachendidaktische Diskussion um das Lernziel "Kommunikative Kompetenz" unter besonderer Berücksichtigung einer Neuorientierung des Englischunterrichts knapp resümiert. Der Schwerpunkt liegt dabei auf den unterschiedlichen Konzeptionen einer "linguistischen" und einer "emanzipativen" Pragmadidaktik sowie auf einer

---

[1] Eine weitere Interimsprachenanalyse auf derselben Datenbasis hat Stemmer (1981) in ihrer Untersuchung der Diskurskohärenz in Lerner-native speaker- und native speaker-Dialogen vorgelegt.

Auseinandersetzung mit einigen Einwänden von Vertretern eines traditionellen Fremdsprachenunterrichts gegen beide Varianten der Pragmadidaktik (Kapitel 1).
Zum anderen werden verschiedene Hypothesen über den Zweitsprachenerwerb in ihren wichtigsten Merkmalen miteinander kontrastiert, und es wird die Interimsprachenhypothese als dasjenige Erklärungsmodell entwickelt, das Fremdsprachenlernen unter vorwiegend unterrichtsgesteuerten Bedingungen am adäquatesten abbildet (Kapitel 2).
Die Diskussionsergebnisse der Kapitel 1 und 2 werden in der Zielformulierung der Arbeit zusammengeführt: über die Deskription und versuchsweise Explikation lernerspezifischer Realisierungen pragmatischer Funktionen in Dialogen fortgeschrittener deutscher Englischlerner und englischer *native speakers* sollen Hypothesen über die Beschaffenheit und Kausalbedingtheit dieser weitgehend unerforschten Aspekte in der Interimsprache aufgestellt werden. Damit wird es möglich sein, die Ausgangshypothese von KoKoPro zu konkretisieren, indem spezifische Einzelhypothesen über die analysierten Aspekte kommunikativer Kompetenz formuliert werden können. Es schließt sich eine Literaturübersicht zum engeren thematischen Zusammenhang der Arbeit an (Kapitel 3).
Wie die Ziele der vorliegenden Untersuchung methodisch erreicht werden sollen, wird in den Ausführungen zur Datenerhebung erläutert: das Kernstück der Datenbasis bilden im Rollenspiel erhobene Dialogbatterien, die durch verschiedene nicht-textuelle Zusatzdaten ergänzt werden (Kapitel 4).
Auf einige Überlegungen zur Identifizierung lernerspezifischer Äußerungen, die insbesondere die Normfrage betreffen (Kapitel 5), folgen die empirischen Hauptkapitel:
Die Deskription pragmatischer Aspekte in der Lernerperformanz umfaßt Unterkapitel zu initiierenden und respondierenden Akten, diskursstrukturierenden und -aufrechterhaltenden Redemitteln (*"gambits"*), Eröffnungs- und Beendigungsphasen (Kapitel 6).
An den Deskriptionsteil schließt sich die Explikation lernerspezifischer Merkmale an, die bei der Realisierung die-

ser pragmatischen Aspekte festgestellt wurden. Hier werden Kausalhypothesen über pragmatische Fehler und angemessene lernerspezifische Merkmale aufgestellt, wobei als übergeordnete Kausalkategorien grundsprachlicher Transfer, Generalisierung, funktionale Reduktion, Inferenzieren, Diskurs- und Fremdsprachenunterrichtsinduktion herangezogen werden (Kapitel 7).

Die Arbeit schließt ab mit einer Zusammenfassung der Ergebnisse, in der "Kommunikative Kompetenz" als Ziel- und Realnorm des Fremdsprachenunterrichts verglichen werden und die Diskrepanz zwischen beiden im Rahmen der Interimsprachenhypothese zu erklären versucht wird. Mit einigen <u>Forschungsperspektiven</u> wird in einem Ausblick aufgezeigt, welche inhaltlichen Fragestellungen und methodischen Überlegungen die Sprachlehrforschung aufzugreifen hätte, um weiter zur Realisierung von Kommunikativer Kompetenz als übergeordnetem Lernziel des Fremdsprachenunterrichts beizutragen (Kapitel 8).

1. DAS LERNZIEL KOMMUNIKATIVE KOMPETENZ

1.1 DIE PRAGMADIDAKTISCHE WENDE

Die erste Hälfte der 70er Jahre brachte eine erneute[1] Umorientierung des Fremdsprachenunterrichts in der BRD mit sich: an die Stelle des herrschenden fertigkeitsorientierten sollte ein kommunikationsorientierter Fremdsprachenunterricht treten (vgl. Hüllen 1973 b; Schwerdtfeger 1973; Dietrich 1974; Krumm 1974; Piepho 1974; Mans 1976). Auf der Lernzielebene - methodische Konsequenzen seien hier ausgeklammert - bedeutete dies:
Die Habitualisierung fremdsprachlicher Einzelfertigkeiten, die dem Lerner dann in realen Kommunikationssituationen "gebrauchsfertig" - als Reaktionsrepertoire auf situative äußere Stimuli - zur Verfügung stehen sollten, wird als unzureichende Zielsetzung des Fremdsprachenunterrichts erkannt. Ihr wird eine Fähigkeit zur Kommunikation als genuin soziale Aktivität entgegengesetzt, die die objektive - kontextuelle Bedingungen und insbesondere die interaktionelle Dimension berücksichtigende - und subjektive - der Ausdrucksabsicht des Sprechers gemäße - Angemessenheit des sprachlichen (und außersprachlichen) Handelns als kognitiv gesteuerte Aktivität zum Ziel nimmt. Eine wichtige Bestimmung dieses Kommunikationsbegriffs ist, daß er die Fähigkeit zur Metakommunikation einschließt.

Die kommunikative Neuorientierung des Fremdsprachenunterrichts erhielt ihre entscheidenden Anstöße dabei bezeichnenderweise[2] "von außen", d.h. nicht durch immanente Ent-

---

[1] Vgl. zu vorausgehenden "historischen Wenden" in der Fremdsprachendidaktik insbesondere Kelly ([2]1976) und Butzkamm (1973).

[2] Die Anfälligkeit der Fremdsprachendidaktik für die Übernahme außer ihr liegender Theorien und Konzepte entspricht ihrem - zu Unrecht - mangelndem Selbstbewußtsein und m.E. falschem Selbstverständnis als "angewandter" Disziplin, die ihre eigene Wissenschaftlichkeit über die - oft unkritische - Rezeption ihrer "Bezugswissenschaften" - insbesondere Linguistik, Psychologie und Pädagogik - legitimiert. Vgl. z.B. zur Ableitung der englischen Fremdsprachendidaktik aus der anglistischen Linguistik Funke

wicklungen in der Fremdsprachendidaktik selbst.[1] Im wesentlichen geht die "pragmadidaktische Wende" auf die fremdsprachendidaktische Rezeption der Entdeckung der Pragmatik in der Linguistik und der "kritischen Pädagogik" zurück, die ihrerseits stark durch soziologische Konzeptionen beeinflußt war (vgl. z.B. die Darstellungen in Neuner 1979).
Die Entdeckung der Pragmatik als "dritter linguistischer Dimension" (Hüllen 1973 b) für die Fremdsprachendidaktik war zunächst auf die Rezeption und fremdsprachendidaktische Auswertung der Sprechakttheorie beschränkt: es wurde als maßgebliches - und bisher nicht erreichtes - Ziel des Fremdsprachenunterrichts proklamiert, "Äußerungen als illokutive Handlungen" (Weber 1973) in der Fremdsprache vollziehen zu können. Das Versagen des Fremdsprachenunterrichts, Lerner zu echter Kommunikation zu befähigen, wurde durch die Fixierung auf Proposition und Lokution und die Vernachlässigung des illokutiven Aspekts begründet, wodurch der Schüler "zwar Inhalte verbalisieren, aber dennoch im Gespräch keine Kommunikation stiften kann" (Hüllen 1973 b, 94) und lediglich "zur Produktion von bestenfalls wohlgeformten, im übrigen aber funktionslosen Sätzen" (Weber 1973, 27) angeleitet wird.
Mit dem Versuch, einen auf Kommunikationsfähigkeit abzielenden Fremdsprachenunterricht aus der Sprechakttheorie herzuleiten, ist zum einen die Verkürzung von linguistischer

---

Fortsetzung Anm. 2) S. 1:
(1974), Schopf (1974), zur Auffassung von Fremdsprachendidaktik als Teil der Erziehungswissenschaften Butzkamm (1975); dagegen exemplarisch die Kritik an einer unreflektierten Übernahme psychologischer Theorien für den Fremdsprachenunterricht Arndt (1970), Parreren (1972), Bieritz/Denig (1975). Eine dezidierte Gegenposition zu der theoretischen und praktischen Abhängigkeit des Fremdsprachenunterrichts von nicht fremdsprachenunterrichtsspezifischen "Bezugswissenschaften" formuliert das Koordinierungsgremium Sprachlehrforschung (1977), das eine integrativ-interdisziplinäre Konzeption der Sprachlehrforschung als wissenschaftliche Grundlage des Fremdsprachenunterrichts ansatzweise entwickelt.

[1] Die bei Mans (1976) beschriebenen Bemühungen führender Vertreter des Audiolingualismus (Rivers, Savignon), den fertigkeitsorientierten Fremdsprachenunterricht unter Beibehaltung seiner Prinzipien immanent auf eine stärkere kommunikative Orientierung hin zu modifizieren, ist m.W. ohne direkten Einfluß auf die Fremdsprachendidaktik in der Bundesrepublik geblieben.

Pragmatik auf die Sprechakttheorie verbunden - wie allerdings von führenden Pragmalinguisten nahegelegt wurde[1] und von daher nicht ausschließlich den rezipierenden Fremdsprachendidaktikern anzulasten ist. Problematischer ist jedoch der Ansatz, die Umorientierung des Fremdsprachenunterrichts, die angesichts des angenommenen weitgehenden Verfehlens kommunikativer Lernziele notwendig geworden war, deduktionistisch aus der "Bezugsdisziplin" Sprechakttheorie zu begründen: denn damit wurden, bedingt durch die "Abnehmerhaltung" einer "angewandten" Disziplin, auch deren ungelöste Probleme wie insbesondere das der Kategorisierung von Sprechakten in die Fremdsprachendidaktik transportiert (so Knapp-Potthoff 1977; Mann 1979). Gleichzeitig ist mit der ausschließlichen Orientierung an der Sprechakttheorie eine Lernzielbeschränkung verbunden, da die im Fremdsprachenunterricht anzustrebene Kommunikationsfähigkeit ja zweifellos mehr umfaßt als die Fähigkeit, in Abstraktion von konkreten gesellschaftlich vermittelten Kommunikationsbedingungen isolierte illokutive Akte identifizieren und produzieren zu können: der Fremdsprachenunterricht muß Lernern vielmehr die - weit anspruchsvollere - Fähigkeit vermitteln, in Kooperation mit Koaktanten sprachliche Interaktion initiieren, aufrechterhalten und beenden zu können und unter Berücksichtigung der objektiven und subjektiven Kommunikationsbedingungen kommunikative Absichten in ihrer Inhalts- und Beziehungsdimension (Watzlawick/Beavin/Jackson 1969) angemessen äußern und verstehen zu können. Die Sprechakttheorie macht zur Diskurskonstitution aber ebensowenig Aussagen wie zu den Adäquatheitsbedingungen der _Realisierung_ von Sprechakten unter verschiedenen pragmatischen Konstellationen (zur Kritik der sprechakttheoretischen Begründung des Lernziels Kommunikationsfähigkeit vgl. insbesondere

---

[1] Vgl. z.B. S.J. Schmidts Definition von Pragmalinguistik: "Pragmalinguistik beschreibt Sprache unter dem Gesichtspunkt des Sprachgebrauchs, also in Relation zu Sprachbenutzern; sie untersucht sprachliche Handlungen (Sprechakte) bzw. kommunikative Äußerungen unter Berücksichtigung der Kontexte und Sprechsituationen, in die sie eingebettet sind; und sie versucht, das Verhältnis von Propositionen und deren Äußerung in Sprechakten zu klären" (1973, 33).

Mans 1976).
Einen umfassenderen und radikaleren Ansatz, Kommunikationsfähigkeit als fremdsprachenunterrichtliches Lernziel zu begründen, unternimmt Piepho mit seiner Adaption des Habermas'schen Entwurfs einer Theorie der Kommunikativen Kompetenz für den Fremdsprachenunterricht. Während seine Konzeption von "Kommunikative(r) Kompetenz als übergeordnete(m) Lernziel im Englischunterricht" (1974) die aus der Sprechakttheorie in die Fremdsprachendidaktik übernommene Forderung nach stärkerer Berücksichtigung der illokutiven Komponente einschließt, geht sie in ihren pädagogischen Intentionen und ihrer gesellschaftspolitischen Dimension weit über jene hinaus: "Kommunikative Kompetenz ist ... die Fähigkeit eines Lerners der englischen Sprache, sich mit deren Mitteln und in deren Verständigungsformen als Person zunehmend sicher zu behaupten" (1974, 61). Unter Modifikation der Habermas'schen Begriffe des "kommunikativen Handelns" und des "Diskurses" als den beiden Aspekten kommunikativer Kompetenz setzt Piepho zwei Lernzielstufen kommunikativer Kompetenz an: kommunikatives Handeln als die "Fähigkeit, die konventionellen Sprachmittel gezielt zu bestimmten Zwecken der gesellschaftlichen Regelung des Miteinanders einzusetzen" (1974, 132) und "Diskurstüchtigkeit", die sich darin erweist, daß "ein Sprecher bewußt kommunikativ handelt und in der Lage ist, seine sprachlichen Mittel zu problematisieren und notfalls anzupassen und zu variieren, um die Verständigung zu verbessern und zu vertiefen" (1974, 132 f.; vgl. auch die Lernzielstufen "Kommunikative Kompetenz in der Fremdsprache" und "Erweiterung der allgemeinen Kommunikationsfähigkeit und Bewußtseinsveränderung" in Baur/Baur/Bausch/Brammerts/Kleppin/Lübbert/Moffat 1975). Kommunikative Kompetenz ist in Piephos Verständnis nicht mehr "bloß" sprachliches Lernziel des Fremdsprachenunterrichts, sondern ein "interdisziplinäres Leitkonstrukt", ein "fachdidaktisches Konzept" (1979), das alle Ebenen didaktischer und methodischer Entscheidungen einschließt. Ihm kommt nach Lohmann (1975) über seine fremdsprachenun-

terrichtsspezifische Funktion hinaus die Bedeutung zu, die
Aufhebung des Widerspruchs zwischen allgemein-didaktischen
und fachdidaktischen Lernzielen leisten zu können: die
pragmadidaktische Wende mit ihrer Zielsetzung der kommunikativen Kompetenz leitet einen "Prozeß der Integration der
englischen Fachdidaktik in eine mögliche Theorie der Schule, ein(en) Prozeß der Integration des englischen Unterrichts in das Lernzielkonzept der Mündigkeit, Selbständig-
keit und Verständigungsbereitschaft ein" (1975, 27; vgl.
auch Lütjen 1973).

Die für die "emanzipative" (im Unterschied zur "linguistischen") Pragmadidaktik bedeutsame Rezeption von Habermas'
philosophischem Konzept der Kommunikativen Kompetenz (vgl.
hierzu auch Dietrich 1974, 12-35) und insbesondere seine
eigenwillige Interpretation durch Piepho ist allenthalben
kritisiert worden (z.B. Mindt 1977, Pauels 1978, Digeser
1979, Mann 1979). Es dürfte sich bei der Piephoschen Haber-
masrezeption jedoch um ein produktives "Mißverständnis"
- in Analogie zu Kleists "Kantmißverständnis" - handeln,
das dem pragmadidaktischen Ansatz nichts von seiner Über-
zeugungskraft nimmt. Mit Mans, der Piephos Ansatz am scharf-
sinnigsten kritisiert und zugleich gewürdigt hat, ist vielmehr hervorzuheben, daß die Pragmadidaktik die "sozialen
und pädagogischen Aspekte der Fremdsprachenerlernung ...
systematisch in den didaktischen Reflexionszusammenhang
aufzunehmen versucht" und es "an dieser in der Pragmadidaktik erreichten Erkenntnis der gesellschaftlichen und emanzipativen Momente 'kommunikativer Kompetenz' ... emphatisch
festzuhalten und kritisch weiterzuarbeiten (gilt)" (1976,
236).

1.2 KRITIK AN DER PRAGMADIDAKTIK

Die "emanzipative" Pragmadidaktik ist von Vertretern ihrer "linguistischen" Konkurrentin als "überzogen" zurückgewiesen worden: der Fremdsprachenunterricht müsse im wesentlichen auf den in Grundsprachenerwerb, Primärsozialisation und Deutschunterricht erworbenen Fähigkeiten zum kommunikativen Handeln und Diskurs aufbauen, könne aber ohne solche Vorgaben nicht selbst Diskurstüchtigkeit vermitteln (Hüllen 1976, 32 ff.). Dieser Skepsis scheint eine undialektische Auffassung des Verhältnisses von nicht-einzelsprachlich gebundenen Kommunikationsfähigkeiten und spezifisch fremdsprachlichen zugrundezuliegen: gerade am Beispiel der metasprachlichen/-kommunikativen Funktion, die schon immer (vom strikten Audiolingualismus abgesehen) - wenn auch in verkürzender Weise primär auf die sprachlichen Mittel bezogen - eine wichtige Komponente des Fremdsprachenunterrichts war, läßt sich zeigen, daß vorher häufig nicht vorhandene, potentiell diskursrelevante Fähigkeiten _durch_ den Fremdsprachenunterricht erworben ("mitgelernt" im Sinne des "heimlichen Lehrplans") wurden.

Doch auch die "linguistische" Pragmadidaktik ist spätestens seit dem Gießener Fremdsprachendidaktiker-Kongreß 1977 ins Schußfeld der Kritik geraten. Die Hauptargumente der Anti-Pragmadidaktiker (z.B. Melenk 1977; Mindt 1977; Müller 1977; Freudenstein 1978; Pauels 1978; Digeser 1979) gegen die "pragmalinguistischen Irrwege der Fremdsprachendidaktik" (Müller 1977) sind:

1. Der Fremdsprachenunterricht setzt Sach- und pragmatische Kompetenz beim Lerner voraus; sein Lernziel kann/muß sich daher auf die Vermittlung von Sprachkompetenz (i.e.S.) beschränken (Melenk 1977): "der Fremdsprachenunterricht lehrt nicht (Sprach-)Handeln insgesamt, sondern das, was dem Fremdsprachenlernenden fehlt: das spezifisch fremdsprachliche Instrument zum Handeln", die "arbiträren Regelungen" (Müller

1977, 69).

2. Kommunikative Kompetenz braucht nicht eigens vom Fremdsprachenunterricht in die Zielperspektive genommen zu werden: "Der Sprecher/Hörer beherrscht die komplexen pragmatischen Faktoren intuitiv und überträgt sie mühelos und meist ohne die Gefahr, Fehler zu machen, in die Fremdsprache" (Digeser 1979, 223). Lediglich "Bereiche ..., wo die Zielsprache Ausdrucksmöglichkeiten und Verhaltensweisen ... hat, welche in der Ausgangssprache keine oder andere Entsprechungen haben" (222), müssen zum Unterrichtsgegenstand erhoben werden. Müller spezifiziert diese potentiellen "Bereiche": Kommunikations- und Diskurs"strategien, die sich nicht im Repertoire des Lernenden finden, aber in der Fremdsprache nötig oder nützlich sind, kämen ... als zusätzliche Unterrichtsziele in Frage" (1977, 71).

3. Fähigkeit zur metasprachlichen Kommunikation wird nicht als sinnvolles Teillernziel des Fremdsprachenunterrichts betrachtet: in offensichtlicher Anspielung auf den audiolingualen Grundsatz "learn a language, not about a language" empfiehlt Freudenstein: "Schüler sollen Sprechakte <u>sprechen</u>, nicht <u>benennen</u> können" (1978).

Theoretisch begründete Gegenargumente gegen diese antipragmadidaktischen Auffassungen lassen sich leicht anführen:

Zu 1: die Trennung von Sprachkompetenz i.e.S. und pragmatischer Kompetenz bzw. der Redemittel von den kommunikativen Funktionen, die sie realisieren, kann unter linguistisch-analytischen Gesichtspunkten - je nach Erkenntnisinteresse - begrenzt sinnvoll sein, in vielen sprachlichen Bereichen sind allerdings die "arbiträren Regelungen", wie Müller (1977) selbst zugibt, ohne Rückgriff auf die "ich-hier-jetzt"-Origo der Sprechsituation und Sprechereinstellungen gar nicht angemessen beschreibbar (vgl. Wunderlich 1970; Lütjen 1973). Vor dem Hintergrund der didaktischen Ziele des Fremdsprachenunterrichts ist die undialektische Trennung formaler und funktionaler Aspekte von Sprache - die

Auflösung der "unauflöslichen Zusammengehörigkeit der drei
Dimensionen des Sprachzeichens" (Hüllen 1977, 108) - jedoch
völlig ungerechtfertigt: die Lerner müssen ja nicht
nur die fremdsprachlichen Redemittel "lernen", sondern müssen
vielmehr lernen, diese Redemittel situations- und intentionsadäquat
zur Kommunikation zu verwenden. Der antipragmadidaktische
"Redemittel"-Ansatz überläßt die Integration
der bereits ausgebildeten kommunikativen Fähigkeiten
mit den neu zu erlernenden fremdsprachlichen Redemitteln
dem Lerner, der nach der Auffassung der Pragmadidaktiker
zu dieser komplexen Leistung ohne explizite Anleitung
häufig nicht in der Lage ist.

Zu 2: In der naiven "pragmatischen Transferhypothese", der
zufolge Lerner bei gleichartigen Kommunikationsfunktionen
und -verfahren in Grund- und Fremdsprache diese "mühelos"
in der fremdsprachlichen Kommunikation zur Verfügung haben,
kommt die wissenschaftlich längst widerlegte "frühe"
kontrastive Auffassung zum Ausdruck, nach der bei Struktur-
(Form- und Funktions-)identität zwischen Grund- und Fremdsprache
stets positiver Transfer stattfände (z.B. Stockwell/
Bowen/Martin 1965). Demgegenüber betont die neuere Transferforschung,
daß spezifische objektive und vor allem subjektive
Bedingungen die Transferfähigkeit gleichartiger Einheiten
determinieren (vgl. vor allem Kellerman 1977; 1978).
Diese Bedingungen gilt es für den Bereich der Pragmatik zu
spezifizieren, will man begründete Vorhersagen über die
Transferfähigkeit verschiedener pragmatischer Funktionen
und Verfahren machen. Erst auf einer solchen empirischen
Grundlage läßt sich entscheiden, welche lernzielrelevanten
pragmatischen Einzelfähigkeiten mit welcher Gewichtung im
Fremdsprachenunterricht Lerngegenstand sein müssen und welche
dank eines "automatischen" Transfers nicht explizit unterrichtet
werden müssen.

Zu 3: Die metasprachliche Benennung von Sprechakten (und
anderen Kommunikationsfunktionen) kann - analog zu der, wie

gesagt, immer schon vom Fremdsprachenunterricht betriebenen metasprachlichen Rede über grammatische Strukturen - drei Funktionen im Fremdsprachenunterricht haben: sie kann 1. rein unterstützende Funktion im Sinne von "kognitiven Hilfen" haben, die dem Erwerb praktischer Kommunikationsfähigkeit in der Fremdsprache zuarbeitet. Sie kann darüber hinaus 2. ein eigenständiges Teillernziel bilden, wenn der Fremdsprachenunterricht - wie z.B. der derzeitige Englischunterricht auf der Sekundarstufe II - linguistische und literaturwissenschaftliche Lernziele einschließt (vgl. Weber 1973, 32). Sie wird aber 3. zwangsläufig einen integralen Bestandteil des Fremdsprachenunterrichts konstituieren, wenn das Lernziel kommunikative Kompetenz Diskursfähigkeit in dem von Piepho definierten Sinn umfaßt: die Fähigkeit zur Metakommunikation - die natürlich viel mehr beinhaltet, als Sprechakte u.a. Kommunikationsfunktionen benennen zu können (aber dies eben auch) - ist geradezu kennzeichnend für diese zweite Lernzielstufe kommunikativer Kompetenz.

Ob Lerner auch, wie die Anti-Pragmadidaktiker behaupten, im traditionellen fertigkeits- und redemittelorientierten Fremdsprachenunterricht kommunikative Kompetenz in der Fremdsprache erwerben - was dann eine radikale Umorientierung in der Tat fragwürdig erscheinen ließe -, kann jedoch nicht argumentativ entschieden, sondern muß empirisch überprüft werden. Bevor dieser Gesichtspunkt weiter verfolgt wird, soll nach den Lernzielen des Fremdsprachenunterrichts der Lernprozeß beleuchtet werden; auf der Basis dieser beiden Aspekte können dann die Ziele dieser Arbeit formuliert werden.

2. DER INTERIMSPRACHLICHE ANSATZ

Um die Frage anzugehen, ob und in welchem Maße kommunikative Fähigkeiten im Fremdsprachenunterricht erworben werden, und um darüber hinaus Aussagen darüber machen zu können, welche Prozesse am Erwerb solcher Fähigkeiten und ihrer Anwendung in Kommunikationssituationen beteiligt sind, sollen einige Annahmen über den Zweitsprachenerwerb miteinander kontrastiert und die in dieser Arbeit vertretene Position herausgearbeitet werden.

2.1 ZWEITSPRACHENERWERBS-HYPOTHESEN

Die gegenwärtige Diskussion in der Zweitsprachenerwerbsforschung - ich wähle diese wörtliche Übersetzung von "second language acquisition research", weil die betreffenden Forschungsaktivitäten sich in der Tat primär auf den Zweitsprachenerwerb[1] und nicht auf das Fremdsprachenlernen[1] richten - ist im wesentlichen durch zwei konkurrierende Hypothesen gekennzeichnet: die Identitätshypothese und die *Interlanguage*-Hypothese. Von inzwischen nur noch wissenschaftshistorischer Bedeutung ist die Kontrastivhypothese, in Opposition zu der die Identitätshypothese entwickelt wurde.

Die Kontrastivhypothese, wie sie von Fries (1945) und Lado (1957) formuliert wurde, zeichnet sich durch ihre behaviouristische lerntheoretische Grundlage, eine verkürzte Gleichsetzung linguistischer Erscheinungen mit psycholinguistischen Prozessen sowie den hohen Stellenwert aus, der grundsprachlichem Transfer im Zweitsprachenerwerbsprozeß zuge-

---

[1] Zur Unterscheidung von Zweitsprache und Fremdsprache vgl. exempl. Richards (1978 b), zur Unterscheidung von Spracherwerb und Sprachlernen vgl. exempl. Krashen (1976).

schrieben wird. Grob zusammengefaßt besagt die Kontrastivhypothese, daß immer dort, wo Strukturdivergenzen zwischen Grund- und Fremdsprache vorliegen, Interferenzen, d.h. proaktive Lernhemmungen auftreten, die sich in Lernschwierigkeiten und Fehlern manifestieren. Strukturidentitäten ermöglichen hingegen positiven Transfer, wirken lernerleichternd und führen zu fremdsprachlich korrekten Äußerungen.

Mit der Wende von behaviouristischen zu kognitiven Spracherwerbstheorien wurde die Kontrastivhypothese von Vertretern der internationalen Spracherwerbsforschung (vgl. exemplarisch Corder 1967; Dulay/Burt 1974 a) insbesondere wegen ihrer behaviouristischen Grundlage scharf angegriffen. Ihr wurde die Auffassung vom Zweitsprachenerwerb als aktivem, kreativen kognitiven Prozeß ("creative construction", Dulay/Burt 1976) entgegengesetzt, der im wesentlichen wie der Grundsprachenerwerb abläuft und in dem grundsprachlicher Transfer daher keine oder nur eine ganz untergeordnete Rolle spielt. Empirische Forschungen im Rahmen dieser Identitätshypothese versuchen daher, Entwicklungssequenzen in zweitsprachlichen Lernprozessen nachzuweisen, die sich unabhängig von der Grundsprache der Lerner und anderer Variablen wie Alter, Lernumfeld etc. vollziehen (vgl. z.B. die Beiträge und Bibliographie in Hatch 1978 b).

Wie die Identitätshypothese, so beruht auch die *Interlanguage*-Hypothese auf der Grundannahme von Zweitsprachenerwerb als kreativer kognitiver Aktivität. Im Unterschied zur Identitätshypothese geht die *Interlanguage*-Hypothese jedoch nicht von der prinzipiellen Gleichartigkeit von Grund- und Zweitsprachenerwerb aus; vielmehr versucht sie die spezifischen Bedingungen und Prozesse zweitsprachlichen Lernens zu ermitteln (vgl. insbesondere Selinker 1972; Selinker/ Swain/Dumas 1975; Adjemian 1976; Tarone/Frauenfelder/Selinker 1976; Corder 1976; 1977; 1978). Mit Bezug auf die Rolle grundsprachlichen Transfers bedeutet dies, daß ihm weder eine herausragende Funktion im Lernprozeß zugeschrieben wird, noch daß er als irrelevant abgetan wird: Ziel von *Interlanguage*-Analysen muß es vielmehr sein, die Auftretensbedingungen grundsprachlichen Transfers als eines/r unter verschiedenen Prozessen und Strategien zu ermitteln.[1]

2.2 INTERLANGUAGE- UND INTERIMSPRACHENHYPOTHESE

Ebenso wie die übrigen Zweitsprachenerwerbshypothesen kann auch die *Interlanguage*-Hypothese als "globale" Hypothese bezeichnet werden, denn sie bezieht sich auf erwachsene Lerner (Selinker 1972) und Kinder (Selinker/Swain/Dumas 1975), den Zweit- wie den Fremdsprachenerwerb, auf unterrichtsgesteuerte und nicht-unterrichtsgesteuerte Erwerbsumfelder. Da die meisten empirischen Untersuchungen im Rahmen der *Interlanguage*-Hypothese in USA und Kanada durchgeführt wurden, liegen über den gesteuerten Fremdsprachenerwerb kaum Befunde vor; die bisherigen Arbeiten untersuchen in der Regel den ungesteuerten oder gesteuerten Zweitsprachenerwerb, wobei die unterschiedlichen Erwerbsbedingungen in gesteuerten und ungesteuerten Lernumfeldern häufig nicht genau spezifiziert und in die Analyse einbezogen werden - trotz Krashens (1976) Insistieren auf dem Unterschied zwischen *language learning* (unter unterrichtsgesteuerten Bedingungen) und *language acquisition* (unter nicht-unterrichtsgesteuerten Bedingungen).

Die Interimsprachenhypothese, die im Rahmen der Sprachlehrforschung in der BRD entwickelt wurde, hebt demgegenüber gerade die Spezifik unterrichtsgesteuerten Fremdsprachen-

---

[1] Eine ausführliche Darstellung der erwähnten drei sowie weiterer Zweitsprachenerwerbshypothesen findet sich in Bausch/Kasper (1979).

lernens hervor (vgl. Bausch/Raabe 1978; Bausch/Kasper 1979).
Der Terminus "Interimsprache" wurde von Raabe (1974; 1976)
zuerst in etwa dem gleichen Bedeutungsumfang wie *"Interlanguage"* verwandt: es handelt sich um "transitionale Sprecherzustände" von Sprechern, "die die Schwelle der linguistischen Maturation in L 1 überschritten haben" (1974, 13).
Während Raabe als Bedingungsfaktoren von Interimsprachen zunächst Variablen nennt, die jeden Zweit-/Fremdsprachenerwerb
beeinflussen ("Lernalter, Wissensstand in L2, Wissensstand
in L1, weitere Fremdsprache(n), Begabung, Lernzeit, Dialekt
in der Muttersprache, sozialer Hintergrund etc." (1974, 14),
wird das Konzept der Interimsprache später als "fremdsprachenunterrichtsgebundene Interimsprache" (Bausch/Raabe 1978)
spezifiziert und damit die "Kontextkomponente Fremdsprachenunterricht" als wichtige Determinante von Interimsprachen
herausgestellt.

Unterscheidet sich damit das Konzept der Interimsprache in
seinem aktuellen Inhalt von demjenigen der *Interlanguage*,
so differieren beide auch in ihrer wissenschaftshistorischen Entstehung:

Die *Interlanguage*-Hypothese wurde primär in Opposition zu
einer bestimmten psycholinguistischen Theorie - eben der
behaviouristischen - entwickelt; die Interimsprachenhypothese entstand hingegen aus einer Kritik an Kontrastiver
Analyse und Fehleranalyse (vgl. besonders Raabe 1976;
Bausch/Raabe 1978). An diesen ihren beiden Vorläufern erscheint der Interimsprachenhypothese weniger problematisch,
welche psycholinguistische und/oder linguistische Theorie
ihnen zugrunde liegt, als vielmehr a) ihre (fast) ausschließlich linguistische Fundierung, aus der sich kein Erklärungspotential für psycholinguistische Prozesse ableiten läßt,
b) ihre Fixierung auf abstrakte Sprachstrukturen (Kontrastive Analyse) und sprachliche Produkte (Fehleranalyse),
aufgrund derer die Verarbeitung sprachlicher Systeme im
Kopf des Lerners (vgl. Nemser/Slama-Cazacus "contact analy-

sis" (1970) zu demselben Kritikansatz) nicht in Betracht gezogen und seine Situierung in einem konkreten Lernumfeld nicht in die Analyse einbezogen wird (vgl. Raabe 1974; 1976; Bausch/Raabe 1975; 1978; Faerch 1978 b).
Insbesondere diese beiden Mängel haben zur Folge, daß Kontrastive Analyse und Fehleranalyse ihren Anspruch, Lernschwierigkeitshierarchien aufstellen sowie Fehler explizieren und prognostizieren zu können, nicht einzulösen vermögen (vgl. auch die von Raabe genannten "Falschziele" der Kontrastiven Analyse und der Fehleranalyse (1976, 29, 38). Damit können diese beiden Verfahren aber auch ihr erklärtes Ziel, unmittelbar fremdsprachenunterrichtsrelevante Ergebnisse zu liefern,[1] nicht erreichen.

Diesem Ziel will die Interimsprachenanalyse durch ihre explizite Ausrichtung auf den Lerner im Fremdsprachenunterricht gerecht werden. Ihre Lernerzentriertheit teilt sie damit mit Forschungen im Rahmen der Identitäts- und der *Interlanguage*-Hypothese (vgl. den programmatischen Buchtitel "Focus on the Learner", Oller/Richards 1973); ihre Betonung eines spezifischen Lernumfeldes - eben des unterrichtsgesteuerten Lernkontextes - stellt ihr besonderes Merkmal dar, das sie auch von der *Interlanguage*-Hypothese, die ihr aufgrund ihres komplexen Ansatzes am nächsten kommt, abgrenzt: während die *Interlanguage*-Hypothese auf eine allgemeine Theorie des Zweitsprachenerwerbs orientiert,[2] richtet sich die Interimsprachenhypothese auf eine Theorie des unterrichtlich gesteuerten Fremdsprachenlernens, wie aus der Aufgabenbestimmung von Interimsprachenanalysen durch Bausch/Raabe hervorgeht:

---

[1] Eine Sammlung diesbezüglicher Zielformulierungen für die Kontrastive Analyse bietet Oller (1971), für die Fehleranalyse Hammarberg (1973).

[2] Vgl. Tarone/Frauenfelder/Selinker: "Our goal, in most general terms, is to understand something about the processes and strategies of second-language acquisition" (1976, 94 f.).

"Allgemeines Erkenntnisziel der IA (sc. Interimsprachenanalyse) ist die Erforschung der Interimsprache im Hinblick auf eine Theorie des Fremdsprachenerwerbs und der ihn bedingenden Faktoren im Kontext des FU (sc. Fremdsprachenunterrichts); eine begründete Veränderung des FU im Sinne einer Verbesserung des Fremdsprachenerwerbs ist diesem Erkenntnisziel übergeordnet" (1978, 63).

Die Zweitsprachenerwerbshypothese, die der Interimsprachenanalyse zugrunde liegt, muß demnach zumindest die folgenden Gesichtspunkte enthalten:

1. Der Fremdsprachenlerner, dessen grundsprachlicher Maturationsprozeß abgeschlossen ist, bildet im Laufe seines unterrichtsgesteuerten Lernprozesses ein spezifisches Sprachsystem heraus, die Interimsprache.

2. Die Interimsprache ist dynamisch, d.h. sie verändert sich qualitativ durch zunehmende Komplexierung (vgl. Corder 1978; Faerch 1978 a).

3. Sie ist zielgerichtet, d.h. sie entwickelt sich in ihrem Komplexierungsprozeß auf eine Norm der Fremdsprache zu. Diese Norm ist hinsichtlich der beteiligten Kommunikationsbereichssprachen (vgl. Arbeitsgruppe "Norm" 1975), der rezeptiv und/oder produktiv zu realisierenden Sprech- und Schreibakte und des zu erreichenden Profizienzniveaus durch die Lernziele des Fremdsprachenunterrichts bestimmt.

4. Sie baut auf der gesamten sprachlichen und kommunikativen Erfahrung des Lerners auf.

5. Die Entwicklung der Interimsprache ist ein kreativer kognitiver Prozeß, den der Lerner typischerweise - wenn auch nicht notwendig in jeder einzelnen Lernphase - bewußtstrukturierend vollzieht.

6. Der Fremdsprachenunterricht als derjenige Lernkontext, in dem sich der Aufbau und die Entwicklung der Interim-

sprache vollzieht, determiniert sie durch seine Faktorenkomplexion maßgeblich.

Man muß allerdings im Auge behalten, daß die hier tentativ formulierte Interimsprachenhypothese nur diejenigen fremdsprachlichen Lernprozesse angemessen kennzeichnen kann, die ausschließlich unter unterrichtsgesteuerten Bedingungen stattfinden. Oftmals läuft jedoch neben dem unterrichtlichen Fremdsprachenlernen konkurrierender außerunterrichtlicher Zweit- oder Fremdsprachenerwerb ab, so z.B. im Fall von immigrierten Arbeitern, die am Zweitsprachenunterricht im Immigrationsland teilnehmen, aber auch vielfach bei Schülern, die neben dem schulischen Fremdsprachenunterricht über die Medien, persönliche Kontakte oder Auslandsaufenthalte mit der Fremdsprache in Berührung kommen. In solchen Fällen muß die Interimsprachenhypothese um eine weitere Bestimmung ergänzt werden:

7. Alle außerunterrichtlichen Kontaktstellen des Lerners mit der Fremdsprache haben die Funktion potentieller Lern-/Erwerbskontexte und bedingen in der Interaktion mit dem schulischen Lernkontext die jeweilige Ausprägung der Interimsprache.

Ob sich dabei der schulische oder der außerschulische Lern-/Erwerbskontext als dominant erweist und in welcher Weise die Interaktion beider Kontexte auf die Entwicklung der Interimsprache Einfluß nehmen, ist eine empirisch zu klärende Frage. Beispielsweise könnte man vermuten, daß Lerner ein vorwiegend bewußt strukturierendes Lernverhalten aus dem Fremdsprachenunterricht auf außerunterrichtliche Erwerbskontexte übertragen. Eine weitere untersuchenswerte Annahme wäre, daß die aktuelle kommunikative Relevanz der Fremdsprache als außerschulisches Kommunikationsmittel Auswirkungen auf die individuellen Lernziele des Lerners im Fremdsprachenunterricht hat, d.h. daß die aktuell erfahrenen Kommunikationsbedürfnisse den Lerner dazu veranlassen,

die offiziellen Lernziele seines Fremdsprachenunterrichts
zu akzeptieren, abzulehnen oder für sich zu modifizieren.

Die Interimsprachenhypothese, wie sie hier auf der Grundlage von Bausch/Kasper (1979) formuliert wurde, kann als spezifische Konkretion der *Interlanguage*-Hypothese verstanden werden. Daraus folgt, daß universelle Erscheinungen und Prozesse des Zweitsprachenerwerbs auch unter den besonderen Bedingungen des unterrichtsgesteuerten Fremdsprachenlernens auftreten und damit ebenfalls Momente der Interimsprachenhypothese darstellen. Hierzu zählen Grundannahmen wie die der Systematizität, Variabilität und Durchlässigkeit (*permeability*) von Lernersprachen (vgl. Adjemian 1976; Tarone/Frauenfelder/Selinker 1976; Faerch 1979 a) und ihre charakteristische Determiniertheit durch psycholinguistische Lern- und Kommunikationspläne und -strategien wie z.B. Transfer und Generalisierung (vgl. Faerch/Kasper 1980 a). In welcher Weise diese Merkmale und mentalen Aktivitäten im unterrichtsgesteuerten Fremdsprachenlernen zum Tragen kommen, kann jedoch nur durch Untersuchungen von fremdsprachenunterrichtsgebundenen Interimsprachen - nicht von *Interlanguages* im allgemeinen - ermittelt werden. Befunde aus der *Interlanguage*-Forschung sind daher für die Interimsprachenanalyse nicht ohne weiteres übernehmbar (vgl. Bausch 1977 a; Bausch/Raabe 1978, 66).

Da es in dieser Arbeit um die Interimsprache einer Gruppe von Lernern geht, die in 4.1 näher charakterisiert wird, werde ich die Begriffe "Interimsprache", "interimsprachlich" und "Interimsprachenanalyse", "interimsprachenanalytisch" auch dort verwenden, wo ich auf Konzepte und Theoreme aus der *Interlanguage*-Forschung zurückgreife, soweit sich diese auf nach unserem derzeitigen Kenntnisstand universelle Erscheinungen des Zweitsprachenerwerbs beziehen.

2.3 INTERIMSPRACHLICHE EINHEITEN

In der *Interlanguage*-Literatur wird der Status der systematischen Einheiten, die interimsprachliche Systeme konstituieren, kontrovers diskutiert. Selinker/Swain/Dumas (1975) folgen Cancino/Rosansky/Schumann in ihrer Auffassung, der Systematizitätsbegriff in Interimsprachen beziehe sich auf Strategien: "to say that the learner language is systematic may mean that it evidences recognisable strategies" (1974, 94). Demgegenüber macht Adjemian geltend, der Systematizitätsbegriff müsse mit Bezug auf Interimsprachen den gleichen Sachverhalt beschreiben wie im Hinblick auf andere natürliche Sprachen: "If ILs (sc. interlanguages) are natural languages ..., then systematicity should only be taken to mean that there exists an internal consistency in the rule and feature system which makes up the IL" (1976, 301). Es ist daher notwendig, zwischen Lernstrategien und Regeln zu unterscheiden:

> "learning strategies are cognitive activities of
> a different kind than linguistic rules. Learning
> strategies are crucially concerned in the acqui-
> sition of a language system. Linguistic rules are
> crucially concerned in the actual form of a ling-
> uistic system" (1976, 302).

Daß von den interimsprachlichen Regeln unterschiedene Lern- und Kommunikationsstrategien überhaupt operieren können, ist nach Adjemian durch das Interimsprachen von allen anderen natürlichen Sprachen abgrenzende Merkmal, ihre Durchlässigkeit, bedingt:

> "The penetration into an IL system of rules foreign
> to its internal systematicity, or the overgenera-
> lization or distortion of an IL rule, is one of
> the characteristics which defines ILs as being
> different from all other natural language systems"
> (1976, 308).

Strategien werden demnach unter folgenden Bedingungen wirksam:

> "The system cannot produce a string for meaning
> N due to a lack of necessary rules, features or
> items. When placed in a situation where the
> speaker cannot avoid, or is determined to express
> meaning N, the IL is either penetrated by rules
> or items from the NL (sc. native language), or
> a rule or form of the IL is somehow stretched,
> distorted or overgeneralized, to accommodate the
> particular form the learner is attempting to
> produce" (1976, 310 f.).

Es liegt im Erkenntnisinteresse von Interimsprachenanalysen, fremdsprachliche Lernprozesse zum Zweck ihrer besseren Steuerung angemessen beschreiben zu können, daß zwischen den Interimsprachen konstituierenden Einheiten möglichst klar unterschieden wird, wie es Adjemian (1976) fordert. Daher sollen im folgenden (in Anlehnung an Faerch/Kasper 1980 a) die interimsprachlichen Komponenten (2.3.1) und die zum Aufbau und zur Verwendung der Interimsprache aktualisierten Verfahren (2.3.2) skizziert werden.

2.3.1 VERSATZSTÜCKE UND REGELN

Versatzstücke (*unanalyzed chunks, prefabricated patterns*) sind fremdsprachliche Redemittel, die der Lerner seinem interimsprachlichen System inkorporiert, ohne sie in die ihnen zugrunde liegenden Regeln und Elemente analysiert zu haben. Gerade wenn der Lerner im kommunikationsorientierten Fremdsprachenunterricht möglichst schnell dazu kommen soll, eigene Ausdrucksabsichten in der Fremdsprache zu äußern, wird er zunächst eine Reihe von Versatzstücken lernen müssen,

die erst im weiteren Verlaufe des Lernprozesses in Regeln
und Elemente aufgelöst werden können.
Beispiel: metakommunikative Ausdrucksmittel wie "I don't
understand ...", "What does ... mean", die im Fremdsprachenunterricht vor der Vermittlung der "do"-Paraphrase
eingeführt werden.

Regeln sind die linguistisch beschreibbaren abstrakten Muster eines interimsprachlichen Systems. Ein spezifisches
Merkmal interimsprachlicher Regeln ist, daß sie - so jedenfalls in einem kognitiven Fremdsprachenunterricht - in
einem weitaus höheren Maße als im Grund- oder nicht-unterrichtsgesteuerten Zweitsprachenerwerb als explizite Regeln
gelernt und gespeichert werden.
Beispiel: "Verbs denoting actions and events which begin
in the past and continue at the time of speaking take the
present perfect", also: "I have known these people for
ages".
Den expliziten Regeln korrespondieren implizite Regeln, d.
s. diejenigen Sprachmuster, die der Lerner tatsächlich zur
interimsprachlichen Produktion und Rezeption verwendet.[1]
Die "Doppelexistenz" interimsprachlicher Regeln wird besonders deutlich, wenn explizite und implizite Regel nicht
übereinstimmen.
Beispiel: Der Lerner verwendet trotz der angeführten expliziten Regel systematisch Äußerungen wie "I know them for
ages"; seine implizite Regel lautet also: "Verbs denoting
actions and events which begin in the past and continue at
the time of speaking take the present tense".

Auch wenn die Präsenz expliziter Regeln typisch für die Interimsprache ist, so wird dennoch ein hoher Anteil von Regeln nur impliziten Status haben. Dies kann verschiedene

---

[1] Vgl. Widdowsons Unterscheidung in "reference rules" ("what the learner knows") und "expression rules" ("what the learner does") (1978, 13) und Bialystoks (u.a. 1978) "two knowledge sources", nämlich "explicit" und "implicit knowledge".

Gründe haben: zum einen kann es sich durch automatischen Transfer aus der Grundsprache erübrigen, eine explizite Regel zu formulieren.
Beispiel: deutsche Englischlerner verfügen durch Transfer aus dem Deutschen über die impliziten Regeln, daß der Artikel und das attributive Adjektiv vor dem Nomen stehen (NP → Art + N; NP → Adj + N).
Zum zweiten werden explizite Regeln in fremdsprachlichen Teilbereichen dann nicht formuliert, wenn der Lehrer eine implizite Regelbildung z.B. über Imitation für erfolgreicher hält. Insbesondere phonologisch-phonetische Regeln werden zumeist mithilfe von Imitations- und Diskriminierungsübungen ohne explizite Kognitivierung vermittelt.[1]
Drittens kann ein sprachlicher Teilbereich relativ unerforscht und das Bewußtsein seiner Regelhaftigkeit bei Lehrern und Lehrwerkautoren gering ausgeprägt sein, so daß dem Lerner keine expliziten Regeln gegeben werden können. Dies war vor der "pragmadidaktischen Wende" insbesondere im Bereich der Pragmatik der Fall und trifft auf viele pragmatische Teilbereiche immer noch zu.
Interimsprachliche Regeln können nach dem bisher Gesagten in ihrer expliziten und impliziten Existenzweise identisch oder unterschiedlich sein, oder sie können nur impliziten Charakter haben. Es ist darüber hinaus denkbar, daß Lerner über nur explizite Regeln ohne implizites Pendant verfügen: dabei handelt es sich um "totes" Wissen über die Fremdsprache, das nicht kommunikativ verfügbar ist. Rein explizite Regeln dürften insbesondere als Produkte des historischen Grammatik-Übersetzungs-Unterrichts aufgetreten sein.

Die impliziten Regeln lassen sich weiterhin untergliedern in zwei Typen: in hypothetische und feste Regeln. Hypothetische Regeln sind Annahmen über die fremdsprachlichen Re-

---

[1] Vgl. aber Bieritz/Grotjahn (1977), die sich für explizit kognitive Verfahren zur Vermittlung phonologisch-phonetischer Regeln aussprechen.

geln, die sich der Lerner bildet, wenn er neue fremdsprachliche Daten ("intake", Corder 1967; 1978) aufnimmt oder bereits vorhandenes interimsprachliches Wissen zur Bildung neuer Regeln verwendet.
Zusammen mit den Versatzstücken bilden die hypothetischen Regeln den instabilen, "durchlässigen" und damit den innerhalb eines gegebenen Lernstadiums veränderungsfähigen Teil von Interimsprachen; sie sind mithin - im Unterschied zu den festen Regeln - prinzipiell interimsprachenspezifisch.

Um festzustellen, ob die gebildete Hypothese zutrifft, unterzieht sie der Lerner einem Testverfahren: durch ihre Anwendung im Fremdsprachenunterricht oder in der außerunterrichtlichen Kommunikation erhält er Rückmeldung darüber, ob seine Hypothese richtig oder falsch ist. Negative Rückmeldung (in kognitiver und/oder affektiver Hinsicht, vgl. Vigil/Oller 1976) veranlaßt den Lerner, seine anfängliche Hypothese zu revidieren und die neue/modifizierte Hypothese wiederum einem Testverfahren zu unterwerfen. Der Prozeß des Hypothesenbildens und -testens setzt sich solange fort, bis der Lerner positive Rückmeldung über die betreffende Hypothese erhält; damit bekommt er quasi "grünes Licht", die bestätigte Hypothese als feste Regel (s.u.) seinem interimsprachlichen System zu inkorporieren.
Beispiel: Stadium 1: Der Lerner hat als implizite hypothetische Satzbildungsregel mit dem *durative aspect marker* "subject + V-ing" ausgebildet, d.h. seiner Hypothese zufolge ist V-ing eine finite Verbform. Auf der Basis dieser Regel produziert er Äußerungen wie "the man cooking", aber auch "he's cooking". Die hypothetische Satzbildungsregel wird bei ihrer produktiven Anwendung durch korrektive Rückmeldung falsifiziert und zu "subject + be + V-ing" modifiziert.
Stadium 2: Der Lerner produziert nun korrekte Äußerungen wie "the man is cooking", aber auch fehlerhafte Aktualisierungen wie "he's is cooking". An dieser zweiten Form wird deutlich, daß der Lerner "he's" als ein Morphem auffaßt;

seinen korrekten Äußerungen mit Personalpronomen aus Stadium 1 lag demnach die kombinierte Hypothese "subject + V-ing" und "Pro → he's/she's ..." zugrunde. Diese zweite Hypothese erfährt in Stadium 2 wiederum Ablehnung; der Lerner revidiert sie aufgrund der Korrektur zu "Pro → he/she ...".
In Stadium 3 produziert er mithilfe der korrekten Satzbildungsregel "subject + be + V-ing" und der korrekten Pronominalisierungsregel Äußerungen wie "the man is cooking" und "he's cooking", erhält positive Rückmeldung über diesen Regelzusammenhang und integriert beide als feste Regeln seinem interimsprachlichen System.[1]

Im Unterschied zum Grundsprachenerwerb[2] und zum nicht-unterrichtsgesteuerten Zweitsprachenerwerb wird der in diesen beiden Spracherwerbstypen oft langwierige Prozeß des Hypothesenbildens, -testens und -revidierens, wie er soeben exemplarisch aufgezeigt wurde, im Fremdsprachenunterricht häufig abgekürzt, indem der Lerner eine explizite Regel erhält. Sofern es sich nicht um einen Fremdsprachenunterricht mit durchgängig deduktiv-expliziter Regelvermittlung handelt - was im modernen Kommunikations- und lernerorientierten Fremdsprachenunterricht nicht der Fall sein sollte -, werden die Lerner jedoch auch unter schulischen Lernbedingungen das Hypothesenverfahren zur interimsprachlichen Regelbildung verwenden. Dabei wird es sich lernerleichternd auswirken, daß das der Regelinduktion zugrundeliegende Material - der *"input"* - im Fremdsprachenunterricht typischerweise auf diesen Zweck hin <u>strukturiert</u> ist. Der strukturierte - lernzielabhängig selektierte und gradierte - *"input"* stellt <u>ein</u> Spezifikum des unterrichtsgesteuerten Fremdsprachenlernens dar, das ihn von allen anderen Sprach-

---

[1] Das Beispiel ist in modifizierter Form Faerch (1979 b, 18) entnommen.
[2] Die Modellierung von Spracherwerb als eines Prozesses des Hypothesenbildens und -testens stammt aus der Grundsprachenerwerbsforschung (vgl. z.B. Clark/Hutcheson/van Buren 1974, 49 ff.); zur Illustration sei auf den inzwischen berühmten Mutter-Kind-Dialog bei Corder (1967, 167) verwiesen.

erwerbstypen abgrenzt.

Feste Regeln sind im Unterschied zu den hypothetischen "erworben" oder "gelernt", d.h. sie sind innerhalb eines gegebenen Lernstadiums oder dauerhaft nicht mehr Veränderungen unterworfen. Diese stabilen Anteile an der Interimsprache sind zu Beginn des fremdsprachlichen Lernprozesses zwangsläufig gering; sie dürften zunächst nur solche Regeln umfassen, die der Lerner erfolgreich aus der Grundsprache oder einer anderen Fremdsprache transferiert und die die elementaren Strukturen der Fremdsprache betreffen. Beispiele sind hier die bereits angeführten Regeln zur Stellung von Artikel und attributivem Adjektiv im Englischen. Mit zunehmender Annäherung an die fremdsprachliche Lernzielnorm wird sich der Anteil fester Regeln gegenüber den hypothetischen Regeln und den Versatzstücken vergrößern. Innerhalb der Gruppe der festen Regeln können folgende Subtypen unterschieden werden:

a) Permanent feste Regeln. Insbesondere in fremdsprachenunterrichtsgebundenen Interimsprachen werden diese Regeln mit denen der fremdsprachlichen Lernzielnorm übereinstimmen, also nicht-interimsprachenspezifisch sein (es sei denn, die Lernzielnorm für die betreffende Regel ist nicht mit einer fremdsprachlichen *native speaker*-Norm identisch). Beispiele für solche Regeln, die häufig in den Anfangsstadien der interimsprachlichen Entwicklung gelernt werden und dauerhaft stabil bleiben, wären z.B. die Regeln zur Adverbmorphologie oder zur Steigerung der Adjektive im Englischen. Typischerweise treten permanent feste Regeln in relativ einfach strukturierten Regelkomplexen auf, die sich auch mit fortschreitendem Lernprozeß nicht weiter ausdifferenzieren.

b) Lernphasengebundene feste Regeln. Komplexere Regelzusammenhänge werden meist nicht "en bloc", sondern sukzessive, über mehrere Lernstadien verteilt gelernt. Das Verfahren, einen bestimmten Lernstoff in zunehmend differenzierter

Form auf verschiedenen Stufen des Lernfortschritts wieder aufzugreifen, ist im Fremdsprachenunterricht als "konzentrische Progression" (vgl. z.B. Corder 1973 b, 297 ff.; Piepho 1976) bekannt. Ein typisches Beispiel für einen solchen komplexen Regelzusammenhang, der etappenweise gelernt wird und damit zu lernphasengebundenen interimsprachlichen Regeln führt, ist der Tempus- und Aspektkomplex im Englischen. So wird der Lerner zunächst eine Ausdrucksvariante zur futurischen Referenz lernen (z.B. "will") und diese Regel, nachdem sie das Verfahren des Hypothesenbildens und -testens erfolgreich durchlaufen hat, über einen gewissen Zeitraum als feste Regel verwenden. Sie wird destabilisiert, wenn der Lerner mit einer weiteren Ausdrucksweise zur futurischen Referenz (z.B. "going to") konfrontiert wird und er die unterschiedlichen Verwendungsbedingungen der beiden Futurmarkierungen ("colourless, neutral future" vs. "future of present intention/of present cause", Quirk/Greenbaum 1973, 47 f.) im Kontrast lernt. Entsprechend den Lernzielen des Kurses ist es möglich, daß mit diesen beiden Regeln der Lernbereich "auf Zukünftiges Referieren" abgeschlossen ist und das interimsprachliche System auf diesem Lernstadium verharrt. Bei differenzierteren Lernzielen werden jedoch auch diese Regeln in einer fortgeschrittenen Lernphase Destabilisierung erfahren, wenn nämlich weitere Ausdrucksmöglichkeiten zur futurischen Referenz als Lernstoff hinzutreten (z.B. der *durative aspect marker*, das *simple present*,"will" + *durative aspect marker* etc.): jede neue Regel erfordert eine Umstrukturierung des gesamten Regelkomplexes, da jeweils neue Subkategorisierungen und Selektionsrestriktionen gelernt werden müssen.

Gemessen an einer *native speaker*-Norm sind die lernphasengebundenen festen Regeln, die man auch als "Interimregeln" bezeichnen kann, "falsch" in der Hinsicht, daß sie einen komplexen Zusammenhang zu undifferenziert abbilden. Falsche implizite Regeln können jedoch auch permanent-fester Bestand-

teil der Interimsprache werden, wenn der Lerner auf eine
unzutreffende Hypothese - etwa durch ausbleibende Fehlerkorrektur - positive Rückmeldung erhält. Beispielsweise
kann trotz korrekter expliziter Regel(n) die fehlerhafte
implizite hypothetische Regel "verwende das *simple present*
zum Ausdruck von Handlungen, die in der näheren Zukunft
liegen" ("I'm back in a minute") den Status einer permanen-
ten festen Regel gewinnen, wenn der Lerner nicht durch systematische Fehlerkorrektur zur Revision dieser falschen
Hypothese veranlaßt wird.

In der *Interlanguage*-Literatur werden fremdsprachlich falsche stabile Regeln als Fossilisierungen bezeichnet (vgl.
Selinker 1972; Vigil/Oller 1976; Selinker/Lamendella 1978).
Diesem Konzept liegt die Vorstellung zugrunde, daß Zweit-
sprachensprecher falsche Regeln, die sie nicht als kommunikative und/oder soziale Hemmnisse erfahren, auch aufgrund
unterrichtlicher Maßnahmen nicht revidieren. Es scheint allerdings problematisch, das Fossilisierungskonzept, wie es
z.B. Lauerbach (1977) tut, unhinterfragt auf das vorwiegend
unterrichtsgesteuerte Fremdsprachenlernen zu übertragen:
bisher gibt es keinerlei empirische Anhaltspunkte dafür,
daß im Fremdsprachenunterricht nicht alle falschen impliziten festen Regeln - ob sie nun lernphasenspezifisch oder
nicht an eine bestimmte Lernphase gebunden sind - prinzipiell destabilisierungsfähig sind (vgl. Bausch 1977 a, der
den statischen Fossilisierungsbegriff aus der Perspektive
des Fremdsprachenunterrichts kritisiert). Daß die festen falschen Regeln dabei unterschiedliche Resistenzstärken aufweisen und damit unterschiedlich intensive Bearbeitung erfordern, sei unbestritten.

2.3.2 LERN- UND KOMMUNIKATIONSSTRATEGIEN

Im Unterschied zu den Versatzstücken und den hypothetischen und festen Regeln bilden Lern- und Kommunikationsstrategien selbst keine Einheiten der Interimsprache; sie dienen vielmehr ihrem Erwerb und ihrer Verwendung in der Kommunikation. Der in Faerch/Kasper (1980 a) verwendete Strategiebegriff setzt voraus, daß alle Prozesse zielgerichteten intellektuellen Verhaltens, und damit auch interimsprachliche Lern- und Kommunikationsprozesse, plangesteuert sind. Strategien konstituieren die Klasse von Plänen, die ein Individuum potentiell bewußt zur Problemlösung einsetzt ("a strategy is a potentially conscious plan for solving what to the individual presents itself as a problem in reaching a particular goal" (60)).
Da Fremdsprachenlernen sowohl psycholinguistische Anteile als auch beobachtbare Verhaltenskomponenten umfaßt, werden psycholinguistische von verhaltensorientierten Lernstrategien unterschieden

Psycholinguistische Lernstrategien sind potentiell bewußte Pläne, die der Lerner zur Lösung von Problemen bei der interimsprachlichen Hypothesenbildung einsetzt.

Beispiel: Der Lerner verfügt noch nicht über die Verbanschlußregel bei Verben vom Typ "want". Er stellt die hypothetische Regel auf, der Verbanschluß entspreche dem grundsprachlichen syntaktischen Muster ("wollen daß + Satz"), also "want that + *clause*". Er verwendet damit als psycholinguistische Lernstrategie grundsprachlichen Transfer.

Verhaltensorientierte Lernstrategien sind potentiell bewußte Pläne, die der Lerner zur Lösung von Problemen des Hypothesen-Testens und der Regelautomatisierung einsetzt.
Die wichtigsten verhaltensorientierten Lernstrategien sind trivialerweise, daß der Lerner möglichst häufig Kontakt mit der Fremdsprache sucht, um seine hypothetischen Regeln in

der Kommunikation zu testen und durch aktive - produktive
und rezeptive - Verwendung der Interimsprache (Übung) ihren
Regelbestand zunehmend automatisiert. Verhaltensorientierte Lernstrategien sind insbesondere am Ontario Institute
for Studies in Education, Toronto, untersucht worden (vgl.
z.B. Naiman/Fröhlich/Stern/Todesco 1978).

Kommunikationsstrategien sind potentiell bewußte Pläne,
die der Lerner zur Lösung von Kommunikationsproblemen einsetzt, die entstehen, wenn er mit seinem aktuellen interimsprachlichen System eine bestimmte Kommunikationsabsicht
nicht in subjektiv angemessener Weise realisieren oder Äußerungen rezipieren kann.

Beispiel: Das Kommunikationsproblem ist, mithilfe der Interimsprache den Gegenstand "Heizungskessel" zu bezeichnen.
Da diese Bedeutung in der Interimsprache nicht lexikalisiert
ist, verwendet der Lerner eine Paraphrase als Kommunikationsstrategie und produziert "the big round thing in the
basement".

Ein bestimmendes Moment des Strategiebegriffes in Faerch/
Kasper (1980 a) ist seine Entwicklung aus der Lernerperspektive. Er unterscheidet sich damit von anderen in der
Literatur gängigen Definitionen, wie sich exemplarisch an
Tarone/Cohen/Dumas' (1976) Bestimmung von Kommunikationsstrategien aufzeigen läßt. Sie definieren Kommunikationsstrategien als "a systematic attempt by the learner to
express or decode meaning in the target language, in situations where the appropriate systematic target language
rules have not been formed" (1976, 78; vgl. auch Tarone/
Frauenfelder/Selinker 1976, 100; Tarone 1977). Daß Kommunikationsstrategien Verwendung finden bei fehlenden angemessenen "target language rules" und nicht "interlanguage
rules", impliziert die Betrachtungsweise eines Analysators
oder *native speakers*, nicht aber die des Lerners, der ja
nicht weiß, welche Regeln seines interimsprachlichen Systems

mit denen der Fremdsprache übereinstimmen und welche interimsprachenspezifisch sind. Gleichzeitig führt Tarone/Cohen/Dumas' Definition zu einer merkwürdigen Konzeption der Interimsprache: sie besagte nämlich, daß das interimsprachliche System nur mit der Fremdsprache identische Regeln enthielte, die der Lerner dann im Fall von Kommunikationsproblemen bewußt übergeneralisiert, reduziert oder durch Transfer aus der Grundsprache überlagert. Damit würde jedoch das Konzept der Interimsprache als eines Systems, das fremdsprachlich konforme und lernerspezifische Regeln enthält, aufgegeben. Aus der Lernerperspektive scheint es daher angemessener, davon auszugehen, daß der Lerner beim Kommunizieren sein interimsprachliches Regelsystem anwendet und entsprechend dem aktuellen Zustand seiner Regeln fremdsprachenkonforme und lernerspezifische Äußerungen produziert und nur dann, wenn seine Interimsprache es ihm nicht erlaubt, eine bestimmte Mitteilungsabsicht subjektiv angemessen zu realisieren, oder wenn er (z.B. um den Gesprächsfluß zu erleichtern) es bewußt nicht ausschöpft, Kommunikationsstrategien anzunehmen (vgl. Adjemian 1976, 309 ff.).

3. ZUR ZIELSETZUNG DIESER ARBEIT

3.1 GEGENSTAND UND PROBLEMBEREICHE

Nach der Erörterung des Fremdsprachenlernens unter den besonderen Bedingungen des schulischen Vermittlungskontextes kann die Fragestellung wieder aufgegriffen werden, die am Ende von Kap. 1.2 angerissen wurde: Wie erfolgreich ist ein traditioneller fertigkeits- und redemittelorientierter Fremdsprachenunterricht im Hinblick auf das Lernziel kommunikative Kompetenz? Ich möchte in der vorliegenden Arbeit zur empirischen Klärung dieser Frage beitragen, indem ich Aspekte der __interimsprachlichen kommunikativen Kompetenz fortgeschrittener deutscher Englischlerner nach Abschluß ihres schulischen__ - in der Regel neunjährigen - __Englischunterrichts__ untersuche. Es versteht sich, daß sich kommunikative Kompetenz weder global vermitteln noch überprüfen läßt; sie muß in ihre Teilbereiche gegliedert werden, die natürlich auch die phonologisch-phonetische, syntaktische und semantische Komponente - die 'Sprachkompetenz i.e.S.' - umfassen. In dieser Arbeit sollen jedoch ausschließlich __Aspekte der pragmatischen Komponente__ in der Interimsprache in Betracht gezogen werden. Eine weitere Einschränkung des Untersuchungsgegenstandes ergibt sich durch die Ausrichtung auf die interimsprachliche Lerner__performanz__, d.h. auf das pragmatische __Können__ der Lerner; ihr __Wissen__ kann im Rahmen dieser Arbeit nur indirekt erschlossen werden. Dabei werden nur die __verbalen__ (nicht die extra-, parasprachlichen) Handlungsanteile in die Analyse einbezogen. Der zu untersuchende "__Fertigkeitsbereich__" ist der __mündlichsprachliche produktive__; der __Diskurstyp__ ist die dyadische *face-to-face*-Kommunikation mit einem englischen *native speaker* in einem außerschulischen Kontext (vgl. zur Begründung 4.2).
Die erste Fragestellung lautet demnach: __wie realisieren fortgeschrittene deutsche Lerner des Englischen pragmatische Funktionen in *face-to-face*-Dialogen mit einem englischen *native speaker*?__

Dabei sollen folgende Einzelaspekte untersucht werden, die relevante Komponenten kommunikativer Kompetenz konstituieren:

- wie realisieren Lerner initiierende und respondierende Sprechakte im Dialog?
- wie konstituieren sie Dialoge in der Interaktion mit einem Koaktanten?
- wie beenden sie Dialoge?
- wie erhalten sie einen Dialog aufrecht?

Die von den Lernern ausgebildete kommunikative Kompetenz in der Fremdsprache hat, so unsere Annahme, Interimcharakter, d.h. sie nähert sich derjenigen englischer *native speakers* an, ohne mit ihr identisch zu sein. Aufgabe der Deskription der genannten pragmatischen Aspekte in der Lernerperformanz ist es daher, festzustellen, welche lernerspezifischen Merkmale sie charakterisieren: hierdurch läßt sich zeigen, inwieweit das Lernziel kommunikative Kompetenz im Hinblick auf die ausgewählten Aspekte erreicht wurde, und inwieweit die Lernerkompetenz Defizite aufweist. Damit kann auch empirische Evidenz zu der didaktisch-methodisch bedeutsamen Frage gewonnen werden, inwieweit sprachlich erwachsene Lerner dazu in der Lage sind, ihre mit der Grundsprache erworbenen kommunikativen Fähigkeiten eigenständig, d.h. ohne besondere Unterstützung durch den Fremdsprachenunterricht mit den neu zu erlernenden fremdsprachlichen Redemitteln zu integrieren (vgl. 1.2).

Wenn pragmatische Defizite in der Interimsprache der Lerner festgestellt werden und sich damit herausstellt, daß der Fremdsprachenunterricht in seiner bisherigen Form nicht in ausreichender Weise kommunikative Kompetenz vermittelt, müssen entsprechende unterrichtsmethodische Maßnahmen getroffen werden, die (therapeutisch) darauf abzielen, pragmatische Defizite zu beheben, und die es (prophylaktisch) verhindern, daß sich bei zukünftigen Lernern solche Defizite ausbilden. Hierzu ist es nötig, über das bloße Konstatieren lernerspe-

zifischer Merkmale hinauszugehen: sie müssen vielmehr auch
in ihrer kausalen Bedingtheit erklärt werden. Den theoretischen Bezugsrahmen für die Erklärung lernerspezifischer
Merkmale bildet die Interimsprachenhypothese, wie sie in
2.2 entwickelt wurde.

Die zweite Fragestellung wird demnach lauten: durch welche
psycholinguistischen Prozesse und Einflüsse des Erwerbs-
und Kommunikationskontextes können lernerspezifische Merkmale in den beschriebenen pragmatischen Aspekten ansatzweise erklärt werden?
Dabei läßt es weder die textuelle Datenbasis (vgl. Kap. 4)
noch der aktuelle Forschungsstand zu, bereits spezifische
Einzelhypothesen zu verfolgen. Ziel der Kausalexplikation
kann es vielmehr nur sein, auf interpretativem Weg zu Erklärungshypothesen zu gelangen, die in späteren Untersuchungen mit gezielten Methoden überprüft werden können.

Zum Verhältnis von Deskriptionsteil (Analyse der Produktebene) und Explikationsteil (Analyse der Prozeßebene) ist folgendes zu bedenken:

Mit der Interimsprachenanalyse pragmatischer Aspekte wird
ein Untersuchungsgegenstand analysiert, der bislang nur in
wenigen kleineren Studien (vgl. 3.2) thematisiert wurde. Aus
der langen Tradition der zentralen Stellung von Syntax, Lexik und Phonologie/Phonetik im Fremdsprachenunterricht liegen a) durch Unterrichtserfahrung gewonnene, b) durch Fehleranalysen wissenschaftlich abgestützte Kenntnisse insbesondere über die Produktebene in diesen Bereichen vor (vgl. zu
Analysen der Englischfehler deutscher Lerner die einschlägigen Bibliographien z.B von Bausch 1971, 1976; Mackey 1972;
Arabski 1973; Sajavaara/Lehtonen 1975; Valdmann/Walz 1975;
Palmberg 1976, 1977; Rattunde/Weller 1977; Gutfleisch/Rieck/
Dittmar 1979, 1980). Weitere Fehleranalysen, aber auch gesamthafte Analysen der Lernerperformanz ("performance analysis", vgl. z.B. Faerch 1978 c), die sich auf die produkt-

ebenenbezogene linguistische Deskription lernerspezifischer Merkmale in Syntax, Lexik und Phonologie/Phonetik beschränken, haben den mit Fremdsprachenunterricht befaßten Lehrern, Lehrbuchautoren, Curriculumplanern und Fachdidaktikern wenig Verwertbares zu bieten, da sie nur explizit machen, was sie ohnehin schon wissen: nämlich welche Fehler (in welcher Frequenz) auftreten. Sie können nicht die wichtige Frage beantworten, welche Prozesse diesen Fehlern zugrunde liegen und wodurch diese möglicherweise ausgelöst wurden (vgl. die Kritik von Raabe (1977) an Kohn (1974)).

Bei der Interimsprachenanalyse pragmatischer Aspekte sieht unser Kenntnisstand jedoch anders aus: da die pragmatische Dimension erst seit zehn Jahren - und zudem meist programmatisch und nur in wenigen Ausnahmefällen (wie z.B. dem Lehrwerk "English G", 1973 ff.) unterrichtspraktisch - ins Blickfeld der Fremdsprachendidaktik gerückt ist, können wir heute nicht auf Kenntnisse der Produktebene lernersprachlichen Verhaltens in diesem Bereich zurückgreifen, die auch nur annähernd denen in Syntax, Lexik und Phonologie vergleichbar wären. Vordringliche Aufgabe von Interimsprachenanalysen der pragmatischen Komponente in Lernersprachen muß es daher sein, lernerspezifische Merkmale zu identifizieren und zu beschreiben; ihre kausale Erklärung bleibt dieser Aufgabe - nicht nur forschungslogisch, sondern auch in ihrer Gewichtung - notwendig nachgeordnet.

3.2 LITERATURBERICHT ZUM ENGEREN THEMATISCHEN KONTEXT

Die folgende Literaturübersicht enthält nur solche Beiträge, die den engeren Zusammenhang der vorliegenden Arbeit, nämlich die pragmatische Komponente in Interimsprachen thematisieren. Zu diesem Forschungsgegenstand lagen zu Beginn meiner Untersuchung (1976) keinerlei Arbeiten vor und damit auch keine Annahmen, Hypothesen oder Ergebnisse, aber auch keine spezifisch auf ihn bezogene Forschungsmethoden, auf die ich mich hätte stützen können. Zwischen 1977 und 1979 erschienen jedoch einige einschlägige Beiträge. Sie werden unter folgenden Gesichtspunkten vorgestellt:

- programmatische vs. empirische Arbeiten

- Arbeiten zum nicht-unterrichtsgesteuerten vs. unterrichtsgesteuerten Erwerbs-/Lernkontext

- Arbeiten mit isolierten Lernerdaten vs. interaktioneller Datenbasis

- Arbeiten mit qualitativer vs. quantitativer Datenbasis

- Arbeiten zur Produkt- vs. Prozeßebene.

Bei der Besprechung dieser Beiträge wird die methodische Vorgehensweise - Datenerhebung und -auswertung - im Hinblick auf den methodischen Ansatz der vorliegenden Arbeit, der in Kapitel 4 entwickelt wird, besonders berücksichtigt.

Janicki (1979) formuliert ein Forschungsprogramm, das auf die Untersuchung kommunikativer Abweichungen im Sprachverhalten von Fremdsprachenlernern ausgerichtet ist. "Sociolinguistic deviance analysis" (SDA) und "communicational deviance analysis" (CDA) werden als Weiterführung der im engeren Sinn "linguistischen" Fehleranalyse gefordert, von der sie sich in folgenden Punkten abheben: 1. Soziolinguistische und kommunikative Normen sind schwieriger zu definieren als Sprachnormen i.e.S. Wissenschaftliche Beschreibungen auf diesem Gebiet liegen nicht vor. 2. Sprachliche Abweichungen i.e.S. sind leichter zu identifizieren als sozio-interaktionelle Verstöße. 3. Regelverletzungen im sozio-interaktionellen Bereich sind leichter zu vermeiden und damit schwieriger untersuchbar. 4. Daher spielen Elizitationstechniken als Datenerhebungsverfahren in SDA/CDA eine größere Rolle als in der Fehleranalyse. 5. Forschungsmethodisch wird sich die SDA an der Soziolinguistik orientieren müssen. 6. Die Rolle des *native speaker*-Informanten ist in der SDA nicht nur, Informationen über bereits aufgestellte Kategorien zu liefern, er muß vielmehr an der Kategorienbildung selbst mitwirken.

Als für CDA/SDA relevante Forschungsbereiche nennt Janicki neben der Untersuchung der Ausprägung kommunikativer Devianz in Abhängigkeit von den üblichen soziolinguistischen Variablen die Analyse von Abweichungen in der Sequenzierung von Diskurszügen, beim *turn-taking*, auf der Direktheits-/ Indirektheitsdimension von Sprechakten, beim Schweigen, in der Kinetik bis hin zur Kleidung. Weiterhin fordert er Untersuchungen zur Einstellung gegenüber sozio-interaktioneller Abweichung, wobei sich die besondere Rolle des Ausländers als wichtige Variable erweisen dürfte. Zur Datenerhebung in CDA/SDA nimmt Janicki an, daß sich diese neu zu konstituierenden Forschungsrichtungen auf der ersten Stufe soziolinguistischer Datenerhebung - der Introspektion, Intuition und unstrukturierten Beobachtung - befinden, die die methodische Voraussetzung für die zweite Stufe - die Datenerhebung in Abhängigkeit von definierten soziolinguistischen Variablen - liefert. Als Beispiele für "unstrukturierte Beobachtungen" der ersten Stufe gibt Janicki die Eindrücke englischer und amerikanischer *native speakers* über das Kommunikationsverhalten polnischer Englischsprechender wieder.

Janickis Interesse richtet sich primär auf die Entwicklung eines soziolinguistischen Forschungsprogramms, das die Produktebene soziointeraktioneller Abweichungen in Interimsprachen untersucht, ohne auf ihre Entstehungbedingungen einzugehen. Der fremdsprachenunterrichtliche Erwerbskontext wird nicht in das Forschungsprogramm einbezogen, jedoch Relevanz von CDA/SDA für einen kommunikativen Fremdsprachenunterricht postuliert.

Für <u>Hackmann</u> (1977) sind Leneräußerungen von "purported speech acts" ebenfalls nicht unter Erwerbs- und/oder Unterrichtsaspekten interessant: vielmehr soll die Analyse mißglückter Lerner-Sprechakte dazu dienen, über die Regularitäten gelungener *native speaker*-Sprechakte Aufschluß zu bringen. Die Kommunikation mit einem nicht-muttersprachlichen Sprecher verlangt dem *native speaker* in der Hörerrolle

ständige Reparaturleistungen auf der Ebene der sprachlichen
Mittel ab, die der Sprecher zur Realisierung seines Sprechakts verwendet. Überschreitet der nichtmuttersprachliche
Sprecher die Reparaturtoleranz des Hörers, mißlingt der
beabsichtigte Sprechakt. Hackmann diskutiert vier mögliche
"failure areas" für "purported speech acts": 1. Fehlrealisierungen des Fokus (Rhemas) der Äußerung, 2. unzureichende semantische Redundanz durch kulturell unangemessene Präsuppositionen, 3. unangemessene Prosodie, 4. unzutreffende
Hörererwartungen, die der Rezipient an die Äußerungen eines
non-native speakers knüpft, z.B. die Nichterwartung uneigentlicher Rede. Die potentiell kommunikativ problematischen
Gebiete sind durch anekdotische Selbstbeobachtungen der Autorin als englischer *native speaker* in Schweden belegt. Interessant scheint mir vor allem, daß sie den Beitrag des *native speaker*-Hörers zum Gelingen/Mißlingen von Kommunikation
mit einem nicht-muttersprachlichen Sprecher hervorhebt.

Auf die interaktionelle Dimension in Lerner-*native speaker*-
Diskursen hebt <u>Hatch</u> (1978 a) in besonderem Maße ab. Ihr Interesse richtet sich auf die Frage, wie sich <u>Zweitsprachenerwerb im Diskurs</u> vollzieht. Hierzu unterzieht sie interaktionelle Daten aus vorliegenden empirischen Studien zum
Zweitsprachenerwerb einer diskursanalytischen Betrachtung.
Nach einer entsprechenden qualitativen Re-interpretation von
Diskursen mit kindlichen Lernern, die für unseren Zusammenhang nicht ergiebig ist, analysiert sie Diskurse zwischen
erwachsenen Lernern und *native speakers* des Amerikanischen
Englisch. Die Probanden sind drei in den USA lebende erwachsene Lerner des Englischen mit Spanisch bzw. Französisch als
Grundsprache. Ihr Zweitsprachenerwerb vollzieht sich primär
ungesteuert; zwei der Probanden erhalten daneben Zweitsprachenunterricht in Abendschulen; ihre zweitsprachliche Profizienz liegt zwischen Anfänger- und fortgeschrittenem Anfängerniveau.

Hatch ermittelt folgende für die Diskurse zwischen diesen
Lernern und den *native speakers* charakteristischen Merkmale:

1. Zur Aufrechterhaltung des Diskurses sind Reparaturen von entscheidender Bedeutung. Durch lernerinitiierte Aufforderungen zur Reparatur modifizieren die *native speakers* ihre ursprünglichen Äußerungen, bis der Lerner Verstehen signalisiert. Als reparaturinitiierende Signale fungieren dabei nicht-lexikalische Äußerungen ("huh"), das konventionelle "pardon me", explizite Feststellungen des Nichtverstehens ("I don't understand"), Echos sowie themenrelevante und -irrelevante Repliken. 2. Die *native speakers* erleichtern den Lernern die Teilnahme am Diskurs durch Vorgabe themenrelevanter Repliken. 3. Die Lerner-Repliken können in themenrelevante, -bezogene und -irrelevante Repliken unterschieden werden. Die Themenrelevanz gibt Aufschluß über die Rezeption der *native speaker*-Äußerung durch den Lerner. 4. Die Lerner verfügen über verschiedene Strategien zur Themenidentifizierung. Da Diskurse zwischen Erwachsenen zur stärkeren Unabhängigkeit von der unmittelbaren Umgebung (Situationsunabhängigkeit) tendieren als kindliche Diskurse, ist die Themenidentifizierung für erwachsene Lerner schwieriger - d.h. ohne situative Hilfen - zu bewältigen. 5. Themennominierungen durch die Lerner zeichnen sich durch lange Vorbereitungssequenzen aus und durch die Strategie der Lerner, für ihre Ausdrucksabsicht relevante Lexeme vom *native speaker* zu elizitieren. Damit findet als "Nebenprodukt" des Diskurses Spracherwerb statt. 6. Prädiktionsstrategien über Diskursregularitäten, die der erwachsene Lerner aus der Grundsprache und außersprachlichem Wissen speist, unterscheiden wesentlich das Diskursverhalten erwachsener von demjenigen kindlicher Lerner.
Die Bedeutung von Hatchs Artikel (vgl. auch Larsen-Freeman 1977; Peck 1978) liegt vor allem darin, der nordamerikanischen Zweitsprachenerwerbsforschung, die in ihrer Konzentration auf isolierte grammatische Erscheinungen (Morphemstudien) interaktionelle Aspekte von Kommunikation und Spracherwerb völlig ausgeklammert hatte, eine neue Orientierung zu geben. Es ist aus europäischer Perspektive erstaunlich, daß die Bedeutung der Lerner-*native speaker* und Lerner-Ler-

ner-Interaktion für den ungesteuerten Zweitsprachenerwerb, in dem der Lerner von Anfang an notwendig in zweitsprachlichen Kommunikationszusammenhängen agieren muß, erst jetzt in den Blick gerät. Im Kontext der vorliegenden Arbeit ist Hatchs Beitrag insofern relevant, als er spezifische Merkmale von Lerner-*native speaker*-Diskursen hervorhebt; ob diese Merkmale - und in welcher Ausprägung - auch für Diskurse mit Lernern typisch sind, die eine Fremdsprache unter unterrichtsgesteuerten Bedingungen erworben haben, und inwieweit sie vom Profizienzniveau der Lerner in der Fremd-/Zweitsprache abhängen, bleibt zu untersuchen.

Wie erwähnt, hebt Hatch die Bedeutung von Reparaturen in der Lerner-*native speaker*-Interaktion unter nicht-unterrichtsgesteuerten Bedingungen hervor. Demgegenüber untersucht Rehbein (1978) auf der Basis transkribierter Tonband- und Videomitschnitte dreier Englischstunden an einer Hauptschule Ablauf und Funktionen von Reparaturen im Fremdsprachenunterricht. Ein "reparatives Handlungsmuster" umfaßt die Schritte (a) "Äußerungselement mit Irrtum", (b) "Intervention", (c) "Verbesserung", (d) "Bestätigung", wobei die Durchführung von Schritt (d) davon abhängt, ob es sich um eine (selbst- oder fremdinitiierte) Selbst- oder Fremdverbesserung handelt. Wurde für nichtschulische Alltagsdiskurse festgestellt, daß Interaktanten die Selbstverbesserung der Fremdverbesserung vorziehen und im Fall der Fremdverbesserung die Bestätigung durch den Aktanten vollzogen wird, der die irrtümliche Äußerung produzierte (vgl. Schegloff/Jefferson/Sacks 1977), so liegt die Aktantenverteilung auf die relevanten Schritte der Reparatur im Fremdsprachenunterricht anders: aufgrund der asymmetrischen Verteilung des Wissens, die für die schulische Interaktionssituation typisch ist, werden hier reparaturbedürftige Äußerungen entweder durch den Lehrer fremdverbessert, oder die Reparatursequenz schließt mit einer Fremdbestätigung durch den Lehrer ab: in jedem Fall behält der Lehrer (als Hörer) und nicht der Schüler (als Sprecher) das letzte Wort.

Im Anschluß an die Strukturanalyse reparativer Handlungsmuster im schulischen und außerschulischen Diskurs werden Einzelaspekte von Reparaturen im Fremdsprachenunterricht diskutiert: das dekontextualisierte "Wiederholen im kompletten Satz" wird der kontextuellen "reflektierten Wiederholung" gegenübergestellt, "steuerndes Eingreifen", "Hinweis geben" und "Rephrasieren" werden im Hinblick auf ihre Aktanten- und Handlungsdistribution und ihre Leistung für den Lernprozeß analysiert. Besonderes Gewicht legt Rehbein auf die Unterscheidung der Reparaturtypen "Reparieren" (i.e.S.) und "Korrigieren": während der Schüler beim Reparieren den "Zielfokus", d.h. die Orientierung auf das Ziel seiner Sprechhandlung, beibehält, gibt er ihn beim Korrigieren auf und übernimmt die vorgegebene Lehreräußerung. Gegenüber dem schülerzentrierten, dem Lernprozeß förderlichen Reparieren wirkt sich das Korrigieren lernzielgefährdend aus: dadurch, daß der Schüler gezwungen wird, seinen eigenen Sprechhandlungsprozeß abzubrechen, "wird wesentlich das Erlernen des sprachlichen Handelns mit den Mitteln der fremden Sprache verhindert" (29).
In seiner abschließenden Erörterung des Einflusses von Reparaturmaßnahmen auf den Lernprozeß im Fremdsprachenunterricht empfiehlt Rehbein, daß der Lehrer angesichts des Dilemmas, einerseits Falsches verbessern zu müssen, andererseits den Schüler nicht "abwürgen" zu wollen, versuchen sollte, durch "reflektierende Interpretation" der reparaturbedürftigen Schüleräußerung die mentalen Prozesse des Schülers während der Äußerung zu rekonstruieren und diese Rekonstruktion zur Grundlage seiner Reparaturhandlung zu machen. Allerdings bleibt auch bei der schülerzentrierten Reparatur wie dem Reparieren die Spezifik fremdsprachenunterrichtlicher Interaktion bestehen: daß nämlich der Schüler zumeist nicht seinen eigenen Handlungsplan verfolgt, sondern mit der Verbesserung "die eigenständige Übernahme des ihm implantierten Lehrerplans" vollzieht (47).

Im Unterschied zu Rehbeins qualitativ-exemplarischen Analy-

se eines Interaktionsmusters in seiner fremdsprachenunterrichtlichen Ausprägung konzentrieren sich die folgenden amerikanischen Untersuchungen auf die isolierte Sprechaktrezeption bzw. Produktion von Zweitsprachenlernern des Englischen.
<u>Walters</u> (1979) untersucht die Wahrnehmung von Höflichkeit in Aufforderungsakten *(requests)*. Ihre Hypothesen sind:
1. Frauen und Männer nehmen Höflichkeit in englischen Aufforderungsakten unterschiedlich wahr; 2. Zweitsprachenlerner des Englischen nehmen Höflichkeit in englischen Aufforderungsakten anders wahr als *native speakers* des Englischen; 3. zwischen der Wahrnehmung von Höflichkeit in spanischen Aufforderungsakten durch puertorikanische Frauen und Männer bestehen geschlechtsspezifische Unterschiede. Die Probanden waren je 30 *College*-Studentinnen und -Studenten mit amerikanischem Englisch als Grundsprache, 45 ausländische Studenten und 30 Studentinnen mit 17 verschiedenen Grundsprachen, hauptsächlich Chinesisch oder Koreanisch, die neben ihrem ungesteuerten Zweitsprachenerwerb einen Englischkurs für Fortgeschrittene besuchten, sowie 7 weibliche und 5 männliche *native speakers* des puertorikanischen Spanisch. Die Probanden erhielten die Aufgabe, im Ankreuzverfahren zwischen 14 Paaren von referentiell identischen Aufforderungsakten mit unterschiedlich höflichen Realisierungen ("request strategies"), die ihnen schriftlich vorgelegt wurden, die jeweils höflichere Aufforderung zu identifizieren (z.B. "shut up - please be quiet"). Das Ergebnis der Untersuchung ist: 1. Die amerikanischen *native speakers* weisen keine geschlechtsspezifischen Unterschiede in ihrer Höflichkeitswahrnehmung der Aufforderungsakte auf. Innerhalb der männlichen und weiblichen Probandengruppen ist jedoch festzustellen, daß die Frauen einheitlicher und "kategorischer" in ihrer Höflichkeitswahrnehmung sind, d.h. eher zu Extremurteilen neigen als die Männer. 2. Die Höflichkeitswahrnehmung der Lerner entspricht insgesamt derjenigen der *native speakers*, auch wenn sich in der Rangordnung einzelner "request strategies" Unterschiede ergeben. Wie die weibli-

chen *native speakers*, so neigen auch die Lerner eher zu Extremurteilen und weniger zu graduellen Differenzierungen der "request strategies". Walters interpretiert die einheitliche Kategorisierung von Aufforderungen mit den Modalverben "may", "would", "could" und "can" als unterrichtsinduziert. Die undifferenziertere Wahrnehmung von Höflichkeit in Aufforderungsakten führt sie darauf zurück, daß die Lerner nicht über ausreichende Kenntnisse der illokutiven Kraft der verschiedenen "request strategies" verfügen.
3. In der Höflichkeitswahrnehmung der Puertorikaner bestehen sowohl geschlechtsspezifische Unterschiede als auch Unterschiede zu den englischen *native speakers*.

Ein ähnliches Ziel und Design wie Walters' Studie hat diejenige von Carrell (1979). Sie untersucht die Perzeption indirekter Antworten durch 72 unterschiedlich fortgeschrittene erwachsene Zweitsprachenlerner des amerikanischen Englisch mit 13 verschiedenen Grundsprachen, die an einem "Center for English as a Second Language" Englisch in Intensivkursen lernten. Über konkurrierenden ungesteuerten Erwerb macht die Autorin keine Angaben. 29 erwachsene *native speakers* des Englischen fungierten als Kontrollgruppe. Beiden Gruppen wurden Fragebögen mit 27 schriftlichen Kurzdialogen vorgelegt, die mit einer initiierenden "yes/no"-Frage eines der fiktiven Interaktanten und einer Replik des Koaktanten abschlossen. Aufgabe der Probanden war, die Bedeutung der Replik in einer vorgegebenen *multiple-choice*-Antwort anzukreuzen, in der direkte, indirekte und irrelevante Responses variierten. Das Resultat zeigt einen signifikanten Unterschied zwischen der Wahrnehmung der indirekten Antworten durch Lerner und *native speakers*, d.h. die Lerner verfügen nicht über *native speaker*-Kompetenz in diesem Bereich. Dennoch ist die rezeptive pragmatische Kompetenz der Lerner hoch und innerhalb der Stichprobe homogen; weder ihre unterschiedlichen Grundsprachen noch ihr unterschiedliches Profizienzniveau hatte statistisch signifikanten Einfluß auf ihre Performanz. Carrell führt die hohe rezeptive pragmatische

Kompetenz der Lerner im Bereich der indirekten Antworten
auf universelle Fähigkeiten zum Inferenzieren zurück (Searle
1975).

Im Unterschied zu den bisher besprochenen Arbeiten stellt
Carrell ihre Untersuchung ausdrücklich in den Kontext eines
auf kommunikative Kompetenz abzielenden Zweit-/Fremdspra-
chenunterrichts, wobei ihre Fragestellung eine ähnliche
Stoßrichtung hat wie die meiner Untersuchung: "what are the
communicative abilities of those who are learning ESL without the aid of specifically designed functional/notional
syllabuses?" (4). Die zweite, sich anschließende Frage, wie
diese kommunikativen Fähigkeiten und potentiellen Defizite
zustandekommen, stellt Carrell jedoch nicht.

Während Walters und Carrell jeweils einen Aspekt der rezeptiven pragmatischen Kompetenz von Zweitsprachenlernern mit
schriftlichen Testverfahren untersuchen - wobei man Bedenken gegen die Validität dieser Verfahren erheben muß, da
damit eher pragmatische Lernerintuitionen unter Testbedin-
gungen als die rezeptive pragmatische Lernerkompetenz in
realen Kommunikationszusammenhängen erfaßt werden (vgl.
4.1) -, analysiert Rintell (1979) die produktive Lernerperformanz von Aufforderungen *(requests)* und Vorschlägen
(suggests) im Hinblick auf die Höflichkeit, mit der die Lerner diese Sprechakte realisieren. Ihre Hypothesen sind:
1. Aufforderungen werden höflicher formuliert als Vorschläge, 2. Sprecher verhalten sich gegenüber Adressaten mit höherem Altersstatus höflicher, 3. Sprecher verhalten sich
höflicher gegenüber Adressaten des anderen als des eigenen
Geschlechts. Die Probanden - jeweils 8 Studentinnen und Studenten mit Spanisch als Grund- und Englisch als Zweitsprache - produzierten auf der Grundlage eines vorgegebenen Si-
tuationskontextes in einem reduzierten Rollenspielverfahren
einen gesprochenen Vorschlags- oder Aufforderungsakt. Dabei
wurden Alter und Geschlecht ihrer fiktiven Koaktanten kon-
trolliert variiert. Dieses Verfahren wurde zunächst auf

Englisch, dann auf Spanisch durchgeführt. Die transkribierten Lerneräußerungen wurden dann *native speakers* des Englischen, des Spanischen sowie den Lernern selbst zur Beurteilung der Höflichkeitsgrade vorgelegt. Die quantitative Auswertung ergab folgende Ergebnisse:
1. Die Realisierung der Aufforderungen wurde von allen Beurteilern als höflicher eingeschätzt als die der Vorschläge. 2. Der Altersfaktor erwies sich als maßgeblich für das gewählte Höflichkeitsniveau der Aufforderungen, nicht jedoch der Vorschläge. Allerdings variierten die Lernerbeurteilungen der Vorschläge mit Alter und Geschlecht des fiktiven Adressaten. 3. Geschlechtsspezifische Unterschiede im Höflichkeitsniveau der englischen Sprechakte wurden von Lernern und englischen *native speakers* nicht bestätigt; die spanischen Beurteiler schätzten die spanischen Aufforderungen, die an das andere Geschlecht gerichtet waren, dagegen als höflicher ein als Aufforderungen an einen fiktiven Koaktanten vom Geschlecht des Sprechers. Aus dem letzten Ergebnis schließt Rintell, daß die Lerner in ihrer Studie grundsprachliche pragmatische Normen nicht automatisch auf den kulturell unterschiedlichen Zweitsprachenkontext übertragen.

Rintells Verfahren und damit auch ihre Ergebnisse scheinen mir etwas verwirrend: die Lernerrealisierungen der untersuchten Sprechakte werden zwar im Kontrast zu grundsprachlichen Realisierungen, nicht jedoch zu zweitsprachlichen beurteilt. Es fehlt damit ein Vergleichsmaßstab, der Unterschiede in der Lerner- und *native speaker*-Performanz, wie sie in den Beurteilungen der *native speakers* (und Lerner) zum Ausdruck kommen, erst erfaßbar machte.

Die Studien von Walters, Carrell und Rintell sind typische rein quantitative Untersuchungen, die zwar durch ihr geschlossenes Design eine im positivistischen Sinn "saubere" empirische Grundlage ("clean data") haben und mit prinzipiell überprüfbaren statistischen Verfahren ausgewertet wurden, über das tatsächlich produktive und rezeptive Lernerverhalten beim Vollzug von Sprechakten in Interaktionszusammenhängen und dessen Bedingtheit durch Lern- und Kommunikationskontexte jedoch nicht viel aussagen. Insbesondere im gegenwärtigen Stadium der Erforschung von kommunikativer Kompetenz in Interimsprachen, in dem es noch um das Sichten von Forschungsproblemen geht, scheint mir die Beschränkung auf die Quantifizierung von Einzelaspekten fragwürdig und den Gesamtzusammenhang eher verstellend als erhellend (vgl. auch Janickis (1979) "erste Stufe" soziolinguistischer Datenerhebung sowie Kap. 4).

Im Gegensatz zu den zuletzt besprochenen amerikanischen quantitativen Untersuchungen isolierter Einzelaspekte sind die von Fremdsprachendidaktikern und Sprachlehrforschern in der BRD vorgelegten Analysen des Kommunikationsverhaltens deutscher Lerner des Englischen qualitativ ausgerichtet; ihnen geht es darum, lernerspezifische Merkmale am Material aufzuzeigen und Erklärungshypothesen für sie aufzustellen. Die acht im Anschluß zu referierenden Beiträge haben folgende Gemeinsamkeiten:
1. Untersuchungsgegenstand ist das reale mündliche produktive Kommunikationsverhalten deutscher Lerner des Englischen (Schüler oder Studenten) in Diskursen untereinander oder mit einem englischen *native speaker*.
2. Die untersuchten Lerner erwerben die Fremdsprache Englisch (primär) unter unterrichtsgesteuerten Bedingungen.
3. Die Zielsetzung ist in allen Fällen explizit am Fremdsprachenunterricht und an dessen übergeordnetem Lernziel kommunikative Kompetenz ausgerichtet, zu dessen Realisierung die sieben Autoren durch ihre Untersuchen beitragen wollen.

Götz (1977) untersucht ein *face-to-face*-Gespräch zwischen drei Studienanfängern in Anglistik und einem amerikanischen Lektor. Dabei ermittelt er folgende lernerspezifische Merkmale bei der Realisierung von Diskursfunktionen: 1. Die Lerner verwenden "haha" als Endsignal mit expliziter Aufforderung zum Sprecherwechsel sowie zur Elizitation von Aufmerksamkeitssignalen. 2. Ihre Performanz ist durch "knappe, definitive Informationsvermittlung" und das Fehlen von "approximators" ("sort of"), "Kontaktwörtern" ("well") und gefüllten Pausen gekennzeichnet. 3. Sie verwenden weniger Hörersignale als die *native speakers* und benutzen "yes" als Äquivalent für "ja" in unangemessener Weise. 4. Es fehlen ihnen geeignete Redemittel und Strategien zur Regulierung des Sprecherwechsels. Götz faßt seine Beobachtungen zusammen: "Die bislang gemachten Beobachtungen deuten darauf hin, daß vor allem auf dem Bereich der Gesprächstaktik ein Nachholbedarf besteht. Im einzelnen handelt es sich bei den diesbezüglichen Mängeln um eine Erschwerung der Sprecherablösung, um ungeschickte bis unangebrachte Realisierung des *feed-back*, mangelnden Partnerbezug bei der Vermittlung von Information." (78). Diese Mängel im Diskursverhalten können unerwünschte Kommunikationseffekte auslösen: "die deutschen Sprecher vermitteln, je nach Individuum, den Eindruck des Rüden, Knappen, Ungefälligen, Servilen, Uninteressierten usw. Dies kann beim *native speaker*, zumal bei einem, der von Berufs wegen nicht häufig mit Ausländern zusammentrifft, die Konsequenz haben, daß er letztlich die Unterhaltung nicht als durchführens- bzw. fortsetzungswert empfindet und mögliche Unklarheiten gar nicht erst aufzuklären sucht. Der Lernende wird innerhalb des gegebenen Rahmens sozial nicht akzeptiert " (79).

Walter (1977) geht bei ihrer Untersuchung von der Diskrepanz zwischen der "starke(n) Betonung mündlicher Kommunikationsfähigkeit in allen Lehrplänen aller Schultypen" (82) und ihren Erfahrungen mit der realen Kommunikationsfähigkeit von Studienanfängern aus. Sie analysiert Gespräche zwischen Gruppen von je fünf Schülern und Schülerinnen der 9., 11., 12. und 13. Klasse mit einem englischsprachigen Lektor. Ihre Beobachtungen an diesen Diskursen ergeben, daß die Lerner aller untersuchten Stufen kommunikationsfähig (im Sinn von Piephos 1. Lernzielstufe: fähig zum kommunikativen Handeln) sind und Registermischungen zwischen dem gesprochenen und geschriebenen Englisch kaum auftreten. Sie ermittelt folgende lernerspezifische Merkmale: "1. Fehler aus dem elementa-

ren Bereich (*fossilizations:* this pictures, she don't);
2. einen relativ begrenzten spontan verfügbaren Wortschatz;
3. fehlerhafte Kollokationen, meist aufgrund muttersprachlicher Interferenzen; 4. ein geringes Auftreten idiomatischer Wendungen; 5. ein fast völliges Fehlen von Interjektionen" (88). Walter schließt aus diesen Befunden die Notwendigkeit, daß der Englischunterricht stärker als bisher die mündliche Kommunikationsfähigkeit der Lerner fördert, und macht einige Vorschläge dazu.

Während Walter den Fremdsprachenunterricht wegen seiner spezifischen Interaktionsstruktur (Frontalunterricht, Lehrbuchabhängigkeit) nicht als geeigneten Erhebungskontext für die Untersuchung spontaner Kommunikationsfähigkeit betrachtet, nimmt es sich Nold (1979) gerade zum Ziel seiner Untersuchung, herauszufinden, "welche Art von Rede die Schüler in der fiktiven Situation im Klassenzimmer gebrauchen" (39). Er läßt Paare von Realschülern, die im 2. Jahr Englischunterricht erhalten, auf der Grundlage einer vorher gemeinsam erarbeiteten Geschichte simulierte Telephongespräche im Rollenspiel durchführen. Das Telefongespräch wurde als Diskurstyp gewählt, um sowohl phatische Rede in Kontaktaufnahme- und -beendigungsphasen als auch referentielle Funktionen (Mitteilen/Kommentieren, Erfragen/Kommentieren) zu elizitieren. Auf der Grundlage entsprechender Rollenbeschreibungen simulierten die Schüler die Telefongespräche anschließend an die englischen Diskurse auf Deutsch. Anhand zweier stark paralleler englischer und deutscher Diskurse analysiert Nold exemplarisch die Schülerperformanz. Dabei stellt er fest, daß die Kommunikationsabläufe in beiden Versionen strukturell zwar sehr ähnlich sind, die englischen Schülerdiskurse jedoch folgende lernerspezifischen Merkmale aufweisen:
Die phatischen Kontaktaufnahme- und -beendigungsphasen haben die Form eines reaktiven Dialogs (vgl. Bludau 1975); die Beendigung ist weniger verbindlich realisiert als in der deutschen Version. Zwar verläuft der Zentralteil als

direkter Dialog; er zeichnet sich aber dadurch aus, daß der
angerufene Schüler B sich näher an die vorgegebene Geschichte hält, diese nicht wirklich in das Gespräch integriert
und der anrufende Schüler A Bs Bericht nicht kommentiert.
Die von den Schülern realisierten Kommunikationsfunktionen
beschränken sich auf die referentiellen; die Diskurskohärenz
ist schwach ausgeprägt. Nold führt diese Erscheinungen auf
die mangelnde Identifikation der Schüler mit ihren Rollen
zurück, die wirkliches Sprachhandeln - im Unterschied zum
bloßen Sprechen - verunmöglicht. Anhand eines gelungenen
deutschen Dialogs zeigt er auf, daß ein "echter" Diskurs
im Rollenspiel unter fremdsprachenunterrichtlichen Bedingungen zwar möglich ist, die Rollenidentifikation durch das
Medium Fremdsprache jedoch erschwert wird. Zum Verhältnis
von sprachlicher Kompetenz i.e.S. und kommunikativer Kompetenz der Schüler merkt Nold an, daß kein klarer Zusammenhang zwischen beiden zu bestehen scheint: "Einerseits können Formen einer Zweitsprache gelernt werden, ohne daß der
Lerner imstande ist, sie kommunikativ zu gebrauchen; der
Lerner verfügt in diesem Fall über sprachliche Fähigkeiten,
die außerhalb seiner kommunikativen Kompetenz liegen ...
Andererseits kann Kommunikation in der Zweitsprache zustande kommen, ohne daß auch nur die grundlegenden sprachlichen
Formen beherrscht werden" (44).

Während in Nold (1979) das Rollenspiel als Interaktionsform
im Fremdsprachenunterricht selbst Untersuchungsgegenstand ist
und die Untersuchung damit auch unterrichtsexperimentelle
Ziele verfolgt, ist es in Nold (1978) reines Datengewinnungsinstrument. In dieser Arbeit geht es Nold darum, lernerspezifische Merkmale im Englischen fortgeschrittener Lerner zu ermitteln und zu erklären. Hierzu werden vier fiktive Situationen, die unterschiedliche Sprechstile und die Realisierung
verschiedener Kommunikationsfunktionen verlangen, von 25 PH-Studenten im ersten und zweiten Ausbildungsjahr im Rollenspiel auf Englisch und Deutsch simuliert. Die Analyse der je
16 Dialoge, für die Nold ein modifiziertes Sinclair/Coulthard-

Modell verwendet, ergibt: das Diskursverhalten der Lerner
ist von der Stärke oder Schwäche des Rollenzwangs abhängig.
Bei schwachem Rollenzwang produzieren die Lerner mit schwä-
cherem sprachlichen Profizienzniveau reaktive Dialoge, tendieren zu Minimalreaktionen oder vermeiden es ganz, sich zu
äußern. Bekannte, aber kontextuell unangemessene Textsorten
werden für weniger geläufige, kontextuell angemessene sub-
stituiert. Bei starkem Rollenzwang sind die deutschen und
englischen Diskurse auf der Ebene des "move" zwar ähnlich
strukturiert; die englischen Lernerdiskurse weisen jedoch
einen "neutralen" Sprechstil und einen Mangel an angemessenen "connectives" mit verstärkender und abschwächender Funktion auf. Hierdurch gelingt es den Lernern nur schlecht,
subtilere emotionale Reaktionen und differenziertere Gedan-
ken auszudrücken. Als Bedingungsfaktoren, die die Struktur
der Lernerdiskurse determinieren, nennt Nold die erreichte
Interlanguage-Kompetenz i.e.S., die bei niedrigerem Profizienzniveau den Transfer grundsprachlicher Diskursstrategien
blockieren kann, situative und Persönlichkeitsfaktoren sowie die Kommunikationsstrategie des "playing it safe" (Ver-
meidungsverhalten).

Die folgenden vier Arbeiten sind, ebenso wie die vorliegende, im Rahmen des Forschungsprojekts "Kommunikative Kompetenz als realisierbares Lernziel" (KoKoPro) entstanden, das
von 1976 bis 1980 am Seminar für Sprachlehrforschung der
Ruhr-Universität Bochum durchgeführt wurde. Allen KoKoPro-
Arbeiten liegt die gleiche Datenbasis zugrunde: jeweils 48
dyadische *face-to-face*-Interaktionen, die je zwei englische
native speakers (Studenten) auf Englisch, zwei deutsche
native speakers (Studenten) auf Deutsch und ein deutscher
Lerner des Englischen (Anglistikstudent/in im 1. Semester)
mit einem englischen *native speaker* (wissenschaftliche Mit-
arbeiter) auf Englisch auf der Grundlage von Rollenbeschreibungen im Rollenspiel durchführten (vgl. 4.2 und Edmondson/
House/Kasper/McKeown 1979).

In Edmondson/House/Kasper/McKeown (1979, 85 ff.) werden die deutsche, englische und "Lerner"-Version eines der so elizitierten Dialoge exemplarisch auf die Realisierung von Diskurs- und pragmatischen Funktionen hin analysiert. Neben der starken Parallelität in der Diskursstruktur, die die drei Versionen aufweisen, zeichnet sich der Lernerdiskurs durch eine unangemessene Thema-Rhema-Gliederung auf der Ebene des Redewechsels ("exchange", Sinclair/Coulthard 1975), die Wahl einer ungeeigneten Sprechaktmodalität und das Fehlen von *gambits* zur Realisierung von Diskurszügen ("moves", Sinclair/Coulthard 1975) aus.

Kasper (1979 a) untersucht an einigen Beispielen die Realisierung von Sprechakten und die Verwendung von *gambits* in der Lernerperformanz und stellt dabei folgende lernerspezifische Merkmale fest: Sprechakte werden unangemessen realisiert, indem der Lerner (a) mit seinem Äußerungsakt nicht den intendierten Sprechakt (Sprechakt *Bedanken*) realisiert, (b) seinem Sprechakt durch ungeeignete Abtönung oder Verstärkung und durch das Fehlen konsultativer Gesprächstaktiken eine unangemessene Modalität verleiht. *Gambits* werden lernerspezifisch verwendet, indem der Lerner (a) kontextuell erwartbare *gambits* nicht benutzt, (b) *gambits* in unangemessener Funktion verwendet, (c) sie in interaktionell redundanter Weise benutzt.

In Kasper (1979 b) werden lernerspezifische Realisierungen von respondierenden Sprechakten und von Dialogeröffnungssequenzen an einigen Redewechseln aufgezeigt. Die Lerner beziehen sich mit ihrem respondierenden Akt oftmals nicht ausreichend auf den vorausgehenden initiierenden Akt, indem sie ihre Replik in propositionaler und/oder illokutiver Hinsicht non- bzw. teilresponsiv organisieren. Pragmatische Fehler in Dialogeröffnungssequenzen treten bei der Wahl des Eröffnungssignals, der Identifizierung, der Sequenzierung von Eröffnungszügen und in der Funktionsverschiebung von phatischen auf inhaltlich orientierte Redewechsel auf.

Die bisherigen KoKoPro-Arbeiten beschäftigten sich ausschließlich mit der Produktebene der Lernerperformanz. In Kasper (1979 c) wird demgegenüber der Versuch unternommen, ein pragmatisches lernerspezifisches Merkmal - das Fehlen explizierter Modalitätsmarkiertheit von Sprechakten - in seiner kausalen Bedingtheit zu erklären. Die Autorin nimmt an, daß dieses lernerspezifische Merkmal durch eine "risk-avoiding"-Kommunikationsstrategie hervorgerufen wird, die sie "modality-reduction" nennt. Drei hypothetische Abläufe dieser Strategie werden in ihrer Abhängigkeit von situativen Faktoren und dem Bewußtheitsgrad diskutiert, mit dem der Lerner Sprechaktmodalität wahrnimmt. Es wird vermutet, daß die Bereitschaft von Lernern, Modalitätsreduktion als Kommunikationsstrategie zu verwenden, zumindest auch durch den Fremdsprachenunterricht induziert ist.

Die Arbeiten zur pragmatischen Dimension in Interimsprachen, über die ich berichtet habe, sind, soweit es sich nicht um ausschließlich programmatische Beiträge handelt, "kleine" Untersuchungen - was die analysierten Materialmengen, die Probandenzahlen, die Komplexität und Detailliertheit der behandelten Aspekte, die Generalisierungsfähigkeit der getroffenen Beobachtungen und ihren Beitrag zur Theoriebildung anbelangt. Mit Ausnahme der Studien von Walters, Carrell und Rintell kann man sie als explorativ bezeichnen - indem sie nämlich ein neues Forschungsgebiet aufschließen und zur Bildung erster Hypothesen über den Gegenstandsbereich "Pragmatik in Interimsprachen" beitragen. In diesen forschungsmethodologischen Zusammenhang ordnet sich auch die vorliegende Arbeit ein.

4. DATENERHEBUNG

Nachdem in Kapitel 3. die Zielsetzung der vorliegenden Untersuchung bestimmt und einschlägige Arbeiten referiert wurden, soll in diesem Kapitel der hier verfolgte methodische Ansatz im Hinblick auf seine empirische Grundlage entwickelt und begründet werden. Hierzu soll zunächst ein Überblick über verschiedene Methoden interimsprachenanalytischer Datenerhebung im Sinne einer "Realtypologie" gegeben werden, um vor diesem Hintergrund die Datenbasis dieser Arbeit zu charakterisieren. Anschließend werden die Aufbereitung der Daten und die Abfolge der Analyse beschrieben.

4.1 SKIZZE EINER TYPOLOGIE INTERIMSPRACHLICHER DATEN

In 3.1 und 3.2 war die vorliegende Arbeit untersuchungsmethodologisch als explorativ charakterisiert worden. Um sie präziser in den Kontext bestehender Datenkorpora und -gewinnungsmethoden einordnen zu können, soll hier eine Typologie bisher vorgelegter interimsprachenanalytischer Datenerhebungsverfahren und ihrer Resultate ansatzweise skizziert werden.

Corder (1976) unterscheidet als zwei Typen von Forschungsmethoden, die vom jeweiligen Untersuchungsziel her bestimmt werden, "clinical" und "experimental" "methods of investigation":

> "The first type of elicitation is used where the investigator has not yet any well-formed hypothesis about the nature of the language he is investigating, and merely requires raw data on which to make a start. (...) On the basis of this preliminary analysis the investigator sets up specific hypotheses about the possible nature of the learner's approximative system, which he then attempts to test by means of controlled elicitation procedures" (16).

In ähnlicher Weise grenzen Bausch/Raabe (1978) "<u>beschrei-
bende</u>" und "<u>untersuchende</u>" interimsprachenanalytische Tä-
tigkeiten gegeneinander ab. Als einen weiteren Datenerhe-
bungstyp führt Corder (1973 a) die <u>Kontrastive Analyse</u> an:
sie dient dazu, die aufgrund des "klinischen" Verfahrens
gewonnenen Hypothesen für die Konstruktion experimenteller
Designs zu präzisieren. Gerade im Fall der Kontrastiven
Analyse wird die Theorieabhängigkeit interimsprachenanalytischer Methoden besonders deutlich: ihre Verwendung als
<u>eines</u> interimsprachenanalytischen Verfahrens setzt eine Zweit-/
Fremdsprachenerwerbstheorie voraus, die die Lerner-Grundsprache und andere bereits erworbene (Teil-)Sprachen als rele-
vantes Steuerungspotential im Fremdsprachenerwerb begreift.
Im Kontext z.B. der Identitätshypothese hat die Kontrastive
Analyse als interimsprachenanalytisches Verfahren keinen
Platz.

Den mit einem klinischen Verfahren erhobenen Datentyp bezeichnet Corder (1973 a) als "<u>textuell</u>", d.h. die Daten sind
<u>objektsprachlicher</u> Natur und repräsentieren einen Ausschnitt
der Lerner<u>performanz</u>. Textuelle Daten können jedoch auch im
Experiment erhoben werden; der Unterschied zwischen klinischen und experimentellen Erhebungsverfahren besteht primär
im Grad der Kontrolle, die das Erhebungsverfahren auf die
Datenproduktion ausübt, und weniger im Status der Daten als
textuellen gegenüber introspektiven (s.u.).

Innerhalb der Methoden, die textuelle Daten erheben, können
unterschieden werden

- schriftliche Textproduktion (Aufsätze) (u.a. Zydatiß 1973;
  LoCoco 1976)

- spontane mündliche Produktion, z.B. im offenen Interview
  mit einem *native speaker* (Selinker/Swain/Dumas 1975; Taro-
  ne/Frauenfelder/Selinker 1976; Götz 1977; Faerch 1978 a); im
  strukturierten Interview (Selinker 1969); im Rollenspiel
  (Edmondson/House/Kasper/McKeown 1979; Nold 1979)

- mündliche oder schriftliche Produktion auf der Basis von Bildstimuli (Váradi 1980; Dulay/Burt 1974 b; Cohen 1974; Bailey/Madden/Krashen 1974; Barik/Swain 1975; LoCoco 1976; Tarone/Frauenfelder/Selinker 1976; Tarone 1977, Glahn 1980 a)
- elizitierte Imitation (Satzwiederholung) (Naiman 1974; Swain/Dumas/Naiman 1974; Markman/Spilka/Tucker 1975; Hamayan/Markman/Pelletier/Tucker 1976)
- Diskursergänzung (Levenston/Blum 1978)
- Kombination verschiedener Verfahren, z.B. von Bildstimuli und Interview im "Bilingual Syntax Measure" (Burt/Dulay/Hernandez 1973).

Zu den Verfahren, die textuelle Daten produzieren, rechnen Levenston/Blum (1978) auch die Übersetzung (Swain/Dumas/Naiman 1974; Ickenroth 1975; Taylor 1975 b; LoCoco 1976). Hier ist allerdings zu unterscheiden zwischen Übersetzungsarten verschiedener Direktionalität und der jeweiligen Beteiligung rezeptiver und produktiver Fähigkeiten. Bei der Hinübersetzung Grundsprache → Interimsprache muß der Lerner zunächst den grundsprachlichen Ausgangstext rezipieren; die korrekte Rezeption ist notwendige Bedingung für die nachfolgende Produktion des interimsprachlichen Zieltextes. Umgekehrt gilt es bei der Herübersetzung Fremdsprache → Grundsprache, daß der Lerner den fremdsprachlichen Ausgangstext korrekt rezipiert, bevor er zur Produktion des grundsprachlichen Zieltextes übergeht (vgl. exemplarisch Bausch 1977 b zur rezeptiven und produktiven Seite im Übersetzungsprozeß).
Nur die Hinübersetzung Grundsprache → Interimsprache produziert demnach textuelle interimsprachliche Daten. Die Herübersetzung Fremdsprache → Grundsprache sowie - als dritter Übersetzungstyp - die Rückübersetzung eines interimsprachlichen Textes in die Grundsprache erbringen textuelle grundsprachliche Daten, aus denen im Fall der Herübersetzung die interimsprachliche Rezeptionsfähigkeit und Lernerintuitionen über die Fremdsprache (Zydatiß 1977), im Fall der Rückübersetzung die Ausdrucksintention des Lerners bei der Pro-

duktion seines interimsprachlichen Textes inferierbar sind. Die Rückübersetzung folgt untersuchungschronologisch der Erhebung textueller interimsprachlicher Daten (in Aufsätzen: Zydatiß 1973; per Bildstimuli: Váradi 1980; Tarone 1977).

Die durch Her- und Rückübersetzung gewonnenen interimsprachenanalytisch relevanten, aber nicht im strengen Sinn interimsprachlichen textuellen Daten sind in ihrem Status vergleichbar mit den ebenfalls nicht interimsprachlichen, aber interimsprachenanalytisch relevanten Daten aus Grund- und Fremdsprache, die die Eingabekomponente in eine als interimsprachenanalytisches Verfahren dienende Kontrastive Analyse konstituieren (so postuliert von Corder 1973 a und realisiert von Tarone/Frauenfelder/Selinker 1976 sowie in der vorliegenden Arbeit). Interimsprachenanalytisch relevante, aber nicht interimsprachlich textuelle Daten bezeichne ich als _is-externe_ textuelle Daten und grenze sie damit von den vorher besprochenen _is-internen_ textuellen Daten ab.

Welche der Verfahren zur Erhebung textueller Daten für klinische, welche eher für experimentelle Untersuchungen geeignet sind, hängt vom Grad der Steuerung ab, die die einzelnen Verfahren auf die Lernerproduktion ausüben. Die Reihenfolge, in der die Verfahren zur Erhebung textueller Daten aufgeführt sind, dürfte in etwa zunehmender Kontrolle entsprechen. Die Eignung einer spezifischen Methode für klinische oder experimentelle Zwecke ist nur konkret zu entscheiden; sie ist zumindest abhängig vom Untersuchungsgegenstand (z.B. der untersuchten Sprachebene) und der Spezifik der zu überprüfenden Hypothese: je präziser die Hypothese, desto kontrollierter wird das experimentelle Verfahren sein müssen.

Während demnach _textuelle_ Daten das Resultat klinischer und experimenteller Erhebungsverfahren sein können, dürfte die Einbeziehung eines anderen Datentypus in die Interimsprachenanalyse eher (wenn auch nicht ausschließlich) mit experimentellen Verfahren verbunden sein. Experimentelle Techniken erlauben die Erhebung introspektiver, metasprachlicher Daten, die die Intuition der Lerner über bestimmte Aspekte ihrer Interimsprache repräsentieren. Introspektive Daten sind zum einen geeignet, die Hypothesen der Lerner über die (phonologischen, grammatischen, semantischen, pragmatischen) Regeln ihres interimsprachlichen Systems zu erhellen (Zydatiß 1972; 1974b; 1976a,b; Corder 1973a; Kellerman 1974; 1977; Tran 1975; Cohen/Robbins 1976; Schachter/Tyson/Diffley 1976; Jordens 1977); zum anderen, um Lern- und Kommunikationspläne/-strategien zu ermitteln (Cohen/Robbins 1976; Jordens 1977; Kellerman 1977; Rattunde 1978; Glahn 1980a). Die Erhebung introspektiver, insbesondere der zuletzt genannten Daten bedarf erheblicher methodischer Präzisierung, will man die tatsächlich ablaufenden psycholinguistischen Prozesse und nicht bloße post-hoc Rationalisierungen der Lerner erfassen.

Ein prinzipielles Problem experimenteller - textueller oder introspektiver - Datenerhebungsinstrumente liegt darin, daß diese Verfahren leicht in Widerspruch zu ihrem Untersuchungsgegenstand geraten können, wenn dieser situationssensitiv ist: überprüft wird dann nämlich nicht mehr "der" Gegenstand, sondern seine spezifische Ausprägung unter spezifischen experimentellen Bedingungen. Das aus der Soziolinguistik bekannte Beobachterparadox - der Konflikt zwischen den Testkriterien Validität und Reliabilität - gilt auch für die Erhebung interimsprachlicher Daten. So haben z.B. Rosansky (1976) und Petersen (1979) nachgewiesen, daß unterschiedliche Testinstrumente unterschiedliche Daten produzieren: spontane mündliche Daten erbrachten andere Morphemsequenzen als durch experimentelle Verfahren elizitierte Daten. Testsituationen, die den Probanden das Monitoren ihrer Performanz erlauben, erbringen ebenfalls andere Ergebnisse als solche, in denen Monitoren nicht stattfindet/-finden kann (vgl. z.B. Krashen 1976). Diese situations- und testtypabhängige Variabilität interimsprachlicher Performanz dürfte für alle sprachlichen

Ebenen und Subsysteme gelten (vgl. auch Dickerson 1975; Dickerson/Dickerson 1977; Hyltenstam 1977; Heidelberger Forschungsprojekt 1978; Tarone 1979). In besonderem Maße wirkt sie sich aber in denjenigen Bereichen aus, die inhärent situationssensitiv sind, also vor allem auf der pragmatischen Dimension. Will man die Lernerperformanz auf die Realisierung pragmatischer Aspekte hin untersuchen, so sind Instrumente nötig, die die Kontextbedingungen realer Kommunikationssituationen möglichst unverfälscht wiedergeben. Damit sind allerdings der Brauchbarkeit streng experimenteller Erhebungsverfahren enge Grenzen gesetzt (vgl. auch die Kritik an Walters (1979), Carrell (1979) und Rintell (1979) in 3.2).

Für Interimsprachenanalysen, die nicht nur die Beschreibung interimsprachlicher - objekt- oder metasprachlicher - Produkte, sondern auch deren Explikation durch die ihnen zugrunde liegenden Prozesse zum Ziel haben, sind "flankierende" Informationen über den Erwerbskontext unerläßlich. Die Faktorenkomplexion von fremdsprachenunterrichtlichem und außerunterrichtlichem Erwerbskontext, die Interaktion der Faktoren innerhalb und zwischen diesen beiden Kontexten bedarf eines vielfältigen Untersuchungsinstrumentariums, auf das ich hier nicht eingehen kann (vgl. z.B. Koordinierungsgremium 1977; Bausch/Raabe 1978). Hier sei nur noch einmal die Theorieabhängigkeit von Datenerhebungen hervorgehoben: für Forschungen im Rahmen der "creative construction"-Hypothese, die Zweitsprachenerwerb als ausschließlich durch lernerinterne kognitive Prozesse determiniert betrachtet und dem Erwerbskontext keine Bedeutung beimißt (z.B. Dulay/Burt 1977), sind Daten dieser Art irrelevant.

4.2 DIE DATENBASIS DER VORLIEGENDEN ARBEIT

Aus dem Untersuchungsgegenstand, dem Stand seiner Erforschung und der Zielsetzung meiner Arbeit ergaben sich folgende Konsequenzen für die Datenerhebung:
Es sollte ein möglichst valides Verfahren gewählt werden, dessen Produkte der Ausprägung pragmatischer Aspekte in der Lernerperformanz unter realen Kommunikationsbedingungen möglichst nahekommen und das, dem explorativen Charakter der Untersuchung entsprechend, "reiches" textuelles Datenmaterial produziert.
Dabei erwies es sich als problematisch, daß Daten erhoben werden sollten, die sowohl Aufschluß über die Lernzieldimension als auch über den Lernprozeß geben: die lernzielrelevanten Kommunikationskontexte liegen nämlich außerhalb des Fremdsprachenunterrichts, der Lernprozeß findet jedoch innerhalb desselben statt; Lern- und Zielkontext fallen demnach - und das ist ein weiteres Spezifikum unterrichtsgesteuerten Fremdsprachenlernens - auseinander.
Hinzu kommt, daß der Fremdsprachenunterricht einen Interaktionstyp sui generis konstituiert (vgl. Hüllen 1976, 38 ff.; Edmondson 1978; 1979 a; Rehbein 1978), der Generalisierungen kommunikativen Verhaltens auf andere Interaktionstypen nicht ohne weiteres erlaubt (vgl. Selinker 1972; Selinker/Swain/Dumas 1975; Walter 1977; Nold 1979). Der Fremdsprachenunterricht wäre als Erhebungskontext daher nur geeignet, wenn dessen spezifische Kommunikationsformen untersucht werden sollten[1] - was nicht Gegenstand dieser Arbeit ist -, oder wenn es primär darum ginge, Aussagen über den Lernprozeß zu treffen (vgl. Bestimmung 6 der Interimsprachenhypothese, 2.2). Diese Zielsetzung ist im vorliegenden Zusammenhang jedoch der produktebenenorientierten Beschreibung der Lernerperformanz im Hinblick auf das Lernziel kommunikative Kompetenz nachgeordnet (vgl. 3.1). Aus diesem Grund wurden die

---

[1] Empirische Untersuchungen zur Kommunikation im Fremdsprachenunterricht haben z.B. Gaies (1977); Rehbein (1978; 1979a); Chaudron (1977; 1979; 1980) vorgelegt.

textuellen Daten, die die primäre Datenbasis bilden, <u>außerhalb</u> des Fremdsprachenunterrichts erhoben (vgl. 4.2.1). Für die sich anschließende prozeßorientierte Explikation lernerspezifischer Merkmale ist es zweifellos nachteilig, den unterrichtlichen Lernkontext von der direkten Beobachtung auszuschließen. Eine zusätzliche Unterrichtsbeobachtung über einen genügend langen Zeitraum wäre jedoch aus praktischen Gründen nicht durchführbar gewesen. Um den fehlenden direkten Zugang zum Fremdsprachenunterricht der Lerner wenigstens partiell zu kompensieren, wurden - als sekundäre Datenbasis - die zur Zeit des schulischen Englischunterrichts der Probanden gültigen Richtlinien herangezogen sowie Informationen über ihre fremdsprachliche Erwerbssituation per Fragebogen ermittelt, wobei neben den schulischen auch die außerschulischen Kontakte der Lerner mit dem Englischen erfragt wurden (vgl. 4.2.2.2).

4.2.1 PRIMÄRDATEN: ZUR ERHEBUNG DER TEXTUELLEN DATEN

Aufgrund der methodischen Schwierigkeiten, Lerner bei der Kommunikation mit englischen Gesprächspartnern in realen Situationen zu beobachten, und der geringen Steuerbarkeit realer Situationen, die vermutlich dazu führte, daß bestimmte interessante Redekonstellationen[1] gar nicht auftreten, wurden die Lerner-*native speaker*-Dialoge auf der Grundlage von Rollenbeschreibungen im <u>Rollenspiel</u> durchgeführt. Hauptkriterien für die Auswahl bestimmter Redekonstellationstypen[1] und die Konstruktion von Situationen, innerhalb derer Lerner und *native speakers* verbal interagieren sollten, waren a) ihre angenommene kommunikative Relevanz für die Lerner bei einem Aufenthalt im englischsprachigen Ausland, b) ihre (potentielle) Konfliktträchtigkeit oder sonstige interpersonelle Problematik, die komplexes und differenziertes sprachli-

---

[1] Vgl. zu diesen Begriffen Steger/Deutrich/Schank/Schütz (1974).

ches Handeln für beide Kommunikationspartner erforderlich macht. Aus der Kombination sog. Interaktionsbasen, die typologisch ähnliche Sprechakte auf einem abstrakteren Niveau zusammenfassen (z.B. "X wants Y do P/P bad for Y") (vgl. Edmondson/House/Kasper/McKeown 1979, 18-34), mit den Rollenkonstellationsparametern "± Dominanz" und "± soziale Distanz" ergaben sich 24 Redekonstellationstypen, die wiederum nach den o.a. Kriterien zu Situationen konkretisiert wurden (vgl. Edmondson/House/Kasper/McKeown 1979, 35-53, zur ausführlichen Darstellung und Begründung der Situationskonstruktion). Auf diese Weise entstand a) ein relativ breites Spektrum unterschiedlicher Gesprächssituationen, b) eine effektive Kontrollmöglichkeit der - über die Rollenbeschreibungen bis zu einem gewissen Grad vorgegebenen - Kommunikationsintentionen der Lerner, die eine wichtige Grundlage für die Rekonstruktion und Explikation fehlerhafter Lerneräußerungen darstellen sollte.

Die Datenerhebung im Rollenspiel sollte darüber hinaus eine Erscheinung abschwächen, die häufig die Interaktion Lerner-*native speaker* charakterisiert: in einem interimsprachenanalytischen Projekt, in dem Lerner und *native speakers* unter Beibehaltung ihrer realen Identität Dialoge über Alltagsthemen führten[1], wurde festgestellt, daß die Lerner den propositionalen und illokutiven Akt ihrer Äußerungen oftmals an die vermuteten Erwartungen des *native speaker* anpassen, daß sie eher zu Konformität (Zustimmung zur Meinung des *native speakers*) als zum Dissens (Widerspruch zu, Ablehnung der Meinung des *native speakers*) neigen: sie scheinen das in der Schule antrainierte Lehrer-Schüler-Verhalten auf die Interaktion mit einem *native speaker* zu übertragen und damit zu perpetuieren. Vom Rollenspiel kann demgegenüber ein konformitätsabschwächender Effekt dadurch erwartet werden, daß es a) den Probanden zur Übernahme divergierender Positionen zwingt, wenn dies durch die Interaktionsbasis bzw. Rollen-

---

[1] Project in Foreign Language Pedagogy, Department of English, University of Copenhagen (vgl. Faerch 1979 b).

beschreibung vorgegeben ist, b) einen sanktionsfreien Raum schafft, innerhalb dessen die Probanden es sich "leisten" können, divergierende Positionen zu vertreten, ohne mit negativen Konsequenzen rechnen zu müssen.[1] Die an das Rollenspiel geknüpften Erwartungen über das Probandenverhalten bestätigten sich, was das konsequente Vertreten rollenmäßig vorgegebener divergierender Positionen anbelangt, bis auf eine Ausnahme. Inwieweit trotz der übernommenen Rolle das reale Lerner-*native speaker*-Verhältnis gelegentlich "durchschlug", wird im Deskriptionsteil zu zeigen sein.

Einwänden gegen die gewählte Datenerhebungsmethode, die auf die Unterschiedlichkeit simulierter und realer Situationen abzielen, würde ich entgegenhalten, daß Rollenspiel und Simulation Techniken sind, die Handlungen mit hohem Approximationsgrad an solche in realen Situationen hervorrufen und die daher im psychotherapeutischen und pädagogischen Sektor zunehmend genutzt werden (vgl. jetzt insbesondere Kleppin (1980) zum Sprachlernspiel im Fremdsprachenunterricht). Daß Lerner in realen Interaktionen mit *native speakers* eher zu konformem Verhalten neigen als in simulierten, muß der Authentizitätsannahme nicht widersprechen: durch das Rollenspiel wird dokumentiert, wie die Lerner sich verhalten, wenn sie in einer durch Interessengegensätze gekennzeichneten Interaktionsstruktur handeln müssen - und daß auch bei einer allgemeinen Tendenz zur Konfliktvermeidung solche Interaktionsstrukturen sich herstellen werden, dürfte unbestritten sein.

Die gleichen für die Interaktion Lerner-*native speaker* konstruierten Dialogsituationen wurden, mit den notwendigen rollen- und kulturspezifischen Modifikationen, für die Dialogpartnerkonstellation "englischer *native speaker* - englischer *native speaker*" und "deutscher *native speaker* - deutscher *native speaker*" erstellt[2] und von Studenten mit Eng-

---

[1] Vgl. Schwerdtfegers (1978) Unterscheidung zwischen "geschützter" und "ungeschützter" Kommunikation.

[2] Vgl. die exemplarischen Rollenbeschreibungen in Anhang 1.

lisch bzw. Deutsch als Grundsprache ebenfalls im Rollenspiel
simuliert. Auf diese Weise entstanden drei parallele und
vergleichbare Dialogbatterien. Da jede der 24 Gesprächssituationen zweimal von unterschiedlichen Probandenpaaren
simuliert wurde, umfaßt jede Dialogbatterie 48 Dialoge. Für
die vorliegende Arbeit kommt der Dialogbatterie "englischer
native speaker - englischer *native speaker*" (E) die Funktion zu, als eine Komponente der Norm für die Identifizierung lernerspezifischer Äußerungen zu dienen (5.1). Die
Batterie "deutscher *native speaker* - deutscher *native speaker*" (D) hat die Aufgabe, Hinweise auf lernerspezifische
Äußerungen und Äußerungspräferenzen zu liefern, die durch
Transfer aus dem Deutschen entstanden sind.[1]

Die drei Dialogbatterien entsprechen den von Selinker geforderten Sätzen von "observable data from meaningful performance situations", d.h. "(1) utterances in the learner's native language (NL) produced by the learner; (2) IL (sc. interlanguage) utterances produced by the learner; and (3) TL
(sc. target language) utterances produced by native speakers
of that TL" (1972, 214) - mit dem Unterschied, daß die Produzenten der grundsprachlichen und der interimsprachlichen
Daten in der vorliegenden Arbeit nicht identisch sind. Ich
halte dies jedoch angesichts der Zielsetzung meiner Untersuchung, das kommunikative Handeln einer Lernergruppe zu
beschreiben und ansatzweise zu erklären, nicht für einen
gravierenden Nachteil: denn ebenso wie anzunehmen ist, daß
die Interimsprachen der Lerner in ihren wesentlichen Merkmalen gleichartig sind, kann man davon ausgehen, daß die
Grundsprache der Lerner und anderer Grundsprachensprecher
mit denselben außersprachlichen Charakteristika (Alter, sozialer Status, geographische Herkunft) in gleichartigen Situationen ähnliche Merkmale aufweist.[2]

Sämtliche Lerner-Probanden waren zum Aufnahmezeitpunkt zwi-

---

[1] Vgl. zur Illustration die in Anhang 2 beigefügten Musterdialoge.

[2] Das hier gewählte Verfahren entspricht in etwa dem von Tarone/Frauenfelder/Selinker (1976), deren "L1 Base-Line Data" ebenfalls von Sprechern stammen, die mit den untersuchten Lernern nicht identisch sind (103).

schen 18 und 24 Jahre alt und Anglistikstudenten am Anfang ihres ersten Semesters an der Ruhr-Universität Bochum. Sie befanden sich damit an einem markanten Einschnitt in ihrer Entwicklung als Englischlerner: die Phase ihres Englischunterrichts an der Schule war abgeschlossen, die innerhalb ihrer Ausbildung zum Englischlehrer an der Hochschule noch nicht angefangen. Eine Analyse der pragmatischen Komponente der Interimsprache dieser Lernergruppe muß daher zu Aussagen führen über die pragmatischen Teilgebiete, die sie in ihrem schulischen Englischunterricht nicht oder nicht in ausreichendem Maß gelernt haben und die sie daher - deren Lernzielrelevanz vorausgesetzt - in ihrem universitären Englischunterricht noch lernen müssen.

Der ursprüngliche Plan, als Probanden nur solche Studenten zu akzeptieren, die in einem diagnostischen Studieneingangstest (*"Placement Test"* [1]) eine mittlere Punktzahl erreicht hatten und damit einen durchschnittlichen Kompetenzgrad aufwiesen, mußte aufgegeben werden, da sich nicht genügend Studenten dieser Gruppe zur Teilnahme an der Untersuchung bereitfanden. Die sich schließlich als Probanden zur Verfügung stellenden 29 Studenten hatten alle im *Placement Test* überdurchschnittlich gut abgeschnitten. Soweit die in diesem Test erreichten Werte einen Indikator nicht nur für die grammatische, sondern für die gesamte kommunikative Kompetenz der Probanden abzugeben geeignet sind - was durchaus

---

[1] Der *Placement Test* ist ein objektiver diagnostischer Test, der am Zentralen Fremdspracheninstitut der Ruhr-Universität Bochum mit dem Ziel entwickelt wurde, die individuellen Leistungsprofile von Studienanfängern in Anglistik auf bestimmten Grammatikgebieten festzustellen und sie aufgrund der Testergebnisse entsprechenden Korrektivprogrammen (vgl. "Projektgruppe 'Englische Korrektive Grammatik'" 1974, 59 ff.) zuzuweisen. Der Test besteht aus einem Grammatikteil und einem Hörverständnisteil; als Testitems werden *Multiple-choice-* und *Blank-filling-*Aufgaben verwendet. Zwar gehört das sprachliche Material des Tests der gesprochenen britisch-englischen Standardsprache an; dennoch wird der grammatische Teil (aus Gründen der Testökonomie und -objektivität) schriftlich durchgeführt. Die von dem Test erfaßten Grammatikgebiete (*Tenses, Modal Verbs, Phrasal Verbs, Quantifiers, Prepositions, Relatives, Infinitive-/Gerund-/Participle Constructions*) wurden ausgewählt auf der Basis einer Analyse von Lehrwerken, die an Gymnasien in NRW benutzt werden, einer Auszählung von Fehlern aus englischen Nacherzählungen von Oberstufenschülern und der Lehrerfahrung der Testautoren (vgl. die Beschreibung des *Placement Tests* in "Projektgruppe 'Englische Korrektive Grammatik'" 1974, 65 f.).

anzweifelbar ist -, muß bei einer Generalisierung von der
untersuchten Stichprobe auf die Gesamtpopulation erstsemestriger Anglistikstudenten davon ausgegangen werden, daß
deren Performanz tendenziell weniger dem Sprachverhalten
von *native speakers* entspricht; sie wird vielmehr stärker
lernerspezifisch markiert sein als diejenige der Stichprobe.

4.2.2 SEKUNDÄRDATEN

4.2.2.1 INTERVIEWS

Im Anschluß an die Aufnahmen und ihre Transkription (vgl.
4.2.3.1) wurden Interviews mit den Lernern durchgeführt mit
dem Ziel, autorisierte Rekonstruktionen[1] ambiger oder nicht
dekodierbarer ursprünglicher Äußerungen zu erhalten. Dabei
war zunächst geplant, den Lernern die Aufnahme ihres Dialogs kommentarlos vorzuspielen und sie aufzufordern, immer
dann zu unterbrechen, wenn sie einen pragmatischen Fehler
vermuteten. Im Unterschied zu morphosyntaktischen Verstößen,
zu deren Selbstidentifizierung Lerner zumindest partiell fähig sind, wie die Untersuchung von Cohen/Robbins (1976)
zeigt, waren unsere Probanden in der Regel nicht in der Lage, ihre pragmatischen Fehler selbst zu identifizieren.
Dies hängt zweifellos damit zusammen, daß ihr metasprachliches Bewußtsein gegenüber pragmatischen Adäquatheitsbedingungen wesentlich schwächer ausgeprägt ist als
gegenüber der Morphosyntax ("Grammatik"). Wie aus den Fragebögen (vgl. 4.2.2.2.2) und Lerner-Kommentaren während der Interviews hervorging, wurde die pragmatische Komponente in
ihrem Englischunterricht weder systematisch noch explizit,
zumeist nicht einmal sporadisch berücksichtigt. Damit steht
dem Lerner - wiederum im Gegensatz zur Grammatik - auch kei-

---

[1] Zum Unterschied von autorisierten und plausiblen Interpretationen und
Rekonstruktionen vgl. Corder (1972).

ne Metasprache zur Verfügung, mit der sie unaufwendig über
pragmatische Erscheinungen sprechen könnten. Das Fehlen
einer pragmatischen und diskursanalytischen Metasprache im
Fremdsprachenunterricht hat aber nicht nur den Nachteil,
daß die Kommunikation über die von ihr bezeichneten Phänomene erschwert wird: es verhindert häufig auch, daß die
betreffenden Erscheinungen überhaupt ins Bewußtsein rücken,
erkannt werden. Corders Annahme, daß Fremdsprachenlerner
als Informanten über ihre Interimsprache zu "metalinguistic
explanations" in der Lage seien, da sie über eine entsprechende Metasprache verfügten (1976, 43), gilt demnach für
den Untersuchungsbereich der vorliegenden Arbeit nicht.

Es erwies sich daher als notwendig, die Lerner auf die betreffenden fehlerhaften Äußerungen aufmerksam zu machen. In
den meisten Fällen konnten sie sich dann an ihre Ausdrucksintention erinnern, so daß rekonstruierte Äußerungen auf
der Basis autorisierter Interpretationen formuliert werden
konnten. Die Rekonstruktionen mußten in der Regel von einem
native speaker oder von mir vorgenommen werden: Ebenso wie
die Lerner ihre pragmatischen Fehler nicht selbst identifizieren konnten, waren sie zur Selbstkorrektur fremdidenti-
fizierter falscher Äußerungen nur in Ausnahmefällen in der
Lage. Dies kann als weiterer Beleg dafür interpretiert werden, daß die Lerner auf pragmatischem Gebiet keinen "monitor" (Krashen 1976) in Form von Sprach_wissen_ ausgebildet haben, der ihr Sprach_können_ kognitiv unterstützte. Die in
2.3.2 getroffene Unterscheidung in implizite und explizite
interimsprachliche Regeln konkretisiert sich im vorliegenden Kontext dahingehend, daß den in der Lernerperformanz
feststellbaren impliziten Regeln nicht andere, sondern zumeist keine expliziten Varianten entsprechen.

4.2.2.2 INFORMATIONEN ZUM ERWERBSKONTEXT

4.2.2.2.1 RICHTLINIEN

Die für den Englischunterricht meiner Probanden (ca. 1967-1976) verbindlichen Richtlinien sind die 1963 vom Kultusminister von NRW erlassenen "Richtlinien für den Unterricht in der Höheren Schule (Englisch)"; ihr Nachfolger, die derzeit gültigen "Unterrichtsempfehlungen" von 1973, dürften sich auf den Unterricht der Probandengruppe noch nicht ausgewirkt haben.

Als übergeordnetes Lernziel geben die "Richtlinien" an: "Ziel des Englischunterricht ist es, sprachliches Können und Erkenntnis sprachlicher Eigenart, landeskundliches Wissen und ein angemessenes Verständnis der englischsprachigen Literatur zu vermitteln" (1). Unter den "allgemeinen didaktischen und methodischen Hinweisen" sind in unserem Zusammenhang vor allem folgende Vorschriften interessant:

- "Unterrichtssprache ist grundsätzlich das Englische" (1).
- "Die Lektüre bildet das Kernstück des Unterrichts" (2).
- "Im Unterricht geht es nicht um die Vermittlung eines abstrakten Regelkanons, sondern um die Entdeckung sprachlicher Prinzipien und um deren Beachtung beim Sprechen und Schreiben" (3).

Auf den einzelnen Jahrgangsstufen konkretisieren sich diese Prinzipien in der Weise, daß der Englischunterricht im 5. - 9. Schuljahr primär auf die Entwicklung von Sprech- und Lesefähigkeit und den Erwerb landeskundlicher Kenntnisse ausgerichtet ist (vgl. S. 5, 9 der "Richtlinien"). Ab dem 10. Schuljahr tritt die Lektüre literarischer Werke hinzu, die bereits auf dieser Stufe "mindestens die Hälfte der zur Verfügung stehenden Stunden" ausmachen soll (13). Im 12. und 13. Schuljahr steht schließlich die Literaturinterpretation ganz im Vordergrund: "Drei Viertel des gesamten Unterrichts sollen der Besprechung von Dichtung und Gedankenprosa gewidmet sein" (19). Das humanistische Bildungsideal, auf das, den fachübergreifenden "grundsätzlichen Vorbemerkungen zu den Richtlinien" (I - XII) zufolge, der gesamte gymnasiale Unterricht orientiert, kommt deutlich in der Lernzielformulierung für die letzten beiden Klassen zum Tragen:

> "Die Einsicht in die grammatischen und stilistischen
> Prinzipien und ein Wissen um das Wachstum der Sprache
> und ihre Bedeutung in der Gegenwart führen zu einer
> Vorstellung von den wirkenden Kräften und den Leistungen des Englischen. In der Interpretation sprachlicher Kunstwerke werden entscheidende menschliche
> Grunderfahrungen erschlossen und gedeutet. Die in
> Dichtung und philosophischem Schrifttum enthaltenen
> Vorstellungen vom Dasein und von der Welt verhelfen
> dem heranwachsenden Menschen zu Maßstäben und Selbstverständnis" (19).

Zu den sprachpraktischen Lernzielen führen die "Richtlinien" aus:

> "die Übung in der Sprache (soll) so weit gefördert
> werden, daß der Schüler einen anspruchsvollen Text
> verstehen, in seiner Eigenheit erfassen und wiedergeben kann. Auch einen eigenen Gedankengang muß er
> mündlich und schriftlich in stilistisch angemessener Form darstellen können" (18).

Als Übungsformen, die dem Erreichen der sprachpraktischen Lernziele dienen sollen, empfehlen die "Richtlinien" neben der "intensiven Teilnahme am Unterrichtsgespräch":

> "1. 'Summaries'.
> 2. Vorbereitete oder unvorbereitete Explikation eines Textes.
> 3. Diskussion im Anschluß an literarische Texte, Essays, Zeitungen, Vorträge, Aufführungen, Filme, Bildbetrachtungen usw.
> 4. Nacherzählungen mit und ohne Anschlußfragen.
> 5. Freie Diskussionen und Debattierübungen" (25).

Wenn man den Oberstufenunterricht im Hinblick auf die Kommunikationsfunktionen zu charakterisieren versucht, die den

"Richtlinien" implizit als Lernziel zugrunde liegen und die
durch die vorgeschlagenen Übungen realisiert werden, so
nimmt im produktiven Bereich die referentielle Funktion
nicht nur eine herausragende, sondern geradezu eine exklusive Stellung ein: Gedankengänge sollen <u>dargestellt</u> werden;
es geht nicht darum, Sprecherhaltungen zu diesen "Gedankengängen" auszudrücken (expressive Funktion) oder sie relativ
zum Gesprächspartner und die Beziehung des Sprechers zu ihm
zu formulieren (relationelle Funktion). Auch in den nichtmonologischen mündlichen Diskursformen (Diskussion, Debatte) stehen inhaltliche Gesichtspunkte im Vordergrund, während z.B. Sprechhandlungen und Diskursstrategien unerwähnt
bleiben.

4.2.2.2.2 FRAGEBOGEN ZUM ERWERBSKONTEXT

Um festzustellen, inwieweit die in den "Richtlinien" dargelegte Unterrichtskonzeption der Wirklichkeit des Englischunterrichts der Probanden entsprach, und um darüber hinaus
auch einige Informationen zum außerschulischen Erwerb zu
erhalten, beantworteten die Probanden einen Fragebogen, der
in Anhang 3 beigefügt ist. Er ist in Fragen zum schulischen
Erwerb, zum außerschulischen Erwerb und zur Selbsteinschätzung der Kommunikativen Kompetenz der Lerner untergliedert.
Da die 29 Probanden ihn in Anwesenheit der Untersuchungsleiterin ausfüllten, konnten sie nachfragen, wenn ihnen ein
Item unklar war.

Für die Beurteilung des schulischen Lernkontextes sind folgende Ergebnisse interessant:
1. Das mit Abstand (22mal) am meisten verwendete <u>Lehrwerk</u>
(Item A 5) ist das dreibändige "Learning English", Ausgabe
A. Die relevante Fassung des zuerst 1955 ff. erschienenen
Lehrwerks datiert von 1968 ff. In den "Vorbemerkungen" des
Lehrerhefts zum ersten Band wird das modernisierte "Learning
English" als Synthese aus "in langen Jahren erprobten Unter-

richtswerke(n) mit den modernen Erkenntnissen (Palmer,
Fries, Lado, Hornby)" (²1972,3) charakterisiert. Es stellt
damit ein Kompromißprodukt zwischen dem traditionellen,
auf humanistische Bildungsziele ausgerichtetem Fremdsprachenunterricht (vgl. die obige Skizzierung der "Richtlinien") und dem Audiolingualismus dar.
Die Hauptteile der Lektionen enthalten in Übereinstimmung
mit den "Richtlinien" überwiegend narrative und exposito-
rische Texte ("Lesestücke"), die in Bd. 1 den Familien-,
Schul- und Freizeitbereich in England, in den folgenden
Bänden historische und gegenwärtige england- und amerika-
kundliche Aspekte zum Inhalt haben. Texte, die spezifisch
der Ausbildung von Sprechfertigkeit in Interaktionszusammenhängen dienen, finden sich nur im 3. Band unter dem Ti-
tel "chit-chats"; diese "alltäglichen Redewendungen in
Dialogform" zu Redeabsichten wie "Apologies", "Scepticism",
"Surprise" sind jedoch ausdrücklich als fakultativ gekennzeichnet. Die an die "Lesestücke" anschließenden "Exercises"
sind inhaltlich zumeist mit dem (obligatorischen) A-Lese-
stück verbunden und dienen in Bd. 1 und 2 der Einübung der
dort eingeführten grammatischen Erscheinung(en); in Bd. 3
wird das lexikalische Material und der Inhalt der Lesestücke
für die Erstellung von Übungen verwendet, die primär auf
Grammatikrevision abzielen. Wiederkehrende Übungstypen sind
Verständnisfragen zum "Lesestück" sowie dekontextualisierte
Grammatik- und Lexikübungen (Satzkonstruktion nach vorgege-
benem Muster, *pattern drills* wie *switchboard tables*, Ein-
satz-, Substitutionsübungen.) Jede Lektion schließt ab mit
einer deutsch-englischen Übersetzung und einer Vorbereitungs-
übung zur folgenden Lektion ("Let's prepare lesson ...").
Den Lehrwerkautoren ist der tendentielle Konflikt zwischen
den Bildungszielen der "Richtlinien" ("Sprachliches Können
und Erkenntnis sprachlicher Eigenart" (1); "Einsicht in
die grammatischen und stilistischen Prinzipien" (19)) und
dem audiolingualen *pattern practice* als bevorzugtem Übungstyp offenbar bewußt, wie aus ihrem Plädoyer für *pattern drills*
in den Lehrerheften zum 2. und 3. Band hervorgeht:

"Viele (der Übungen) haben Einschleifcharakter;
wer aber glaubt, daß der eine oder andere Übungstyp für diese Altersstufe zu leicht sei, weil er
nicht zum Denken zwinge, verkennt den Charakter
dieser Übungen. Sie haben eine große Bedeutung
im Lernprozeß. Mit ihrer Hilfe sollen die grammatischen pattern so weit eingeschliffen werden,
daß sie zu sprachlichen Automatismen werden"
(Lehrerheft zu A 3, 6).

Ab der 11. Klasse schließt sich die Textsammlung "Modern
Life" an, die Sprachvermittlung (Erweiterung des Vokabelschatzes) nur noch als Nebenprodukt der Textarbeit zum Ziel
hat. Auf die authentischen Texte mit landeskundlichen, z.T.
gesellschaftskritischen Inhalten folgen Fragen zum Verständnis, zur Interpretation und zur weiterführenden Diskussion.-
Abgesehen davon, daß mit diesem Unterrichtsmaterial und den
Anweisungen zu seiner Verwendung ausschließlich Sprechakte
mit referentieller Funktion vollzogen werden können (beschreiben, erklären, kommentieren, argumentieren, begründen ...), enthält das Lehrbuch selbst keine Hinweise darauf,
wie diese Sprechakte im Englischen realisiert werden können.
Das Lehrwerk kann bis zum Ende der Sekundarstufe I global
als grammatikzentriert, auf der Sekundarstufe II als inhaltszentriert charakterisiert werden.

2. Der Anteil des Englischen als Unterrichtssprache wurde
in Abhängigkeit von der Lernstufe durch eine 7-stellige
Schätzskala (1-"nur Englisch", 7-"kaum Englisch") erfragt.
Die Mittelwerte für die Lernstufen betragen: Unterstufe
4,97; Mittelstufe 3,76; Oberstufe 2,41. Nimmt man hinzu,
daß der Anteil des Englischen an der "classroom management communication" (A 7) gegenüber dem Deutschen mit dem
gleichen Meßinstrument (1-"nur Englisch", 7-"nur Deutsch")
als Mittelwerte für die Unterstufe 6,6, die Mittelstufe
5,69 und für die Oberstufe 4,83 ergibt, so wird erkennbar,
daß gerade die "echten" Kommunikationsanteile im Englischunterricht, in denen die Schüler (potentiell) ihre Interessen artikulieren können und expressive und relationelle
Kommunikationsfunktionen zwangsläufig zum Tragen kommen,

auf Unter- und Mittelstufe fast gar nicht und selbst auf
der Oberstufe nur unregelmäßig im fremdsprachlichen Medium
realisiert wurden.

3. Die Aktivitäten, die die Probanden im Englischunterricht
auf der Oberstufe ausübten (A 9), sind in Tab. O in der
Reihenfolge ihrer Wahlhäufigkeit angegeben.

Tab. O: Aktivitäten der Probanden im Englischunterricht

Aktivität	oft	manchmal	nie
1. Lektüre fikt. Texte	16	9	4
2. Freie Diskussion	13	12	4
3. Essay writing	7	18	4
4. Lekt. non-fikt. Texte	9	14	6
5. Grammatikübungen	2	20	7
6. Übersetzen	1	15	13
7. Anhören von Schallplatten	-	14	15
8. Rollenspiel	-	4	25

Kennzeichnend ist die rezeptive oder produktive Beschäftigung mit schriftlichen Texten (Lektüre fiktionaler und nonfiktionaler Texte, *Essay writing*) und der hohe Stellenwert
des mündlich-produktiven argumentativen Diskurses (Diskussionen). Durch die Formulierung des Items konnte leider keine Information über die wichtige Frage eingeholt werden,
wie Diskussionen im Englischunterricht der Lerner abliefen.
Aus den Interviews mit den Probanden ging aber hervor, daß
der referentielle Aspekt bei Diskussionen fast ausschließliche Beachtung fand, Argumentationsstrategien nicht unterrichtet wurden und die Lerner Diskussionen daher mit einem
minimalen Repertoire an gesprächstaktischen Mitteln ("I
think", "yes but") führten. Am wenigsten wurden diejenigen
Aktivitäten durchgeführt, die authentische rezeptive und

semi-authentische produktive Kommunikationsfähigkeit in anderen als nur der referentiellen Funktion involvieren (Hörspiele, Rollenspiel).

4. In diesen Zusammenhang ordnet sich auch die überwiegende (24) Verneinung der Frage ein, ob der <u>Vollzug von Sprechhandlungen Gegenstand des Englischunterrichts</u> war (A 10). Die wenigen positiven Antworten (5) geben an, daß hierzu schriftliche Texte verwendet wurden.

5. Bei der Beurteilung der Frage, ob ihre Englischlehrer mehr Wert auf <u>Korrektheit</u> oder auf <u>Kommunikationsfähigkeit</u> legten (A 12), entschieden 14 Probanden für die erste, 14 für die zweite Wahlmöglichkeit; ein weiterer Lerner gab die nicht vorgesehene Antwort "je nach Lehrer". Dieses Ergebnis scheint mir im Rahmen dieser Untersuchung nicht sehr aussagekräftig, denn aus den Wahlen für "mehr Kommunikationsfähigkeit" ist - bedingt durch die undifferenzierte Fragestellung - nicht ersichtlich, welche kommunikative Funktionen die Lerner unter der Umschreibung von Kommunikationsfähigkeit mit "das sagen können, was man will" subsumieren. Es ist im Kontext der bereits festgestellten Inhaltszentriertheit des Oberstufenunterrichts naheliegend, daß die Lerner "Kommunikationsfähigkeit" im Sinn von "Aussagen über Sachverhalte machen", "Meinungen äußern", also rein referentiell und nicht unter Einschluß anderer Kommunikationsfunktionen verstehen.

6. Über ihren <u>außerschulischen Erwerb</u> des Englischen gibt die überwiegende Mehrheit der Lerner an, "manchmal" (24) <u>Kontakte mit englischsprachigen Personen</u> (B 1) zu haben (vgl. "nie": 3, "oft": 2). Die Kontakte waren in den meisten Fällen "überwiegend mündlich" (19), 6 Lerner schätzten die Verteilung von schriftlichen und mündlichen Kontakten als ausgeglichen an, nur einer gab "überwiegend schriftliche Kontakte" an.

7. Der <u>medienvermittelte Kontakt mit dem Englischen</u> (B 3, 4) wurde wiederum über 7-stellige Schätzskalen erhoben (1-"regelmäßig", 7-"nie"). Die Mittelwerte für "Lektüre von Büchern und Zeitschriften" beträgt 4,21, für "Radio und Fil-

me" 4,66. Der schriftliche und mündliche außerunterrichtliche "input" verteilt sich damit zu gleichen Anteilen; die ziemlich genau auf der mittleren Position der Schätzskalen liegenden Mittelwerte weisen auf "gelegentliche" Rezeption medienvermittelter schriftlicher und mündlicher englischer Texte hin.

8. Was die Selbsteinschätzung ihrer Kommunikativen Kompetenz anbelangt, so beurteilten die Probanden ihre Kommunikationsfähigkeit im englischsprachigen Ausland (C 1) auf einer 7-stelligen Schätzskala mit den Extremen "1-sehr sicher" und "7-sehr unsicher" mit einem Mittelwert von 3,45. Die Beurteilung ihrer Kommunikationsfähigkeit im Hinblick auf ihre zukünftige Rolle als Englischlehrer (C 2) ergab bei "1-völlig ausreichend" und "7-absolut unzulänglich" einen Mittelwert von 5,38. Die recht positive Selbsteinschätzung der Kommunikationsfähigkeit zur Befriedigung eigener kommunikativer Bedürfnisse ist erstaunlich, wenn man die starke schriftliche und inhaltsbezogene Ausrichtung des Englischunterrichts in Betracht zieht. In den Interviews bestätigten einige Lerner die Vermutung, daß ihre außerschulischen Kontakte mit dem Englischen einen wesentlichen Anteil an ihrer subjektiven Kommunikationsfähigkeit tragen. Daß demgegenüber ihre Sprachkompetenz als Vermittler eher negativ eingeschätzt wird, zeigt nur, daß sie sich der unterschiedlichen Kommunikationsbereichssprachen und des Kompetenzniveaus, das zur Befriedigung eigener Kommunikationsbedürfnisse einerseits, zur Vermittlung von Kommunikationsfähigkeit andererseits notwendig ist, (intuitiv) bewußt sind.

4.2.3 DATENAUFBEREITUNG UND -ANALYSE

4.2.3.1 TRANSKRIPTION

Jeder der 3mal 48 Dialoge wurde auf Tonband aufgezeichnet und anschließend transkribiert. Aufgrund des Interesses an der pragmatischen Komponente (und nicht etwa an der phonologisch-phonetischen) konnte zur Transkription die herkömmliche Orthographie verwendet werden. Interpunktion wurde nicht benutzt; vielmehr wurden prosodische Merkmale durch folgende Konventionen gekennzeichnet:

Pausen: ∧   kurze Pause
∧∧   lange Pause
∧∧∧   sehr lange Pause etc.

wobei sich die Pausenlänge relativ zur durchschnittlichen Sprechgeschwindigkeit des Sprechers definiert.

Intonation: ⌒ = fall
↗ = rise
↗⌒ = rise-fall
⌒↗ = fall-rise

Primärakzent: wird mit " über dem betreffenden Wort markiert. Simultan gesprochene Passagen werden bei beiden Sprechern in [ ] eingeschlossen. Relevante extraverbale Handlungen sind in ( ) dem Transkript eingefügt (vgl. Edmondson/House/Kasper/McKeown 1979, 59 f. und zur Illustration die transkribierten Dialoge in Anhang 2).
Die Dialogrolle des Lerners in L und die entsprechende Rolle in E und D ist mit einem X, die des *native speakers* in L und die entsprechende Rolle in E und D sind mit einem Y gekennzeichnet.

4.2.3.2 ANALYSESCHRITTE

Die Datenanalyse wird in zwei Schritten durchgeführt (vgl. 3.1):

(1) Deskription der pragmatischen Dimension der Lernerperformanz in Form einer oberflächenorientierten Performanzanalyse mit dem Ziel, lernerspezifische Merkmale zu identifizieren (vgl. Kap. 5) und zu beschreiben (Kap. 6).

(2) Explikation der lernerspezifischen Merkmale durch die ihnen zugrunde liegenden Prozesse, den Kommunikations- und Erwerbskontext. Hierzu werden die Dialogbatterie D als <u>is-externe textuelle</u> Daten, die Interviews als sporadische <u>introspektive</u> Daten und die Informationen über den <u>Lernkontext</u> aus den Fragebögen herangezogen (Kap. 7).

5. IDENTIFIZIERUNG LERNERSPEZIFISCHER ÄUSSERUNGEN

Um die Lernerperformanz im Hinblick auf ihre spezifischen Merkmale beschreiben und erklären zu können, müssen Kriterien zur Identifizierung lernerspezifischer Äußerungen festgelegt werden. In diesem Kapitel soll daher nach einer Übersicht über die Komponenten der Lernerperformanz relativ zu derjenigen von *native speakers* geklärt werden, wie die Normfrage in der vorliegenden Untersuchung gelöst wird.

5.1 KOMPONENTEN DER LERNERPERFORMANZ

Die Lernerperformanz kann in ihrem Verhältnis zur *native-speaker*-Performanz wie folgt graphisch dargestellt werden:

LERNERPERFORMANZ	
nicht-lernerspezifisch	lernerspezifisch
native-like (= +ang)	*non-native* +ang	*non-native* -ang
Nicht-Fehler	Fehler

Abb. 0

Sie umfaßt eine nicht-lernerspezifische Komponente, die sich nicht von der *native-speaker*-Performanz unter denselben pragmatischen Bedingungen unterscheidet, also akzeptable und angemessene[1] Äußerungen enthält, und eine lernerspezifische Komponente, die sich untergliedert in a) (akzep-

---

[1] Zur Akzeptabilität und Angemessenheit als fehleranalytische Kategorien vgl. Kasper 1975.

table und) angemessene, aber dennoch von der *native-speaker*-Performanz verschiedene, b) (akzeptable/unakzeptable und) unangemessene Lerneräußerungen. Die Lernerspezifik von (a) besteht darin, daß das Sprachverhalten der Lerner vom mehrheitlichen *native speaker*-Sprachgebrauch dadurch abweicht, daß in ihm Element A im Kontext Z im Vergleich zu seinem Vorkommen im *native speaker*-Sprachgebrauch (i) häufiger bis ausschließlich (Überrepräsentation), (ii) wenig bis überhaupt nicht verwendet wird (Unterrepräsentation). Da es sich bei (a) um ausschließlich akzeptable und angemessene Äußerungen handelt, ist diese Komponente von der nicht-lernerspezifischen nur durch frequentielle Kontrastierungen mit der *native speaker*-Performanz abzugrenzen.

Die nicht-lernerspezifische und die lernerspezifische Komponente (a) bilden zusammen die Gruppe der Nicht-Fehler. Diese Gemeinsamkeit rechtfertigt jedoch nicht, beide Komponenten zusammenzufassen, denn damit wäre ein relevantes Merkmal der Lernerperformanz nicht mehr erfaßbar.

Die lernerspezifische Komponente (b) enthält die Fehler[1] im klassischen Sinn, nämlich Äußerungen, die zu den Gebrauchsnormen und/oder dem metasprachlichen Urteil muttersprachlicher Sprecher im Widerspruch stehen. Beide Subkomponenten der lernerspezifischen Komponente sind demnach durch das Merkmal *non-nativeness* charakterisiert, wobei, anders formuliert, (a) umfaßt, was *native speaker* unter gegebenen pragmatischen Bedingungen sagen können und akzeptieren, wobei sie aber mehrheitlich andere Ausdrucksalternativen bevorzugen, (b) einschließt, was *native speaker* unter gegebenen pragmatischen Bedingungen nicht sagen würden und als unakzeptabel bzw. unangemessen beurteilen.

---

[1] Auf die Notwendigkeit des Fehlerbegriffs in Interimsprachenanalysen mit pädagogischer Zielsetzung hat Zydatiß (1974 a) überzeugend hingewiesen.

5.2 KOMPONENTEN DER NORM

Die Identifizierung lernerspezifischer Äußerungen, die auf allen sprachlichen Ebenen zahlreiche theoretische und praktische Probleme involviert (vgl. Kasper 1975), erwies sich in der vorliegenden Arbeit als besonders schwierig. Denn liegen z.B. für Teilsysteme der Morphosyntax - etwa für das englische Tempus- und Aspektsystem und seine Normen (vgl. z.B. Leech 1971; Quirk/Greenbaum/Leech/Svartvik 1972; Edmondson/House/Kasper/McKeown 1977) - am realen Sprachgebrauch orientierte Deskriptionen vor, die eine begründete Fehleridentifizierung erlauben (vgl. Zydatiß 1976 a), so haben Pragmatik und Diskursanalyse aufgrund ihrer kurzen wissenschaftlichen Tradition Deskriptionen realen Sprachhandelns von *native speakers* nur in sehr begrenztem Umfang zu bieten. Die meisten Arbeiten auf diesem Gebiet verfolgen programmatische und modelltheoretische Interessen; den in ihnen verwendeten konstruierten oder empirischen Daten kommt daher exemplifizierende und demonstrative Funktion, nicht aber Repräsentativität für realen mehrheitlichen Sprachgebrauch zu.
Wie wir aus Untersuchungen zur Grammatikalität (z.B. Chomsky 1964; Bolinger 1968) und Akzeptabilität (z.B. Quirk/ Svartvik 1966) wissen, lassen sich Sätze/Äußerungen nicht dichotomisch den Kategorien 'grammatisch'/'akzeptabel' oder 'ungrammatisch'/'unakzeptabel' zuordnen, sondern beide Kategorien sind als Pole eines Kontinuums unterschiedlicher Grade von Grammatikalität/Akzeptabilität aufzufassen. Die Problematik dichotomischer Kategorisierung stellt sich noch schärfer im Bereich der Pragmatik, da die Angemessenheit von Äußerungen per definitionem kontextdeterminiert ist und Angemessenheitsurteile zumindest danach variieren, a) welche Faktoren als relevante Konstituenten einer pragmatischen Norm in einem gegebenen Kontext angesehen werden, b) wie weit der zur Bestimmung der Angemessenheit/Unangemessenheit einer Äußerung herangezogene Kontext gefaßt wird, c) wie groß die Toleranzmarge von *native speaker*-Interaktanten/des

Analysators ist. Da die Bestimmung von Angemessenheitsgraden etwa auf der Grundlage von Toleranzuntersuchungen an *native speakers* ein (dringend erforderliches!) Forschungsvorhaben für sich darstellt, habe ich in theoretisch fragwürdiger, aber praktisch nicht zu umgehender Vereinfachung dennoch nur zwischen angemessenen und unangemessenen Leneräußerungen unterschieden, wobei ich die pragmatische Norm, aufgrund derer eine Äußerung als unangemessen klassifiziert wurde, bewußt eher restriktiv gesetzt haben. Es wird demnach sicher Fälle geben, in denen der Leser Lerneräußerungen, die ich als unangemessen eingestuft habe, als angemessen akzeptieren würde. Da das Interesse der Arbeit jedoch primär auf die Deskription und tentative Explikation lernerspezifischer Performanz im pragmatischen Bereich, nicht aber auf Evaluation gerichtet ist, halte ich eine eher restriktive Norm für sinnvoller als eine eher permissive.

Als Norm zur Identifizierung lernerspezifischer Äußerungen zog ich drei Bezugsgrößen heran, die je für sich genommen unzureichend erscheinen, in ihrer gegenseitigen Ergänzung jedoch eine brauchbare Grundlage boten:

a) metasprachliche Angemessenheitsurteile britischer *native speakers* des Englischen
b) die in Dialogbatterie E gelieferten objektsprachlichen Daten
c) pragmatische und diskursanalytische Deskriptionen.

Zwischen a) einerseits und b) und c) andererseits bestand eine chronologische Abfolge in ihrer Anwendung: zunächst wurden lernerspezifische Äußerungen durch *native speakers* identifiziert, deren introspektive Aussagen dann mit dem Sprachverhalten der *native speakers* in E und, falls vorhanden, mit Deskriptionen aus der einschlägigen Literatur verglichen wurden. Bei Abweichungen zwischen a) und b) wurde b) der Vorzug gegeben. Im Verlauf des Gesamtprojekts gewann c) zunehmende Bedeutung dadurch, daß Analysen von b) - der Dialogbatterie E - das Volumen an verfügbaren Deskriptionen vergrößerten. Da jedoch - im Unterschied zu üblichen Fehleridentifizierungsverfahren - die erforderlichen Deskriptionen nicht a priori vorgegeben waren, sondern erst erstellt wurden, wenn sich ein pragmatisches Teilsystem als relevant im Sinne des Untersuchungsziels, d.h. durch lernerspezifische Merkmale charakterisiert abzeichnete, konnte die Identifizierungsphase nicht nach einmaligem Durchlauf abgeschlossen werden, sondern sie verlief als ein zyklisches Verfahren, das hermeneutische und empirische Komponenten verband.

5.3 WELCHES ENGLISCH?

Da meine Informanten in a) sowie die Sprecher in b) *native speakers* des Britischen Englisch sind, legte ich diese Subsprache des Englischen als Norm für die Identifizierung lernerspezifischer Äußerungen zugrunde. Diese Entscheidung wird auch durch die Tatsache unterstützt, daß die meisten der 29 Lerner in NRW zur Schule gegangen waren und in und außerhalb ihres Englischunterrichts überwiegend mit dem Britischen Englisch in Kontakt gekommen waren, so daß ihre Interimsprache eher Merkmale des Britischen Englisch als einer anderen englischen Subsprache aufweist. Allerdings ist hierzu kritisch anzumerken, daß die Entscheidung für das Britische Englisch als Norm eher akzidentiell, d.h. durch die Umstände meiner Untersuchung, als theoretisch begründet ist. Denn Funktion des Englischen als Lehr- und Lerngegenstand ist ja nicht nur, die Kommunikation zwischen einem *native speaker* des Britischen Englisch und einem ausländischen Sprecher zu ermöglichen, sondern gerade auch die, als internationales Kommunikationsmittel für Sprecher mit unterschiedlichen Grundsprachen, als lingua franca zu dienen (vgl. Schröder 1973).[1] Über Bedingungen und Prozesse internationaler Kommunikation wissen wir jedoch gegenwärtig zu wenig, als daß eine Norm für das Englisch, das diesem Kommunikationstyp adäquat ist, aufgestellt und der Identifizierung lernerspezifischer Äußerungen zugrunde gelegt werden könnte.

Abgesehen von der spezifischen Funktion des Englischen als internationaler Verkehrssprache, die die Orientierung an einer *native speaker*-Norm problematisch erscheinen läßt, können auch aus der Lernzielperspektive Bedenken gegen eine solche Normsetzung formuliert werden: da *"nativeness"* als Idealnorm des Englischunterrichts inzwischen als unrealistisch erkannt worden ist, wurde es notwendig, das Lernziel Kommunikative Kompetenz über andere Kriterien zu definieren (vgl. Schwerdtfeger 1973; Piepho 1974; 1975; Heuer 1976; Kasper 1977), die dann auch der Identifizierung lernerspezifischer Äußerungen zugrunde zu legen wären. Vorschläge zur Bestimmung einer an den Kommunikationsbedürfnissen der Lerner ausgerichteten "didaktischen Norm" (Kaufmann 1974) wie z.B. der "Threshold Level" (van Ek 1976), "Un niveau seuil" (Conseil de l'Europe 1976) oder die "Notional Syllabuses" (Wilkins 1976) lagen zur Zeit des schulischen Englischunterrichts meiner Probanden jedoch noch nicht vor; den "Richtlinien" (Kultusministerium NRW 1963, 1) ist nicht zu entnehmen, daß etwas anderes als eine (wie auch immer definierte) *native speaker*-Norm als Lernziel angestrebt wird. Es erscheint daher folgerichtig, auch für die vorliegende Untersuchung an der *native speaker*-Norm festzuhalten.

Ein wichtigeres Kriterium als die Lernziele des Englischun-

---

[1] Die Funktion des Englischen als internationales Kommunikationsmittel wird auch von den "Empfehlungen für den Kursunterricht im Fach Englisch in der Sekundarstufe II" vom Kultusministerium NRW (1973) herausgestellt (vgl. die Ausführungen zu "Lerninhalt", 9); dem wird jedoch in der Bestimmung der Unterrichtsnorm nicht Rechnung getragen, wenn es heißt: "Unterrichtssprache ist in allen Bereichen die Fremdsprache, d.i. *British English*. Unterschiede zwischen *British English* und *American English* sollten dem Schüler exemplarisch bewußt gemacht werden, eine Mischung beider ist zu vermeiden" (11 f.).

terrichts scheint mir jedoch durch die zukünftigen Sprachverwendungsbedürfnisse der Probanden gegeben zu sein, die in erster Linie durch die Tätigkeits- und daraus abgeleiteten Qualifikationsmerkmale des Fremdsprachenlehrers bestimmt sind. Zwar dürfte sich auch für diese spezifische Lernergruppe *native-speaker*-Kompetenz in der Regel als unrealistisches und sachlich nicht zwingendes Lernziel erweisen; gerade ihre zukünftige Vermittlerrolle macht es aber notwendig, besonders genau anzugeben, in welchem Umfang und in welcher Weise Abweichungen von *native-speaker*-Normen akzeptiert werden können. Die hierzu erforderlichen Toleranzuntersuchungen setzen nun ihrerseits ein Korpus abweichender Äußerungen voraus, das sinnvoll nur auf der Grundlage einer *native-speaker*-Norm gewonnen werden kann. Damit die vorliegende Arbeit dazu beitragen kann, Material für eine solche Untersuchung zu liefern, die eine begründete Relativierung der *native-speaker*-Norm erst gestattet, lege ich der Identifizierung lernerspezifischer Äußerungen eine "nicht-didaktisierte" Norm des Britischen Englisch zugrunde.

5.4 REKONSTRUKTION FEHLERHAFTER ÄUSSERUNGEN

In den in Kap. 4.2.2.1 beschriebenen Lernerinterviews konnten die Ausdrucksintentionen der Lerner durch autorisierte Interpretationen ermittelt und auf dieser Grundlage rekonstruierte Äußerungen (RÄn) formuliert werden. Es scheint mir wichtig, darauf hinzuweisen, daß die RÄn exemplarischen und demonstrativen, keineswegs präskriptiven Status haben, da ja eine gegebene Ausdrucksintention jeweils durch eine Menge alternativer, (cum grano salis) gleichermaßen angemessener Ausdrucksmöglichkeiten realisierbar ist. Ein pragmatischer Fehler läßt sich damit definieren als Äußerung, die <u>nicht</u> der Menge pragmatisch angemessener Realisierungsalternativen einer Äußerungsintention angehört. Da es nicht

Aufgabe dieser Arbeit sein kann, möglichst viele Realisierungsalternativen aufzuzeigen, beschränke ich mich bei den Rekonstruktionen in der Regel auf eine Variante. Der Vergleich der ursprünglichen Äußerung mit RÄ ermöglicht eine präzisere Fehlerlokalisierung und eine Beschreibung des Fehlers durch die Formulierung der pragmatischen Norm, die durch ihn verletzt wurde.

Die Ausrichtung der Rekonstruktionen an einer autorisierten Interpretation soll gewährleisten, daß die Mitteilungsabsicht des Lerners möglichst genau wiedergegeben wird. Der Begriff *Mitteilungsabsicht/Ausdrucksintention* ist dabei so zu verstehen, daß er neben einer referentiellen/propositionalen und einer illokutiven "Bedeutung" jeweils auch eine Definition der aktuellen Beziehung des Sprechers zum Hörer einschließt. Damit hat die Rekonstruktion sprachlich zu reflektieren, ob der Lerner freundlich, distanziert, förmlich, rüde etc. sein wollte. Sie hat nicht die Aufgabe, dem Lerner stereotyp höfliches Sprachverhalten vorzuschreiben, wie es überhaupt ein gelegentlich[1] laut werdendes Mißverständnis gegenüber der Pragmadidaktik ist, zu unterstellen, sie wolle den Lerner in angepaßtes mittelschichtsorientiertes Wohlverhalten einüben. Das Gegenteil ist nach meinem Verständnis der Fall: Wenn die Pragmadidaktik dem Beziehungsaspekt den ihm zukommenden Stellenwert einräumt, in dem sie dem Lerner die fremdsprachlichen Ausdrucksmittel zur Verfügung stellt, mit dem er sich in seiner Beziehung zum Gesprächspartner definieren kann, so bedeutet dies nicht ein einseitiges Hervorheben <u>einer</u> Verhaltensmöglichkeit. Vielmehr sollten Redemittel, die unterschiedliche Beziehungsdefinitionen sprachlich realisieren, dem Lerner als <u>Alternativen</u> bereitgestellt werden, aus denen er nach seiner Ausdrucksabsicht eine Wahl treffen kann. Das Dilemma des traditionellen Fremdsprachenunterrichts, wie es sich auch in meinen Daten spiegelt, ist, daß er den

---

[1] Ich kann hierzu keine schriftlichen Belege zitieren; in Diskussionsbeiträgen auf der Fremdsprachendidaktikertagung Dortmund 1978 kam dies jedoch deutlich zum Ausdruck.

Lernern solche Ausdrucksalternativen weitgehend nicht oder zu undifferenziert vermittelt hat, so daß sie oftmals gezwungen sind, ihre ursprüngliche Mitteilungsintention zu revidieren ("message adjustment", Váradi 1980).

Zur Illustration der Rekonstruktion von Mitteilungsintentionen seien die Eröffnungsphasen zweier Dialoge mit identischer Interaktionsbasis angeführt, die die Lernerin in (a) aggressiv, in (b) höflich zu formulieren versuchte.

(Y hat Xs Bibliotheksplatz besetzt)
(a) X : hey what did you do
    Y : pardon (laughs)
    X : you put my books to the other side and it's my seat now
    Y : oh I'm sorry but I I just took this free seat er I've got to read this article I'm sorry but it'll only take half an hour
    X : well but you have seen that er there were some books [and]
    RÄ: hey what do you think you're doing
    Y : pardon (laughs)
    RÄ: shifting my books to the other side that's my seat
    Y : oh I'm sorry but I I just took this free seat er I've got to read this article I'm sorry but it'll only take half an hour
    RÄ: that's all very well but you must have realized that there were somebody's books on the table

(b) X : pardon me will you please give me back my seat
    Y : your seat oh it was free when I came here
    X : [yes er]
    Y : [how was I] to know it was your seat
    X : yes of course it was free because I had a break but now I want to work again
    RÄ: I don't know if you're aware of it but you're in my seat could I have it back you think
    Y : your seat oh it was free when I came here
    RÄ: [that's right]
    Y : [how was I] to know it was your seat
    RÄ: that's right it was free because I had a break but I'd like to go on with my work now if you don't mind

6. DESKRIPTION PRAGMATISCHER ASPEKTE IN DER LERNERPERFORMANZ

Die Selektion der pragmatischen Aspekte, deren Realisierung in der Lernerperformanz untersucht werden soll, begründet sich aus dem Interesse, lernerspezifische Merkmale in der interimsprachlichen Realisierung relationeller und auf Diskursorganisation gerichteter Funktionen aufzuzeigen und Hypothesen zu ihrer ursächlichen Erklärung aufstellen zu können. Da die Untersuchung pragmatischer und diskursstruktureller Funktionen in der *native speaker*-Kommunikation von verschiedenen wissenschaftlichen Disziplinen mit jeweils verschiedenem Erkenntnisinteresse unternommen wird, kann ich mich nicht auf eine konsistente Theorie stützen, die den Bezugsrahmen für die Beschreibung der Lernerperformanz liefern könnte. Es erweist sich daher als notwendig, Ansätze aus verschiedenen Disziplinen für die Deskription heranzuziehen. Es sind dies insbesondere

- linguistische Pragmatik (Austin 1962; Searle 1969; 1975; 1976; Maas/Wunderlich 1972; Wunderlich 1972 a, 1976; Grice 1975; Schlieben-Lange 1975; Rehbein 1977)
- Diskursanalyse (Sinclair/Coulthard 1975; Coulthard 1977; Edmondson 1979 b)
- Ethnomethodologie (Goffmann 1967; 1976; Jefferson 1972; Schegloff 1972 a; 1972 b; 1977; Schegloff/Sacks 1973; Schegloff/Jefferson/Sacks 1977; Sacks/Schegloff/Jefferson 1974)
- Untersuchungen zur gesprochenen Sprache, *face-to-face*-Kommunikation (Laver/Hutcheson 1972; Engel/Stickel 1973; Moser 1974; Berens/Jäger/Schank/Schwitalla 1976; Schank/Schoenthal 1976)

Da es selbstverständlich nicht zu den Zielen dieser Arbeit gehören kann, die Integration dieser Ansätze zu einer neuen Theorie "mitzuerledigen", muß das Beschreibungsverfahren notwendig eklektisch und ad-hoc bleiben. Ich wähle den eklektischen Ansatz als durch den Forschungsstand bedingte, keineswegs prinzipiell wünschenswerte Zwischenlösung; jedoch

erscheint er mir im vorliegenden Fall weniger problematisch als etwa bei der Zusammenführung verschiedener systemlinguistischer Theorien[1], da die Verbindung der erwähnten Ansätze sich durchaus ergänzt, ohne zu logischen Inkonsistenzen zu führen.
Folgende pragmatische und diskursstrukturelle Aspekte wurden für die Analyse der Lernerperformanz ausgewählt:

- initiierende Sprechakte (6.1)
- respondierende Sprechakte (6.2)
- *Gambits* (6.3)
- Eröffnungsphasen (6.4)
- Beendigungsphasen (6.5)

Vier dieser Aspekte - die initiierenden und respondierenden Akte sowie die Eröffnungs- und Beendigungsphasen - werden aufgrund ihrer zentralen Stellung als obligatorische Funktionen und Diskursphasen für die Untersuchung herangezogen. Die Analyse der *gambits* - d.s. diskursstrukturierende und -aufrechterhaltende Elemente - wird hinzugenommen, um zu überprüfen, inwieweit die Lerner den fortlaufenden Diskurs aktiv steuern können. Die Selektion der fünf Aspekte begründet sich demnach aus ihrer Lernzielrelevanz (vgl. 3.1).
Es wurde aufgrund der angesprochenen Schwierigkeiten, ein konsistentes pragmatisches Deskriptionsverfahren übernehmen zu können, auf die Integration der zu behandelnden Aspekte in einen homogenen Beschreibungszusammenhang verzichtet. Jedes der Deskriptionskapitel kann daher für sich gelesen werden. Überschneidungen zwischen den einzelnen Kapiteln waren nicht zu vermeiden; sie sind in der Multifunktionalität sprachlicher Erscheinungen begründet.
In der Einleitung zu den jeweiligen Kapiteln wird jeder der sechs Aspekte charakterisiert und das Beschreibungsverfahren angegeben.

---

[1] Vgl. die Eklektizismusdiskussion im Rahmen der Konzeption Didaktischer Grammatiken, insbesondere Emons 1975; Bausch 1979 b; Grotjahn/Kasper 1979.

6.1 INITIIERENDE SPRECHAKTE

6.1.0.1 ZUR BESCHREIBUNG INITIIERENDER SPRECHAKTE

6.1.0.1.1 KLASSIFIZIERUNG VON SPRECHAKTEN

Das Hauptproblem, das sich bei der Analyse von Sprechakten in empirischem Datenmaterial stellt, ist das der Identifizierung und Abgrenzung verschiedener Sprechakte.

> "Man findet in einem normalen Diskurs relativ selten solche Äußerungen, die sich unproblematisch als Sprechakt von dieser oder jener Art interpretieren lassen. Dafür findet man aber zahlreiche Äußerungen, die sich typologisch zunächst gar nicht erfassen lassen. Es ist klar, daß man hier mit taxonomischen Bemühungen anfangen, also geeignete Kriterien finden muß, um einzelne Äußerungen zu separieren und zu klassifizieren" (Wunderlich 1976, 297).

Die seit Austin (1962) vorgelegten Klassifikationen[1] sind heuristisch sicherlich wertvoll, für die empirische Analyse jedoch nicht ohne weiteres übernehmbar, da sie sämtlich deduktiv entwickelt wurden und die realen pragmatischen Verhältnisse, wie sie sich im Diskurs manifestieren, nicht immer angemessen abbilden. Dies gilt insbesondere für Klassifizierungen, die von einzelsprachlichen illokutiven Verben ausgehen und diese mit illokutiven Akten gleichsetzen (z.B. Austin 1962; Searle 1969; 1975). Wunderlich sagt zu diesen Klassifizierungsverfahren:

> "wir studieren die Semantik der in den Beschreibungen verwendeten Verben und nicht die Sprechhandlungen selbst. Wir lernen nicht, was Menschen tun, wenn sie sprechen, sondern wie Menschen darüber reden, was sie tun, wenn sie sprechen" (Wunderlich 1974, 341).

Bestände eine eindeutige Abbildungsrelation zwischen Sprech-

---

[1] Eine Synopsis der Klassifizierungen von u.a. Austin (1962); Fraser (1974) und Searle (1976) findet sich bei Hancher (1979), der ebenfalls eine eigene Klassifizierung vorlegt.

akten und ihren alltagssprachlichen Lexikalisierungen in
den Einzelsprachen, wäre Wunderlichs Bemerkung kein Gegenargument gegen eine Sprechakt-Klassifizierung auf der
Grundlage illokutiver Verben. Es ist jedoch nachweisbar,
daß Einzelsprachen im Bereich der illokutiven Verben (wie
auf jedem anderen Gebiet) lexikalische Leerstellen aufweisen: "phenomena (segments of reality) may be perceptually
distinguished, although the lexis of a particular language
does not reflect such distinctions" (Edmondson 1980 a, 2).
Eine Sprechakt-Klassifizierung über einzelsprachliche illokutive Verben muß demnach defektiv bleiben; für das Englische hat Edmondson (1980 a, 15, s.u.) diesen Nachweis angetreten. Darüber hinaus ergeben sich bei diesem Verfahren
nahezu unlösbare Probleme für die interlinguale kontrastivpragmatische Analyse: da die einzelsprachlichen illokutiven
Verben Sprechakte in unterschiedlicher Weise segmentieren,
ist ein Vergleich von Sprechakten, die in verschiedenen
Einzelsprachen realisiert werden, über einzelsprachliche
illokutive Verben als tertium comparationis nicht möglich.
Bereits in Sprachen kulturell so ähnlicher Kommunikationsgemeinschaften wie dem Deutschen und Englischen tritt diese
Schwierigkeit zutage: bezeichnet das illokutive Verb "request" denselben illokutiven Akt wie "bitten", wie "auffordern", oder wie die beiden deutschen illokutiven Verben zusammen? Knapp-Potthoff hat dargelegt, daß Sprechakt-Klassifizierungen über einzelsprachliche illokutive Verben zu Inkompatibilität bei der Lernzielformulierung für den Fremdsprachenunterricht führt (1977, 62). Dasselbe Problem stellt
sich bei der Interimsprachenanalyse von Sprechakten, wenn
grund- und fremdsprachliche Sprechakt-Realisierungen als Vergleichsmaterial herangezogen werden.
Bei der kontrastiv-pragmatischen Analyse von Sprechakten
- wie letztlich auch bei anderen interlingualen Vergleichen
(vgl. Coseriu 1972) - ist es daher nötig, <u>außersprachliche</u>
Klassifizierungsparameter zu verwenden, wie sie z.B. von
Wunderlich, Leech, Edmondson/House/Kasper/McKeown und Edmondson herangezogen wurden.

Wunderlich (1976) verwendet zur semantisch-logischen Charakterisierung von Sprechakttypen ("illokutiven Typen") die Merkmale Sprecher, Hörer, Äußerungszeit, Zeitrelation und Interaktionsbedingungen (75 ff.). Die resultierenden (semantischen!) Beschreibungen sind notwendig hochabstrakt und werden anschließend durch die Spezifizierung von Interaktionsbedingungen und Einstellungen pragmatisch interpretiert (86 ff.).

Leech (1977) stellt zur Typisierung illokutiver Verben folgende Kriterien auf:

(1) zeitliche Stellung des in der Proposition genannten Ereignisses relativ zum Sprechakt

(2) Beteiligung von Sprecher und/oder Hörer an dem in der Proposition genannten Ereignis

(3) Lokalisierung des Ereignisses auf der Optionalitätsskala, d.h.: ist das Eintreten des Ereignisses von seiner Akzeptierung durch den Hörer abhängig oder nicht

(4) Lokalisierung des Ereignisses auf der Kosten-/Nutzen-Skala ("cost/benefit scale"), d.h.: ist das Ereignis
- pro-S (zum Nutzen des Sprechers)
- pro-H (zum Nutzen des Hörers)
- anti-S (auf Kosten des Sprechers)
- anti-H (auf Kosten des Hörers).

Obwohl Leech diese Merkmale ausdrücklich zur semantischen Klassifizierung illokutiver Verben verwendet, können sie ebenso auf illokutive Akte angewandt werden, da sie außersprachliche Ereignisse segmentieren.

Edmondson/House/Kasper/McKeown (1979) gehen von abstrakten Sprechfunktionen (Wunderlichs illokutiven Typen) aus, die sie informell beschreiben und denen dann "Sprechakt-Typen" in z.T. informeller, z.T. formalisierter Weise zugeordnet werden. So wird die Sprechfunktion "Regulatory" unterschieden in "Imposing a Mand", "Removing a Mand/Refusing to Mand",

"Assuming an Obligation" und "Refusing to Assume an Obligation" (25 ff.). Die Sprechfunktionen "Attitudinal" und "Argumentative" werden hingegen nach formalen semantisch-pragmatischen Merkmalen in Sprechakt-Typen subklassifiziert. Attitudinale Sprechakt-Typen werden nach 4 binären Merkmalen unterschieden:

(1) ein Ereignis P, an dem Person A entweder aktiv oder passiv beteiligt war

(2) Person A als Sprecher oder Hörer

(3) Einstellung des Sprechers zu P: P ist entweder gut oder schlecht

(4) Einstellung des Sprechers zu A: positiv oder negativ (27 ff.).

Argumentative Sprechakt-Typen werden danach unterschieden, ob der aktuelle Sprecher eine vom aktuellen Hörer geäußerte Proposition als

(1) gut oder schlecht

(2) wahr, unwahr oder weder wahr noch unwahr

auffaßt (30 f.).

Edmondson (1980 a) integriert in seine Sprechakt-Klassifizierung auf der Basis einer "systematic segmentation of external events" (11) Merkmale aus Leech (1977) und Edmondson/House/Kasper/McKeown (1979), wobei er 5 binäre Klassifikationskriterien erhält:

(1) das Ereignis A ist/war der Fall oder wird der Fall sein

(2) der Sprecher S oder der Hörer H ist an A beteiligt

(3) der beteiligte S oder H ist für A verantwortlich oder nicht verantwortlich

(4) A hat wünschenswerte oder nicht-wünschenswerte Konsequenzen

(5) entweder für S oder für H (12 ff.).

Die Kombination dieser Merkmale ergibt eine 32stellige Matrix, deren Kategorien z.T. in alltagssprachlichen illokutiven Verben des Englischen Entsprechungen finden, z.T. auf lexikalische Leerstellen verweisen.

Obwohl mir die Klassifizierung von Edmondson (1980 a) von den vier vorgestellten die transparenteste und systematischste zu sein scheint, stellt auch sie aus verschiedenen Gründen noch keine "ideale" Typologie dar:

1. Die von Edmondson aufgestellten Klassifikationskriterien sind zwar intuitiv einleuchtend, jedoch nicht weiter begründet. Da alle Kategorienbildung aber zunächst arbiträr ist, bedarf sie der Legitimierung über erkenntnisleitende Interessen. Andernfalls läßt sich auch schwerlich begründen, welches Abstraktionsniveau der Klassifizierung von Sprechakten angemessen ist: ist es z.B. sinnvoll, eine eigene Kategorie für "tentative Zusagen/Ablehnungen" anzunehmen, die von "(definitiven) Zusagen/Ablehnungen" unterschieden ist, oder sollte hier nur jeweils eine Kategorie angenommen werden, die dann auf der Realisierungsebene hinsichtlich ihrer Modalität unterschieden werden kann (vgl. hierzu Knapp-Potthoff 1977, 61 f.)? Ist die Bildung hybrider Klassen sinnvoll, wie Hancher (1979) sie mit seiner Kategorie der "commissive directives" ("offer", "invite") und der Bildung von Klassen kooperativer Sprechakte vertritt? Ohne Legitimierung der Klassifikationskriterien selbst, die dann zur Kategorienbildung führen, ist nur eine immanente Kritik an Kategoriensystemen (Nachweis interner Inkonsistenz) möglich, wie Edmondson (1980 a) sie hervorragend an Searle (1976) leistet. Der Vorwurf, letztlich unbegründete Klassifikationskriterien verwendet zu haben, trifft alle der angesprochenen Klassifikationsversuche.

2. Mit der binären Klassifizierung können keine Sprechakte erfaßt werden, die zwischen der positiven und negativen Ausprägung eines Kriteriums neutral sind. So werden z.B. Sprechakte mit Ereignissen nicht erfaßt, an denen S <u>und</u> H

beteiligt sind und deren Konsequenzen für S und H in gleichem Maße gelten (z.B. Vorschläge wie "wir können doch heute abend ins Kino gehen").

3. Edmondson legt sein Klassifikationssystem ausdrücklich so an, daß "verbs which denote the relationship between one speech act and another (REPLY, ANSWER, ACCEPT etc.)" sowie "'neutral' representatives such as SAY, TELL, OBSERVE, INFORM, PREDICT" (11) nicht aufgenommen werden. Es mag sein, daß die so bezeichneten Sprechaktkategorien unter sprechakttheoretischen Gesichtspunkten wenig interessant sind; ein erschöpfendes Klassifikationssystem müßte jedoch auch diese Sprechakte enthalten, da das System ansonsten defektiv bleibt und vor allem Sprechakte, die in realen Diskursen eine bedeutende Rolle spielen, bei empirischen Analysen auf der Grundlage eines solchen Klassifikationssystems unerfaßt bleiben. In Edmondson/House/Kasper/McKeown (1979, 30) ist die erste Gruppe der in Edmondson (1980 a) nicht berücksichtigten Sprechakte unter der Sprechfunktion "Argumentative" abgedeckt; da die dort angeführten argumentativen Sprechakttypen jedoch alle eine vom aktuellen Hörer geäußerte Proposition voraussetzen, bleiben die "neutral representatives" ebenfalls ausgeschlossen. Auch in Leech (1977) werden Argumentativa/Representativa nicht aufgenommen.

4. Illokutive Verben, die sehr unterschiedliche Sprechakte bezeichnen, fallen in Edmondsons Matrix unter dieselbe Kategorie: "complain" und "excuse", "promise" und "offer", "warn" und "sympathize" fallen jeweils unter eine Kategorie. Zwar ist in der Matrix graphisch verdeutlicht, daß es sich hier um verschiedenartige Sprechakte handelt, und Edmondson erwähnt in den Erläuterungen zu seiner Klassifizierung auch ein wichtiges differenzierendes Kriterium zwischen den in denselben Kategorien zusammengefaßten Sprechakten: ihre Sequenzierung im Diskurs, ihre relative Stellung zueinander. Da dieses Kriterium aber in der Matrix selbst nicht enthalten ist, können mit ihrer Hilfe Sprechakte nicht diskriminiert werden, die nicht nur intuitiv unterschiedlichen

Status zu haben scheinen, sondern die vor allem in sehr unterschiedlicher Weise sprachlich realisiert werden: sie ist damit als analytisches Instrument für die Beschreibung von Diskursen, in denen Sprechakt<u>realisierungen</u> miterfaßt werden sollen, nur von bedingter Verwendungsfähigkeit.

Die Ausklammerung des Sequenzierungsaspektes als differenzierendes Kriterium von Sprechakten wird von Edmondson an anderer Stelle (1978; 1979 b) begründet. Er unterscheidet in diesen Beiträgen zwischen drei Aspekten kommunikativer Akte: dem lokutiven, dem illokutiven (vgl. hierzu Austin 1962) und dem interaktionellen Aspekt. Lokutive und illokutive Akte ordnet er der Sprechakttheorie, interaktionelle Akte der Diskursanalyse zu. <u>Lokutive Akte</u> sind nach Edmondson identisch mit dem Äußerungsakt, seiner logischen Bedeutung und seinem grammatischen Modus, der seine lokutive Kraft bestimmt. <u>Illokutive Akte</u> betreffen den Ausdruck der Einstellungen und Intentionen des Sprechers gegenüber dem in der Äußerung benannten Sachverhalt. Mit der Beziehung zwischen lokutivem und illokutivem Akt wird das Problem indirekter Sprechakte berührt (s.u.). <u>Interaktionelle Akte</u> beziehen sich auf die Funktion einer Äußerung im fortlaufenden Diskurs; sie konstituieren die kleinste Einheit der von Sinclair/Coulthard (1975) aufgestellten hierarchisch geordneten Diskurskategorien. Interaktionelle Akte können im Diskurs durch verschiedene lokutive und illokutive Akte realisiert werden (Edmondson 1979 b, 4 f.). An einem kommunikativen Akt läßt sich demnach unterscheiden, was der Sprecher tut (interaktioneller Akt), was er sagt (lokutiver Akt) und was er meint (illokutiver Akt). Der Interaktionsaspekt ist damit als Kriterium für die Identifizierung illokutiver Akte ausgeschaltet.
Der analytisch eleganten Unterscheidung der drei Aspekte kommunikativer Akte vermag ich mich für die Zwecke der Interimsprachenanalyse nicht anzuschließen, weil einerseits auf der Diskursseite "leere" Kategorien wie "act", "move", "exchange" und "transaction" (Sinclair/Coulthard 1975) oder "proffer",

"satisfy", "counter", "contra" (Edmondson 1979 b) stehen, die ihre Relevanz für die Interimsprachenanalyse erst in ihrer Realisierung durch bestimmte lokutive und illokutive Akte erhalten, andererseits die Unterscheidung verschiedener illokutiver Akte, deren Realisierung durch die Lerner im Vordergrund meiner Analyse steht, oftmals erst <u>durch</u> ihre Diskursposition möglich wird. Ich schließe mich daher Wunderlichs Auffassung an:

> "Viele Sprechakte enthalten bereits in sich einen Sequenzierungsaspekt. So sind eine Reihe von Sprechakten initiativ beziehungsweise sequenzeröffnend (z.B. Aufforderungen und Fragen); auf sie folgende Äußerungen werden dann als reaktive Sprechakte interpretiert (z.B. als Bestätigungen oder Antworten), sofern sie nicht ihrerseits Merkmale eines initiativen Sprechakts aufweisen" (1976, 27; vgl. auch Rehbein 1972; Betten 1976).

Die grundlegende Auseinandersetzung mit dem Sequenzierungsproblem haben die Ethnomethodologen geleistet. Da ich den Sequenzierungsaspekt in meine Sprechaktklassifizierung aufnehme und er auch bei der Diskussion von Eröffnungs- und Beendigungsphasen eine wichtige Rolle spielt, sollen die wesentlichen ethnomethodologischen Gesichtspunkte zur Sequenzierungsproblematik kurz referiert werden. Schegloff (1972 b) formuliert als konversationsanalytisches Problem:

> "How can we rigorously talk about two items as a sequenced pair of items, rather than as two separate units, one of which might happen to follow the other?" (1972 b, 388).

Sein Lösungsvorschlag besteht in der Einführung der Kategorie der *"conditional relevance"*, die er von Sacks (1972) übernimmt und definiert:

> "By conditional relevance on one item on another we mean: given the first, the second is expectable; upon its occurrence it can be seen to be a second item to the first; upon its non-occurrence it can

be seen to be officially absent - all this provided
by the occurrence of the first" (388 f.).

Die qua *conditional relevance* miteinander verbundenen Akte
bilden ein *"adjacency pair"* (Nachbarpaar), eine dialogtypische Einheit, die folgende Merkmale aufweist:

"(1) two utterance length, (2) adjacent positioning
of component utterances, (3) different speakers
producing each utterance, (...) (4) relative ordering
of parts (i.e. first pair parts precede second pair
parts), and (5) discriminative relations (i.e. <u>the
pair type of which a first pair part is a member is
relevant to the selection among second pair parts</u>)"
(Schegloff/Sacks 1973, 295 ff., meine Hervorhebung).

Zum Funktionieren der "adjacency pair operation" geben
Schegloff/Sacks als Grundregel an:

"given the recognizable production of a first part,
on its first possible completion its speaker should
stop and a next speaker should start and produce a
second pair part from the pair type of which the first
is recognizably a member" (1973, 296).

Typische und vielzitierte Nachbarpaare sind *Gruß - Gegengruß,
Frage - Antwort, Aufforderung - Versprechen* etc. (vgl. Sacks/
Schegloff/Jefferson 1974, 716; Goffman 1976; Schwitalla 1976,
88; Wunderlich 1976, 300 f.). Da in den Systemen englischer
und deutscher Interaktionsnormen dieselben Regeln für das
Operieren von Nachbarpaaren bestehen, ist diese Kategorie
für die Analyse interimsprachlicher Diskurse deutscher Lerner des Englischen gut geeignet. Es sei allerdings angemerkt,
daß das Nachbarpaar in der Definition von Schegloff/Sacks
<u>keine</u> Universalie ist.[1]

---

[1] V. Hymes berichtet von den Indianern im Warm Springs Reservat (Oregon):
"Unlike our norm of interaction, that at Warm Springs does not require
that a question by one person be followed immediately by an answer or a
promise of an answer from the addressee. It <u>may</u> be followed by an answer
but may also be followed by silence or by an utterance that bears no
relationship to the question. Then the answer to the question may follow
as long as five or ten minutes later" (1974, 9, zit. in Goffman 1976,
273).

Terminologisch werde ich mich im folgenden an Schwitalla
(1976) halten, der - im Anschluß an die Ethnomethodologen -
als die beiden Komponenten eines Nachbarpaares initiierende
und respondierende Akte/Züge unterscheidet:

> "'Initiierende' Dialogakte sind solche, mit deren
> Vollzug ein Sprecher seine(n) Hörer zu einer spe-
> zifischen Antwort auffordert. (...) das auffordern-
> de Moment initiierender Akte liegt in dem vom Spre-
> cher und Hörer mitverstandenen Zwang, daß der Ange-
> sprochene die so initiierte Dialoghandlung seiner-
> seits fortführt oder zu einem (vorläufigen) Ende
> bringt, jedenfalls aber auf sie eingeht. (...) Re-
> spondierende oder Antwortzüge sind ... nicht Ant-
> worten im Sinne von Antworten auf Fragen. (...)
> Meistens gibt es einen ganzen Satz von alternati-
> ven Handlungsmöglichkeiten" (87 f.).

Einen alternativen Ansatz zur Analyse von Sprechhandlungen
innerhalb einer Diskursperspektive haben Ehlich und Rehbein
in zahlreichen Publikationen vorgelegt (u.a. Rehbein 1972;
1977; Ehlich/Rehbein 1979 a, b). Sie entwickeln eine Theorie sprachlicher Handlungsmuster, die die Organisation von
Sprechhandlungsprozessen über verschiedene Stadien aufdeckt
und in die die mentale Dimension der Sprecher bei der Planung und dem Vollzug von Sprechhandlungen konstitutiv einbezogen ist. Die Mustertheorie ist aufgrund ihres komplexen
Ansatzes zweifellos gut geeignet, Kommunikationsprozesse
adäquat zu rekonstruieren. Dennoch habe ich mich für die
Zwecke der vorliegenden Arbeit für weniger erklärungsadä-
quate pragmatische Beschreibungsverfahren "mittlerer Reichweite"[1] entschieden, wie sie z.B. von den Ethnomethodologen erarbeitet wurden: diese weniger komplexen Verfahren
sind nämlich für die Isolierung einzelner pragmatischer Aspekte, die für die Interimsprachenanalyse nötig ist, leichter handhabbar.

---

[1] Vgl. die Diskussion um das "beste" linguistische Modell für kontrastive Grammatiken z.B. bei Kufner (1973), der im Anschluß an Steger zwischen Grammatikmodellen hoher, mittlerer und niedriger Reichweite unterscheidet und sich für ein Modell mit mittlerer Reichweite ausspricht
(25).

6.1.0.1.2 KLASSIFIZIERUNG VON SPRECHAKTEN IN DER VORLIEGENDEN ARBEIT

Die Unterscheidung von Sprechakten in initiierende und respondierende Akte ist für die Interimsprachenanalyse insofern von Interesse, als die Realisierung beider Kategorien z.T. unterschiedlichen Kriterien pragmatischer Angemessenheit unterliegt und sie damit, wie zu zeigen sein wird, die Lerner vor unterschiedliche Kommunikationsprobleme stellen. Daher werde ich initiierende und respondierende Akte in der Lernerperformanz getrennt diskutieren. Die Zuordnung einzelner Sprechakte zur Kategorie der initiierenden oder der respondierenden Akte ist allerdings nicht in jedem Fall a priori gegeben, da nicht alle Sprechakte einen inhärenten Sequenzierungsaspekt enthalten. Während ein Sprechakt wie *Auffordern* in der Regel initiierende, *Annehmen* hingegen respondierende Diskursfunktion hat, ist eine solche klare Trennung bei Sprechakten wie *Bedanken* oder *Beschweren* nicht ohne weiteres möglich: zwar sind beide nach Leech (1977) "post-event", sie können aber sowohl initiierende wie respondierende Positionen im aktuellen Diskurs einnehmen. Da es das vordringliche Anliegen meiner Arbeit ist, Kategorien zu bilden, mit der die Lernerperformanz angemessen beschrieben und mit derjenigen der englischen (und gegebenenfalls mit der der deutschen) *native speaker* verglichen werden kann (und die darüber hinaus keinen Eigenwert beanspruchen, den ich ohnehin nicht legitimieren könnte), verfahre ich bei der Gliederung von Sprechakten in initiierende und respondierende Akt wie folgt: als initiierend werden diejenigen Akte klassifiziert, die in der Regel in den drei Dialogbatterien initiierende Position einnehmen. Neben den Direktiva gehören dazu auch Attitudinalia wie *Beschweren*, da das Ereignis, über das der Sprecher Beschwerde führt, in den konstruierten Situationen ausschließlich außerhalb des Dialogs liegt und regelmäßig den Anlaß zur Initiierung eines Redewechsels oder einer umfassenden Transaktion ("exchange", "transaction", Sinclair/Coulthard 1975) liefert. Anders im

Fall der Attitudinalia *Abbitte leisten* und *Bedanken*: sie
nehmen in den drei Dialogbatterien in aller Regel den zweiten, respondierenden Teil eines Nachbarpaares ein und werden durch initiierende Akte wie *Beschweren* oder *Einladen*
konditioniert. Entscheidendes Kriterium für die Charakterisierung eines Sprechaktes als initiierend oder respondierend ist damit nicht seine potentielle Stellung, sondern
seine regelmäßige reale Diskursposition im vorliegenden Datenmaterial. Dabei spielt es für die Klassifizierung eines
Sprechakts als initiierender Akt keine Rolle, ob er seinerseits elizitiert wurde oder nicht, vergleiche

[B1: was sollen wir bloß machen]
A1: wir müßten wohl die Polizei holen
B2: ja find ich auch

Es sind sowohl Kontexte denkbar, in denen die sequenzinitiierende Äußerung B1 das Nachbarpaar A1 (Vorschlag) - B2
(Annahme) elizitiert, wie Kontexte, in denen der initiierende Akt A1 nicht seinerseits elizitiert ist. In beiden
Fällen wäre das in unserem Zusammenhang interessierende
Nachbarpaar A1 - B2. Klassifizierte man nämlich A1 als respondierenden Akt, so würden Vorschlagsakte wie A1 einmal
als initiierend, einmal als respondierend einzuordnen
sein, je nachdem ob sie elizitiert sind oder nicht. Da es
aber für die modalitätsspezifische (s.u.) Realisierung von
A1 nicht wesentlich zu sein scheint, ob er elizitiert wurde oder nicht, würde eine solche Trennung die gemeinsamen
Eigenschaften von Sprechakten wie A1 [± elizitiert] eher
verdecken als erhellen. Man könnte zwar eine Trennung in
"echte" (nicht-elizitierte) gegenüber "unechten" (elizitierten) initiierenden Akten vornehmen; dies scheint mir
angesichts meiner relativ kleinen Korpora jedoch nicht ergiebig.

Zur weiteren Klassifizierung initiierender und respondierender Akte verwende ich ein Raster, das Kriterien aus Leech

(1977) und Edmondson (1980 a) kombiniert. Diese beiden Klassifizierungsvorschläge sind für die vorliegende Arbeit primär wegen ihrer Berücksichtigung des Kosten-/Nutzen-Faktors verwertbar, da dieses Merkmal von entscheidendem Einfluß auf die Sprechakt<u>realisierung</u> ist und die Realisierungsproblematik bei der Beschreibung der Lernerperformanz im Vordergrund steht. Das Raster soll eine erste Einordnung und Abgrenzung der Sprechakte ermöglichen. <u>Die zur Bezeichnung der Sprechakte verwendeten illokutiven Verben sind als termini technici zu verstehen, die gegebenenfalls von ihrer alltagssprachlichen Bedeutung abweichen.</u> Weitere informelle Charakterisierungen einzelner Sprechakte, die zu ihrer kategorialen Abgrenzung und der Bestimmung ihrer Realisierungsbedingungen wichtig sein können, gebe ich jeweils zu Beginn des betreffenden Unterkapitels. Zur Auswahl der Sprechakte, die im folgenden in einer Übersichtstabelle aufgeführt werden, habe ich ihre (durch die Rollenbeschreibung gesteuerte) Frequenz im Datenmaterial, ihre Lernzielrelevanz und potentielle Schwierigkeiten bei ihrer Realisierung als Kriterien herangezogen.

Die Abkürzungen stehen für: Er = Ereignis, SA = Sprechakt, S = aktueller Sprecher, H = aktueller Hörer, pro S/H = zum Nutzen von S/H, anti S/H = auf Kosten von S/H.

	Initiierende Akte		
	Stellung von Er zum SA	Beteiligung von S/H an Er	Kosten/Nutzen von Er für S/H
Auffordern	post-SA	H	anti-H
Vorschlagen	post-SA	H/(S)	pro-H/(S)
Anbieten	post-SA	S/(H)	pro-H / anti-S
Einladen	post-SA	H/(S)	pro-H / anti-S
Beschweren	prä-SA	H	anti-S

Respondierende Akte

	Stellung von Er zum SA	Beteiligung von S/H an Er	Kosten/Nutzen von Er für S/H
Annehmen	prä-SA	H	pro-S
Versprechen	post-SA	S	anti-S
Einwenden/ Ablehnen	prä-SA	H	anti-S
Abbitte leisten	prä-SA	S	anti-H
Bedanken	prä-SA	H	{ pro-S anti-H

6.1.0.1.3 REALISIERUNG VON SPRECHAKTEN

Die bisherige Erörterung der empirischen Sprechakt-Analyse kann als analysatorbezogen charakterisiert werden: wie einzelne Sprechakte identifiziert und klassifiziert werden können, bereitet dem Lerner keine Probleme. Er braucht auch keine spezifisch fremdsprachlichen Kenntnisse - deren Fehlen ihm zum Kommunikationsproblem werden könnte - über die pragmatischen Konstituenten von Aufforderungs-, Beschwerde- oder Entschuldigungsakten: wenn wir auch nicht wissen, ob solche Sprechakte universell sind, so sind sie doch im Fall der englischen und deutschen Kommunikationsgemeinschaft weitgehend identisch (die Sprechakte - nicht die einzelsprachlichen illokutiven Verben!). Dagegen ist es für den Lerner potentiell problematisch, Sprechakte im Englischen so zu realisieren, daß a) die Illokution seines Sprechakts mit der intendierten Illokution übereinstimmt, b) die gewählten Redemittel keine unerwünschten perlokutiven Effekte[1] beim Adressaten erzeugen. Ob und wann unerwünschte perlokutive Effekte <u>tatsächlich</u> eintreten, liegt dabei wesentlich an der Toleranzschwelle des Adressaten; bisher liegen

---

[1] Zum Perlokutionsbegriff vgl. u.a. Austin (1962), Holly (1979).

dazu keine Untersuchungen vor. Es erscheint daher ratsam,
daß der Lerner möglichst versucht, potentielle unerwünschte perlokutive Effekte zu vermeiden.
Solche Effekte können insbesondere dann entstehen, wenn der
Lerner zur Realisierung eines Sprechakts eine ungeeignete
Sprechaktmodalität wählt. Unter Sprechaktmodalität sei die
Dimension verstanden, auf der Sprechaktrealisierungen variieren, wenn Proposition und Illokution konstant gehalten
werden. Ein bekanntes Beispiel findet sich in Wunderlichs
17 Varianten der Äußerung "Monika, mach das Fenster zu":
u.a. "Monika, machst du mal das Fenster zu", "Monika, du
könntest mal das Fenster zumachen", "Monika, ich möchte,
daß du das Fenster zumachst" und "Monika, es zieht" (1972 b,
123 f.). Durch die Wahl entsprechender sprachlicher Mittel
wird die illokutive Kraft des Sprechakts verstärkt oder abgeschwächt (vgl. auch Ehlich/Rehbein 1977 zur Potenzierung
und Depotenzierung der illokutiven Kraft). *Native speaker*-Interaktanten markieren die Modalität ihrer Sprechakte in
Abhängigkeit von ihrer Definition der aktuellen Situation,
wobei insbesondere der Beziehungsaspekt zwischen Sprecher
und Hörer (Watzlawick/Beavin/Jackson 1969) die Wahl einer
spezifischen Sprechaktmodalität bestimmt.
Sprechaktmodalität als pragmatische Funktion steht damit als
vermittelnde Kategorie zwischen den sprachlichen Mitteln,
mit denen sie realisiert werden kann (s.u.) und einer außersprachlichen Interaktionsfunktion, die ich mangels eines
besseren Ausdrucks "Höflichkeit" (engl. "politeness", "deference") nenne. Die Beziehung von Sprechaktmodalität zu
Höflichkeit kann mit derjenigen von Tempus und Zeitreferenz
verglichen werden. Man kann sagen: die Höflichkeitsnormen
einer Gesellschaft bestimmen die Sprechaktmodalität, und
die Sprechaktmodalität wird durch die Wahl bestimmter Redemittel realisiert, die im Äußerungsakt erscheinen.

Zunächst soll die außersprachliche Determinante: Höflichkeit
in ihren Konsequenzen auf die verbale Interaktion diskutiert
werden, dann werden sprachliche Verfahren und Mittel zur Re-

alisierung von Sprechaktmodalität aufgezeigt. Beide Aspekte stellen wesentliche Kontexte für die Analyse der Lernerperformanz dar.

Mit <u>Höflichkeit</u> als sozialem Phänomen befassen sich unter historischem Aspekt (Herausbildung der Affektkontrolle) Elias (1977), unter synchron-ethnomethodologischem Gesichtspunkt insbesondere Goffman (1967). Goffman definiert "deference" als

> "that component of activity which functions as a symbolic means by which appreciation is regularly conveyed <u>to</u> a recipient <u>of</u> this recipient, or of something of which this recipient is taken as a symbol, extension, or agent" (56).

Die Wertschätzung, die ein Individuum einem anderen entgegenbringt, ist symbolisiert über Vermeidungsrituale, die der Aufrechterhaltung sozialer Distanz dienen, oder über Präsentationsrituale wie Grüßen, Einladen, Komplimente machen vermittelt. Als zentrale Kategorie höflichen Verhaltens formuliert Goffman den Begriff *"face"*, definiert als

> "the positive social value a person effectively claims for himself by the line others assume he has taken during a particular contact. Face is an image of self delineated in terms of approved social attributes" (5).

In der Form von Selbstrespekt bezieht sich *face* auf Ego, in Form von Rücksichtnahme auf Alter; es hat demnach defensive und protektive Funktion (14).

> "The combined effect of the rule of self-respect and the rule of considerateness is that the person tends to conduct himself during an encounter so as to maintain both his own face and the face of the other participants" (11).

Eine wesentliche Voraussetzung reibungsloser sozialer Interaktion ist, Egos und Alters Gesicht zu wahren. Die Bemühungen, die Interaktanten zur Wahrung ihres Gesichts aufwenden, nennt Goffman *"face-work"* - "the actions taken by a person to make whatever he is doing consistent with face" (12).

Die ausführlichste Auseinandersetzung mit Höflichkeit in der verbalen Interaktion haben Brown/Levinson (1978) geleistet. Sie präzisieren das Goffman'sche *face* -Konzept, indem sie zwischen *"negative face"* und *"positive face"* unterscheiden: *negative face* betrifft "the want of every 'competent adult member' that his actions be unimpeded by others", *positive face* betrifft "the want of every member that his wants be desirable to at least some others" (67). Sobald ein Individuum ein Handlungsziel nur über eine intrinsisch gesichtsbedrohende Handlung ("a face-threatening act - FTA") erreichen kann, muß es sich zwischen einer der folgenden Strategien entscheiden:

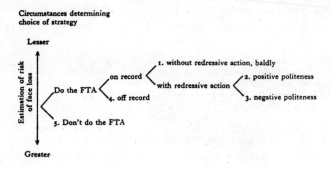

Risiko des Gesichtsverlusts und Wahl von Interaktionsstrategien (aus: Brown/Levinson 1978, 65)

Je stärker die Gesichtsbedrohung durch eine Handlung ist, desto größer wird die Höflichkeit sein, mit der der Sprecher sie ausführt - bis zum gänzlichen Verzicht auf die Ausführung der Handlung (Strategie 5). Strategien 1 - 4 sind durch zunehmende Höflichkeit charakterisiert; sie unterscheiden sich wie folgt:

Strategie 1 *"Bald on record"*: diese Strategie entspricht einem sprachlichen Verhalten, das mit den von Grice (1975) formulierten Konversationspostulaten übereinstimmt. Sie lauten:

> "Maxim of Quantitiy": "1. Make your contribution as informative as is required ... . 2. Do not make your contribution more informative than is required."
> "Maxim of Quality": "Try to make your contribution one that is true."
> "Maxim of Relation": "Be relevant."
> "Maxim of Manner": "Be perspicuous."

Die Konversationspostulate können als Explikate eines allgemeinen Kooperationsprinzips aufgefaßt werden: "Make your conversational contribution such as is required, at the stage at which it occurs, by the accepted purpose or direction of the talk exchange in which you are engaged" (Grice 1975, 45).
Ein Sprecher, der sich beim Vollzug einer gesichtsbedrohenden Handlung in Übereinstimmung mit den Konversationspostulaten verhält, reduziert die Gesichtsbedrohung nicht - er verhält sich damit maximal unhöflich (Brown/Levinson 1978, 99 ff.).

Strategie 2 *"Positive Politeness"*: "redress directed to the addressee's positive face", also eine positive Berücksichtigung der sozialen Wünsche des Adressaten. Diese Superstrategie untergliedern Brown/Levinson in 15 Einzelstrategien, u.a. "Notice, attend to H" (1), "Intensify interest to H" (3), "Seek agreement" (5), "Avoid disagreement" (6), "Presuppose/raise/assert common ground" (7), "Give (or ask for) reasons" (13), "Assume or assert reciprocity" (14), "Give gifts to H (goods, sympathy, understanding, cooperation)" (15) (106 ff.).

Strategie 3 _"Negative Politeness"_: "redressive action addressed to the addressee's negative face", also die Minimierung einer Zumutung an den Adressaten. Zu den 10 Strategien, in die Brown/Levinson diese Superstrategie aufgliedern, zählen "Be conversationally indirect" (1), "Question, hedge" (2), "Apologize" (6), "Impersonalize S and H" (7) (134 ff.).

Strategie 4 _"Off record"_: "A communicative act ... done in such a way that it is not possible to attribute only one clear communicative intention to the act. (...) Such off-record utterances are essentially indirect uses of language" (216). Durch die Indirektheit seiner Äußerung ermöglicht es S dem H, Ss Äußerung keine gesichtsbedrohende Wirkung zuzuschreiben. Der Superstrategie _Off record_ sind wiederum 15 Einzelstrategien subsumiert, die das Grice'sche Relevanz-, Quantitäts- oder Qualitätspostulat verletzen und den Adressaten dadurch zu pragmatischen Inferenzen ("conversational implicatures") auffordern, oder die durch Vagueheit und Mehrdeutigkeit gegen die "Maxim of Manner" verstoßen (216 ff.). Auf die _Off record_-Strategie werde ich weiter unten zurückkommen.

Die von Brown/Levinson aufgestellten Höflichkeitsstrategien sind z.T. in verallgemeinerter Form bei anderen Autoren vorzufinden. So formuliert R. Lakoff (1973) als "Rules of Pragmatic Competence":

"1. Be clear. 2. Be polite."
Die "rule of clarity" ist in den Grice'schen Konversationspostulaten expliziert. Die "rule of politeness" spezifiziert Lakoff in

"1. Don't impose. 2. Give options. 3. Make A feel good - be friendly" (298).

Edmondson (1981 a, b) stellt als "H-support"-Maxime auf:
"Support your hearer's costs and benefits! Suppress your own! Give benefits when you receive them!" (1981 a).

Die "H-support"-Maxime entspricht der "Tact Maxim" bei Leech (1977). Sie lautet: "Assume that you are the authoritee and that your interlocutor is the authoritor" (20). Der Taktmaxime ist als "meta-maxim" übergeordnet: "Don't put your interlocutor in a position where either you or he have/has to break the tact maxim" (21). Unter Takt versteht Leech in diesem Zusammenhang

> "strategic conflict avoidance ... (which) can be measured in terms of the degree of effort put into the avoidance of a conflict situation. Thus, in general, the more tactful a directive is, the more indirect and circumlocutionary it is" (19).

Mit dieser letzten Bemerkung spricht Leech den Zusammenhang zwischen Höflichkeit/Takt[1] und sprachlicher Indirektheit an, den Brown/Levinson (1978) in ihrer *Off-record*-Strategie skizzieren: sprachliche Indirektheit fungiert als Höflichkeitsstrategie.

Damit komme ich zu der Frage, durch welche sprachlichen Verfahren und Mittel die Modalität von Sprechakten markiert und damit Höflichkeit ausgedrückt werden kann. Zunächst soll sprachliche Indirektheit als modalitätsmarkierendes Verfahren, im Anschluß sollen modalitätsmarkierende Redemittel besprochen werden.

Sprachliche Indirektheit ist vor allem innerhalb der Sprechakttheorie diskutiert worden. Im Anschluß an Searle (1975) schlägt Franck folgende Definition für indirekte Sprechakte vor:

> "Ein Sprechakt ist dann indirekt ausgedrückt, wenn der mit sprachlichen Mitteln angezeigte Illokutionstyp (nach der normalen Interpretation aller Illokutionsindikatoren) nicht mit der primär intendierten illokutiven Funktion übereinstimmt" (1975, 219).

---

[1] Weitere Ausführungen zur Höflichkeit in verbaler Interaktion machen Ferguson (1976) und Brend (1978).

Als sozial-kommunikative Funktion indirekter Sprechakte nennt sie

> "Tabuvermeidung, Umgehung unerwünschter commitments oder unberechtigter Beanspruchung (oder Verschleierung) eines Status oder Rechts, die Schaffung eines breiteren Fortsetzungs- bzw. Auswegpotentials für sich oder den Partner, 'Unverfänglichkeit', 'Unverbindlichkeit', u.a.m. Diese Operationen sind meist Erscheinungsformen des Prinzips der Höflichkeit (in sehr breitem Sinn), d.h. vorwiegend protektiver Taktiken der sozialen Interaktion" (225).[1]

In der Sprechakttheorie ist man insbesondere der Frage nachgegangen, wie die primäre, indirekte Illokution eines Sprechakts aus seiner sekundären, direkten Illokution erschlossen werden kann. Searle (1975) nennt als Komponenten eines Apparats zur Interpretation indirekter Sprechakte die Sprechakttheorie, das Grice'sche Kooperationsprinzip, Kontextinformationen, über die Sprecher und Hörer verfügen, die Fähigkeit des Hörers zum pragmatischen Inferenzieren sowie sprachliche und pragmatische Konventionen. Von den Inferenzschritten, die der Hörer bei der Ableitung der primären aus der sekundären Illokution vollziehen muß, ist derjenige entscheidend, in dem der Hörer die Nichtübereinstimmung der sekundären Illokution mit dem Relevanzpostulat feststellt: hierdurch wird er zu weiteren Inferenzschritten veranlaßt, die ihn zur Rekonstruktion der primären Illokution führen. So gelangt der Hörer dazu, die Äußerung "Monika, kannst du das Fenster zumachen" als Aufforderung (primäre Illokution) zu interpretieren, indem er ihre sekundäre Illokution (Frage nach einer Fähigkeit M's) als irrelevante Äußerung identifiziert.[2]

In der Literatur sind vor allem indirekte Direktiva untersucht worden (z.B. Searle 1975): dieser Sprechakt-Typ ist ein besonders geeigneter Kandidat für Indirektheit, da

---

[1] Vgl. aber Davison (1975), die Höflichkeit als Motiv für Indirektheit verwirft, sowie Leechs (1977) Funktion der "negative politeness", die durch "unangemessene" Indirektheit realisiert wird.

[2] Zum Verhältnis von direkten zu indirekten Sprechakten vgl. auch Ehrich/Saile 1972; Foreman 1974; Cole 1975; Davison 1975; Franck 1975; Fraser 1975; Gordon/Lakoff 1975; Green 1975; Wagner 1977; Geukens 1978.

durch "unverblümtes" Äußern von Direktiva Höflichkeitsregeln verletzt werden. Aber auch andere Sprechakt-Typen, mit denen der Sprecher eine potentiell gesichtsbedrohende Handlung begeht, werden vorzugsweise indirekt realisiert. House/ Kasper (1981 a) haben in einer empirischen kontrastiven Analyse der verbalen Realisierung von Höflichkeit im Englischen und Deutschen Skalen von Direktheitsstufen aufgestellt, nach denen Aufforderungen (*"requests"*) und Beschwerden (*"complaints"*) analysiert werden können. Diese beiden Skalen lege ich der Analyse initiierender Sprechakte in dieser Arbeit zugrunde. Sie werden im Zusammenhang mit den betreffenden initiierenden Akten dargestellt.

Neben der Verwendung von Indirektheit als modalitätsmarkierendem Verfahren gibt es eine Reihe von Redemitteln, die in modalitätsmarkierender Funktion verwendet werden können und die Brown/Levinson (1978) z.T. in ihrer Strategie 3 (*negative politeness*) anführen. Diese Redemittel bewirken, daß z.B. Äußerungen wie

> Franz kannst du die Butter aus dem Kühlschrank holen
>
> Franz kannst du bitte mal die Butter aus dem Kühlschrank holen
>
> Franz könntest du vielleicht mal eben die Butter aus dem Kühlschrank holen

bei identischem propositionalen Gehalt, identischer Illokution und Direktheitsstufe ("query-preparatory", vgl. 6.1.1.0) dennoch zunehmend höflicher wirken. Sie sind daher als "<u>Modalitätsmarkierungen</u>" ("modality markers", House/ Kasper 1981 a) bezeichnet worden. Modalitätsmarkierungen sind als "anywhere"-Elemente nicht an bestimmte Sprechakte gebunden, wenngleich die Wahrscheinlichkeit für Kookkurrenz bestimmter Sprechakt-Typen mit bestimmten Modalitätsmarkierungen variiert. Da sie eine wichtige Rolle bei der Analyse initiierender und respondierender Akte in der Lernerperformanz spielen werden, sollen die von House/Kasper (1981 a) aufgestellten Kategorien hier vorgestellt werden.

A. *Downgraders*: Modalitätsmarkierungen, die den potentiellen perlokutiven Effekt von Ss Äußerung auf H abschwächen. Hierzu zählen 16 Subtypen.

1. *Politeness marker*: fakultatives Höflichkeitssignal (please/bitte)

2. *Playdown*: syntaktisches Mittel mit abschwächendem Effekt, z.B. *past tense*/Präteritum mit Gegenwartsbezug (I <u>wondered</u> if/ich <u>wollte</u> dich bitten), *durative aspect marker* (I was wondering if), Konjunktiv (<u>könntest</u> du), Negation (mightn't it be a good idea/wärs nicht eine gute Idee), Interrogation (mightn't it be a good idea)

3. +*Consultative marker* : S bezieht H in seinen Sprechakt ein und fordert H zur Kooperation auf (would you mind if/ würde es dir was ausmachen wenn)

4. *Hedge*: (in Anlehnung an G. Lakoffs "hedges" (1972)) Adverbien, die die Spezifik ihres Bezugselements zurücknehmen, es "vague", "unbestimmt" machen und damit der gesamten Äußerung einen nicht-insistierenden Effekt verleihen (kind/sort of, somehow, and so on/und so weiter, irgendwie, und so, ziemlich)

5. *Understater*: Adverbien, die den in der Proposition bezeichneten Sachverhalt "herunterspielen" (a little bit, a second, just a trifle/ein (kleines) bißchen, etwas, einen Moment)

6. *Downtoner*: Satzadverbien mit abtönender Wirkung (= Abtönungspartikel, vgl. z.B. Weydt 1977; 1979; just, simply, possibly, perhaps, rather/ja, mal, eben, schon, wohl, einfach, denn, vielleicht)

7. -*("minus") Committer*: Redemittel, durch die S seinen Sprechakt als subjektive Meinungsäußerung markiert und dadurch ihren behauptenden Charakter abschwächt (I think, I guess, I believe, I suppose, in my opinion/ich meine, ich glaube, ich denke, meiner Ansicht nach)

8. *Forewarn*: antizipierende Entwaffnungstaktik durch Meta-

kommentare, Komplimente, Berufung auf das Kooperationsprinzip u.a. (you're a nice guy Jim but ..., this may be a bit off the mark but .../nimms mir nicht übel aber ..., das gehört hier jetzt vielleicht nicht ganz hin aber ...)

9. *Hesitator*: Absichtlich verwendete Hesitationsphänomene, Stottern

10. *Scope-stater*: Elemente mit explizit emotiver Funktion (<u>I'm afraid</u> you're in my seat, <u>I'm a bit disappointed</u> that you did p/<u>ich finde es nicht so gut</u> daß du da auf meinem Platz sitzt, <u>ich finde es schade</u> daß du nicht an das Buch gedacht hast)

11. *Agent-avoider*: syntaktisches Mittel, durch das S es vermeidet, sich oder H als Agenten zu nennen, z.B. Passiv, unpersönliche Ausdrücke wie "one", "they", "you", "people"/"man" (this is just not done Mr Robinson/man macht sowas einfach nicht Herr Schmitt)

12. *Cajoler*: *gambit*, das der Herstellung oder Aufrechterhaltung einer guten Beziehung zwischen den Interaktanten dient (you know, you see, I mean, actually/ich meine, weißt du, eigentlich; vgl. unten 6.3.0)

13. *Appealer*: *gambit*, das ein Hörersignal elizitiert (okay, right, tag questions/ja, oder, nich; vgl. unten 6.3.0)

14. *Steer*: "supportive move" (unterstützender Zug), mit dem S den Diskurs in die von ihm gewünschte Richtung lenkt ("Have you heard the new one by Dire Straits" als unterstützender Zug für die im späteren Diskursverlauf geäußerte Aufforderung Ss an H, S Schallplatten auszuleihen)

15. *Grounder*: unterstützender Zug, mit dem S seinen Sprechakt begründet (<u>I haven't got any decent records to take along</u> - could you lend me some of yours perhaps)

16. *Preparator*: S deutet seine Gesprächsabsicht ohne propositionale Spezifizierung an (there's something I wanted to discuss/ich wollte was mit dir besprechen).

B. *Upgraders:* Modalitätsmarkierungen, die die vermutliche perlokutive Wirkung auf H verstärken

1. *Overstater:* Adverbien, mit denen S einen in der Proposition bezeichneten Sachverhalt in übertriebener Weise darstellt (absolutely, purely, terribly/furchtbar, ungeheuer, total)

2. *Intensifier:* Adverbien, mit denen Elemente der Proposition verstärkt werden (very, so, such/sehr, so, solch)

3. + *("plus") Committer:* Redemittel, durch die S seine Überzeugung von dem in der Proposition ausgedrückten Sachverhalt explizit bekräftigt (I'm sure, certainly, obviously, really/bestimmt, auf jeden Fall)

4. *Lexical Intensifier:* Lexikalische Elemente, die eine negative Einstellung des Sprechers konnotieren, z.B. Schimpfwörter (that's <u>bloody mean</u> of you/das ist aber <u>verdammt unverschämt</u> von dir)

5. *Aggressive Interrogative:* Verwendung von Interrogativsätzen zur Einbeziehung Hs (why haven't you told me before/ warum hast du mir das nicht eher gesagt)

6. *Rhetorical appeal:* S versucht, H seine Zustimmung zu der von S geäußerten Proposition aufzuzwingen, indem er an verbindliche Normen oder Hs Einsicht appelliert (anyone can see that/das muß du doch kapieren).[1]

6.1.0.2 VORGEHEN BEI DER BESCHREIBUNG INITIIERENDER AKTE

Zunächst werden die in den Dialogbatterien L, E und D bei der Realisierung des betreffenden Sprechakts verwendeten <u>Direkt-</u>

---

[1] Diese Liste von Modalitätsmarkierungen wurde auf der Basis der Dialogbatterien E und D induktiv ermittelt. Zweifellos müßten die einzelnen Kategorien schärfer gegeneinander abgegrenzt und ihre konkreten Verwendungsbedingungen und perlokutiven Effekte festgestellt werden. Insbesondere wäre das Verhältnis von Modalitätsmarkierungen und relationell wirksamen <u>gambits</u> (<u>cajolers</u> und <u>appealers</u>) genauer zu bestimmen. Ich habe für die vorliegende Interimsprachenanalyse darauf verzichtet, weil es mir vor allem wichtig war, die Kategorien zu verwenden, die in KoKoPro entwickelt wurden: denn nur so kann Vergleichbarkeit und gegenseitige Ergänzung der verschiedenen Projektarbeiten gewährleistet werden.

heitsstufen miteinander verglichen, um festzustellen, ob/inwieweit hierbei lernerspezifische Präferenzen vorliegen, und das Verhältnis pragmatisch angemessener (korrekter) und unangemessener (falscher) Realisierungen dieses Sprechakts in L auf den verschiedenen Direktheitsstufen wird erfaßt, um eventuelle Zusammenhänge zwischen Direktheitsstufen und Fehlrealisierungen aufzeigen zu können. Anschließend wird die Verwendung von Modalitätsmarkierungen in dem betreffenden Sprechakt in L, E und D verglichen. Der Vergleich von Direktheitsstufen und Modalitätsmarkierungen in den drei Dialogbatterien wird quantitativ durchgeführt; er soll lernerspezifische Merkmale bei der Wahl pragmatischer Kategorien aufzeigen, ohne daß an dieser Stelle zwischen angemessenen und unangemessenen Realisierungen unterschieden wird. Die lernerspezifischen unangemessenen Realisierungen nehmen die jeweils letzte Phase in der Deskription ein: hier werden Fehlrealisierungen des betreffenden Sprechakts exemplarisch qualitativ beschrieben.

In den Tabellen werden absolute (fi) und relative Häufigkeiten (bei den Direktheitsstufen: in %, bei den Modalitätsmarkeirungen: Mittelwert) angegeben. Für E und D werden die X- und Y-Werte genannt, um gegebenenfalls die Abhängigkeit der Verwendung bestimmter Direktheitsstufen und Modalitätsmarkierungen von der Situationsrolle aufzeigen zu können. Sofern bei L nicht zwischen korrekten und falschen Äußerungen unterschieden wird, werden fehlerhafte Äußerungen den Direktheitsstufen nach ihrer plausibelsten Rekonstruktion zugeordnet.

6.1.1 AUFFORDERN (REQUEST)

6.1.1.0 BESCHREIBUNG

Aufforderungen gehören nach Searle (1976) zu den direktiven Sprechakten, nach Edmondson/House/Kasper/McKeown (1979) zu den Regulativa aus der Subkategorie "Imposing a Mand", deren Interaktionsbasis mit "S wants H do P/P bad for H" charakterisiert werden kann. Unter Aufforderungen fallen nach ihren Merkmalen in der Sprechaktmatrix (6.1.0.2) zum einen sowohl Direktiva, die durch eine nichtverbale Handlung erfüllt[1] werden, ("could you turn the radio down a bit"), wie Direktiva, die durch einen Sprechakt des H erfüllt werden ("could you tell me what time it is"). Zum anderen zähle ich auch Sprechakte zu den Aufforderungen, die im Deutschen mit illokutiven Verben wie *bitten, befehlen, anweisen, ersuchen, auftragen, instruieren* (vgl. Wunderlich 1976, 158) belegt sind und die vor allem hinsichtlich der Rollenbeziehung (Autoritätsgefälle) zwischen S und H differieren.[2]

Da Aufforderungen eine intrinsisch gesichtsbedrohende Handlung darstellen, werden sie häufig *"off-record"*, also indirekt realisiert. Wunderlich führt dazu aus:

> "Es ist nicht zufällig so, daß besonders bei Aufforderungen ein großes Spektrum impliziter Realisierungsformen besteht (ähnlich auch bei Vorwürfen u.ä., für die es aber eine direkte Realisierung nicht gibt); mit der Aufforderung wird eine andere Person zur Realisierung einer Aktion angesprochen, damit wird partiell in deren Entscheidungsfreiheit eingegriffen bzw. ihr wird eine Obligation auferlegt. Die implizite Aufforderung bleibt interaktionell noch unbestimmt, d.h. sie läßt es zu, daß sie in der einen oder anderen Richtung in der Interaktionssituation selbst weiter ausgearbeitet wird (1976, 311).

Searle (1975) und Wunderlich (1976, 308 ff.) führen verschiedene Verfahren vor, mit denen Aufforderungen indirekt realisiert werden können. Sie haben zumeist mit einer Voraussetzung für das Äußern eines Aufforderungsaktes zu tun. Dieses Verfahren haben House/Kasper (1981 a) in eine achtstel-

---

[1] Wunderlich unterscheidet zwischem dem Glücken und dem Erfüllen eines Sprechakts. "Ein Sprechakt ist geglückt, wenn die vom Sprecher gemachten Voraussetzungen zutreffen und wenn der Angesprochene den intendierten illokutiven Akt akzeptiert, womit er gleichzeitig akzeptiert, daß alle Konsequenzen darauf seiner Auffassung nach gerechtfertigt sind. (...) Jedoch ist hiermit die Intention eines Sprechenden durchaus nicht vollends erfüllt. Wer den anderen zu etwas auffordert, erwartet nämlich, daß dieser nicht nur bereit ist, der Aufforderung nachzukommen, sondern daß er ihr auch tatsächlich nachkommt" (1972 b, 140 f.).

[2] Vgl. auch Rehbein (1977, 337 ff.), der Stadien von Aufforderungshandlungen im Interaktionsprozeß aufzeigt.

lige Skala von Direktheitsstufen integriert, deren unterste den schwächsten Direktheitsgrad, damit den größten Reaktionsspielraum für H und die am wenigsten gesichtbedrohende Realisierungsmöglichkeit repräsentiert, während die höchste Direktheitsstufe die Obligation, die S dem H auferlegt, im *"bald on record"*-Verfahren, also ohne gesichtswahrende Manöver, realisiert.

"1. Mild Hint
The proposition expressed in the locution is distinct from the proposition to which the illocutionary point refers, but clearly some implicational relationship must be discoverable for Y
It's very cold in here
Es ist sehr kalt hier drin

2. Strong Hint
The proposition expressed in the locution is not identical to the proposition to which the illocutionary point refers but is related to it in that both have referential elements in common other than reference to either of the interlocutors
Why is the window open?
Warum ist das Fenster offen?

3. Query-Preparatory
The locution queries a preparatory condition holding for the execution of the action denoted in the proposition
Can you close the window?
Kannst Du das Fenster zumachen?

4. State-Preparatory
The locution asserts a preparatory condition holding for the execution of the action referred to in the proposition
You can close the window
Du kannst das Fenster zumachen

5. Scope-Stating
The locution expresses X's intention, desires, or feelings vis-à-vis the proposition he expresses
I would prefer it if you closed the window
Mir wärs lieber wenn du das Fenster zumachen würdest

6. Locution-derivable
The illocutionary point is directly derivable from the semantic meaning of the locution
You should close the window
Du solltest das Fenster zumachen

7. a. Hedged-Performative
   X names the illocutionary intent he wishes his
   locution to be understood by Y as having, but
   hedges by using a modal auxiliary.
   I must ask you to close the window
   Ich muß dich bitten, das Fenster zuzumachen

   b. Explicit-Performative
   X explicitly names the illocutionary intent he
   wishes his locution to be understood by Y as
   having
   I ask you to close the window
   Ich bitte dich, das Fenster zuzumachen

8. Mood-derivable
   The grammatical mood of the locution conventionally
   determines its illocutionary point as a request
   Close the window!
   Mach das Fenster zu!".

Nach dieser Skala sollen die Aufforderungsakte sowie die übrigen initiierenden Regulativa (*Vorschlagen*, *Anbieten*, *Einladen*) in den drei Dialogbatterien analysiert werden. Im Anschluß wird die Verwendung von Modalitätsmarkierungen nach den in 6.1.0.1.3 aufgestellten Kategorien untersucht, um so eine weitere Dimension der Realisierung von Sprechaktmodalität zu erfassen.

6.1.1.1 DIREKTHEITSSTUFEN IN AUFFORDERUNGSAKTEN

Tab. 1 zeigt die Vorkommenshäufigkeit von Direktheitsstufen in der Performanz der Lerner (L), von englischen (E) und deutschen *native speakers* (D).

Tab. 1: Direktheitsstufen in Aufforderungen

Auffordern		1		2		3		4		5		6		7		8		∑	
		f_i	%	f_i	%	f_i	%	f_i	%	f_i	%	f_i	%	f_i	%	f_i	%	f_i	%
L	X	1	3,2	3	10	11	35,5	1	3,2	4	12,9	-	-	-	-	2	6,5	9	29	31	100
E	X	8	21,1	2	5,3	18	47,4	1	2,6	2	5,3	2	5,3	-	-	5	13,2	38	100
	Y	2	5,1	1	2,6	10	25,6	5	12,8	1	2,6	2	5,1	1	2,6	17	43,6	39	100
D	X	3	11,5	2	7,7	7	26,9	-	-	3	11,5	8	30,7	1	3,8	2	7,7	26	100
	Y	-	-	1	3,2	10	22,2	3	6,7	1	2,2	16	35,6	3	6,7	11	24,4	45	100

Diese Ergebnisse können wie folgt graphisch dargestellt werden:

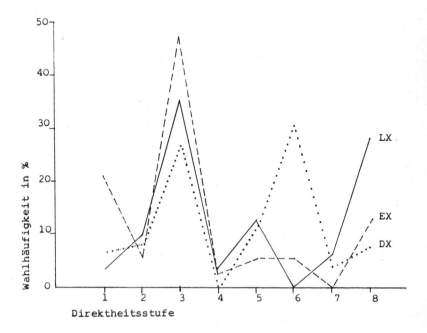

Abb. 1: Direktheitsstufen in Aufforderungen

Tab. 2 faßt die korrekten und fehlerhaften Verwendungen von Aufforderungsakten in ihrer Relation zur Gesamtperformanz dieses Sprechakts in L zusammen.

Tab. 2: Korrekte und fehlerhafte Realisierungen von Aufforderungen

	1		2		3		4		5		6		7		8		Σ	
	f_i	%	f_i	%	f_i	%	f_i	%	f_i	%	f_i	%	f_i	%	f_i	%	f_i	%
korr.	1	5,6	2	11,1	4	22,9	-	-	3	16,7	-	-	1	5,6	7	39,9	18	100
falsch	-	-	1	7,6	7	53,8	1	7,6	1	7,6	-	-	1	7,6	2	15,3	13	100
falsch + korr.	1	3,2	3	10,0	11	35,5	1	3,2	4	12,9	-	-	2	6,5	9	29,0	31	100

Die Wahl von Direktheitsstufe 3 als der häufigsten Realisierung von Aufforderungen stimmt in L und Ex überein, z.B.

   could you lend us some records

(Tab. 1).[1] Aus dieser Kongruenz der "attempted meaningful performance" der untersuchten Stichprobe mit E läßt sich schließen, daß die Lerner sich den englischen Interaktionsnormen entsprechend verhalten, jedoch, wie Tab. 2 zeigt, nicht in ausreichendem Maße adäquate sprachliche Realisierungsmittel zur Verfügung haben: Stufe 3 weist bei weitem den höchsten Fehleranteil auf. Mit der Wahl der höchsten Direktheitsstufe, 8 - z.B.

   please Colin give us the records

---

[1] Rintell (1979) stellt ebenfalls fest, daß die von ihr untersuchten Lerner und *native speaker* des Englischen eine Realisierung von Direktheitsstufe 3, nämlich "can/could you do P", am häufigsten zur Äußerung von Aufforderungen verwenden. Walters (1979) zufolge ist "can you ..." die von *native speakers* am häufigsten verwendete "all-purpose request strategy" (8).

als zweithäufigster Verwendung unterscheidet sich L jedoch
sowohl von Ex wie von Dx. Am häufigsten verwenden die Lerner Stufe 8 in durch fehlende Dominanz und soziale Distanz
(X = Y/-soziale Distanz) charakterisierten Rollenkonstellationen, denen direkte Sprechakte durchaus adäquat sind.
Dennoch ist gegenüber den englischen Daten eine deutliche
Überrepräsentation von Stufe 8 zu verzeichnen, da die englischen *native speaker* auch in dieser Rollenkonstellation
vorwiegend Direktheitsstufe 3 wählen. Wie stark die Verwendung bestimmter Direktheitsstufen von der Situationsrolle
abhängig ist, geht deutlich aus der Frequenz von Stufe 8
in E hervor: für die Inhaber der dominanten Situationsrolle, Y, ist es offenbar viel eher sozial akzeptabel, Imperative zu benutzen, als für die Inhaber der unterlegenen
Situationsrolle X.
Die überwiegend korrekte Verwendung von Stufe 8 in L (Tab.
2) deutet darauf hin, daß ihre Überrepräsentation mit ihrer einfachen sprachlichen Realisierung zusammenhängt. Darüber hinaus wird Stufe 8 - im Unterschied zur Realisierung der übrigen Direktheitsstufen, die in L und E weitgehend übereinstimmt - in lernerspezifischer Weise realisiert: im Vergleich zu E werden die Imperative in L weniger abgetönt. Die häufigste Realisierung in L folgt der
Struktur "you do p", die mit einer relativen Frequenz von
66,6 % belegt ist; die einzige Alternativform ist "(oh)
please (Y) do p" mit 33,3 %. In E tritt der reine unabgetönte Imperativ in den Varianten "don't do p" und "you do p"
hingegen nur mit 18 % auf; die übrigen unabgetönten Imperative sind durch Kookkurrenz textkohärenzstiftender und
dialogaufrechterhaltender Mittel ("(and) then/now do p",
"do p then", "well do p") (18 %) gekennzeichnet. Die Mehrzahl der Imperative in E sind durch Modalitätsmarkierungen
und *gambits* (z.B. "(just) do p (will you)") abgetönt. Die
Überrepräsentation der Struktur "do p" in der Lernerperformanz ist dazu geeignet, den ohnehin potentiell perlokutiv
ungünstigen Effekt der häufigen Verwendung von Direktheitsstufe 8 noch weiter zu verstärken.

Interessanterweise wird Stufe 6, die "Standard"-Aufforderungsstufe in D, von den Lernern gar nicht verwendet. Die Grundsprache scheint auf Lernerpräferenzen für bestimmte Direktheitsstufen bei der Realisierung von Aufforderungsakten keinen Einfluß gehabt zu haben.

6.1.1.2 MODALITÄTSMARKIERUNGEN IN AUFFORDERUNGSAKTEN

Tab. 3 belegt die Verwendung von Modalitätsmarkierungen in L, E und D.[1]
Das häufige Auftreten von *hesitators* in L ist vermutlich weniger auf das Bemühen der Lerner zurückzuführen, ihre Aufforderungen abzutönen, als daß es Schwierigkeiten bei der sprachlichen Produktion widerspiegelt. Da jedoch der kommunikative Effekt - dem Gesprächspartner durch Ausdruck der eigenen Unsicherheit mehr Spielraum zu geben - in beiden Fällen der gleiche ist und sich zumeist auch nicht durch kontextuelle Hinweise ermitteln läßt, welche Ursache dem Auftreten eines *hesitators* zugrunde liegt, habe ich sie global als *downgraders* erfaßt. Auch in E und D gehören die *hesitators* zu den am meisten verwendeten abtönenden Modalitätsmarkierungen; jedoch ist der weite Abstand zwischen *hesitators* und dem nächstfrequentesten *downgrader* in L, dem *grounder*, eindeutig lernerspezifisch. Besonders deutlich wird die herausragende Rolle des *hesitator* in L, wenn man die Mittelwerte der *downgrader* abzüglich der *hesitators* erfaßt: während der Mittelwert in E nur von 2.97 auf 2.5, in D von 3.0 auf 2.6 sinkt, fällt er in L von 2.258 auf 1.55.
Den in E am häufigsten verwendeten *downgrader*, den *playdown*, benutzen die Lerner fast um die Hälfte weniger, wo-

---

[1] Aus Gründen der Übersichtlichkeit werden die X-Werte aus den Dialogbatterien L, E und D in einer Tabelle zusammengefaßt, ohne daß nach Direktheitsstufen differenziert wird. Die ausführlichen Tabellen zur Verteilung der Modalitätsmarkierungen auf die Direktheitsstufen der initiierenden Akte sind in Anhang 4 beigefügt (Tab. I-XI).

Tab. 3: Modalitätsmarkierungen in Aufforderungen

Auffordern	L		E		D	
	f_x	$\bar{x}$	f_x	$\bar{x}$	f_x	$\bar{x}$
politeness marker	7	0.226	7	0.184	1	0.039
playdown	9	0.29	22	0.579	11	0.432
hedge			2	0.053	5	0.192
understater			–	–	–	–
downtoner	3	0.097	11	0.29	19	0.731
hesitator	22	0.71	18	0.474	10	0.385
-committer	1	0.032	1	0.026	5	0.192
fore-warn			6	0.158	–	–
agent avoider			–	–	–	–
scope stater	1	0.032	3	0.079		
+consultative			5	0.132	–	–
cajoler	2	0.065	7	0.184	5	0.192
appealer			–	–	1	0.039
preparator	10	0.323	2	0.053	2	0.077
grounder	13	0.419	21	0.553	16	0.615
steer	2	0.065	8	0.211	3	0.115
$\sum$ downgrader	70	2.258	113	2.974	78	3.
overstater			2	0.053		
intensifier	1	0.032	2	0.053	4	0.154
lexical intensifier					2	0.077
rhetorical appeal			–	–	1	0.039
+committer			1	0.026	2	0.077
aggressive interrogative			1	0.026		
$\sum$ upgrader	1	0.032	6	0.158	9	0.346
no modality markers	9	0.29	5	0.132	2	0.077
$\sum$	71	2.29	119	3.132	87	3.346

bei grundsprachlicher Einfluß keine Rolle gespielt haben
dürfte (L: 0.29, E: 0.579, D: 0.432). Auch den in D mit
Abstand überwiegenden *downtoner* (0.731), der in E eine geringere Rolle spielt, aber noch zu den mit mittlerer Frequenz verwendeten abtönenden Modalitätsmarkierungen gehört
(0.29), realisieren die Lerner kaum durch das englische
Formaläquivalent (0.097).
Auffällig ist die häufige Verwendung von *supporting moves*
in L. Während *grounders* in allen drei Datensätzen die mit
zweithöchster Frequenz benutzten *downgraders* ausmachen
(L: 0.419, E: 0.553, D: 0.615), ist das zahlreiche Vorkommen von *preparators* lernerspezifisch. Möglicherweise hängt
die Überrepräsentation von *preparators* gegenüber E (und D)
mit der Spezifik von Lerner-*native speaker*-Interaktionen
zusammen: die Lerner, ihrer unterlegenen kommunikativen
Kompetenz durchaus bewußt, bemühen sich, ihre potentiell
konfliktträchtigen Aufforderungsakte gesprächstaktisch abzusichern. Eine weitere Ursache könnte in dem realen Statusunterschied zwischen den Lernern als Studenten und den
native speakers als "Lehrenden" liegen, der die Lerner
veranlaßt, sich "vorsichtig" zu verhalten. Möglicherweise
spiegelt die Präferenz der Lerner für *preparators* und *grounders* gegenüber anderen Modalitätsmarkierungen auch spezifische Kommunikationsweisen aus dem Fremdsprachenunterricht
wieder: *preparators* werden von Schülern für Wortmeldungen
verwendet, zum Gebrauch von *grounders* werden sie etwa bei
Textanalysen oder in Diskussionen angehalten, in denen sie
ihre Meinungen begründen sollen. Demgegenüber kann die Unterrepräsentation von *steers* in L sowohl mit der größeren
Schwierigkeit für die Lerner zusammenhängen, aus ihrer unterlegenen Kommunikationsrolle heraus den Diskurs zu steuern, als auch mit der D zufolge geringeren Gebräuchlichkeit
dieser Gesprächstaktik im Deutschen.
Zwar verwenden die Lerner insgesamt nicht wesentlich weniger abtönende Modalitätsmarkierungen; sie benutzen jedoch

weniger Kategorien und Elemente als die englischen *native speaker* in E. So sind z.B. der *+consultative marker* und der *forewarn* in L nicht repräsentiert. In beiden Fällen kann dies durch ihr seltenes Vorkommen im Deutschen bedingt sein: beide Kategorien sind in Dx nicht belegt. Die Kookkurrenz von Modalitätsmarkierungen mit Direktheitsstufen stimmt in L und E überein: Stufe 8 enthält die wenigsten *downgraders* und wird am häufigsten ohne jede Modalitätsmarkierung benutzt (vgl. Tab. I, II in Anhang 4).
Im Unterschied zu den abtönenden Modalitätsmarkierungen werden verstärkende Redemittel mit einer Ausnahme von den Lernern nicht verwendet. Auch in E und D kommen *upgraders* mit sehr geringer Frequenz vor. Das Sprachverhalten der Lerner stimmt insofern mit dem der *native speakers* überein, als sie den interaktionellen Implikationen von Aufforderungsakten - ihrer anti-Y-Qualität - durch Abtönung ihrer Sprechakte Rechnung zu tragen und Verstärkungen zu vermeiden versuchen.

6.1.1.3 FEHLER IN AUFFORDERUNGSAKTEN

Fehler in Aufforderungsakten untergliedern sich in
(1) die Wahl einer unangemessenen Sprechaktmodalität,
(2) Inkompatibilität von syntaktischer und prosodischer Struktur.

(1) <u>Unangemessene Sprechaktmodalität</u>
Die Lerneräußerungen in (1) (a) - (e) gehören dem Subtyp von Aufforderungen an, mit dem S den H zu einem Sprechakt seinerseits veranlaßt (*Bitte um Auskunft, Informationsfrage*). Vergleiche zunächst (1) (a) - (c).

(1)[1]

  (a) (X betritt ein Geschäft)
     X : pardon sir er do you know a person named Robert Jordan
     RÄ: excuse me {I'm looking for Robert Jordan / could you tell me where I can find R.J.

  (b) (Y hat die Nummer eines fahrerflüchtigen Wagens für X notiert)
     X : ... and do you know what I've got to do to find him by this number
     RÄ: do you happen to know/could you tell me what I've got to do ...

  (c) (X und Y sind Zeugen eines Autounfalls)
     X : do you know how far it is er for the next er telephone
     RÄ: have you any idea how far it is to the nearest telephone

Mit der Wahl von Direktheitsstufe 3 ("query-preparatory") wählen die Lernerinnen zwar die in E (und L) gebräuchlichste Direktheitsstufe: im Fall der hier vorliegenden Informationsfragen werden "Zustände des Wissens des Adressaten" (Wunderlich 1976, 309) als "preparatory condition" (Searle 1969) für die Erfüllung von Xs Sprechakt durch Y in der sekundären Illokution erfragt. Während das Verfahren selbst pragmatisch angemessen ist, bedarf die Frage nach dem Wissenszustand Ys unter den gegebenen Interaktionsbedingungen - in allen drei Fällen ist die Rollenbeziehung distanziert, in (c) darüber hinaus asymmetrisch (Y > X) - der Abtönung durch Modalitätsmarkierungen: "do you know" → "do you happen to know", "could you tell me", "have you any idea". Alternativ könnte X eine niedrigere Direktheitsstufe wählen: "I'm looking for R.J." läßt als "strong hint" dem Koaktanten einen weiteren Reaktionsspielraum offen und hat insofern stärker gesichtswahrende (protektive) Funktion.

---

[1] Die Datenbeispiele aus L (Lerner-*native speaker*) werden fortlaufend mit arabischen Zahlen und Kleinbuchstaben numeriert.

In (d) und (e) wird Direktheitsstufe 3 hingegen unangemessen verwendet:

(1)
(d) (eine ältere Dame hat Xs Zeichenmappe wiedergefunden)
X : ... could you please tell me where you have found it
RÄ: where did you find it actually

(e) (Xs Zimmerwirtin beschwert sich, daß X das Badezimmer in einem unerfreulichen Zustand hinterlassen hat)
X : could you please tell me what is in a mess or what is disturbing you in the bathroom
RÄ: well what is it that's wrong with the bathroom then

Der Verweis auf die "preparatory condition" - "could you tell me" - und die zweifache Abtönung durch das *past tense* als *playdown* ("could") und den *politeness marker* ("please") verursachen einen Kommunikationseffekt, den Leech (1977) als "negative politeness" gekennzeichnet hat: durch die Verwendung indirekter Sprechakte, die den Interaktionsbedingungen nicht entsprechen, drückt der Sprecher Agression, Ärger oder andere negative Einstellungen aus. Dies entspricht durchaus nicht der Kommunikationsintention der Lerner: in (d) ist X ganz im Gegenteil sehr erfreut darüber, daß Y ihm seine Zeichenmappe wiedergebracht hat; in (e) hat X der Y in mehrfacher Weise Unannehmlichkeiten bereitet und möchte es vermeiden, die ohnehin konfliktreiche Situation durch agressives Sprachverhalten weiter zu verschärfen. In beiden Fällen bemüht sich demnach der Lerner, seinen Sprechakt höflich zu formulieren, um so dem aktuellen Inhalt der Interaktion und der Rollenkonstellation (Y>X/+soziale Distanz bzw. Y>X/-soziale Distanz) Rechnung zu tragen. Gerade durch die starke Abtönung, die im Widerspruch zu der geringen Zumutung steht, die mit der Erfüllung des Sprechakts durch Y verbunden ist, verhält sich X jedoch "negatively polite". Angemessene Realisierungen von Xs Kommunikationsintention sind die direkter, auf Stufe 5

("locution-derivable") formulierten und durch *cajoler* ("actually") und *downtoner* ("then") abgetönten Rekonstruktionen.
Die folgenden Leneräußerungen sind Aufforderungen, die durch nonverbale Handlungen des Koaktanten erfüllt werden. (2) (a) und (b) weisen eine unangemessen hohe Direktheitsstufe auf.

(2)
    (a) (Student zu älterer, ihm unbekannten Frau, die seine Zeichnungen sehen möchte)
        X : it's in the other room I take it wait a minute
        RÄ: could you just wait a minute

    (b) (Zimmerwirtin zu Student, in dessen Zimmer der Gasofen explodiert ist)
        Y : I'll put that (sc. the electric fire) on in there I'm not going to put the gas on in there again you know
        X : yeah put put the electric fire in this room
        RÄ: yeah you could perhaps put the electric fire on in there

Mit der Verwendung der höchsten Direktheitsstufe, 8 (Imperativ), verstoßen die Lerner unter den vorliegenden Interaktionsbedingungen gegen das Taktprinzip: die Rollenkonstellation (Y > X/+soziale Distanz bzw. Y > X/-soziale Distanz) erfordert eine niedrigere Direktheitsstufe, die der Koaktantin größeren Handlungsspielraum beläßt. Vergleiche dagegen die Rekonstruktionen, in denen neben niedrigeren Direktheitsstufen (3 bzw. 4) auch abtönende Modalitätsmarkierungen ("could" als *playdown*, "just", "perhaps" als *downtoners*) verwendet werden. Die unangemessene Wahl von Direktheitsstufe 8 ist im Zusammenhang mit der generellen Überrepresentation dieser Stufe in L zu sehen (vgl. Tab. 1): während jedoch in den übrigen 7 Fällen Stufe 8 in Übereinstimmung mit der Rollenkonstellation verwendet wird, ignorieren die Lerner in (2) (a) und (b) die pragmatischen Restriktionen, die der Verwendung von 8 auferlegt sind.
Die beiden Lerner unterdifferenzieren damit den Gebrauch dieser Direktheitsstufe.

In (2) (c) verwendet die Lernerin mit Stufe 3 eine angemessene Direktheitsstufe, jedoch fehlen weitere Modalitätsmarkierungen.

(2)
(c) (Y hat Xs Bibliotheksplatz besetzt)
X : pardon me, will you please give me back my seat
RÄ: excuse me I think you've taken my seat could I have it back you think

Abgesehen von der unangemessenen Realisierung eines "Territoriumsinvasionssignals" ("pardon me" → "excuse me", vgl. 6.4.3) wirkt Xs Aufforderungsakt deshalb stark gesichtsbedrohend und offensiv, weil sie ihn ohne weitere Vorbereitung ("überfallartig") als ersten Zug innerhalb der Interaktion äußert und damit ihrer Koaktantin keine Möglichkeit bietet, sich auf Xs Anliegen einzustellen. Durch den vorgezogenen *grounder* in RÄ, der selbst durch den *-committer* "I think" abgetönt ist, wird diese Funktion realisiert. Die illokutive Kraft des eigentlichen Aufforderungsaktes wird durch den *playdown* "could" und den *appealer* "you think" ebenfalls stärker reduziert als durch den *politeness marker* "please", den die Lernerin als einzige Modalitätsmarkierung verwendet.

(2) Inkompatibilität von syntaktischer und prododischer Struktur

(2)
(d) (In Xs Zimmer ist der Gasofen explodiert)
Y : I'll tell you what you come into my room and I think I have an electric fire somewhere
X : oh that would be very nice, you couldn't lend me it, the electric fire or isn't it removable
RÄa: ... could you possibly lend me it
RÄb: ... you couldn't lend me it by any chance could you

```
(e) (wie 2 d)
    Y1   : now is there anything you need
    X1   : perhaps er is there a some fire or
    Y2   : (sighs) oh dear [what shall we do about
           that]
    X2   : [or is it] I think this room is very cold
    RÄ1a: well would you have an electric fire or
           something
    RÄ1b: well you wouldn't have an electric fire or
           something would you
    RÄ2  : I find this room rather could
```

Wie aus RÄn a und b hervorgeht, ist entweder steigende Intonation mit Interrogativsatzsyntax oder fallende Intonation mit Deklarativsatzsyntax, nicht jedoch eine Kombination von beiden verwendbar, die in einer Mischform aus Direktheitsstufe 3 ("query-preparatory") und 4 ("state-preparatory") resultiert. Darüber hinaus ist der *agent-avoider* in (d) - "is there" anstelle von "have you got/ would you have" - hier nach der Beurteilung meiner Informanten unangemessen, weil Y den X explizit nach seinen Wünschen gefragt hat und daher mit einer direkt an sie gerichteten Aufforderung rechnen kann. Der *grounder* in (2e X2) bedarf stärkerer Abtönung, wie dies durch Substitution von "I think" durch "I find", das den subjektiven Charakter von Xs Äußerung stärker betont, und des *intensifiers* "very" durch den *hedge* "rather" erreicht werden kann.

6.1.1.4 ZUSAMMENFASSUNG

Die Lerner bevorzugen insgesamt ebenso wie die deutschen Sprecher höhere Direktheitsstufen als die englischen *native speakers*; der Anteil einzelner Direktheitsstufen stimmt z. T. mit E überein (Stufe 3 als meistgewählte Direktheitsstufe), z.T. weicht er von E ab (Stufe 8 als zweithäufigste Wahl). Die quantitative Verwendung von Modalitätsmarkierungen entspricht zwar derjenigen der englischen *native speakers*, jedoch ist das Spektrum der aktualisierten Kate-

gorien und Elemente in L weitaus kleiner. Die pragmatischen
Fehler lassen sich untergliedern in die Wahl einer unangemessenen Sprechaktmodalität durch die Verwendung ungeeigneter Direktheitsstufen und fehlender bzw. unangemessener
Modalitätsmarkierungen sowie die Inkompatibilität von syntaktischer und prosodischer Struktur. Die Fehlerquote bei
den Aufforderungsakten beträgt 41,94 %.

6.1.2   VORSCHLAGEN (SUGGEST)

6.1.2.0   BESCHREIBUNG

Vorschlagsakte gehören nach Searle (1976) wie Aufforderungen zu den Direktiva, unterscheiden sich jedoch von den
Aufforderungen durch die Ausprägung des Kosten-Nutzen-Faktors: Vorschläge beziehen sich auf Ereignisse, die (im weiteren Sinn) den an Er Beteiligten zugute kommen, indem durch
das Eintreten von Er (die Erfüllung des Vorschlagsaktes) eine Aufgabe, ein Problem etc. gelöst wird. Unterschiedlich
zur Aufforderung ist auch der Grad der Verbindlichkeit des
in der Proposition bezeichneten Ereignisses: der Sprecher
vollzieht mit dem Äußern des propositionalen Aktes eine
"mentale Probehandlung" (Rehbein 1977, 318 f.), die vom
Hörer akzeptiert, aber auch zurückgewiesen werden kann. Vorschläge sind häufig Komponenten eines kooperativen Prozesses, in dem es um gemeinsame Problemlösungen geht: die Interaktionsbasis, auf deren Grundlage die meisten Vorschläge in den drei Dialogbatterien beruhen, ist daher "P needs
to be done". Auch der Analyse von Vorschlagsakten lege
ich zunächst die Direktheitsstufenskala zugrunde.

6.1.2.1 DIREKTHEITSSTUFEN IN VORSCHLAGSAKTEN

Nach Tab. 4 verteilen sich Vorschlagsakte in L, E und D wie folgt auf die Direktheitsstufen:

Tab. 4: Direktheitsstufen in Vorschlägen

Vor-schla-gen		1		2		3		4		5		6		7		8		Σ	
		f_i	%	f_i	%	f_i	%	f_i	%	f_i	%	f_i	%	f_i	%	f_i	%	f_i	%
L	X	1	2,8	-	-	6	16,7	15	41,7	2	5,6	12	33,3	-	-	-	-	36	100
E	X	-	-	-	-	3	9,1	10	30,3	1	3	16	48,5	1	3	2	6,1	33	100
E	Y	-	-	-	-	8	16	10	20	1	2	22	44	-	-	9	18	50	100
D	X	-	-	2	2,1	10	10,3	25	25,8	2	2,1	38	39,2	1	1	19	19,6	97	100
D	Y	-	-	-	-	4	6,9	15	25,9	1	1,7	24	41,4	6	10,3	8	13,8	58	100

Dies ergibt folgende graphische Repräsentation:

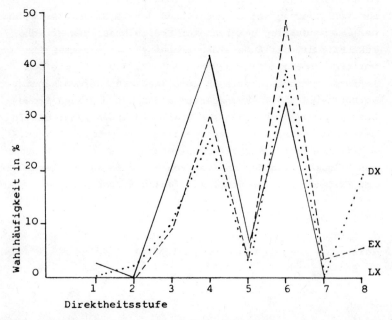

Abb. 2: Direktheitsstufen in Vorschlägen

Tab. 5 faßt die korrekten und falschen Realisierungen in ihrer Relation zur Gesamtperformanz dieses Sprechakts zusammen.

Tab. 5: Korrekte und fehlerhafte Realisierungen von Vorschlägen

	1		2		3		4		5		6		7		8		Σ	
	f_i	%	f_i	%	f_i	%	f_i	%	f_i	%	f_i	%	f_i	%	f_i	%	f_i	%
korrekt	-	-	-	-	5	25	10	50	1	5	4	20	-	-	-	-	20	100
falsch	1	6,3	-	-	1	6,3	5	31,3	1	6,3	8	50	-	-	-	-	16	100
falsch+ korrekt	1	2,8	-	-	6	16,7	15	41,7	2	5,6	12	33,3	-	-	-	-	36	100

Von den acht möglichen Direktheitsstufen nutzen die Lerner
- von einem "Ausreißer" auf Stufe 1 abgesehen - nur die mittleren vier aus. Ihre Performanz unterscheidet sich damit von der der englischen *native speaker* ebenso wie von der der deutschen Sprecher, die die beiden höchsten Direktheitsstufen durchaus verwenden. Vergleicht man die hier vorliegende Verteilung der Direktheitsstufen mit der in den Aufforderungsakten (vgl. 6.1.1), so ist in E und D eine Verschiebung auf höhere Direktheitsstufen festzustellen. Dies ist erklärbar durch die hinsichtlich des Kosten/Nutzen-Merkmals gegenüber X und Y neutrale bzw. pro-Y-Eigenschaft des Sprechakts *Vorschlagen* und durch den geringeren Verbindlichkeitsgrad des in der Proposition bezeichneten Ereignisses, wodurch die hohen Direktheitsstufen - anders als in den durch das Merkmal "anti-Y" gekennzeichneten Aufforderungsakten - die "H-support"-Maxime und das Taktprinzip in geringerem Maße durchbrechen. Auch bei den Vorschlagsakten ist die Wahl der höchsten Direktheitsstufe im Englischen jedoch - anders als im Deutschen - rollenkonstellationsbedingten Restriktionen unterworfen: in der Kon-

stellation "Y > X/+soziale Distanz" realisiert Y in E von
16 Vorschlägen 7 = 43,6 % auf Stufe 8, während der Inhaber
der komplementären Rolle Stufe 8 gar nicht benutzt.
Während in E und D die meistgewählte Direktheitsstufe 6 und
die nachfolgende 4 ist, liegt das Verhältnis in L umgekehrt:
die Mehrzahl der Vorschlagsakte wird auf Stufe 4 realisiert,
z.B.

we could tell him that he won't get a cärd for the
match

gefolgt von Stufe 6, z.B.

we have to call the ambulance, we have to call somebody who will help us

Die Realisierungsalternativen von Stufe 4 konzentrieren sich
in der Lernerperformanz auf die Strukturen "we could do P"
und "we can do P", die in der Regel durch weitere Modalitätsmarkierungen ("I think", "perhaps") abgetönt sind, während in E Varianten wie "we could do P if you like", "the
best thing we can do is do P", "if we do P perhaps we could
do Q" u.a.m. verwendet werden. Die Bevorzugung von "we can/
could do P" durch die Lerner kann sowohl durch ihre einfache Struktur im Englischen als auch durch grundsprachlichen Transfer bedingt sein: "wir können (doch) (vielleicht)
P tun" ist die am häufigsten belegte Realisierung von Stufe 4 in D; das Spektrum an Alternativen ist natürlich auch
hier größer als in L.
Stufe 6 wird in L mit den Modalverben "shall/should" und
"must" ("perhaps we should do P", "I think we must do P")
realisiert. Die sehr zahlreichen Alternativen in E wie
"what we've gotta do is do P", "we're gonna do P", "I'll
just do P if you like", "(perhaps) we ought to do P" treten in der Lernerperformanz nicht auf. Die Überrepräsentation von "shall/should" und "must" - in Ex werden von 16
Wahlen der Stufe 6 nur 2 mit "shall/should" und 1 mit
"must" realisiert - ist grundsprachlich motiviert: in D
werden von 38 Vorschlägen auf Stufe 6 9 mit "müssen"

("(also) (dann) müssen wir P tun") und 5 mit "sollen" ("wir sollten P tun") realisiert. Kontrastiv erwartbare Formaläquivalenzen zu der in D zweitfrequentesten Struktur "ich tu (dann) P" wie die unakzeptable Struktur "I/we do P" und die akzeptable und in E frequente Struktur "I'll/we'll do P" treten in L nicht auf; vermutlich ist ihre illokutive Kraft nach der Intuition der Lerner zu 'schwach', um ihre Intention angemessen zum Ausdruck zu bringen. Die beiden meistgewählten Stufen in L weisen auch die höchste relative Fehleranfälligkeit auf: von insgesamt 16 Fehlrealisierungen bei 36 Vorschlagsakten (44,4 %) weist Stufe 6 die höchste (50 %), Stufe 4 die zweithöchste Fehlerquote (31,3 %) auf. Die hohe Fehlerquote von Stufe 6 dürfte wesentlich mit den angesprochenen Selektionsproblemen der Lerner im Bereich der Modalverben zusammenhängen.

6.1.2.2 MODALITÄTSMARKIERUNGEN IN VORSCHLAGSAKTEN

Tab. 6 zeigt die Vorkommenhäufigkeiten von Modalitätsmarkierungen in L, E und D (vgl. auch Tab. IV - VI in Anhang 4).

Während die äußerst geringe Frequenz von *upgraders* in L, E und D übereinstimmt, ist das Gesamtvorkommen abtönender Modalitätsmarkierungen in L höher als in E und D. Nimmt man hinzu, daß die Lerner niedrigere Direktheitsstufen als die *native speaker* bevorzugen, so kann man feststellen, daß die Lerner durchschnittlich die illokutive Kraft von Vorschlagsakten eher reduzieren und sie indirekter und "vorsichtiger" formulieren als die englischen und deutschen *native speakers*. Häufigster *downgrader* ist in L wiederum der *hesitator*, gefolgt von *playdown* und *downtoner*. Auch in E und D ist der *playdown* die mit höchster (E) bzw. zweithöchster (D) Frequenz verwendete abtönende Modalitätsmarkierung. Die im Verhältnis zu E vorliegende Überrepräsentation von *playdown*

Tab. 6: Modalitätsmarkierungen in Vorschlägen

Vorschlagen	L		E		D	
	f_x	$\bar{x}$	f_x	$\bar{x}$	f_x	$\bar{x}$
politeness marker						
playdown	22	0.611	15	0.455	26	0.268
hedge	3	0.083	6	0.182	12	0.124
understater			-	-	1	0.01
downtoner	13	0.361	6	0.182	72	0.742
hesitator	25	0.694	12	0.364	8	0.083
-committer	3	0.083	2	0.061	1	0.01
fore-warn	1	0.028				
agent avoider			-	-	5	0.052
scope stater			-	-		
+consultative			6	0.182	7	0.072
cajoler			-	-	3	0.031
appealer			3	0.091	10	0.103
preparator	6	0.167	1	0.03	1	0.01
grounder	7	0.194	4	0.121	10	0.103
steer	1	0.028				
$\sum$ downgrader	80	2.222	55	1.667	156	1.603
overstater						
intensifier	1	0.028	-	-	2	0.021
lexical intensifier			1	0.03		
rhetorical appeal						
+committer			-	-	4	0.041
aggressive interrogative						
$\sum$ upgrader	1	0.028	1	0.03	6	0.062
no modality markers	3	0.083	9	0.273	20	0.206
$\sum$	81	2.25	56	1.697	162	1.67

hängt mit der häufigen Wahl von Direktheitsstufen zusammen, deren Realisierungen zur Modulierung durch *playdowns* geeignete und den Lernern gut bekannte Elemente enthalten, z.B. *"state/query preparatory"* → "we can do P/can we do P" → "we could do P/could we do P". Allerdings nähert sich die Lernerperformanz derjenigen der *native speakers* insofern an, als *playdowns* in L und in E die am stärksten vertretene abtönende Modalitätsmarkierung darstellen. Während von den drei in E am dritthäufigsten vorkommenden *downgraders hedge*, *downtoner* und dem *+consultative marker* die beiden ersten auch in L auftreten - wobei *downtoners* in L ausschließlich mit "perhaps" realisiert werden! - wird der *+consultative marker* in L nicht verwendet. Seine Nullokkurrenz ist wahrscheinlich durch die geringe Gebräuchlichkeit konsultativer Gesprächsstrategien im Deutschen begründet. Sprecherzentriertes anstelle von hörerbezogenem, konsultative Sprachverhalten ist eines der wesentlichen Merkmale der Lernerperformanz, das potentiell perlokutiv ungünstige Effekte auslöst und daher kommunikationstherapeutisch bearbeitet werden sollte (vgl. auch 6.1.3.3, 6.3.7.1).
Unterstützende Züge werden, wie im Fall der Aufforderungsakte, von den Lernern häufiger verwendet als von den *native speakers*. Insbesondere *preparators* sind in L gegenüber E und D überrepräsentiert. Dies ist ein weiteres Indiz für das vorsichtigere gesprächstaktische Verhalten der Lerner, das mit ihrer ungünstigeren Kommunikationsrolle und damit verbundenen Unsicherheit zusammenhängen dürfte.

6.1.2.3 FEHLER IN VORSCHLAGSAKTEN

Wie im Fall der Aufforderungen, so untergliedern sich auch die Fehler in Vorschlagsakten in (1) die Wahl einer unangemessenen Sprechaktmodalität, (2) Inkompatibilität von syntaktischer und prosodischer Struktur.

(1) Unangemessene Sprechaktmodalität
Von den 16 unangemessen realisierten Vorschlagsakten sind 9 durch eine unangemessene Modalität gekennzeichnet. Auffällig ist hierbei insbesondere die häufige Verwendung des Modalverbs "must", dessen starke illokutive Kraft als "verb of strong obligation" apodiktisch wirkt und Y wenig Gelegenheit einräumt, seine Stellungnahme zu Xs Vorschlägen zu äußern. Vergleiche (3) (a) - (c).

(3)
(a) (X und Y sind Zeugen eines Autounfalls)
   Y : ... she was going very fast when she overtook us there
   X : well we must er look what there er she she sits
   RÄ: well we've got to go and have a look at her

(b) (wie 3 a)
   Y : ... I think there's a farmhouse on the other side of the road there
   X : yes er so one of us must go there and ask for help
   RÄ: yes er so one of us had better go there and ask for help (I suppose)

(c) (wie 3 a)
   Y : what shall we do then what shall we do
   X : oh erm perhaps we must stop other cars coming
   RÄ: perhaps we'd better stop some other car

Die Kommunikationsabsicht der Lernerinnen ist offenbar, den Dringlichkeitscharakter der Situation durch die Wahl entsprechender Ausdrucksmittel zu verdeutlichen. Die Sprecher in E realisieren diese Absicht unter den gleichen Interaktionsbedingungen jedoch mit anderen sprachlichen Mitteln; vergleiche

"I think what we've got to do one of us has got to go to the car and have a look to see what's going on"
"we've obviously got to do something pretty quickly about it"
"we've got to help her"
"I think the best thing is we'll go and see"

"the first thing to do is go and see what's happened"
"we'd better go back and see what's happened".

Während die Lerner mit "must" ein "verb of strong obligation" verwenden, benutzen die *native speakers* auch in der hier vorliegenden Krisensituation häufig Modalverben oder nicht-modale Ausdrücke, die einen schwächeren Verbindlichkeitsgrad ausdrücken, z.B. "had better", das "obligation to avoid ill consequence" (Edmondson/House/Kasper/McKeown 1977, 297), "resignation to the inevitable, to one's duty" (298) bezeichnet, oder andere auf Präferenzstrukturen verweisende Ausdrücke ("the best/first thing to do is to P"). Wenn die Sprecher in E ein "verb of strong obligation" verwenden, dann nicht "must", sondern "have got to". Semantisch unterscheiden sich diese beiden Modalverben

> "only in that MUST conveys the imposition of an obligation, while HAVE (GOT) TO states that an obligation exists; i.e. MUST is a Performance Auxiliary" (= "(a) resolve made at (the) moment of speaking"), "while HAVE (GOT) TO is the equivalent Statement Auxiliary" (= "(a) statement about (an) existing external obligation") (279).

Im Fall der Vorschläge in (3) (a) - (c) liegt zweifellos eine "existing external obligation" vor, die S und H zum Handeln zwingt.[1] Darüber hinaus kommt der semantische Unterschied zwischen "must" und "have got to" bei der Realisierung von Vorschlägen, die S und H involvieren, in der Weise zum Tragen, daß S zwar auf eine "existing external obligation" verweisen kann, der S und H gleichermaßen unterliegen, er mit der "imposition of an obligation" jedoch den Hörer in einer sozial problematischen Weise vereinnahmt. Während demnach "must" und "have got to" weder semantisch noch pragmatisch funktionaläquivalent sind, kann man aus der Tatsache, daß "had better" und "have got to" in E unter identischen Situationsbedingungen in freier Variation verwendet werden, schließen, daß diese semantisch unter-

---
[1] Vgl. auch die Formulierung der Interaktionsbasis, die diesen Vorschlagsakten zugrunde liegt: "P has to be done" - und nicht *P must be done!"

schiedlichen Modalverben im vorliegenden Kontext pragmatisch intralingual funktionaläquivalent sind.
Neben den semantisch-pragmatischen Restriktionen, denen der Gebrauch von "must" unterliegt, verletzen die Lerner auch Bedingungen für die Kookkurrenz von "must" mit Modalitätsmarkierungen. In (3 c) versucht X offenbar, die illokutive Kraft ihres Vorschlags durch den *downtoner* "perhaps" abzutönen: dies führt jedoch durch den Gegensatz der Modalitäten "strong obligation" ("must") und "possibility" ("perhaps") zu einer semantischen Inkompatibilität, die sich auf den Koaktanten eher verwirrend als protektiv auswirkt. Dagegen ist Kookkurrenz von "perhaps" mit "we'd better" (RÄ) semantisch kompatibel und hat den intendierten abtönenden Effekt.

Die situativen Bedingungen, die den Kontext für die folgenden drei Vorschläge bilden, unterscheiden sich in relevanter Hinsicht von denjenigen in (3) (a) - (c): Lag dort eine Krisensituation vor, die der relationellen Funktion eine untergeordnete Rolle gegenüber der Handlungsdimension zuwies, so steht in (3) (d) und (e) der Beziehungsaspekt im Vordergrund.

(3)
    (d) (X und Y haben beschlossen, daß sie Z nicht zu einem gemeinsamen Wochenendausflug mitnehmen wollen)
        X1: the thing is now er who of us tells him
        Y : yah (laughs)
        X2: I think you should do because you know him better than I
        RÄ2: well don't you feel you should tell him I mean you know him much better than I don't you

    (e) (Studentin verabschiedet sich von ihrer Zimmerwirtin)
        X : I think it's better now to say good-bye at once because if we stay longer ...
        RÄ: don't you feel it might be better if we said good-bye at once ...

Der aktuelle Redewechsel in (3 d) sowie die gesamte Interaktion in (3 e) sind auf der Beziehungsebene hochgradig störungsanfällig: In (d) ist die Erfüllung des Handlungsplans, zu dessen Übernahme X den Y bewegen will, in mindestens zweifacher Weise mit einem starken "anti-Y"-Element verbunden: 1. schlägt X dem Y vor, ein Problem durch eine in defensiver und protektiver Hinsicht gesichtsbedrohende Handlung zu lösen, und begeht mit dieser Zumutung selbst einen gesichtsbedrohenden Akt an Y, indem er die Meta-Taktmaxime verletzt. 2. besagt Xs Vorschlag, daß ein X und Y gemeinsames Problem von Y allein gelöst werden soll: X bürdet dem Y also die Last einer Handlung auf, von deren Ergebnis X mit profitiert.

Der Redewechsel in (e) findet im Kontext einer Abschiedssituation statt, die insgesamt überwiegend phatischen Charakter hat und damit vom Beziehungsaspekt dominiert wird. Mit ihrem Vorschlagsakt leitet die Lernerin zugleich die Beendigungsphase ein (vgl. 6.5.1 "Schlußeinleitungssignal") und markiert damit den Übergang zu der eigentlichen Verabschiedung. Da es sich hier um einen Abschied nach einer langen Zeit des Kontakts und vor einer längeren Zeit der Kontaktlosigkeit handelt, ist die emotionale Beteiligung der Interaktanten hoch; ihre Beziehung erfährt eine letzte Definition, und ihr muß daher auf der Verhaltensebene in besonderem Maße Rechnung getragen werden.

Aus den Lerneräußerungen ist erkennbar, daß sie die hier skizzierten Situationseinschätzungen durchaus teilen und sich bemühen, ihnen auf der Ebene der sprachlichen Realisierung Rechnung zu tragen. In beiden Fällen realisieren sie ihre Vorschläge auf Direktheitsstufe 6, und zwar durch Äußerungsmittel, die auf Präferenzstrukturen verweisen ("you should"; "it's better") und die durch *-committer* ("I think") eingeleitet und abgetönt werden. Darüber hinaus unterstützen die Lerner ihre Vorschlagsakte durch *grounders* ("because ..."); in (3 d) leitet der Lerner seinen Vorschlag zusätzlich mit einem *preparatory move* (X1) ein. Trotz dieser mehrfachen Bemühungen, die Modalität ihrer Sprechakte angemessen zu markieren, entsteht unter den hier vorliegenden Interaktionsbedingungen ein relationell ungünstiger Effekt: die Lerner verweisen nämlich mit dem -*committer* "I think" auf ihre Sprecherstandpunkte, während sie ihre Hörer nicht explizit in ihre Sprechakte einbeziehen. Die funktionelle Unterdifferenzierung von "I think" ist im Kontext der Überrepräsentation dieses *downgrader* zu sehen; beide Erscheinungen sind durchgängige Merkmale der Lernerperformanz (vgl. auch 6.1.3.3, 6.1.4.2). Durch einen explizit hörerbezogenen *downgrader* wie den +*consultative marker*, der insgesamt in der Lernerperformanz unterrepräsentiert ist (vgl. 6.1.2.2), würde die hier interaktionell notwendige protektive Funktion angemessen markiert (vgl. RÄn).

(2) <u>Inkompatibilität von syntaktischer und prosodischer Struktur</u>

Von den 6 Realisierungen von Vorschlagsakten, in denen Syntax und Prosodie in nicht kompatibler Weise kombiniert werden, haben 5 die Struktur "perhaps + NP + VP". Vergleiche (4) (a) und (b).

(4)
   (a) (X will eine Verabredung mit Y treffen, um einen Babysitter für Y zu organisieren)
      X : perhaps I could er phone you at about twelve o'clock today
      RÄa: could I phone you at about twelve o'clock perhaps
      RÄb: perhaps I could phone you at about twelve o'clock

   (b) (X und Y auf dem Weg zu einem Kursus)
      X : oh perhaps we can try to get a taxi and go there together to take erm half the price it costs
      RÄa: couldn't we take a taxi together and go halves perhaps
      RÄb: perhaps we could take a taxi together and go halves

In diesen wie auch in den übrigen Fehlern dieser Kategorie kombinieren die Lerner Deklarativsatzsyntax mit Interrogativsatzintonation. Wie Hackmann (1977) anmerkt, ist es schon

potentiell problematisch, wenn Lerner in der Kommunikation mit *native speakers* akzeptable Intonationsfragen verwenden. Sie führt dies auf "the listener expecting straightforward use of language from a foreigner" (148) zurück. Darüber hinaus können durch diese Kombination von Syntax und Intonation weitere Rezeptionsprobleme für den *native speaker* entstehen: "so much effort is required to understand the sounds in the speech signal that no attention is paid to prosody" (148). In den hier diskutierten Vorschlägen wird der *native speaker* jedoch noch mit einem weiteren Rekonstruktionsproblem konfrontiert, denn es handelt sich um unakzeptable Kombinationen von Syntax und Intonation. Mit "perhaps" eingeleitete Deklarativsätze können nämlich nur mit fallender Intonation realisiert werden; die Intonationsfrage ist hier ausgeschlossen.
Die Äußerungen bieten keine Anhaltspunkte dafür, ob die Lerner ihre Vorschläge im Deklarativ- oder im Interrogativmodus formulieren wollten: Die Interrogativsatzintonation kann intendiert, nämlich in elizitierender Funktion verwendet worden sein, sie kann aber ebenso ein nicht-intentionaler Ausdruck von Unsicherheit sein; hierfür sprächen die Pausen, Hesitationserscheinungen und die kurzen Intonationsbögen. Welche Ausdrucksintention die Lerner jedoch auch hatten: durch die Widersprüchlichkeit in der Wahl ihrer Redemittel bringen sie sie in mehrdeutiger, den Koaktanten verunsichernder Weise zum Ausdruck. Pragmatisch resultiert die hier unakzeptable Kombination von Deklarativsatzsyntax und Interrogativsatzintonation in einer Vermischung von Direktheitsstufe 3 ("query-preparatory") und 4 ("state-preparatory").

6.1.2.4 ZUSAMMENFASSUNG

Während die Lerner Aufforderungen direkter formulierten als die englischen *native speakers*, realisieren sie ihre Vor-

schlagsakte mehrheitlich indirekter als die englischen und
deutschen Sprecher in E und D und tönen sie in stärkerem
Maße ab. Damit verhalten sie sich tendentiell im Widerspruch zur "H-support"-Maxime, die Indirektheit bei der
Äußerung von Aufforderungen aufgrund von deren "anti-H"-
Qualität in stärkerem Maße nahelegt als bei Vorschlägen,
die H gegenüber neutral sind bzw. positiv zu Buche schlagen. Daß Aufforderungen von *native speakers* höflicher realisiert werden als Vorschläge, ist empirisch bei Rintell
(1979) belegt.
Fehlrealisierungen von Vorschlagsakten treten auf in der
Wahl einer unangemessenen Sprechaktmodalität durch die ungeeignete Verwendung von "must", des Modalitätsmarkierers
"I think" und eine nicht-konsultative Gesprächstaktik
sowie in der Inkompatibilität von Syntax und Prosodie. Die
Fehlerquote beträgt 44,44 %.

6.1.3 ANBIETEN/EINLADEN (OFFER/INVITE)

6.1.3.0 BESCHREIBUNG

Die Sprechakte *Anbieten* und *Einladen*, die sich nach meiner
Klassifikation (6.1.0.1.1) nur durch die fakultative Beteiligung von S bzw. H an Er unterscheiden, werden aufgrund ihrer pragmatischen Ähnlichkeit und ihrer geringen Vorkommenshäufigkeit in L zu einer Kategorie zusammengefaßt.
Searle (1976) ordnet Angebote und Einladungen verschiedenen Sprechaktklassen zu: Angebote zählt er zu den "commissives", die er definiert als "those illocutionary acts
whose point is to commit the speaker ... to some further
course of action" (11), während er Einladungen als "directives" klassifiziert, d.h. "attempts ... by the speaker to
get the hearer to do something" (11). Die Zuweisung von Angeboten und Einladungen zu unterschiedlichen Klassen erscheint problematisch, weil sie nicht nur ihre gemeinsamen

interaktionellen Implikationen verdeckt, die auf der Ausdrucksebene zu identischen Realisierungsalternativen führen; sie gibt auch die S-H-Beteiligung an Er nicht in angemessener Weise wieder: in der Regel ist der Hörer auch an der Erfüllung eines Angebots beteiligt, ebenso wie der Sprecher auch an der Erfüllung einer Einladung beteiligt ist. Aufgrund der Zugehörigkeit von Sprechakten wie Angeboten und Einladungen zu den "directives" und den "commissives" bildet Hancher (1979) die hybride Klasse der "commissive directives". Entscheidend für die Realisierung von Angeboten/Einladungen ist der Kosten-/Nutzen-Faktor, der durch seine Ausprägung "pro-H/anti-S" (im Unterschied zu der anti-H-Ausprägung z.B. von Aufforderungen) eher im Einklang mit der "H-support"-Maxime steht und daher gesichtswahrende Manöver weniger erforderlich macht. Wie Searle (1975, 80 ff.) zeigt, werden zur Realisierung von Angeboten - und dies gilt auch für Einladungen - dieselben Indirektheitsverfahren verwendet wie für Direktiva wie Aufforderungen und Vorschläge (womit nichts über die Distribution dieser Verfahren bei unterschiedlichen Sprechakten impliziert ist). Unsere Skala von Direktheitsstufen eignet sich daher auch zur Analyse von Angeboten/Einladungen.

6.1.3.1 DIREKTHEITSSTUFEN IM SPRECHAKT ANBIETEN/EINLADEN

Da über das Vorkommen des Sprechakts Anbieten/Einladen in D keine Daten vorliegen, kann hier nur seine Verteilung in L und E angegeben werden; vergleiche Tab. 7.

Tab. 7: Direktheitsstufen im Sprechakt Anbieten/Einladen

Anbieten/Einladen		1		2		3		4		5		6		7		8		∑
		f_i	%	f_i	%	f_i	%	f_i	%	f_i	%	f_i	%	f_i	%	f_i	%	f_i %
L	X	1	5,3	1	5,3	9	47,4	3	15,8	-	-	2	10,5	1	5,3	2	10,5	19 100
E	X	-	-	1	1,9	13	25	11	21,2	4	7,7	8	15,4	1	1,9	14	26,9	52 100
	Y	-	-	-	-	10	40	4	16	2	8	5	20	-	-	4	16	25 100

Graphisch läßt sich Tab. 7 wie folgt veranschaulichen:

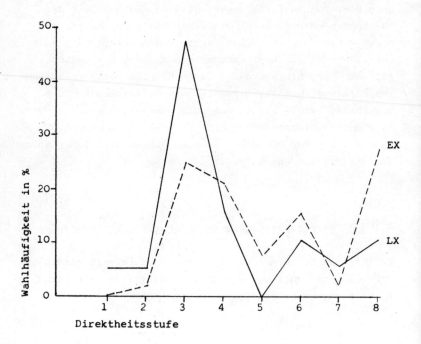

Abb.: 3: Direktheitsstufen im Sprechakt Anbieten/Einladen

Tab. 8 faßt die korrekten und falschen Verwendungen von Angeboten/Einladungen in ihrer Relation zur Gesamtperformanz dieses Sprechakts zusammen.

Tab. 8: Korrekte und fehlerhafte Realisierungen von Angeboten/Einladungen

	1		2		3		4		5		6		7		8		∑	
	f_i	%	f_i	%	f_i	%	f_i	%	f_i	%	f_i	%	f_i	%	f_i	%	f_i	%
korrekt	1	10	-	-	6	60	1	10	-	-	1	10	-	-	1	10	10	100
falsch	-	-	1	11,3	3	33,3	2	22,2	-	-	1	11,1	1	11,1	1	11,1	9	100
korrekt +falsch	1	5,3	1	5,3	9	47,4	3	15,8	-	-	2	10,5	1	5,3	2	10,5	19	100

Zunächst ist auffällig, daß der Sprechakt in L insgesamt ein wesentlich geringeres Vorkommen aufweist als in E. Dies war bei den beiden zuvor diskutierten Direktiva *Auffordern* und *Vorschlagen* nicht der Fall. Vermutlich erklärt sich diese Diskrepanz daraus, daß aus den Situationsrollen des X im Kontext der Interaktionsbasen "X wants Y do P/P bad for Y" und "P has to be done" eine stärkere Verbindlichkeit resultiert, Aufforderungs- und Vorschlagsakte zu vollziehen, während eine Interaktionsbasis "X wants Y do P/P good for Y" nicht vorgegeben und der Vollzug des Sprechakts *Anbieten/Einladen* daher fakultativ war. Daß er von den englischen *native speakers* in derselben Situationsrolle sehr viel häufiger ausgeführt wird, hängt wahrscheinlich mit deren größeren sprachlichen und damit interaktionellen Flexibilität zusammen, die ihnen mehr Handlungsmöglichkeiten eröffnet, als es das begrenzte Kommunikationsrepertoire der Lerner zuläßt.

Während sich die Mehrheit der Angebots-/Einladungsakte in E auf die Direktheitsstufen 3, 4 und 8 verteilt, nimmt Stufe 3 in L fast die Hälfte aller Realisierungen ein, z.B.

do you want to come in for a moment↗

Die in E häufigste Stufe 8 kommt dagegen in L nur mit einer
Frequenz von 10,5 % vor. Da die im Vergleich zu E geringere Wahl von Stufe 8 nicht mit Realisierungsproblemen zusammenhängen kann (vgl. die häufige korrekte Verwendung dieser
Stufe in den Aufforderungsakten), scheint ihr ein anderes
Verständnis der interaktionellen Implikationen des Sprechakts *Anbieten/Einladen* bei Lernern und englischen *native
speakers* zugrunde zu liegen: für die *native speakers* sind
vermutlich direkte Realisierungsformen aufgrund der pro-Y-
Qualität des Sprechakts angemessen, während sie in derselben Situationsrolle die Verwendung von Stufe 8 zur Realisierung von Sprechakten mit dem Interaktionsmerkmal "anti-
Y" eher vermeiden (vgl. Ex in den Aufforderungsakten,
6.1.1.1). Die Lerner subklassifizieren die betreffenden
Direktiva auf der Realisierungsebene hingegen in der Weise,
daß sie den durch das Merkmal "pro-Y" gekennzeichneten
Sprechakt fast ausschließlich indirekt, den durch "anti-Y"
gekennzeichneten Sprechakt dagegen auch häufig direkt formulieren. Sie verstärken damit das interaktionell relevante Merkmal direkt durch die Form ihrer Sprechakte (anti-Y
- direkte Realisierung, pro-Y - indirekte Realisierung),
während die *native speakers* das Interaktionsmerkmal durch
die Wahl einer gegenläufigen Direktheitsstufe eher abzuschwächen bemüht sind (anti-Y - indirekte, pro-Y - direkte
Realisierung).

Eine Konzentration fehlerhafter Verwendungen auf einer bestimmten Direktheitsstufe liegt nicht vor. Die häufigsten
Fehler treten auf Stufe 3 auf, die auch die meisten korrekten Verwendungen enthält, so daß in der Relation von
"attempted meaningful performance" zu "erroneous performance"
keine überproportionale Fehlerquote auf dieser Stufe zu verzeichnen ist.

6.1.3.2 MODALITÄTSMARKIERUNGEN IM SPRECHAKT ANBIETEN/ EINLADEN

Aus Tab. 9 geht die Vorkommenshäufigkeit von Modalitätsmarkierungen bei der Realisierung des Sprechakts *Anbieten/Einladen* hervor. Vergleichsdaten aus D liegen wiederum nicht vor (vgl. auch Tab. VII und VIII in Anhang 4).

Daß der *playdown* - zusammen mit dem *hesitator* - der am häufigsten gewählte *downgrader* in L ist, hängt mit der Wahl von Stufe 3 als der frequentesten Direktheitsstufe zusammen, z.B.

would you like to come in and have a drink

Gegenüber E fällt auf, daß die dort nach dem *hesitator* an zweiter bzw. dritter Stelle verwendeten *downgraders*, der +*consultative marker* und der *cajoler*, in L gar nicht auftreten. Während die Nullokkurrenz des +*consultative marker* mit der geringeren Gebräuchlichkeit von konstulativen Gesprächstaktiken im Deutschen (vgl. 6.1.2.2) in Verbindung zu stehen scheint, dürfte das Fehlen des *cajolers* nicht durch die Grundsprache bedingt sein (vgl. 6.3.7.1). Ein besonderes Merkmal lernerspezifischer Realisierungen von Angebots-/Einladungsakten ist die Nullokkurrenz unterstützender Züge. Im Unterschied zu den Aufforderungs- und Vorschlagsakten, in denen die Lerner *grounders* mit einer relativen Häufigkeit von 0.419 bzw. 0.194 verwenden und damit in beiden Fällen in etwa der *native speaker*-Performanz entsprechen (0.553 bzw. 0.121), tritt diese Kategorie in den Angebots-/Einladungsakten der Lerner überhaupt nicht auf, wohingegen sie in E an vierter Stelle der *downgraders* (0.192) stehen.
Die in L und E gleichermaßen im Verhältnis zu den anderen Direktiva geringe Vorkommenshäufigkeit abtönender Modalitätsmarkierungen (L: 1.263, Ex: 1.635) ist vermutlich durch die pro-Y-Qualität des Sprechakts *Anbieten/Einladen* bedingt, die eine Reduktion seiner illokutiven Kraft nicht

Tab. 9: Modalitätsmarkierungen in Angeboten/Einladungen

Anbieten/Einladen	L		E	
	f_x	$\bar{x}$	f_x	$\bar{x}$
politeness marker				
playdown	6	0.316	11	0.212
hedge	1	0.053	5	0.096
understater	3	0.158	1	0.019
downtoner	3	0.158	1	0.019
hesitator	6	0.316	26	0.5
-committer	2	0.105	2	0.039
fore-warn				
agent avoider				
scope stater			1	0.019
+consultative			14	0.269
cajoler			11	0.212
appealer				
preparator				
grounder			10	0.192
steer			3	0.058
∑ downgrader	24	1.263	85	1.635
overstater			2	0.039
intensifier			4	0.077
lexical intensifier				
rhetorical appeal				
+committer			3	0.058
aggressive interrogative				
∑ upgrader			9	0.173
no modality markers	6	0.316	24	0.462
∑	24	1.263	94	1.808

in dem gleichen Maße erfordert wie Sprechakte mit dem Merkmal "anti-Y".

Upgraders kommen zwar auch in E nur mit einer relativen Frequenz von 0.173 vor (vgl. dagegen die Vorkommenshäufigkeit von *downgraders* mit 1.635); dennoch werden sie damit im Sprechakt *Anbieten/Einladen* häufiger als in den beiden zuvor beschriebenen Direktiva verwendet (vgl. die Aufforderungsakte mit 0.158, die Vorschlagsakte mit 0.03). Demgegenüber fehlen verstärkende Modalitätsmarkierungen in L völlig. Der Verzicht der Lerner auf *upgraders* läßt sich in Übereinstimmung mit ihrer Bevorzugung niedriger Direktheitsstufen interpretieren, d.h. als Beleg für ihre Tendenz, die illokutive Kraft des Sprechakts *Anbieten/Einladen* nicht zu intensivieren. Ferner kann die Nullokkurrenz von *upgraders* durch die häufige Wahl von Direktheitsstufe 3 bedingt sein, die auch in E keine verstärkenden Modalitätsmarkierungen aufweist.

6.1.3.3 FEHLER IM SPRECHAKT ANBIETEN/EINLADEN

Fehler treten bei der Realisierung dieses Sprechakts auf in (1) der Wahl einer unangemessenen Sprechaktmodalität, (2) der Wahl eines unangemessenen Registers.

(1) <u>Unangemessene Sprechaktmodalität</u>

(5 a) weist eine ungeeignet hohe Direktheitsstufe auf.

```
(5)
(a) (eine ältere, X unbekannte Frau möchte Xs
    Zeichnungen sehen, die im Nebenzimmer sind)
    X1: you're interested in arts
    Y : I'd like to see them (sc. the drawings)
    X2: okay well then come along with me
    RÄ2: okay will you come this way please
```

Der Lerner wählt zur Realisierung seiner Einladung zwar die in E frequenteste Direktheitsstufe, 8, die dort auch in der hier vorliegenden Rollenkonstellation (X < Y/+soziale Distanz) von X verwendet wird. Vergleicht man jedoch die Kontexte und propositionalen Gehalte der so realisierten Einladungen, so fällt auf, daß sie in E bei gleicher Rollenkonstellation nur in stärker ritualisierten Phasen wie Eröffnungssequenzen verwendet werden: "come on in", "come in and have a seat". Im weiteren, nicht-ritualisierten Verlauf der Interaktion werden Einladungen hingegen bei asymmetrischer Rollenkonstellation von dem Interaktanten in der untergeordneten Situationsrolle in indirekter Form realisiert: damit verhält er sich in Übereinstimmung mit dem Taktprinzip ("Assume that you are the authoritee and that your interlocutor is the authoritor") und wahrt so die Höflichkeitskonventionen gegenüber dem (in diesem Fall aufgrund des Altersstatus) sozial Höherstehenden.

(5) (b) und (c) zeichnen sich durch zu starke Direktheit in ihren Propositionen aus.

```
(5)
    (b) (X spricht Y auf einem Empfang an)
        X : would you like to drink a glass of wine
            with me
        RÄ: can I get you another glass of wine

    (c) (X, die Bier trinkt, zu einem nach Hause kom-
         menden Mitglied ihrer Wohngemeinschaft)
        X : do you wanna to drink a beer with me
        RÄ: do you want a beer/would you like a beer
```

In beiden Situationen hat X ein Interesse daran, daß Y ihren Wein oder sein Bier mit X zusammen trinkt; das gemeinsame Trinken dient jeweils X als Vehikel dazu, mit Y ein längeres Gespräch führen zu können. Die explizite Erwähnung des auch in RÄn mitverstandenen X in den Leneräußerungen versetzt Y potentiell in eine peinliche Lage: will Y das Angebot/die Einladung von X ablehnen, so muß Y ihrer/seinerseits explizit machen,

daß Y es nicht ablehnt, mit X etwas zu trinken, sondern
daß Y es ablehnt, etwas zu trinken, andernfalls begeht Y
einen Affront gegen X. Durch dieses Interaktionsarrangement versetzt X den Y in die Lage, die Meta-Taktmaxime
verletzen zu müssen; er verhält sich damit in protektiver
wie defensiver Hinsicht gesichtsbedrohend. Nur wenn X fest
mit der Annahme seines Angebots/seiner Einladung rechnen
könnte, wäre die Verletzung des Taktprinzips ausgeschlossen; dies ist in den hier vorliegenden Situationen jedoch
nicht der Fall. Aus diesen Gründen vermeiden *native speakers*
einen expliziten Äußerungsmodus und bevorzugen implizitere
und damit gesichtswahrende Realisierungsformen wie in
RÄn.

Darüber hinaus würden manche - insbesondere britische -
Sprecher des Englischen die Realisierungsform "do you
wanna" als abtönungsbedürftig ("would you like to") betrachten. Da dieses Urteil aber schon zwischen Sprechern
des Britischen Englisch variiert und die *native speakers*
in E "do you want to" zur Realisierung von Angeboten/Einladungen in der gegebenen symmetrischen Rollenkonstellation durchaus verwenden, klassifiziere ich dieses Äußerungselement als pragmatisch angemessen.

In den beiden nächsten Leneräußerungen ist wiederum die
Modalitätsmarkierung "I think" unangemessen verwendet.

(5)
  (d) (X möchte, daß Y mit auf eine Party geht)
      X : I think it will do good to you
      RÄ: oh come on it'll do you good

  (e) (X hat einen Fleck auf Ys Wildlederjacke
      gemacht)
      Y : ... would it clean do you think
      X : yah I think I take it er somewhere
          where I can where I can get it cleaned
      RÄ: well perhaps I can take it to a dry
          cleaner or something

In (d) ist die Verwendung eines hörerbezogenen Signals wie
z.B. des *cajoler* "come on" in RÄ notwendig, da Xs Sprech-

akt neben der Funktion *Einladen* auch die pragmatische Nebenbedeutung *Überreden* hat. Auch in (e) wirkt der -*committer* "I think" ungünstig, weil sprecherbezogen; mit einem zwischen Sprecher und Hörer neutralen *downtoner* wie "perhaps" nimmt X sich stärker zurück, wie es in der aktuellen spannungsreichen Beziehung zu Y angebracht ist.

(2) <u>Wahl eines unangemessenen Registers</u>

(6)

(a) (X lädt eine Studentin in ein Restaurant ein)
X : would you like to accompany me there
RÄ: would(n't) you like to come along

(b) (X spricht Y auf einem Empfang an)
X : hello, may I invite you to another drink
RÄ: hello, can I get you another drink

In beiden Fällen verlangt die Rollenbeziehung der Interaktanten, zweier Studenten (X = Y/+soziale Distanz), ein weniger förmliches Register, wie es in (6 a RÄ) durch die Substitution von "accompany" durch "come along", in (6 b RÄ) durch Substitution von "may I invite you to" durch "can I get you" vorliegt. Der zu hohe Förmlichkeitsgrad ist möglicherweise dem Bemühen der Lerner zuzuschreiben, ihre Sprechakte höflich zu formulieren; Höflichkeit und Förmlichkeit sind jedoch zwei nicht-äquivalente und damit nicht gegenseitig substituierbare Funktionen: Der Förmlichkeitsgrad einer sprachlichen Äußerung ist in meinem Verständnis identisch mit der Registerzugehörigkeit der verwendeten sprachlichen Mittel, die sich quasi als pragmatischer Index in Form eines abstrakten Merkmals der in der Sprachgemeinschaft üblichen Verwendungssituationen einem Redemittel zufügt (daher auch die Kennzeichnung von Lexemen in Wörterbüchern als "slang", "colloquial", "formal"; alle nicht so gekennzeichneten Lexeme gelten als "standard", d.h. "neutral"[1]). Wenn

---

[1] So z.B. in Hornby 1974. Daß "Standard" keineswegs neutral ist, sondern vielmehr die größere Reichweite und Akzeptiertheit sprachlicher Mittel bezeichnet, wurde z.B. von Ammon 1973, 22-72, angemerkt.

Höflichkeit als außersprachlicher Erscheinung Indirektheit auf der Ebene der sprachlichen Realisierung korrespondiert, so ist der Unterschied zwischen "come along" und "accompany" nicht als Unterschied im Höflichkeitsgrad beschreibbar, da die beiden Lexeme hinsichtlich ihrer semantischen Merkmale und damit ihrer "Direktheit" - "in abstracto" und im vorliegenden Kontext - nicht differieren (im Unterschied etwa zu euphemistischen vs nicht-euphemistischen Lexemen, die sich im Grad der Direktheit unterscheiden, mit dem sie auf ihren Referenten Bezug nehmen, z.B. "washroom"/"lavatory" vs "water-closet"). Daß förmliche Situationen konventionell höfliches Verhalten erfordern und damit in besonderer Weise durch sprachliche Indirektheit gekennzeichnet sind, hängt mit dem hohen Ausmaß von *"face-work"* zusammen, das für diese Situationen typisch ist.

6.1.3.4 ZUSAMMENFASSUNG

Angebote/Einladungen werden von den Lernern auffällig seltener ausgeführt als von den englischen *native speakers*. Wie die Vorschläge, so realisieren die Lerner auch Angebote/Einladungen indirekter als die Sprecher in E und verstärken sie nicht durch intensivierende Modalitätsmarkierungen. Ihr durchschnittliches Sprachverhalten steht also auch in diesem Fall im Widerspruch zur "H-support"-Maxime. Fehlrealisierungen manifestieren sich in der Wahl einer unangemessenen Sprechaktmodalität durch Selektion einer ungeeigneten Direktheitsstufe, eine zu explizite Bestimmung des propositionalen Aktes und unangemessene Modalitätsmarkierungen (*"I think"*) sowie in der Wahl eines inadäquaten Registers. Die Fehlerquote beträgt 47,4 %.

6.1.4 BESCHWEREN (COMPLAIN)

6.1.4.0 BESCHREIBUNG

Beschwerden zählen zu den attitudinalen (Edmondson/House/
Kasper/McKeown 1979, 22) oder expressiven (Searle 1976) illokutiven Akten, für die Norrick folgende pragmatische Bedingungen spezifiziert:

> "A state of affairs X perceived as factual" ("factual condition", vgl. auch Searle 1976, 12 ff.) "and judged to have positive or negative value for some person, the patient" ("value judgement condition") "brought about by a person, the agent (who may be identical with the patient), and, just in case either the agent or patient role is not filled or both are filled by the same individual, an additional person, the observer" ("role identification condition") (1978, 283).

Nach der Ausprägung der "value jugdement condition" und der "role identification condition" können einzelne expressive Akte voneinander unterschieden werden. Im Fall von Beschwerden läßt sie sich in der Interaktionsbasis "H did P/P bad for S" zusammenfassen. Indem S mit seinem Beschwerdeakt auf diese Interaktionsbasis Bezug nimmt, verhält er sich H gegenüber in nicht-protektiver, gesichtsbedrohender Weise; er verletzt also die "H-support"-Maxime. Aus diesem Grund sind Beschwerdeakte - ebenso wie Aufforderungen - "ripe candidates for indirectness" (Edmondson 1981 b, 279).

Da die pragmatischen Voraussetzungen für Attitudinalia grundsätzlich andere sind als diejenigen für Regulativa, gelten hier andere Indirektheitsverfahren, die auf die "factual condition", die "value judgment condition" und die "role identification condition" Bezug nehmen. House/Kasper (1981 a) haben auch diese Verfahren in eine achtstufige Skala von zunehmender Direktheit integriert, die ich wiederum der Analyse von Beschwerdeakten zugrunde lege.

"1. By performing the utterance U in the presence of Y,
   X implies that he knows that P has happened and he
   implies that Y did P
   >Odd, my blouse was perfectly clean last night.
   >Seltsam, gestern war meine Bluse noch ganz sauber.

2. By explicitly asserting that P, X implies that Y
   did P
   >There's a stain on my blouse.
   >Da ist ein Fleck auf meiner Bluse.

3. By explicitly asserting that P is bad for him, X
   implies that Y did P
   >Terrible, this stain won't ever come off.
   >Schrecklich, dieser Fleck wird wohl nie wieder
   >rausgehn.

4. By explicitly asking Y about conditions for the
   execution of P or stating that Y was in some way
   connected with the conditions for the doing of P,
   X implies that Y did P
   >Did you wear my blouse by any chance?
   >Hast du etwa meine Bluse angehabt?

5. X explicitly asserts that Y did P
   >You've stained my blouse.
   >Du hast den Fleck draufgemacht.

6. By explicitly asserting that the action P for which
   Y is agentively responsible is bad, or explicitly
   stating a preference for an alternative action not
   chosen by Y, X implies that Y is bad/or X asserts
   explicitly that Y did P and that P is bad for X,
   thus also implying that Y is bad
   >You shouldn't have taken my blouse without asking
   >my permission/You have ruined my blouse.
   >Du hättest die Bluse nicht ohne meine Erlaubnis
   >nehmen sollen/Du hast meine ganze Bluse
   >ruiniert.

7. X asserts explicitly that Y's doing of P is bad
   >I think it's mean that you just take my things.
   >Ich finde es gemein von dir, daß du einfach meine
   >Sachen nimmst.

8. X asserts explicitly that Y is bad
   >You are really mean.
   >Du bist wirklich unverschämt".

6.1.4.1 DIREKTHEITSSTUFEN IN BESCHWERDEAKTEN

Tab. 10 zeigt die Vorkommenhäufigkeit von Direktheitsstufen in L, E und D.

Tab. 10: Direktheitsstufen in Beschwerden

Beschweren		1		2		3		4		5		6		7		8		$\sum$	
		f_i	%	f_i	%	f_i	%	f_i	%	f_i	%	f_i	%	f_i	%	f_i	%	f_i	%
L	X	–	–	3	10,7	3	10,7	4	14,3	15	53,6	3	10,7	–	–	–	–	28	100
E	X	7	20	1	2,8	3	8,6	11	31,4	9	25,7	4	11,4	–	–	–	–	35	100
	Y	5	11,4	4	9,1	11	25	5	11,4	5	11,4	14	31,8	–	–	–	–	44	100
D	X	5	8,9	2	3,6	6	10,7	6	10,7	12	21,4	17	30,4	7	12,5	1	1,8	56	100
	Y	2	3,2	4	6,4	19	30,2	8	12,7	6	9,5	20	31,8	4	6,4	–	–	63	100

Diese Ergebnisse können so graphisch dargestellt werden:

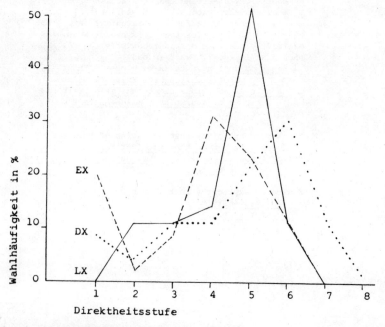

Abb. 4: Direktheitsstufen in Beschwerden

Tab. 11 faßt die korrekten und falschen Verwendungen von Beschwerdeakten in ihrer Relation zur Gesamtperformanz dieses Sprechakts in L zusammen.

Tab. 11: Korrekte und fehlerhafte Realisierungen von Beschwerden

	1		2		3		4		5		6		7		8		$\sum$	
	f_i	%	f_i	%	f_i	%	f_i	%	f_i	%	f_i	%	f_i	%	f_i	%	f_i	%
korrekt	-	-	3	15	2	10	3	15	10	50	2	10	-	-	-	-	20	100
falsch	-	-	-	-	1	12,5	1	12,5	5	62,5	1	12,5	-	-	-	-	8	100
falsch+korrekt	-	-	3	10,7	3	10,7	4	14,3	15	53,6	3	10,7	-	-	-	-	28	100

Wie aus Tab. 10 hervorgeht, weist über die Hälfte der Beschwerdeakte in L Direktheitsstufe 5 auf, die übrigen verteilen sich nahezu gleichmäßig auf die Stufen 2, 3 und 4. Damit ist Stufe 5 in L gegenüber E überrepräsentiert: dort ist Stufe 4 die meistgewählte, gefolgt von 5, 1 und 6. Auf Stufe 5 entfällt auch der höchste Fehleranteil: 5 der 8 Fehlrealisierungen des Sprechakts Beschweren, der mit einer Fehlerquote von 28.6 % den niedrigsten Fehleranteil der untersuchten initiierenden Akte aufweist, treten auf Stufe 5 auf (vgl. Tab. 11). Stufe 1, die in Ex 20 % aller Beschwerdeakte einnimmt, wird in L gar nicht verwendet. Hierbei hat vermutlich die geringe Gebräuchlichkeit von Stufe 1 im Deutschen, wie sie in D belegt ist, eine Rolle gespielt. L stimmt mit E überein in der Nullokkurrenz der höchsten Stufen 7 und 8. Dies ist umso bemerkenswerter, als beide Stufen in D, wenn auch mit geringer Frequenz, verwendet werden. Allerdings scheint es mir kurzschlüssig, aus der Übereinstimmung von L und E in diesem Punkt zu folgern, die deutschen Lerner seien mit den Verwendungsbedingungen von Direktheitsstufen bei Beschwerdeakten im Englischen vertraut, d.h. der Tendenz britisch-englischer *native speakers*, niedrigere Direktheitsstufen als im Deutschen zu wählen. Vielmehr ist zu vermuten, daß die Lerner entweder aufgrund der bereits erwähnten spezifischen Interaktionsbedingungen es nicht wagen, sich sprachlich aggressiv zu verhalten, dies aber in natürlichen Situationen tun würden, oder daß ihnen die sprachlichen Mittel fehlen, mit denen sie sich auf Englisch sprachlich aggressiv verhalten können. Die letzte Vermutung wurde von einigen Lernern nach der Simulation bestätigt durch Äußerungen wie "ich wußte nicht, was 'unverschämt' auf Englisch heißt". In diesem Zusammenhang wird auch die häufige Selektion von Stufe 5 erklärbar: Stufe 6, die "Standard"-Beschwerdestufe in D, ist in ihrer sprachlichen Realisierung relativ komplex, insbesondere in ihrer Ausprägung "explicitly stating a preference for an alternative action not chosen by Y", die auf der Ausdrucksebene zumeist komplexe Tempus- und Modalstrukturen erfordert (vgl. "you shouldn't have done P; why couldn't you have done Q instead of P" o.ä.). Die Lerner haben Schwierigkeiten, solche komplexen Ausdrucksmittel akzeptabel und angemessen zu benutzen (vgl. die Fehlerbeispiele in (8) (b) und (c) und (9 b) unten). Statt dessen verwenden sie lieber die einfacher sprachlich umzusetzende Stufe 5, in der lediglich das Faktum, daß Y P getan hat, thematisiert wird. Ein Beispiel hierfür ist (10), das drei aufeinander folgende Beschwerdeakte auf Stufe 5 enthält.

(10)

(X ist mit der Strichliste seines Arbeitgebers nicht einverstanden)
X: er you noted one basket up at Elizabeth but er it was mine you have made this mistake er before this is my seventh basket and you've only noted six ones

6.1.4.2 MODALITÄTSMARKIERUNGEN IN BESCHWERDEAKTEN

Aus Tab. 12 geht die Verteilung von Modalitätsmarkierungen in Beschwerdeakten in L, E und D hervor (vgl. auch Tab. IX-XI in Anhang 4).

Das Gesamtvorkommen abtönender Modalitätsmarkierungen in Beschwerdeakten entspricht sich in L (1.25), E (1.171) und D (1.446); die Distribution der einzelnen Kategorien variiert jedoch erheblich: während die Lerner fast die Hälfte ihrer *downgraders* mit *hesitators* realisieren (0.607), ist in E der *cajoler* die am häufigsten verwendete abtönende Modalitätsmarkierung (0.286), der auch in D oft - zusammen mit dem *hesitator* an zweiter Stelle hinter dem *downtoner* - benutzt wird (0.214). Das geringe Vorkommen von *cajolers* in der Lernerperformanz wurde bereits im Zusammenhang mit dem Sprechakt *Anbieten/Einladen* (6.1.3.2) erwähnt und wird im *Gambit*-Kapitel (6.3.7.1) diskutiert. Mit großem Abstand zum *hesitator* wird in L als zweithäufigster *downgrader* der *-committer* verwendet (0.179), der in E (0.114) und D (0.089) eine geringere Rolle spielt. Er wird ausschließlich mit "I think" realisiert. Ausdrucksalternativen innerhalb der Klasse *-committer* (z.B. "I suppose", "I find", "I guess") sind in der Lernerperformanz nicht vertreten. Auffällig ist, daß der *playdown*, der bei den Direktiva zu den am häufigsten verwendeten Modalitätsmarkierungen in L gehörte, zur Abtönung von Beschwerden nur einmal (0.036) vertreten ist, während er in E zu den am meisten benutzten *downgraders* zählt (0.229). Seine Unterrepräsentation hängt mit der Präferenz der Lerner für Direktheitsstufe 5 ("you did P") zusammen, die nicht durch den *past time marker* moduliert werden kann. Ihre Abtönung durch epistemische Modalverben ("you must have done P") ist offenbar zu komplex, als daß die Lerner sie spontan verwenden könnten (vgl. auch (8) (b) - (c) in 6.1.4.3).

Die Kategorie *agent-avoider* wird in Ex nicht verwendet; in Dx kommt sie dagegen - wenn auch nur mit 0.071 (in Dy aber

Tab. 12: Modalitätsmarkierungen in Beschwerden

Beschweren	L		E		D	
	f_x	$\bar{x}$	f_x	$\bar{x}$	f_x	$\bar{x}$
politeness marker						
playdown	1	0.036	8	0.229	4	0.071
hedge	1	0.036	1	0.029	1	0.018
understater			-	-	5	0.089
downtoner	3	0.107	-	-	23	0.411
hesitator	17	0.607	9	0.257	12	0.214
-committer	5	0.179	4	0.114	5	0.089
fore-warn			1	0.029	3	0.054
agent avoider	3	0.107	-	-	4	0.071
scope stater			2	0.057	7	0.125
+consultative					-	-
cajoler	1	0.036	10	0.286	12	0.214
appealer			1	0.029	5	0.089
preparator			1	0.029		
grounder	2	0.071	4	0.114	-	-
steer	2	0.071	-	-	-	-
∑ downgrader	35	1.25	41	1.171	81	1.446
overstater			1	0.029	1	0.018
intensifier	4	0.143	1	0.029	18	0.321
lexical intensifier	1	0.036	-	-	1	0.018
rhetorical appeal			5	0.143	2	0.036
+committer			5	0.143	13	0.232
aggressive interrogative	10	0.357	-	-	6	0.107
∑ upgrader	15	0.536	12	0.343	41	0.732
no modality markers	4	0.143	7	0.2	7	0.125
∑	50	1.786	53	1.514	122	2.179

mit 0.175!) - vor. Wie House/Kasper (1981 a) feststellten, hat die untersuchte Stichprobe deutscher Sprecher eher die Neigung, Beschwerdeakte unter Vermeidung einer expliziten Nennung des Agens - z.B. durch Substitution von "ich" und "du" durch "man" oder das Passiv - zu formulieren und damit zu "entpersonalisieren", als die untersuchte Gruppe englischer Sprecher. Daß die Lerner in L ebenfalls dieses gesprächstaktische Mittel verwenden, kann demnach durch grundsprachliche Interaktionsnormen bedingt sein.

Das Gesamtvorkommen von *upgraders* ist, im Unterschied zur Frequenz der *downgraders*, in den drei Dialogbatterien durchaus verschieden: in D werden über doppelt soviele Modalitätsverstärkungen verwendet wie in E (0.732 : 0.343). Auch das Verhältnis von abtönenden zur verstärkenden Modalitätsmarkierungen variiert zwischen L, E und D: in E werden 3,4, in L 2,3, in D 1,98 mal soviele *downgraders* wie *upgraders* verwendet. Berücksichtigt man, daß die Sprecher in D auch höhere Direktheitsstufen als die *native speakers* in E bevorzugen, so kann man eine ausgeprägtere Tendenz der deutschen Sprecher feststellen, das "anti-H"-Merkmal von Beschwerden zu verstärken. Die Lerner in L nehmen, was die Modalitätsverstärkung ihrer Beschwerden angeht, genau die Mittelposition zwischen den Sprechern in D und L ein (0.536).

Die kategoriale und frequentielle Verteilung von *upgraders* unterscheidet sich ebenfalls in den drei Dialogbatterien: In D sind alle *upgrader*-Kategorien vertreten, wobei der *intensifier* mit einer relativen Häufigkeit von 0.321 und der *+committer* mit 0.232 an der Spitze liegen. In E wird bevorzugt mit dem *rhetorical appeal* und dem *+committer* (beide 0.143) verstärkt; der *lexical intensifier* und der *aggressive interrogative* werden nicht verwendet. Demgegenüber ist die zuletzt erwähnte Kategorie in L der mit Abstand am häufigsten benutzte *upgrader* (0.357), gefolgt vom *intensifier* (0.143) wie z.B. in (11):

(11)

(Ärztin hat X eine zu hohe Dosis Antibiotika verordnet)
X: erm˯do you always give the double dose

Mit der Bevorzugung des *aggressive interrogative* sind potentiell ungünstige perlokutive Effekte verbunden: Die Formulierung einer Beschwerde in der Weise, daß der Sprecher seine Vorwurfshaltung durch eine Fragestruktur zum Ausdruck bringt und damit aufgrund des elizitierenden Charakters von Fragen den Hörer zu einer Reaktion - nach der Sprecherintention zu einer Rechtfertigung - zwingt, ist ein gesprächstaktisches Mittel in Konfliktsituationen, das von vielen englischen *native speakers* als zu aggressiv und insistierend empfunden und daher vermieden wird.

Daß die Lerner den *aggressive interrogative* und den *intensifier* bevorzugt verwenden, dürfte zum einen mit der unproblematischen Realisierung dieser Kategorien zusammenhängen: Interrogativsatzsyntax und -intonation bzw. die Adverbien "very", "always" u.ä. können als hochautomatisierte Redemittel eingestuft werden, die spontan abrufbar sind. Zum anderen gehören beide Kategorien in D zu den am häufigsten verwendeten *upgraders*, so daß auch grundsprachliche Ausdruckspräferenzen an ihrer Überrepräsentation mitgewirkt haben können. Umgekehrt wird an der Nullokkurrenz des *rhetorical appeal* sowohl die Komplexität dieser Gesprächstaktik als auch ihre geringe Gebräuchlichkeit im Deutschen beteiligt sein, wie sie in D belegt ist.

6.1.4.3 FEHLER IN BESCHWERDEAKTEN

Pragmatische Fehler treten in Beschwerdeakten ausschließlich in der Wahl einer unangemessenen Sprechaktmodalität auf. Vergleiche (8) (a) - (d).

(8)
- (a) (Y hat Xs Bibliotheksplatz besetzt)
  - X1 : hey what did you do
  - Y : pardon
  - X2 : you put my books to the other side and it's my seat now
  - RÄ1: hey what do you think you're doing
  - RÄ2: shifting my books to the other side that's my seat

- (b) (wie 8 a)
  - Y : ... I've got to read this article I'm sorry but it'll only take me half an hour
  - X : well but you have seen that, er there were some books
  - RÄ : that's all very well but you must have realized that there were somebody's books

- (c) (X ist nicht mit der Strichliste seines Arbeitgebers einverstanden)
  - X : oh I think I think it's a mistake Mr Knox I think it was seven it was seven baskets today
  - RÄ : oh I think you must have made a mistake there Mr Knox

- (d) (Y hat vergessen, Xs Referat abzugeben)
  - Y : ... I I forgot completely all about it until yesterday and when I went yesterday he wasn't there
  - X : yah that's (lacht) I see this but instead of it you must have told me that
  - RÄ : yah I can understand that but you should have told me you know

In (8 a) stellt sich ein Rekonstruktionsproblem (vgl. 4.3), das primär mit sozialen und nur sekundär mit sprachlichen Normen zusammenhängt: soll der Eröffnungszug X1 so rekonstruiert werden, daß sein aggressiver Effekt, der durch die *"bald on record"*-Strategie der Lernerin verursacht wird, erhalten bleibt, oder soll er durch eine *"off-record"* Strategie in einen weniger gesichtsbedrohenden Akt abgeschwächt werden? Vergleiche mit der Realisierung des Eröffnungszugs in dieser Situation in E ergeben, daß die *native speakers* *"negative politeness"*-Strategien (im Sinn von Brown/Levinson 1978, vgl. 6.1.0.1.3) bevorzugen:

> (i)[1]
> X: excuse me but I think you've got my place
> (i a)
> X: excuse me I I don't know you do I
> Y: I don't think so no
> X: well er (verlegenes Lachen) I'm terribly sorry but er I'm afraid you're in my seat

Die *native speakers* leiten ihre Beschwerden mit Territoriumsinvasionssignalen ("excuse me", vgl. 6.4.3) ein und verwenden abtönende Modalitätsmarkierungen wie den *forewarn* ("I'm terribly sorry but"), *scope stater* ("I'm afraid") und *-committer* ("I think"), wodurch der gesichtsbedrohende Charakter ihrer Beschwerden gemildert wird. Daß die Lernerin in (8 a) demgegenüber ihre einleitende Beschwerde in sozial stark markierter Schärfe formuliert, wird durch den folgenden Redewechsel in einer späteren Phase desselben Dialogs deutlich:

> (8 a') X: you wouldn't be angry if you er come back and you see that there's something er that there's somebody other
> Y: well at least I would ask them the other person if they er if they needed long to complete their work or or if I if I could possibly have my seat back but I wouldn't come up and say hey what are you doing with my seat

Mit ihrem metakommunikativen Kommentar liefert die *native speaker*-Koaktantin eine (stärker protektive) Rekonstruktion, die sie für sozial akzeptabel hält und die mit den *"negative politeness"*-Strategien der Sprecherinnen in (i) übereinstimmt.

Dennoch habe ich mich gegen eine Rekonstruktion von (8 a) in diesem Sinn entschieden: wie aus (8 a'X) und den übrigen Redebeiträgen der Lernerin in diesem Dialog hervorgeht, entspricht nicht-protektives, aggressives Sprachverhalten durch-

---
[1] Die Datenbeispiele aus E (englische *native speaker*) werden fortlaufend mit römischen Zahlen numeriert.

aus ihrer Ausdrucksabsicht. Wird die Lernerintention, wie es dem Rekonstruktionsverfahren entspricht, konstant gehalten, so kann es bei der Rekonstruktion also nur darum gehen, eine sprachlich angemessene Realisierung der *"bald on record"*-Strategie zu liefern, wie sie in RÄ1 und RÄ2 vorliegt.

Der in (8 b) belegte Redewechsel schließt sich unmittelbar an (8 a) an. Problematisch ist hier, daß die Lernerin ihre Beschwerde als Tatsachenfeststellung formuliert. Während dies ein gängiges Verfahren (Direktheitsstufe 5) zur Realisierung von Beschwerdeakten darstellt, das von den Lernern bevorzugt verwendet wird (vgl. 6.1.4.1), ist es bei der vorliegenden Proposition aus logischen Gründen nicht anwendbar: "you have seen" ist eine Feststellung über ein "Hörer-Faktum", d.h. über einen Sachverhalt, über dessen Wahrheit nur H, nicht aber S Aussagen machen kann. S kann lediglich <u>Vermutungen</u> über diesen Sachverhalt äußern, indem er ihn als Frage formuliert:

but haven't you seen that there were somebody's books

oder indem er den Vermutungscharakter der Äußerung durch eine entsprechende Modalität zum Ausdruck bringt:

(ii)   X: surely you could see it was my place
(ii a) X: you must have realized somebody was here

Durch das satzmodifizierende Modalverb "surely" oder das epistemische "must", das "logical conclusion", "the speaker's unwillingness to abandon his only possible explanation of the facts" (Edmondson/House/Kasper/McKeown 1977, 243) zum Ausdruck bringt, wird der sekundäre illokutive Akt *Feststellung* in den logisch zutreffenden sekundären Akt *Vermutung* überführt; damit wird der primäre illokutive Akt *Beschwerde* auf Direktheitsstufe 4 (statt vorher: 5) realisiert.

In (8 c) ist demgegenüber die Verwendung einer Tatsachenfeststellung zum Ausdruck von Xs Beschwerde logisch korrekt. Da der Lerner, aus dessen gesamten Kommunikationsverhalten hervorgeht, daß er seine Ansprüche gegenüber Y auf unaggressive Weise durchzusetzen bemüht ist, (8 cX) jedoch als ersten Zug innerhalb einer Sequenz von Beschwerdeakten verwendet, ist seine Äußerung in relationeller Hinsicht problematisch, weil er durch die Formulierung seiner Beschwerde als Tatsache Y von Anfang an in starke Bedrängnis bringt. Die *native speaker* in E verfahren hier anders: zunächst formulieren sie ihre Beschwerde auf Stufe 4

(iii) X: I think your calculations must be wrong
(iii a) X: you must be mistaken there

Durch das epistemische "must" verwenden sie als sekundären illokutiven Akt wiederum eine Vermutung, die bei Gegenevidenz leichter zurücknehmbar ist als eine Feststellung und insofern nicht nur stärker protektive, sondern auch stärker defensive Funktion hat. Im weiteren Verlauf des Dialogs steigern sie dann die Direktheit ihrer Beschwerde und verwenden (durch *forewarn/scope stater* abgetönte) Realisierungen von Direktheitsstufe 5:

(iii b) X: I'm sorry Mr Knox but you're mistaken
(iii c) X: you're wrong Mr Knox I'm sorry

Xs Beschwerde in Form von (8 cX) wäre demnach unter den vorliegenden pragmatischen Bedingungen an späterer Stelle durchaus angemessen; in ihrer aktuellen Dialogposition ist sie jedoch inadäquat.

In (8 d) schließlich verwendet die Lernerin zur Realisierung ihrer Beschwerde Direktheitsstufe 6, "(thereby) explicitely stating a preference for an alternative action not chosen by Y". Abgesehen von dem interaktionell angemessenen, aber unidiomatisch realisierten *forewarn* "I see this" benutzt die Lernerin "must" in ungrammatischer Weise, die der Äußerung eine von X nicht beabsichtigte Bedeutung verleiht: "you must have done P" hat nur eine epistemische Lesart (vgl. 8 b RÄ, 8 c RÄ), also hier it must be the case [you told me that]

Die Lernerin beabsichtigte aber "the expression of alternative reality", wozu nicht-epistemische Modalverben mit einem "remoteness from reality marker" *(past time marker)* verwendet werden (Edmondson/House/Kasper/McKeown 1977, 261). Da "must" jedoch defektiv ist und nicht mit einem "remoteness from reality marker" versehen werden kann, gewinnt ihre Äußerung die nicht beabsichtigte epistemische Lesart. Xs Ausdrucksintention entsprechen würde hingegen ein anderes "verb of strong obligation", das mit dem "remoteness from reality marker" verwendet werden kann ("should" in RÄ).

Die diskutierten Beschwerden, die eine unangemessene Sprechaktmodalität aufweisen, zeigen, daß die Lerner bei der aggressiven wie bei der protektiven Realisierung von Beschwerden in Ausdrucksschwierigkeiten geraten, wenn sie die "einfach" zu realisierende Direktheitsstufe 5 (Tatsachenfeststellung) nicht verwenden können oder wollen. Insbesondere die Verwendung von Modalverben erweist sich dabei als Quelle interaktionell und expressiv unangemessener Äußerungen.

6.1.4.4 ZUSAMMENFASSUNG

Die Lerner verwenden zur Realisierung von Beschwerdeakten durchschnittlich höhere Direktheitsstufen als die englischen *native speakers*. Während auch die deutschen Sprecher mehrheitlich höhere Direktheitsstufen bevorzugen als die englischen, sind Lernerpräferenzen für einzelne Direktheitsstufen offenbar nicht grundsprachlich motiviert.
Auch im Bereich der Modalitätsmarkierungen entspricht das Lernerverhalten eher dem der deutschen und weniger dem der englischen Sprecher: verstärkende Modalitäts-

markierungen sind gegenüber der Performanz der englischen
native speakers überrepräsentiert. Das Gesamtvorkommen abtönender Modalitätsmarkierungen entspricht zwar dem in E,
jedoch ist die *type-token*-Relation wiederum entschieden
niedriger. Pragmatische Verstöße liegen vor in der Wahl
einer unangemessenen Sprechaktmodalität insbesondere durch
die fehlerhafte (Nicht-)Verwendung von Modalverben. Mit
28,6 % weist der Sprechakt Beschweren die niedrigste Fehlerquote unter den initiierenden Akten auf.

6.1.5 ZUSAMMENFASSUNG: INITIIERENDE AKTE IN DER LERNER-PERFORMANZ

Für L ist charakteristisch, daß die Lerner sich bei der
Realisierung initiierender Akte durchschnittlich im Widerspruch zu der "H-support"-Maxime verhalten: sie formulieren die Akte *Auffordern* und *Beschweren* , die durch das
Merkmal "anti-Y" bzw. "anti-X" gekennzeichnet sind, durchschnittlich __direkter__ als die englischen *native speakers*,
den hinsichtlich des Kosten/Nutzen-Faktors neutralen bzw.
als pro-Y markierten Sprechakt *Vorschlagen* und den als pro-Y ausgewiesenen Sprechakt *Anbieten/Einladen* hingegen durchschnittlich __indirekter__ als die englischen Sprecher in E.
Präferenzen für die Wahl bestimmter Direktheitsstufen verweisen
in gewissem Umfang auf die Grundsprache; entscheidendes
Kriterium scheint jedoch der Realisierungsaufwand zu sein:
Direktheitsstufen, die - aus der Sicht der Lerner - "einfache" Realisierungsmittel verlangen, werden solchen mit
komplexeren Realisierungsalternativen vorgezogen. Im Bereich der Modalitätsmarkierungen ist vor allem die niedrigere *type-token*-Relation gegenüber der *native speaker*-Performanz auffällig, die sich sowohl auf ein kleineres Kategorien-Spektrum als auch auf weniger Realisierungselemente
bezieht. Ob die verschiedenen modalitätsmarkierenden Kate-

gorien unterschiedliche Effekte hervorrufen und welches
diese Effekte sind, ist beim gegenwärtigen Forschungsstand
schwierig zu beurteilen, denn die Modalitätsmarkierungen
stellen ein pragmatisches Gebiet dar, das in seiner Gesamtheit noch wenig erforscht ist. Zwar liegen Analysen über
Teilbereiche wie etwa Modalverben (z.B. Ehlich/Rehbein
1972; Edmondson/House/Kasper/McKeown 1977) und Abtönungspartikel *(downtoners)* (z.B. Weydt 1977; 1979) vor; die inter- und intralinguale Kontrastierung verschiedener modalitätsmarkierender Kategorien steht jedoch noch ganz am
Anfang (für einen diesbezüglichen Versuch vgl. Bublitz
1978). So ist es nicht ausgemacht, ob die Lernerperformanz
nur undifferenzierter ist als die der *native speakers*,
oder ob z.B. durch die Überrepräsentation des *hesitators*
und die Unterrepräsentation des *cajolers* andersartige Wirkungen erzielt werden. Die z.T. fehlerhafte Verwendung der
überrepräsentierten Elemente "I think" und "perhaps" sowie
die sich perlokutiv ungünstig auswirkende Unterrepräsentation des +*consultative markers* deuten darauf hin, daß einzelne abtönende Modalitätsmarkierungen in der Tat Funktionsdifferenzen aufweisen, die genauer untersucht werden
müßten.

Die Direktiva weisen eine Fehlerquote zwischen 40 und 50 %,
die Beschwerdeakte hingegen nur 28,6 % auf. Möglicherweise
ist die relativ geringe Fehlerquote in den Beschwerdeakten
auf die Lernerpräferenzen für die "einfache" Realisierungsstruktur "you did P" zurückzuführen. Die meisten pragmatischen Fehler in den untersuchten initiierenden Sprechakten
äußern sich in der Wahl einer unangemessenen Sprechaktmodalität und wirken sich damit auf der relationellen Ebene
potentiell negativ aus.

6.2 RESPONDIERENDE SPRECHAKTE

6.2.0.1 ZUR BESCHREIBUNG RESPONDIERENDER SPRECHAKTE

In 6.1.0.1.1 hatte ich zwischen initiierenden und respondierenden Akten als den beiden Komponenten eines Nachbarpaars unterschieden und respondierende Akte als diejenigen Diskurszüge bezeichnet, die unmittelbar auf einen initiierenden Akt folgen, durch diesen initiierenden Akt konditioniert werden und in dessen Relevanzbereich liegen. Zur Beschreibung und Subklassifizierung respondierender Akte schlägt Schwitalla (1976) zwei Dimensionen vor, die sich beide auf die Relation des respondierenden zum initiierenden Akt beziehen: die Konsens-Dissens-Dimension und die Responsivitätsdimension.

Die Konsens-Dissens-Dimension betrifft die Fragen, ob ein initiierender Akt von S Erfolg hat und von H akzeptiert wird oder nicht, und ob H sich auf Ss Ansprüche einläßt oder ihnen widersprechende Interessen artikuliert (93). Diese Dimension wäre für Interimsprachenanalysen interessant, wenn man z.B. die Hypothese überprüfen wollte, daß Lerner aufgrund ihrer defizitären kommunikativen Kompetenz eher zum Konsens als zum Dissens neigen (vgl. 4.2.1). Um dies zu überprüfen, sind jedoch meine in Simulationen erhobenen Daten ungeeignet, da die Rollenbeschreibungen bis zu einem gewissen Grad vorgeben, ob die Lerner sich konvergent oder divergent verhalten und darüber hinaus ein wichtiges Motiv zur Dissensvermeidung - die Vermeidung sozialer Sanktionen - im Kontext der "geschützten Kommunikation" entfällt.

Die _Responsivität_ der respondierenden Akte ist demgegenüber ein lohnenderer Untersuchungsaspekt. Hierunter ist zu verstehen, ob und inwieweit der aktuelle Sprecher auf den initiierenden Akt eingeht. Schwitalla unterscheidet zwischen drei Graden von Responsivität: "responsiv (wenn der Antwortende auf Intention und Inhalt des initiierenden Zu-

ges eingeht), teilresponsiv (wenn er einen Teil des Inhalts isoliert und nur darauf eingeht), nonresponsiv (wenn er weder auf Inhalt, noch auf Intention eingeht)" (92).
Teil- und Nonresponsivität sind Erscheinungen, die aus der kommunikationsorientierten Schizophrenieforschung bekannt geworden sind. Diese Forschungsrichtung lokalisiert Schizophrenie pathogenetisch nicht im Individuum, sondern in den spezifischen Kommunikationsstrukturen zwischen ihm und seiner engsten Bezugsperson/-gruppe, d.h. zumeist seiner Familie. Das von Bateson/Jackson/Haley/Weakland (1969) als "double bind" bezeichnete Kommunikationsmuster verstrickt den Empfänger einer Nachricht dadurch in ein Paradox, daß zwei auf verschiedenen Kommunikationsebenen (z.B. auf der digitalen und der analogen Ebene, vgl. Watzlawick/Beavin/ Jackson 1969, 61 ff.) gesendete Mitteilungen einander negieren. Die hier interessierende Erscheinungsform des "double bind" bezieht sich auf respondierende Akte, die durch ihre teil- oder nonresponsive Organisation eine interaktionelle Wirkung auslösen, die Watzlawick/Beavin/Jackson als <u>Entwertung</u> (disconfirmation) bezeichnen. Zu ihrer sprachlichen Manifestation zählen "Widersprüchlichkeit, Ungereimtheiten, Themawechsel, unvollständige Sätze, absichtliches Mißverstehen, unklare oder idiosynkratische Sprachformen, Konkretisierung von Metaphern oder metaphorische Auslegung konkret gemeinter Bemerkungen" (75). Sluzki/Beavin/Tarnopolsky/ Veron fassen den gleichen Sachverhalt unter dem Begriff "<u>transactional disqualification</u>" zusammen, definiert als "incongruity in the response of one speaker in relation to the thesis (content) of the previous message of another" (1967, 496). Sie betonen besonders den Zusammenhang zwischen der aktuellen Äußerung und der ihr vorausgehenden Äußerung des aktuellen Hörers, in deren Kontext Disqualifikation erst identifizierbar wird, und beschreiben damit Eigenschaften von Nachbarpaaren.
In Erweiterung dieser Begriffsbestimmungen und in Anlehnung an Schwitalla beziehe ich im folgenden Disqualifikation/ Entwertung nicht nur auf den propositionalen Gehalt, son-

dern auch auf die illokutive Funktion des vorausgehenden Aktes, so daß drei Ausprägungen von Entwertung unterschieden werden können:

Nonresponsivität: der respondierende Akt geht weder auf Proposition noch auf Illokution des initiierenden Aktes ein;

Teilresponsivität in propositionaler Hinsicht: der respondierende Akt geht nur auf die Illokution, nicht aber auf die Proposition des initiierenden Aktes ein;

Teilresponsivität in illokutiver Hinsicht: der respondierende Akt geht nur auf die Proposition, nicht aber auf die Illokution des initiierenden Aktes ein.[1]

Ist der respondierende Akt des Lerners sowohl in propositionaler wie in illokutiver Hinsicht responsiv organisiert, so stellt sich die weitere Frage, ob er in pragmatisch angemessener Weise realisiert ist. Wie die initiierenden Akte, so sollen daher auch die respondierenden Akte auf ihre Sprechaktmodalität hin untersucht werden. Dabei stellen sich jedoch einige Beschreibungsprobleme, die ursächlich mit der Spezifik respondierender Akte zusammenhängen:

1. Die Illokution eines respondierenden Aktes ist - in stärkerem Maße als diejenige initiierender Akte - aus dem isolierten Sprechakt häufig nicht erkennbar, sondern sie ergibt sich aus der Beziehung des respondierenden zum vorausgehenden initiierenden Akt. Da formale illokutionsindizierende Merkmale zuweilen ganz fehlen oder eine untergeordnete Rolle im Kontext der gesamten Realisierung des respondierenden Aktes spielen, lassen sich zur Beschreibung solcher Sprechakte kaum generalisierbare Parameter finden, insbesondere nicht solche, die - wie z.B. im Fall der diskutierten initiierenden Regulativa *Auffordern, Vorschlagen,*

---

[1] Vgl. auch Zaefferer, der zwischen drei Typen von Mißverständnissen (MUs) unterscheidet: "(a) MU's affecting the illocutionary force alone, (b) MU's affecting the propositional content alone, and (c) MU's affecting both" (1977, 333).

Anbieten und *Einladen* - für verschiedene illokutive Akte gelten und daher als Vergleichskriterien für die Untersuchung der Realisierungen dieser Sprechakte herangezogen werden könnten. Zur Illustration dieser Problematik seien zwei Redewechsel aus E zitiert:

(iv)
Y: I wonder if we shouldn't erm perhaps we could share a taxi or something it see it doesn't seem too far really if there are aren't any one
X: no it shouldn't cost too much between the two of us

(v)
Y1: that's six baskets for you today then Peter
X1: six
Y2: yup
X2: you mean seven
Y3: no no one two three four five
X3: well I've picked seven this is my last basket

In (v) haben die Redebeiträge X2, Y3 und X3 dieselbe Illokution *Ablehnen*, die nur in Y3 durch einen expliziten Illokutionsindikator - "no" - gekennzeichnet ist. Dasselbe Element "no" hat in Xs respondierenden Akt in (iv) hingegen die Funktion, eine Annahme von Ys initiierendem Vorschlag zu indizieren. Sämtliche respondierende Akte in den beiden Redewechseln gewinnen ihre pragmatische Funktion ausschließlich durch ihre (hier: semantisch-logische) Beziehung zum vorausgehenden initiierenden Akt.

2. Der umgekehrte Fall liegt bei respondierenden Akten vor, die durch Routineformeln realisiert werden wie *Bedanken* und *Abbitte leisten*: die Illokutionen dieser Sprechakte sind in der Regel eindeutig durch formale Indikatoren gekennzeichnet ("<u>thank</u> you", "I'm <u>sorry</u>").

3. Für beide Gruppen respondierender Sprechakte entfällt

die Direktheit-Indirektheit ihrer Realisierung als relevante
Beschreibungsdimension. Zwar kann man sagen, daß z.B. respondierende Akte wie die X-Varianten in

> Y : I've made you some cucumber sandwiches
> X : { oh that's lovely Mrs Wacker
>   that's very kind of you
>   oh I love cucumber sandwiches }

sämtlich indirekte Realisierungen des Sprechakts *Bedanken*
sind (vgl. aber Edmondson 1981 b, der sich gegen eine
solche Auffassung ausspricht), in denen aus der Thematisierung der "value judgement condition" und der "role identification condition" (Norrick 1977; vgl. 6.1.4.0) die primäre Illokution erschlossen werden kann. Fraglich erscheint
mir aber, ob diesen indirekten Redeweisen eine interaktionelle Funktion zukommt, die von einer direkten Realisierungsform wie "oh thanks ever so much Mrs Wacker" nicht
ebensogut erfüllt wird: denn da der illokutive Akt *Bedanken*
(ebenso wie *Abbitte leisten*) in Übereinstimmung mit der "H-support"-Maxime steht (Edmondson 1981 b), sind gesichtswahrende Manöver wie *"off-record"*-Verfahren pragmatisch nicht
erforderlich.

4. Wenn die Direktheit-Indirektheitsdimension kein relevanter Aspekt für die Realisierung der Modalität respondierender Akte zu sein scheint, so ist anzunehmen, daß ihre Modalität hauptsächlich mithilfe von illokutionsverstärkenden
oder -abschwächenden Modalitätsmarkierungen gekennzeichnet
wird. Die Untersuchung der Sprechaktmodalität respondierender Akte wird sich daher auf die Verwendung von Modalitätsmarkierungen konzentrieren.

6.2.0.2 VORGEHEN BEI DER BESCHREIBUNG RESPONDIERENDER AKTE

Da sprechaktübergreifende Beschreibungsparameter schwierig aufzustellen sind, gehe ich bei der Beschreibung der respondierenden Akte induktiv-qualitativ vor. Zunächst werden die Realisierungsalternativen in E vorgestellt, gegebenenfalls ihre Verwendungsbedingungen spezifiziert und mit den Realisierungen in L verglichen. Dabei stehen die korrekten Realisierungen in L im Vordergrund. Danach werden pragmatisch fehlerhafte Sprechaktrealisierungen diskutiert, wobei zunächst Verstöße auf der Responsivitätsdimension, sodann responsive, aber unangemessen modalitätsmarkierte oder in anderer, pragmatisch relevanter Weise unangemessen realisierte respondierende Akte exemplarisch behandelt werden.

6.2.1 ANNEHMEN (ACCEPT)

6.2.1.1 BESCHREIBUNG

Nach der Sprechakt-Klassifizierung in Edmondson/House/Kasper/McKeown (1979) gehört der respondierende Akt *Annehmen* zur Kategorie der Regulativa; sein pragmatischer Inhalt ist "eine Verpflichtung auf sich nehmen" ("assuming an obligation", 22), die dadurch zustande kommt, daß der aktuelle Sprecher Konsens mit dem vom aktuellen Hörer geäußerten initiierenden Akt zum Ausdruck bringt. *Annehmen* kann daher als Konsens ausdrückender respondierender Akt sowohl auf regulative initiierende Akte wie *Anbieten*, *Einladen* oder *Vorschlagen* folgen als auch auf attitudinale initiierende Akte wie *Beschweren*, *Loben* etc.

6.2.1.2 SPRECHAKT "ANNEHMEN" IN E UND L

Weitaus der größte Teil der Annahme-Akte in E und L wird durch die initiierenden Akte *Vorschlagen* (E: 35, L: 17) und *Anbieten/Einladen* (E: 22, L: 17 aus 69 Annahmen in E und 45 in L) hervorgerufen. Dabei determiniert die kategoriale Zugehörigkeit des initiierenden Aktes die Sprechaktmodalität des Annahme-Aktes: die hinsichtlich des Kosten-/Nutzen-Faktors für S (den aktuellen Sprecher) neutralen Vorschlagsakte erfordern keine besondere Akzentuierung der relationellen oder expressiven Funktion, während dem "anti-S"-Merkmal von Angeboten/Einladungen häufig dadurch Rechnung getragen wird, daß der aktuelle Sprecher seine Wertschätzung für den aktuellen Hörer bzw. dessen offerierte Leistung durch eine entsprechende Sprechakt-Modalität explizit kenntlich gemacht.

Dementsprechend sind häufige Realisierungen von Annahmen als Responses auf Vorschläge in E:

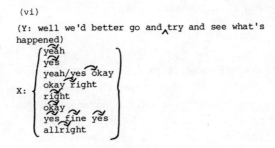

Neben diesen (z.T. kombinierten) Einwort-Konsenssignalen, auf die zuweilen eine Aufforderung, ein Angebot, ein Vorschlag oder ein Versprechen folgt, finden sich in E unspezifische nicht-elliptische Realisierungen von Annahmeakten wie

(vi a)
(Y: well perhaps I could run down there and)
X: ⎰ yeah that's right yeah
  │ yes that's a good idea
  ⎨ that seems allright yeah
  │ ah that seems pretty fair
  ⎱ yeah that's fine

Seltener treten spezifische Realisierungen auf, mit denen der aktuelle Sprecher explizit die Proposition oder Teile der Proposition des initiierenden Aktes aufgreift, sie kommentiert oder paraphrasiert wie in

(vii)
Y: if we get him a bit sort of drunk
X: yeah one way out of it I suppose

(vii a)
Y: I wonder if we shouldn't erm perhaps we could share a taxi
X: no it shouldn't cost too much between the two of us

(vii b)
Y: or do you wanna contact your insurance or something
X: contact the insurance I suppose er

Gegenüber E sind die elliptischen Konsenssignale, die die Annahme von Vorschlägen zum Ausdruck bringen, in L weniger stark vertreten, und das Lernerrepertoire an Realisierungsalternativen erscheint begrenzter. Am häufigsten treten "yes", "yeah" und "yah" auf, gelegentlich gefolgt von einem Vorschlag, einer Aufforderung oder einem Einwand. Verdoppelung von "yes" kommt - wahrscheinlich durch die Grundsprache bedingt - in L öfter vor als in E, vergleiche

(11 a)
Y: ... I tell you what let's er shall we go into my room and have a look through together and erm
X: yes yes
Y: we can pick one or two out hm
X: yes

"Okay" ist einmal, die übrigen Einwort-Konsenssignale aus E sind in L gar nicht vertreten. Von den expliziten unspezifischen Realisierungen von Annahmeakten finden sich in L nur

(11 b)
(Y: ... if a car passes I'll try and stop a car
    and say what happened)
X: {yes yes that's a very good idea yes yes
    yeah that an that's a good idea
    yes that's the best thing}

Als spezifische Realisierungen der Annahme von Vorschlägen verwenden die Lerner die Wiederholung eines Teils der Proposition, die Schlußfolgerung aus Ys Vorschlag und einen Kommentar zur Proposition des Vorschlagaktes:

(11 c)
Y: shall we go over and have a look
X: I think we must have a look and then perhaps er
   see to er ring for the police

(11 d)
Y: well look we can try do you agree we'll go along
   tomorrow and I'll explain it to him
X: well we can try but I don't see any help

(11 e)
Y : yah well that seems a reasonable compromise,
    and then if he if he doesn't want to come to
    the match as it were because he's got nothing
    to do in London over the weekend erm [?] then
    we could say well yes sorry but that's the way
    it is
X1: yah then he can't come with us
Y : yah that's up to him then
X2: yes that's I think that w would be the er best
    possibility

(11 f)
Y: ... (we can say) we're sorry but you can't come
   with us
X: may be one possibility
Y: that's a possibility

(11 g)
Y: ... I'll ring him up tomorrow and explain what happened and if necessary I'll take the paper along to his house
X: okay if you think that this will go it will be good [okay] [1]

Im Unterschied zu den auf Vorschläge folgenden Annahmeakten sind die Konsens ausdrückenden Responses auf Angebote/ Einladungen stärker modalitätsmarkiert. Typische Realisierungen in E sind

(viii)
(Y: can I get you a cup of tea)
X: { yes that'd be lovely Mrs Wacker
yes that'd be really nice
that would be very kind
that'd be great
that would be fantastic }

Alternativ oder in Kombination mit diesen Realisierungen drückt der aktuelle Sprecher häufig seinen Wunsch aus, das angebotene Gut zu erhalten:

(ix)
X: yes I'd love a cup of tea yes that'd be really nice

(x)
(Y: want some bacon)
X: er yeah love some

Der letzte Redewechsel ist durch die Ellipse in beiden Zügen des Nachbarpaares und das nicht abgetönte "want" im initiierenden Akt als informell gekennzeichnet und entspricht damit der Rollenkonstellation "X = Y/-soziale Distanz", wäh-

---

[1] Zur unangemessenen Verwendung von "must" in (11 c) vgl. (3) (a) - (c) in 6.1.2.3. Unangemessen modifizierte "provisorische" Annahmen wie in (11 eX2) und (11 fX) werden anhand von (11 o) in 6.2.1.3 diskutiert. Zu diskurskohärenzstörenden Pronominalisierungsfehlern wie "this" anstelle von "that" in (11 g) vgl. Stemmer (1981).

rend die zuvor angeführte Realisierung E zufolge eher in
Rollenkonstellationen vom Typ "X < Y/±soziale Distanz" angemessen ist. Alle der aufgelisteten nicht-elliptischen
Realisierungen zeichnen sich durch Abtönung mithilfe des
Konditionals - der *if-clause* "if you got me a cup of tea"
ist konventionell getilgt - sowie durch Modalitätsverstärkung aus, die durch *intensifiers* wie "very" und "really"
und die Wahl stark positiver - für den Sachverhalt semantisch
unangemessen starke, dafür pragmatisch umso wirksamere
- Adjektive ("great", "fantastic", "lovely") aus. Auf den
Annahmeakt folgt häufig ein Bedanken.

In der Lernerperformanz fällt gegenüber E die stereotype
Verwendung von "nice" zum Ausdruck positiver Bewertung
auf; vergleiche

(11 h)
Y: shall I make you a cup of tea I think I could
   [do with a strong one]
X: [oh that would] be very nice thank you

(11 i)
Y: I'll tell you what you come into my room and
   I think I have an electric fire somewhere
X: oh that would be very nice

(11 j)
Y: I thought if I lent you twenty Joe I can't
   afford any more honestly but if I lent you
   twenty
X: oh that's that's very nice thank you very much

(11 k)
Y: well perhaps I'd better give you my telephone
   number
X: oh yes that would be nice

Auf mögliche ungünstige perlokutive Effekte, die durch die
undifferenzierte Verwendung von "nice" hervorgerufen werden
können, gehe ich bei der Diskussion des Sprechaktes *Bedanken*
ein.

6.2.1.3 FEHLER IM SPRECHAKT "ANNEHMEN"

Von den 17 Fehlrealisierungen der 45 Annahmeakte sind 3 Verstöße auf der Responsivitätsdimension. Vergleiche

(11)

(1) (X und Y beratschlagen, wie sie Z davon abhalten können, mit ihnen das Wochenende zu verbringen)
Y: how about I don't know erm I'm not too keen on either of that your two suggestions they're good ideas but er I don't know if they'd work very well the car is ts the tickets I mean he could easily say with the tickets erm oh I'll go on the off-chance there's bound to be some at the gate or on the black market outside you know sold by er people who've already got tickets and are trying to sell them at a bit of a profit or something ts erm (seufzt)
X: yes if we say something against him he will be very er furious and perhaps he er doesn't want to be with us any longer

(m) (X und Y in einer Kneipe)
Y: will you have a short will you have a short
X: no a big one that's equal [oh okay] we take we take a big one

In (1) akzeptiert X Ys Einwand gegen die von X zuvor eingebrachten Vorschläge, geht aber auf den Inhalt von Ys Einwand in keiner Weise ein. Sein respondierender Akt ist damit insofern teilresponsiv, als X auf die Proposition von Ys initiierendem Akt keinen Bezug nimmt.

Auch Xs Antwortzug in (m) ist in propositionaler Hinsicht teilresponsiv. Aus Xs modifizierender Annahme von Ys Angebot/Einladung geht hervor, daß der von X thematisierte Referent nicht mit dem von Y vorgegebenen identisch ist: Ys intendierte und geäußerte Bedeutung in "a short" ist "ein Kurzer", d.h. "ein Schnaps"; X rezipiert hingegen "ein kleines Bier" und modifiziert Ys Angebot auf dieser Rezeptionsgrundlage: er möchte lieber ein großes Bier. Da X den Referenten "beer" jedoch nicht explizit erwähnt in der Annahme, er sei in Ys Äußerung bereits implizit vorgegeben

und könne daher in Xs Äußerung pronominalisiert werden
("one"), besteht durch Xs Respons nun wiederum die Gefahr
eines Mißverständnisses auf Ys Seite: Y muß von seinem
Diskurshorizont her annehmen, X wolle lieber "einen großen
Schnaps". (Im vorliegenden Fall tritt dieses zweite Mißverständnis nicht auf, wie aus Ys Reaktion hervorgeht.)

In der Mehrzahl der unangemessenen Annahmeakte wählt der
Lerner eine ungeeignete Sprechaktmodalität. Vergleiche zunächst (11) (n) und (o).

(11)
(n) (Zimmerwirtin und Student beim Frühstück)
 Y : well you did make a lot of noise last night
     when you were coming in
 X : oh well I can't remember so well but perhaps
     you may be right yes
 RÄ: oh I don't remember last night very well but
     if you say so you're probably right

(o) (X und Y beratschlagen, wie sie Z davon abhalten
    können, mit ihnen das Wochenende zu verbringen)
 Y : what's what's your attitude to that if we just
     took him down for the match and then said
     cheerio after the match
 X : that would be possible because ...
 RÄ: yah we could do that because ...

In (11 n) akzeptiert der Lerner eine Beschwerde von Y, in
(o) nimmt er einen Vorschlag an. In beiden Fällen versucht
er, die Modalität seiner Annahmeakte abzuschwächen und ihnen dadurch eine illokutive Kraft zu verleihen, die man
informell als "provisorische Annahme" umschreiben könnte.
Die Redemittel, mit denen die Lerner den "provisorischen"
Charakter ihrer Annahmen zum Ausdruck zu bringen versuchen,
sind jedoch ungrammatisch (in einem weitreichenden Grammatik-
verständnis) und bringen ungünstige perlokutive Effekte mit
sich, die die Lerner nicht beabsichtigten: In (n) qualifi-
ziert der Lerner durch das epistemische Modalverb "may" einen "Hörer-Sachverhalt" (vgl. Foreman 1974: "the speaker
knows best principle"), also ein Ereignis, über dessen
Wahrheit S keine Aussagen machen kann, wie er selbst expli-

zit äußert ("I can't remember so well"): den von Y angesprochenen Sachverhalt zu bezweifeln, lag nicht in der Intention des Lerners; vielmehr sollte sich sein Vorbehalt auf Ys Sprechakt beziehen, wie es in RÄ deutlich wird ("if you say so you're probably right"). Zusätzlich ist in Xs ursprünglicher Äußerung die Kookkurrenz von "perhaps" durch "may" in ihrer semantischen Doppelung redundant und ungrammatisch.

Die provisorische Annahme von Ys Vorschlag in (o) ist ebenfalls durch eine falsche epistemische Modifizierung unangemessen realisiert: "it is possible that P" modifiziert einen in der Proposition bezeichneten Sachverhalt wie beispielsweise in "it is possible (that) he comes tomorrow". Ys initiierender Akt sollte jedoch eine Stellungnahme ("what's your attitude to that") zu Ys Vorschlag von X elizitieren. Durch das mit einem "remoteness from reality marker" versehene nicht-epistemische "can" ("circumstantial "can", Edmondson/House/Kasper/McKeown 1977, 315) nimmt X auf Ys Vorschlag in seiner beabsichtigten provisorisch-annehmenden Weise Bezug.

Die folgenden Antwortzüge sind unangemessene Annahmen von Angeboten/Einladungen.

(p) (X hat Y erzählt, daß sie leicht seekrank wird)
  Y : I can give you some tablets
  X : oh thank you I think I can use them
  RÄ: oh thank you I'm sure they'll come in very handy

(q) (X und Y im Zug)
  Y : would you care to come along for a drink too or if if they're open or not I think the bar's up that way actually
  X : oh yes if you like it
  RÄ: oh yes that's a good idea/I'd love to

In (11 p) tönt die Lernerin ihren Annahmeakt durch den -*committer* "I think" ab und reduziert damit seine illokutive Kraft, womit sie implizit Ys angebotene Leistung schmälert. Eine Verstärkung der Modalität des Annahmeaktes, wie sie in

RÄ durch den +*committer* "I'm sure" bewirkt wird, verbunden mit einer positiven Bewertung von Ys Angebot ("very handy"), wäre pragmatisch angemessener.

Auch in (q) erfordert es das Taktprinzip - das die Lernerin nicht etwa bewußt verletzen wollte -, daß X im Verbund mit der Annahme ihre Wertschätzung für Y bzw. die von Y ergangene Einladung zum Ausdruck bringt (vgl. RÄ und die Ausführungen zur Annahme von Angeboten/Einladungen in E). Stattdessen beruft X sich in ihrer Annahme auf Ys Interessen ("if you like it") und impliziert damit, daß X eine Leistung für Y erbringt, während das Umgekehrte der Fall ist.

Eine besonders bemerkenswerte Sequenz unangemessen modalitätsmarkierter Annahmen von Angeboten ist in (r) dokumentiert.

```
(r) (in Xs Zimmer ist der Gasofen explodiert)
Y1: oh dear what can we do with you well we'll
    go into the next room and I'll make you up
    a bed in there er will you have a cup of
    tea to well I need one anyway (lacht)
X1: yeah
Y2: for my nerves you know oh dear I'll tell
    you what you get your things from here and
    I'll make you up a bed in the other room
    okay
X2: yeah
.........
Y3: I'll tell you what I'll see if I can find
    the electric fire I hope that won't explode
    yes I've got an electric fire
X3: yeah
..........
Y4: okay and I'll give you a hot water bottle
X4: yeah
Y5: and a nice hot cup of tea
X5: yeah
........
Y6: allright I'll just go and get the electric
    fire then okay
X6: yeah
Y7: you get your things
X7: thank you
```

Xs Annahmeakte in X1 - 6 sind Responses auf Angebote, der
Redewechsel Y6 - X6 hat die zusätzliche Diskursfunktion
der Ergebnisfeststellung (vgl. 6.5.3). Das stereotype
"yeah", mit dem X seine Annahme von Ys Angeboten zum Ausdruck bringt, ist im Kontext der einzelnen Redewechsel ein
ungeeignetes Realisierungsmittel, weil es keinerlei Markierung auf der relationellen Ebene aufweist und damit auch
keine Signale der Anerkennung, Wertschätzung o.ä. für die
Leistungen enthält, die Y dem X anbietet. In der Diskursperspektive gewinnt Xs mehrfaches Ignorieren des relationellen Aspektes und seine wörtlich zu nehmende Einsilbig-
keit die zusätzliche Funktion, Desinteresse an Y/an der
Interaktion mitzuteilen - hierin liegt ein zusätzlicher
und wahrscheinlich gravierenderer Irritationseffekt. Hinzu
kommt, daß auf die inhaltlich verschiedenen Angebote Ys
- nicht notwendig nach jedem einzelnen Angebot, aber doch
zuweilen - nach englischen und deutschen Interaktionsnormen ein Dank fällig ist, den X bis zuletzt konsequent verweigert. Im abschließenden Redewechsel beantwortet er dann
überraschenderweise Ys Aufforderung (Y7) mit einem Dank,
der sich aufgrund seiner Diskursposition als auf alle vor-
hergehenden Angebote Ys bezogen interpretieren läßt und insofern als angemessen betrachtet werden kann, jedoch als
unmittelbarer Respons auf die Aufforderung nonresponsiv ist:
ein Versprechen oder ein anderer durch Aufforderungen eli-
zitierbarer *second pair part* hätte dem Dank vorausgehen müssen.

6.2.1.4   ZUSAMMENFASSUNG

Im Vergleich zu den *native speakers* in E benutzen die Lerner weniger häufig Einwort-Konsenssignale zur Realisierung
von Annahmen; das von ihnen verwandte Repertoire an Redemitteln ist hier ebenso wie im Fall expliziter unspezifi-
scher Realisierungen der Annahme von Vorschlägen auf wenige

Ausdrucksalternativen begrenzt. Zur Annahme von Angeboten/
Einladungen in Form von positiven Bewertungen verwenden
sie ausschließlich das Element "nice". Von den 37,8 % Fehlern, die in Annahmeakten auftreten, sind 17,6 % teilresponsive Äußerungen in propositionaler Hinsicht. Eine unangemessene Sprechaktmodalität wird durch die fehlerhafte
Verwendung epistemischer Modalverben/-adverbien zum Ausdruck "provisorischer" Annahme sowie durch fehlende explizite Modalitätsmarkierung und Abtönung anstelle von Verstärkung bei der Annahme von Angeboten/Einladungen hervorgerufen.

6.2.2 VERSPRECHEN (PROMISE, UNDERTAKE)

6.2.2.1 BESCHREIBUNG

Mit einem Versprechen verpflichtet sich ein aktueller Sprecher zu einer zukünftigen Handlung, die nach seiner Meinung
im Interesse des aktuellen Hörers ist und die nicht von
selbst eintreten wird (vgl. Searle 1969, 57 ff.; Leech 1977,
15). Wie der Sprechakt *Annehmen*, so gehören auch Versprechen zur Untergruppe der Sprechakte mit dem pragmatischen
Inhalt "assuming an obligation" innerhalb der Regulativa
(vgl. Edmondson/House/Kasper/McKeown 1979, 22). Man kann
Versprechen, die sich auf Handlungen beziehen, deren Durchführung außerhalb des aktuelles Diskurses liegt, von Versprechen unterscheiden, deren Durchführung innerhalb des
Diskurses stattfindet. Die erste Gruppe wird in der englischsprachigen Literatur als *promise*, die zweite als *undertake* bezeichnet (vgl. Leech 1977, 15). Da *promises* und *undertakes* sich jedoch nur durch das Kriterium "±immediacy"
unterscheiden, das zudem nicht immer eine klare Trennung
ermöglicht, und darüber hinaus beide Kategorien durch dieselben initiierenden Akte elizitiert und durch dieselben
Elemente realisiert werden, fasse ich sie unter dem Begriff
Versprechen zusammen.

6.2.2.2 SPRECHAKT "VERSPRECHEN" IN E UND L

Weitaus die meisten Versprechen sind Repliken auf Aufforderungen: in E 34 von 48, in L 24 von 31. Versprechen folgen auf Vorschläge in E nur zweimal, in L einmal und auf Beschwerden nur dreimal in E und zweimal in L; durch Angebote/Einladungen werden sie in E neunmal, in L hingegen gar nicht konditioniert, während umgekehrt Ablehnungen und Einwände zwar fünfmal in L, nicht jedoch in E Versprechen elizitieren. Es werden im folgenden nur solche Versprechen erörtert, die ein Nachbarpaar mit Aufforderungsakten bilden.

Die Elemente, mit denen Versprechen in E realisiert werden, sind teilweise mit den zum Ausdruck von Annahmeakten verwendeten Konsenssignalen identisch, z.B.

(xi)
(Y: well would you turn it down a bit for me)
X: {yeah okay / okay yes / yes / yah / allright / right}

Häufig wird die Modalität von Versprechen durch *upgraders* verstärkt, und zwar sowohl in Einwort-Konsenssignalen wie in

(xii)
(Y: do you think I could have a little ice)
X: {oh yes sure / sure sure}

als auch in expliziter formulierten Versprechen wie in

(xiii)
Y: when do you intend to do it have you time now
X: I er well yeah of course I would yes yes I'll tub them out

(xiv)
   Y: but er well you could put things right by
      cleaning it
   X: well certainly yes I I'll obviously do that

Im Unterschied zu den englischen *native speakers* realisieren die Lerner in L Versprechen nur selten mit Einwort-Konsenssignalen, für die sie dann ausschließlich das Element "yes" verwenden. Zur Modalitätsverstärkung benutzen sie ebenfalls nur eine Realisierungsalternative, nämlich "of course" wie in

(12)
(a) Y: well will you be able to come next Friday
    X: ⎧erm of course I will er and if I'm not able⎫
       ⎨I'll ring you up earlier   ⎬
       ⎩oh yes of course I'm interested I'm interested⎭
       in the job as well you know

(b) Y: well what happens if they get broken [...]
    X: [well well of course] of course if they get
       broken we buy new ones that's okay that's
       right

(c) Y: and write won't you
    X: yes of course I'll write

(d) Y: you'll let me have it back won't you you'll
       give it back some time
    X: yes of course

In (12) (b) und (c) deutet sich eine weitere Tendenz der Lernerperformanz an: sie greifen häufiger als die *native speakers* längere Äußerungsteile des initiierenden Aktes explizit und wörtlich auf, anstatt Ellipsis und Proformen zu verwenden. Hierfür ist (12 e) ein besonders klares Beispiel:

(e) Y: so you'll phone up at twelve o'clock
    X: I'll phone up at twelve o'clock and I'll
       see what I can do and erm then we'll see
       er what we can do

Für das Englische typische Proformen wie *short answers* finden sich in L zur Realisierung von Versprechen nur in einer fehlerhaften Äußerung, die in 6.2.2.3 besprochen wird. Aufgrund der seltenen Verwendung von Ellipsis und Proformen, denen eine wichtige Funktion bei der Erzeugung von Diskurskohärenz zukommt, ist die Verbindung zwischen initiierendem und respondierendem Akt im Nachbarpaar *Auffordern - Versprechen* in L schwächer als in E. Eine naheliegende Ursache für diese Tendenz zum "Komplettismus", der die Diskurskohärenz stört, dürfte die im Fremdsprachenunterricht an Schulen immer noch gepflegte Tradition sein, "in ganzen Sätzen" zu antworten (mittelbare Ursache), die die Lerner veranlaßt, für initiierende Akte gültige Äußerungsformen auf respondierende Akte zu generalisieren (unmittelbare Ursache) (vgl. auch Rehbein 1978 zum "Wiederholen im kompletten Satz").

6.2.2.3 FEHLER IM SPRECHAKT "VERSPRECHEN"

Von den 31 Versprechen in L sind 15 unangemessen realisiert, wobei es sich in 3 Fällen um Verstöße auf der Responsivitätsdimension handelt. Vergleiche (12) (g) - (i).

```
(g) (X hat das Badezimmer schmutzig hinterlassen)
    Y : what are you going to do about it
    X : yeah perhaps we can clean it up now
    RÄ: I'll go and clean it up immediately

(h) (Y kommt nachhause und findet X beim Biertrinken)
    Y1: you're drinking a beer there
    X1: yes
    Y2: erm er well er I might er if you were kind
        enough to offer me one I probably wouldn't
        say no
    X2: of course of course yes (lacht)
        ⎧yes would you like one too          ⎫
    RÄ1:⎨yes I'll go and get you one too right⎬
        ⎩yes there's some more in the fridge  ⎭

(i) (Y hat seinem Freund X £20 geliehen)
    Y : once I get my grant in next term I can manage
        again and er hopefully you'll be in the same
        position
    X : ha yes all right I I think I will do er a at once
    RÄ: well I hope so too and then I'll pay you back
        at once
```

In (g) leitet der Lerner seinen Antwortakt zunächst mit dem
hier unangemessenen *uptaker* "yeah" ein. Aufgrund seiner Multifunktionalität ist "yeah" auch als Konsenssignal interpretierbar, das eine *yes/no*-Frage als initiierenden Akt voraussetzte und damit als Reaktion auf eine *wh*-Frage nonresponsiv ist. Darüber hinaus hat Xs respondierender Akt die
Illokution *Vorschlag*, seine Proposition enthält "we" als
Agens. Mit diesen Merkmalen ist Xs Respons in zweifacher
Hinsicht unangemessen: Y fordert X in ihrem initiierenden
Akt zu einer Kompensationshandlung auf, von der sie nach
gültigen sozialen Normen erwarten kann, daß sie von X als
dem Verursacher des Schadens (d.h. das Bad schmutzig gemacht zu haben) allein ausgeführt wird. Durch die in "we"
implizierte Einbeziehung Ys in die vorgeschlagene Kompensationsbehandlung mutet X der Y zu, für einen Schaden aufzukommen, den Y nicht zu verantworten hat und zu dessen Behebung sie daher auch nicht ohne weiteres herangezogen werden kann. Erwartbar wäre auf Ys Aufforderungsakt ein Versprechen gewesen, mit dem X sich zu einer Kompensationshandlung verpflichtet (vgl. RÄ).

Xs respondierender Akt in (h X1) stellt insofern keine angemessene Replik auf Ys initiierenden Akt dar, als X auf
die "wörtliche", direkte, nicht aber auf die "gemeinte",
indirekte Bedeutung von Y1 Bezug nimmt: durch Xs Antwortzug wird die Illokution von Y1 quasi "rück"-determiniert in
die einer Feststellung/Frage - die *fall-rise*-Intonation bewirkt illokutive Ambiguität, so daß ein Nachbarpaar "Feststellung/Frage - Bestätigung" entsteht. Daß X mit dieser
Sequenz die von Y intendierte Illokution ignoriert, macht
Y in seinem zweite Redebeitrag deutlich: mit einem expliziten metakommunikativen Hinweis darauf, wie er sich den unmittelbar anschließenden Interaktionsverlauf wünscht, kritisiert Y implizit Xs vorausgegangene teilresponsive Sprechhandlung.
Rekonstruiert man die Sequenz Y1 - X1 als Nachbarpaar *Aufforderung - Versprechen (undertake)*, so scheint dies mit

Ys zweitem Redebeitrag in Widerspruch zu stehen, in dem Y
die X indirekt zu einem Angebot *(offer)*, nicht aber zu einem Versprechen auffordert. Dieser Scheinwiderspruch löst
sich auf, wenn man als rekonstruierte dreischrittige Sequenz annimmt:

> Y1: you're drinking a beer there
> X1: yes would you like one too/yes there's some more
>   in the fridge
> Y2: yes that'd be great/okay I'll go and get me one

Der "mild hint" in Y1 hat in dieser Rekonstruktion, die Y2
zufolge dem von Y erwarteten Interaktionsverlauf entsprechen dürfte, die Funktion, X zu einem Angebot, also zu einer Sprechhandlung aufzufordern. Erfüllt X Ys Aufforderung,
indem sie das Angebot macht, kommt dies auf einer abstrakteren Beschreibungsebene einem Versprechen *(undertake)*
gleich. Relativ zu Y1 - verstanden als "mild hint" zu einer
Aufforderung (Direktheitsstufe 8) - läßt sich X1 in seiner
rekonstruierten Form als Versprechen (= Erfüllung der Aufforderung), relativ zu Y2 als Angebot beschreiben, auf das
Y2 als Annahme folgt. Y1 kommt damit die Funktion zu, das
Nachbarpaar *Angebot - Annahme* zu initiieren. Damit erfüllt
Y1 die Funktion einer "pre-sequence", die Schegloff beschreibt als

> "utterances (typically questions) whose relevance is
> treated by participants as given not so much by what
> preceded but by what they are foreshadowing. (...)
> And seeing them as pre-invitations, or pre-requests,
> can involve that their answers are selected not only,
> if at all, with an eye to their descriptive adequacy,
> but with an eye to what is to be done with the anticipatable utterance they preface" (1977, 97).

Wäre X in ihrem ersten Redebeitrag erwartungsgemäß auf Ys
Angebots-Initiierung eingegangen, so hätte Y1 als geschicktes gesprächstaktisches Manöver funktioniert, das in Übereinstimmung mit der "H-support"-Maxime Y von einer als unmittelbaren Handlungsaufforderung zu interpretierenden und

damit potentiell das "Gesicht" beider Interaktanten bedrohenden Äußerung entlastet hätte. Xs Fehlreaktion zwingt Y jedoch dazu, entweder seine ursprüngliche Intention zu revidieren oder seine Aufforderung nunmehr unmißverständlich zum Ausdruck zu bringen. Hierzu wählt er in Y2 eine "negative-politeness"-Taktik (nach Leech 1977), die Ys Gesicht wahrt, Xs aber in hohem Maße bedroht, indem Y die X implizit auf ihr Fehlverhalten hinweist. X erkennt hierdurch, daß sie in X1 unangemessen reagiert hat, und interpretiert Y2 nunmehr nicht nach ihrer "wörtlichen" Bedeutung, nämlich der Aufforderung zu einem Angebot, sondern als Handlungsaufforderung, der X unverzüglich nachkommt (X2).

Der hinsichtlich ihrer Illokution teilresponsiven Replik der Lernerin in X1 liegt offenbar ein pragmatischer Rezeptionsfehler zugrunde, der durch Nichtbeachtung des Grice'schen Relevanzpostulats erklärt werden kann. Bei Anwendung dieser Konversationsmaxime hätte X nämlich die direkte Bedeutung von Y1 als im aktuellen Kontext irrelevant erkennen und daraufhin Schlußprozeduren anstellen müssen, mithilfe derer sie zum Verständnis der indirekten, von Y intendierten Illokution gelangt wäre (vgl. Searle 1975).

Ist Xs Respons in (12 hX1) inadäquat, weil die Lernerin statt auf den gemeinten indirekten initiierenden Akt auf den "wörtlichen", direkten Akt Bezug nimmt, so liegt in (i) der umgekehrte Fall vor: der Lerner beantwortet einen vermeintlichen indirekten initiierenden Akt und geht damit nicht auf den von Y intendierten direkten Sprechakt ein. Der tatsächliche Interaktionsverlauf in (i) ist schnell beschrieben: Y drückt im 2. Zug seines Redebeitrags einen Wunsch bezüglich Xs zukünftiger finanzieller Situation aus. Aufgrund des Kontextes - Y hat X soeben £ 20 geliehen - schlußfolgert X, Y äußere die indirekte Aufforderung an X, die Summe zurückzuzahlen, sobald X wieder flüssig ist, und gibt daher ein Versprechen ab, Ys Aufforderung unverzüglich zu erfüllen. Die Ursache von Xs unangemessenem Respons muß irgendwo in Xs <u>Schlußprozedur</u> liegen, die daher rekonstruiert werden soll.

(1) Y leiht X Geld

(2) Y möchte, daß X ihm das Geld einmal zurückzahlt

(3) Daß X dem Y das Geld zurückzahlen kann, setzt voraus, daß Xs finanzielle Situation sich durch eine andere Geldquelle (Stipendium) verbessert hat ("preparatory condition", Searle 1975, 71)

(4) Es besteht eine soziale Verpflichtung für X, Y das Geld zurückzuzahlen, wenn (3) eintritt

(5) Es besteht für Y kein Grund, <u>ohne weitere Implikationen</u> Hoffnung auf eine Verbesserung von Xs finanzieller Situation zu äußern (Relevanzpostulat, Grice 1975)

(6) Y muß daher mit seiner Äußerung eine andere Absicht verbinden, die aus Ys Äußerung erschließbar ist

(7) Y formuliert in seiner Äußerung die "preparatory condition" für die Realisierung von (2)

(8) Ys Äußerungsabsicht ist: zahle mir das geliehene Geld zurück, wenn sich deine finanzielle Situation gebessert hat.

Xs respondierender Akt ist demzufolge eine Antwort auf (8). Der "Fehler" in seiner (so oder ähnlich vorzustellenden) Rekonstruktion von Ys Äußerungsabsicht liegt in Schritt 5: nach gültigen sozialen Normen ist es nämlich <u>kein</u> Verstoß gegen das Relevanzpostulat, gute Wünsche für die Situation eines Anderen zu äußern, ohne damit eigene Interessen zu verbinden. Das Umgekehrte ist vielmehr der Fall: es gilt nicht als sozial akzeptabel, das Wohlergehen anderer unmittelbar mit eigenen Vorteilen zu verbinden. Indem X dem Y einen solchen Zusammenhang unterstellt, impliziert er, daß Y gegen bestehende Interaktionsnormen verstößt, und verhält sich durch diese - von Y potentiell zurückweisbare - Unterstellung selbst unangemessen. Sozial akzeptabel erscheint im vorliegenden Fall dagegen ein Interaktionsverhalten, wie

es aus RÄ hervorgeht: X interpretiert Ys Äußerung als mit
dem Relevanzpostulat kongruent und damit als <u>direkten</u>
Sprechakt, den er in seinem Antwortzug aufgreift, und
schließt daran <u>selbst</u> die sich ergebende Folgerung an, seine Verpflichtung gegenüber Y zu erfüllen. Damit ist Xs Versprechen nicht direkt durch Ys initiierenden Akt elizitiert, sondern X gibt es (scheinbar) unaufgefordert und
wahrt damit Ys und sein eigenes Gesicht.

Der überwiegende Teil der unangemessen realisierten Versprechen ist wiederum durch eine geeignete Sprechaktmodalität gekennzeichnet. Vergleiche zunächst (12) (j) - (l).

(12)
   (j) (Y möchte Xs Zeichnungen sehen)
      Y : could you show me the drawings
      X : yeah
      RÄ: certainly/oh sure

   (k) (Y hat X £ 20 geliehen)
      Y : you'll let me have it back
      X : yeah all right all right
      RÄ: of course of course

   (l) (Y hat X £20 geliehen)
      Y : don't go betting it on the horses
      X : no really
      RÄ: {you can be sure I won't do that / I certainly won't}

In (j) wählt X zur Realisierung seines Versprechens als Respons auf Ys Aufforderung ein semantisch neutrales Konsenssignal, dessen geringe Modalitätsmarkiertheit von Y als Mangel an Interesse aufseiten Xs, Ys Aufforderung zu erfüllen, aufgefaßt werden kann. Daher ist ein modalitätsverstärktes Konsenssignal (vgl. RÄ) pragmatisch erforderlich.

Xs Konsenssignale in (k) konnotieren Ungeduld, was gegenüber der von Y zugunsten von X erbrachten Leistung interaktionell problematisch ist (vgl. dagegen die wiederum modalitätsverstärkte Realisierung des Versprechens in RÄ).

Xs Replik auf Ys ironische Aufforderung in (1) stellt ein
Gegenbeispiel zu der in 6.2.2.2 erwähnten Tendenz der Lerner zum Komplettismus dar, also zur (ganzen oder teilweisen) expliziten Wiederholung von Ys initiierendem Akt. Hier
greift der Lerner nun Ys vorausgehende Äußerung in der
Oberflächenstruktur seines Responses gar nicht auf und verstärkt sein elliptisch formuliertes Versprechen in einem
separaten Zug, anstatt die Modalitätsverstärkung in einen
respondierenden Akt zu integrieren. Xs Respons wirkt als
"Minimalreplik" "abrupt" und "kurzangebunden", was wiederum
der aktuellen Beziehungssituation zwischen X und Y nicht
angemessen ist. Durch eine dichtere syntaktische Anbindung
von Xs Respons an Ys initiierenden Akt wie durch die Proform/ *short answer* und die syntaktische Integration des
intensifiers wie in RÄ verdichtet sich die Diskurskohärenz,
wodurch auch der interaktionelle Zusammenhang potentiell
verstärkt wird.

In (12) (j) und (k) wurden Konsenssignale verwendet, deren
Modalitätsmarkiertheit in den jeweiligen Kontexten zu
schwach war. Die folgenden respondierenden Akte sind durch
Abtönung in Kontexten gekennzeichnet, in denen Verstärkung
ihrer illokutiven Kraft pragmatisch angemessen wäre. Vergleiche (12) (m) - (o).

(12)
(m) (Y fühlt sich von Xs lauter Party gestört)
    Y : erm I've been writing a paper this evening
        and I've got to [oh I see] present it in a
        tutorial tomorrow morning so could you be
        a bit quieter do you think
    X : yes we could do so
    RÄ : yeah okay/all right/yes we can do that

(n) (X sagt Y eine Verabredung zum Babysitten ab)
    Y : I did want erm Stephen my little boy to
        to get used to you and he seemed to he
        seemed to like you [yes] erm so I would
        prefer you to come if if at all possible
    X : yes I well I would rather like to come but
        it's just in this this special day
    RÄ : well I would really like to come Mrs Norton
         and it'll be just this once

```
(o) ( wie 12 n)
    Y1 : so you'll be able to come next week
    X1 : yes, yes, I think, I would try to get this
         time
    Y2 : and, if you can't come next week please
         let me know, well, earlier
    X2 : yes I would, I would try to, try to do so
         well, I'm rather sorry about it
    RÄ1: yes you can be absolutely sure
    RÄ2: oh I'll certainly let you know in time if
         anything should crop up
```

In allen hier belegten respondierenden Akten schwächt der Lerner die illokutive Kraft seines Versprechens ab, indem er *playdowns* ((m): "could", (oX1 + 2): "would"), *-committer* ((o): "I think") und *downtoner* ((n): "rather") verwendet. Während Abtönung in allen diesen Fällen unangemessen ist, variiert der Grad pragmatisch angemessener Modalitäts<u>verstärkung</u> mit den jeweiligen situativen und intentionalen Faktoren: zwar hat X in beiden Situationen eine Handlung begangen, die gegen Ys Interessen verstößt; X interpretiert den Y zugefügten Schaden in (m) jedoch als geringfügiger als in (n) und (o), wie aus dem gesamten Interaktionsverlauf in den beiden Situationen hervorgeht. Darüber hinaus ist die Schadensbehebung in (m) sofort leistbar, während in (n) und (o) der aktuelle Schaden gar nicht behoben werden kann, X der Y lediglich für die Zukunft versichern kann, daß sich eine ähnliche für Y nachteilige Handlung Xs nicht wiederholt. In (m) kann X der Y also durch seine Handlung <u>innerhalb der aktuellen Situation</u> beweisen, daß er ihrer Aufforderung nachkommt, in (n) und (o) hingegen liegt die Erfüllung von Ys Aufforderung <u>außerhalb der aktuellen Situation</u>. Die von X gegebenen Versprechen lassen sich demnach in *undertake* (m) und *promise* ((n) und (o)) unterscheiden; eben durch ihr Unterscheidungsmerkmal "±immediacy" ist im zweiten Fall Modalitätsverstärkung in höherem Maße interaktionell geboten als im ersten. In E kommt dieser Unterschied klar zum Ausdruck; vergleiche

```
(xv)
    Y: well would you turn it down a bit for me
    X: yeah okay
```

(xvi)
Y: could I just ask you do you think this is
   gonna happen˰frequently
X: oh no no no no no this is˰purely an
   oversight on my part

In (m) gewinnt Xs Versprechen demnach bereits eine angemessene Modalität, indem das abgetönte "could" durch das unmarkierte "can" oder durch unmarkierte Konsenssignale ersetzt wird. In (n) und (o) ist jedoch Modalitätsverstärkung angebracht, wie sie durch Substitution des *downtoner* "rather" durch den *intensifier* "really" (n), des *-committer* "I think" durch den *intensifier* "absolutely" und das abgetönte "would" durch das neutrale "will" (o) zum Ausdruck gebracht werden kann.

6.2.2.4 ZUSAMMENFASSUNG

Wie im Fall der Annahmen, so realisieren die Lerner auch Versprechen weniger häufig als die *native speakers* durch Einwort-Konsenssignale, für die sie dann ausschließlich "yes" verwenden. Zur Modalitätsverstärkung ist "of course" das einzige in L vorkommende Redemittel. Die Versprechen der Lerner weisen eine Tendenz zum Komplettismus auf, also der (partiellen) Wiederholung der vorausgehenden initiierenden Äußerung.
48,4 % der Versprechen in L sind unangemessen realisiert, wovon 20 % teil- bzw. nonresponsiv organisiert sind. Als Gegenstück zum "Komplettismus" treten "Minimalrepliken" auf, die die Diskurs- und Interaktionsdichte beeinträchtigen. Durch zu schwach markierte oder abgetönte Modalität verringern die Lerner die illokutive Kraft und damit die überzeugende Wirkung ihrer Versprechen.

6.2.3 EINWENDEN (OBJECT) UND ABLEHNEN (REJECT)

6.2.3.1 BESCHREIBUNG

Während die Sprechakte *Annehmen* und *Versprechen* Konsens mit dem initiierenden Akt zum Ausdruck bringen, drücken die beiden im folgenden zu behandelnden respondierenden Akte, *Einwenden* und *Ablehnen*, Dissens zum vorausgehenden *first pair part* aus. Nach v. Unwerth/Buschmann (1978) lassen sich beide Kategorien dem Sprechaktfeld "konfliktive Sprechakte" zuordnen. Sornig faßt diese Sprechaktgruppe unter der Kategorie "disagreement" bzw. "contradiction" zusammen; sie umfaßt "any utterance that comments upon a pre-text by questioning part of its semantic or pragmatic information (sometimes its formal structure as well), correcting or negating it (semantically and formally)" (1977, 363). In Watzlawick/Beavin/Jacksons (1969) kommunikationstheoretischen Begriffen läßt sich "disagreeing" beschreiben als

> "a digital and metalinguistic act insofar as it refers to what has been said in so many words. It is also analogical and metacommunicative ... because it relates and opposes itself to what the partner has meant when saying what he said" (Sornig 1977, 362).

V. Unwerth/Buschmann unterscheiden "äußerungs-" und "handlungszentrierte" konfliktive Sprechakte, was in etwa den Klassen "Argumentativa" und "Regulativa" bei Edmondson/House/Kasper/McKeown (1979) entspricht. Da sich ein Sprecher mit einem Einwand oder einer Ablehnung sowohl auf die thematische als auch auf die Handlungsdimension des initiierenden Aktes beziehen kann, ordne ich diese Dissensakte beiden Sprechaktklassen zu.

Mit einem Einwand bringt der aktuelle Sprecher zum Ausdruck, daß er mit dem vom aktuellen Hörer geäußerten initiierenden Akt nicht in jeder Hinsicht einverstanden ist und eine alternative Meinung oder Handlung vorzieht. Mit einer Ablehnung drückt der aktuelle Sprecher hingegen aus, daß er die vom aktuellen Hörer im initiierenden Akt geäußerte Meinung nicht teilt bzw. die von ihm gewünschte Handlung nicht ausführen will. Ob in einem Diskurs ein gegebener, Dissens ausdrückender Akt die Funktion eines Einwandes oder einer Ablehnung hat, ist jedoch nicht immer a priori eindeutig auszumachen: vielmehr ist die verbindliche pragmatische Bedeutung oftmals erst das Ergebnis einer "Verhandlung" (negotiation) der Interaktionspartner. Auf der Diskursebene entsprechen die hier als "Einwand" und "Ablehnung" bezeichneten Sprechakte nach Edmondson (1979 b, 1981 b) den Interaktionszügen "Counter" und "Contra", die sich nicht allein durch die Intention des aktuellen Sprechers, sondern ebenso durch die Reaktion des aktuellen Hörers konstituieren. Zur Illustration seien zwei fabrizierte Dialoge aus Edmondson (1979 b) zitiert, in denen ein identischer Dissensakt vom Koaktanten einmal als Einwand, einmal als Ablehnung interpretiert wird:

> "Fred: could you translate this into German for me John
> John: hm it's a hell of a length
> Fred: yeah I'm afraid it is a bit long
> John: yeah well okay I'll try to do it but it'll take a couple of days
> Fred: fine
>
> Fred: could you translate this into German for me John
> John: hm it's a hell of a length
> Fred: yeah well okay I'll ask somebody else"
>
> (7 f.).

Trotz der prinzipiellen Aushandelbarkeit von Illokution und Diskursfunktion finden sich in unseren Daten auch sprachliche Hinweise darauf, ob ein aktueller Sprecher einen Dissensakt als Einwand oder als Ablehnung verstanden wissen will. Zunächst soll der Sprechakt "Einwenden" besprochen werden.

6.2.3.2 SPRECHAKT "EINWENDEN" IN E UND L

Die meisten Einwände folgen in E und L auf vorhergehende
Einwände (E: 9, L: 10), Ablehnungen (E: 8, L: 5) und Vorschläge (E und L: je 7). Gegen Angebote/Einladungen werden
in E fünfmal Einwände erhoben, in L treten Angebote/Einla-
dungen und Einwände nur einmal als Nachbarpaar auf.
Charakteristisch für die Realisierung von Einwänden in E
ist die sehr zahlreiche Verwendung von *gambits* (vgl. 6.3).
So werden Einwände in E zumeist mit einem *receipt* oder *agree*
eingeleitet, zuweilen in Kombination mit einem *starter*; darauf folgt ein illokutionsindizierendes Dissenssignal ("but")
wie in

(xvii)
(Y: can you not get it retextured or anything like that)
X: { yeah / well yeah / yeah well / well } but it's gonna cost a fortune

Neben diesen diskursstrukturierenden *gambits* werden in E
zahlreiche auf der relationellen Ebene wirksame *gambits*,
insbesondere *cajolers*, und abtönende Modalitätsmarkierungen wie *downtoners*, *hedgers* und *forewarns* verwendet, vergleiche

(xviii)
Y: you've just got to compromise you can turn it down
   a little bit it's just intolerable at the moment
X: yeah but I mean you're still gonna hear some noise

(xix)
Y: maybe let him go to the pub as well
X: yeah but e's a good mate in't e you know we we can't
   just sort of you know just ignore im

(xx)
Y: or we can say we've made arrangements er at some
   hotel
X: but can't we sorta do it without havin to go to the
   bloke and sort of lie to im you know

Die interaktionelle Notwendigkeit für die verstärkte Verwendung von Redemitteln, die die illokutive Kraft reduzieren, ist unmittelbar einsichtig: das dem Sprechakt inhärente Konfliktpotential soll auf diese Weise verringert ("fortiter in re, suaviter in modo"), das Taktprinzip gewahrt werden. Die Realisierung von Einwänden in L unterscheidet sich von E insofern, als die Lerner sie weniger häufig durch *uptaker* oder *starter* einleiten und sie insgesamt auch weniger Modalitätsmarkierungen verwenden. Andererseits finden sich vereinzelt differenzierte Abtöner, die die Lerner sonst nicht benutzen, gerade in ihren Realisierungen dieses Sprechakts, so z.B. ein *forewarn* in (13 a)

(13)
(a) (Y hat Xs Bibliotheksplatz besetzt)
   Y : well mm it was the only seat free so I just assumed that it was free you know (lacht) just because you leave your books on the table
   X : yes I can understand your situation but I have to work

6.2.3.3 FEHLER IM SPRECHAKT "EINWENDEN"

Von den 26 Einwänden in L sind 6 unangemessen, wobei es sich in 5 Fällen um Verstöße auf der Responsivitätsdimension handelt.

(b) (Y hat vergessen, Xs Referat abzugeben)
   Y : we'll go along tomorrow and m I'll go along tomorrow and I'll explain what happened and I'm quite certain he'll take it he can't be so inhuman that he wouldn't take it a day late
   X : oh but I think they will they will be [ach] they've fixed up a date and if you don't give your papers in up to this date it's too late
   RÄ: oh but I think it's quite likely that he won't take it they've set a deadline and if you don't stick to that too bad

(c) (wie 13 b)
  Y : I propose that we go along tomorrow to the
      both of us go along tomorrow and explain what
      happened I'll explain what happened in my
      case and I'm quite certain he'll accept it uh
  X : I think they wouldn't understand us I think
      all my work was in vain
  RÄ: well I don't think he'll understand us you
      know I'm afraid all my work was in vain

(d) (X möchte von Y Schallplatten ausleihen)
  Y : [you know I'm er you know I'm not] terribly
      er I don't I usually on principle just don't
      lend records out as you know because er I have
      done in the past and there's always something
      goes wrong not always but very often even with
      you know people you like and know well
  X : but you know us you live with us in the same
      flat

(e) (wie 13 d)
  Y1: I'm sorry but er I really think erm Simon
      should have been a bit more careful in er
      in preparing for the party if he's the
      only person who's bringing records rather
      than relying on me anyway I'll have a word
      with [but you] Simon when he gets in uh
  X1: but you have the records
  Y2: and er don't worry about it
  X2: you could [give them]

Xs respondierende Akte sind hier durch Teilresponsivität in propositionaler Hinsicht gekennzeichnet. In ihren Responses auf Ys Vorschläge in (13) (b) und (c) ignoriert die Lernerin den von Y thematisierten Referenten "your professor", pronominalisiert als "he", indem sie ein Pronomen verwendet, das sich nur auf ein Pluralwort beziehen kann - sinngemäß, "(the members of) the English department" -, das jedoch weder kon- noch kotextuell gegeben war. Damit entsteht Unklarheit für Y darüber, ob X über denselben Referenten spricht wie er.

In (13) (d) und (e) geht X ebenfalls auf die Proposition von Ys Ablehnungen nicht ein, allerdings auf jeweils unterschiedliche Weise: in (d) führt X den propositionalen Gehalt von Ys Begründung _für_ seine Ablehnung von Xs Aufforderung als Einwand _gegen_ Ys Ablehnung an. Dieses Gesprächsverhalten - Proposition A einmal als Argument pro, einmal als Argument contra Z anzuführen - mag in unterschiedlichen Phasen von Konfliktgesprächen durchaus üblich sein; in einem Nachbarpaar ist jedoch ein starker Entwertungseffekt damit verbunden, weil Xs Äußerung, um als relevante Äußerung gelten zu können, voraussetzt, daß Ys Äußerung ihr nicht in der vorliegenden Form vorausgegangen ist. In (d) liegt der Entwertungseffekt demnach darin, daß Xs Äußerung einen (fast) identischen propositionalen Gehalt mit Ys Äußerung aufweist, ihr aber eine entgegengesetzte pragmatische Funktion zukommt.

In (e) hingegen besteht der Entwertungseffekt darin, daß X den propositionalen Gehalt von Ys initiierendem Akt überhaupt nicht zur Kenntnis nimmt: ihr Einwand gegen Ys Ablehnung ist in keiner Weise inhaltlich mit Ys Äußerung verbunden. Um ihren Einwand responsiv zu organisieren, hätte X ihn gegen die Proposition der Begründung für Ys Ablehnung ("Simon should have been more careful in preparing for the party") richten müssen; statt dessen wiederholt sie die "preparatory condition" für ihre Aufforderung (X1: "you have the records") und die Aufforderung selbst (X2: "you could give them"). Damit wendet sie sich quasi "abstrakt" und unanhängig vom unmittelbaren Antecedents gegen Ys Ablehnung, nimmt aber nicht konkret auf eine spezifische Diskursstelle und einen spezifischen Inhalt Bezug. Eine solche Verletzung des Relevanzpostulats im engeren Sinn - daß nämlich eine Äußerung als *second pair part* eines Nachbarpaares auf den *first pair part* Bezug nehmen muß - bei Befolgung des Relevanzpostulats im weiteren Sinn - daß nämlich eine Äußerung innerhalb einer aktuellen Diskurswelt Bedeutung und Funktion haben muß - ist sicher auch in Konfliktgesprächen unter *native speakers* anzutreffen (vgl. das sog. "Aneinandervorbeireden"); in E finden sich derartige teilresponsive Dissensakte jedoch nicht, so daß es gerechtfertigt scheint, (13 e) als pragmatisch fehlerhafte Äußerung zu klassifizieren.

Während die bisher angeführten pragmatisch unangemessenen
Einwände in propositonaler Hinsicht teilresponsiv waren,
ist (13 f) in seiner Illokution teilresponsiv.

> (f) (X und Y beratschlagen, wie sie Z davon abhalten
> können, mit ihnen das Wochenende zu verbringen)
> Y1 : suppose that we said we were meeting meeting
> a couple of girls or something afterwards
> after the match
> X1 : yes perhaps he will bring his girl with
> Y2 : yah [that's a point] (lacht)
> X2 : [and so] he will he wants to come with us still
> RÄ1 : yes but what if he takes his girlfriend along

Der Lerner geht mit dem propositionalen Akt seines Responses konkret auf Ys initiierenden Akt ein, läßt jedoch die
Illokution "offen", da ein expliziter Illokutionsindikator
wie "but" fehlt und aus der Proposition allein nicht hervorgeht, ob X seine Äußerung als Argument für oder gegen Ys
Vorschlag anführt. Aus Ys Reaktion geht zwar hervor, daß er
Xs respondierenden Akt als Einwand verstanden hat; dies
scheint mir allerdings eher durch das Einfühlungsvermögen
des *native speakers* bedingt zu sein als durch die Angemessenheit von Xs Sprechhandlung.

Neben den auf der Responsivitätsdimension unangemessenen
Einwänden ist in L ein Fall unangemessener Sprechaktmodalität bei der Realisierung eines Einwandes belegt. Vgl. (13 f').

> (f') (X möchte von Y Schallplatten ausleihen)
> Y1 : as I say I can look through erm I can look
> through and find erm I was thinking in terms
> of three or four I can think of some old Stones
> and Beatles I assume that's the sort of thing
> you want for dancing and so on is that right
> X : yes but we cannot hear erm the whole evening
> Beatles and Stones we need [some other music
> as well]
> Y2: [well that's not my problem my love] is it
> RÄ: oh yes some Beatles or Stones would be splendid
> but erm do you think you could perhaps let us
> have one or two other records as well I mean it
> might be a bit boring you know if we only had
> Stones and Beatles

Der bisherige Diskursverlauf war durch eine Kette von Einwänden Ys gegen Xs Aufforderung gekennzeichnet, ihr für eine Party Schallplatten auszuleihen. Nachdem sich Y endlich dazu durchgerungen hat, X einige Platten zu überlassen, drückt X nicht etwa ihre Wertschätzung für Ys Angebot aus, sondern reagiert unmittelbar mit einem Einwand gegen Ys Angebot, der gleichzeitig eine indirekte Aufforderung an Y darstellt, sein Leistungsangebot zu erhöhen ("we need some other music as well"). Es ist fraglich, ob ein Einwand unter den gegebenen interaktionellen Bedingungen überhaupt sinnvoll und sozial akzeptabel ist - immerhin findet sich Y erst nach längerem Zögern bereit, Xs Aufforderung nachzukommen, wodurch die soziale Zumutbarkeit weiterer Forderungen eingeschränkt wird -; in jedem Fall bedarf er aber starker Abtönung und einer vorausgehenden audrücklichen Anerkennung von Ys Angebot (vgl. den *forewarn* "... would be splendid") in RÄ).

6.2.3.4 SPRECHAKT "ABLEHNEN" IN E UND L

Die am häufigsten vorkommenden initiierenden Akte, die Ablehnungen (insgesamt in E: 36, L: 20) konditionieren, sind in unseren Daten die Sprechakte *Vorschlagen* (E: 10, L: 3), *Auffordern* (E: 7, L: 1), *Anbieten/Einladen* (E: 7, L: 5), *Beschweren* (E: 5, L: 4) und *Ablehnen* (E: 5, L: 4). Wie die Einwände, so werden auch die Ablehnungen in E häufig durch diskursstrukturierende *gambits* wie insbesondere den *starter* "well" und den *underscorer* "look" eingeleitet und durch auf der relationellen Ebene wirksame *gambits* und abtönende Modalitätsmarkierungen wie *downtoners, -committers* und *forewarns* abgeschwächt; vergleiche X2 im folgenden Redewechsel:

(xxi)
```
X1: excuse me but I think you've got my place
Y : oh I'm ever so sorry but I'm in this terrible
    rush I've just got to get this paper finished
    I've just got half an hour reading this book
    I'm sorry do you mind [it just means]
X2:                     [well look I've got to] well look I wouldn't I
    wouldn't otherwise but erm you know I I've got
    this project I've got to finish by the end of
    term and er I haven't done much today
```

("well look" - *underscorer*, "I wouldn't otherwise" - *forewarn*, "you know" - *cajoler*, mehrere *hesitators*).

Ablehnungen von Aufforderungen, Vorschlägen und Beschwerden werden oftmals mit dem abgetönten Dissenssignal "I don't think P" eingeleitet. Für die Ablehnung von Angeboten/Einladungen ist hingegen typisch, daß unabgetönte Dissenssignale verwendet werden und die Ablehnung modalitätsverstärkt wird, vgl.

(xxii)
```
Y: would you like to come downstairs and sit in the
   sitting room for a while
X: no I'll be okay I really will be okay
```

Die soziale Angemessenheit unabgetönter oder sogar modalitätsverstärkter Ablehnungen von Angeboten/Einladungen ist m.E. darin begründet, daß der aktuelle Sprecher durch die Nachdrücklichkeit seiner Ablehnung die beabsichtigte Leistung des aktuellen Hörers implizit würdigt. Diese Würdigung geschieht jedoch auch häufig explizit wie in

(xxiii)
```
Y: do you wanna come in
X: well thanks very much for the offer but er I
   really ought to get some sleep
```

wo der Dank "thanks very much" als *forewarn* dient, der Xs (hier indirekt formulierte) Ablehnung einleitet.

Weitaus häufiger als die *native speaker* leiten die Lerner
ihre Ablehnungen mit dem als *starter* oder *receipt* (vgl.
6.3) fungierenden "oh" ein, während sie das in E übliche
"well" seltener verwenden. Relationell wirksame *gambits*
wie der *cajoler* und der *underscorer* sind in den Ablehnungen
in L unterrepräsentiert. Als abgetöntes Dissenssignal benutzen die Lerner in Übereinstimmung mit E oft "I don't
think P", wobei auch die ungrammatische Form "I think not
P" häufig vorkommt wie in

(13)
  (g) Y : ... I'm really disappointed in you I don't know
          what to do
      X : well I think there is no reason to be dis-
          appointed in me...
      RÄ: well I don't think there's any reason for being
          disappointed in me ...

(Die Negation des eingebetteten Objektsatzes anstelle der
VP des übergeordneten Satzes ist auch außerhalb unseres
Korpus ein typischer Fehler deutscher Englischlerner.)

6.2.3.5 FEHLER IM SPRECHAKT "ABLEHNEN"

Von den 20 Ablehnungen in L sind 10 unangemessen realisiert,
wobei in 6 Fällen Verstöße auf der Responsivitätsdimension
vorliegen wie in (13) (h) - (j).

  (h) (Y hat vergessen, Xs Referat abzugeben)
     Y1: ... I was so busy yesterday I just didn't have
         time to give it in terribly sorry but I'll do
         it tomorrow for you I'll give it in tomorrow
     X1: but I think tomorrow it's too late it was the
         last day today I think
     Y2: what
     X2: oh yes it was tomorrow it has no worth anymore
     Y3: y you mean he won't accept it
     X3: pardon
     Y4: the teacher won't take it tomorrow
     X4: no it can't you can't give it in tomorrow
     Y5: ach I find that ridiculous of course he'll
         take it

```
        X5: why do you think
        Y6: well he must be some sort of a reasonable
            sort of person is he not
        X6: no it it's impossible

    (i) (X und Y in einer Kneipe)
        Y : I'll just go and buy a beer for myself how
            are you
        X : oh I've not yet finished my cup
        RÄ: I'm (still doing) okay thanks

    (j) (Y streitet ab, daß die Mappe in seiner Tasche
         X gehört)
        Y : ... there're dozens of folders like that you
            can buy them anywhere
        X : no
        RÄ: I don't believe you
```

Wie in den teilresponsiven Einwänden in (13) (b) und (c), so geht die Lernerin auch in (13 hX4) und (X6) nicht auf die Proposition des jeweiligen initiierenden Aktes ein: anstelle von "teacher-accept paper" (Y3, Y4) und "teacher-reasonable person" (Y6) macht sie das übergeordnete Diskursthema "Y's handing in of X's paper" zum Thema ihrer Äußerungen. Diese Verletzungen des "engeren" unter Wahrung des "weiteren" Relevanzpostulats, die schon bei der Diskussion von (13 e) angesprochen wurde, könnte in Analogie zu der von Sluzki/Beavin/Tarnopolsky/Veron (1967) aufgestellten Kategorie "specification", die sie als "a specific response to a general theme" (498) definieren, als <u>Themengeneralisierung</u>, also als "a general response to a specific theme" beschrieben werden.

Auf der formalen Ebene könnte (i) als responsive Äußerung klassifiziert werden, da sie sowohl auf die Proposition des initiierenden Aktes (you - want a beer) als auch auf die Illokution Bezug nimmt, so daß das Nachbarpaar *Angebot/Einladung - Ablehnung* entsteht. Durch die Formulierung seiner Ablehnung, die nicht mit einer Würdigung von Ys geplanter Leistung (vgl. "thanks" in RÄ) verbunden ist, gibt X jedoch zu verstehen, daß er Ys initiierenden Akt als Frage, nicht aber als Einladung verstanden hat; daher muß Xs Respons als teilresponsiv auf der Illokutionsebene eingestuft werden. Darüber hinaus antwortet X nicht mit einer Standardreplik (vgl. RÄ) auf die - ebenfalls stark konventionalisierte - Einladung, sondern bildet eine "kreative", aber unangemessene nicht-routinisierte Replik.

Die Lerneräußerung in (j) ist wiederum in ihrer Proposition teilresponsiv: mit ihrer elliptischen Negation verneint X die Proposition von Ys vorausgehender Äußerung. Löst man die Ellipsis auf, so entsteht als respondierender Akt "no there aren't/no you can't", was nicht Xs Ausdrucksabsicht entspricht: sie will nicht den Wahrheitswert der Proposition des initiierenden Aktes bestreiten, sondern den indirekten Behauptungsakt "this is not your folder" zurückweisen. Dies kann sie jedoch nur durch eine explizite Ablehnung realisieren (vgl. RÄ), mit der sie Bezug auf Ys Intention nehmen kann; die elliptische Form ermöglicht dagegen nur den Bezug auf die Oberfläche von Ys Äußerung.

Eine unter interaktionellen Gesichtspunkten besonders interessante Ablehnung ist in (13 k) belegt.

```
(k) (X und Y in einer Kneipe; Y hat soeben X £ 25 ge-
    liehen)
    X1: one beer that's that's that's that's if I eat
        or if I drink a beer that's the same
    Y1: well
    X2: I need some calories
    Y2: you might buy me one then
    X3: no ho ho ho
    Y3: uh are you not going to buy me a beer
    X4: with twenty-five quids
    Y4: you're you're a miserable bugger you're a
        miserable
    X5: but but yes of course you helped me and
        I'll give you a beer hello garcon
```

In X3 lehnt der Lerner Ys Aufforderung ab, ihm ein Bier auszugeben (Y2). Damit verstieße er vermutlich unter den meisten Interaktionsbedingungen gegen sozial gültige Normen für freundschaftliches Verhalten; im Kontext der vorliegenden Interaktionsgeschichte ist Xs Weigerung jedoch als stark abweichend markiert, da er nicht nur Ys Aufforderung ablehnt, sondern damit implizit Ys vorausgegangene Leistung für X - Y hatte X mit £25 aus einer finanziellen Notlage geholfen - entwertet. Durch seine Nachfrage in Y3, mit der er gleichzeitig zum Ausdruck bringt, daß er Xs Ablehnung nicht akzeptiert, und seine Beschimpfung in Y4 macht Y den X auf seinen groben faux pas aufmerksam. Veranlaßt durch Ys heftige Reaktion, erkennt X, daß er sich falsch verhalten hat, nimmt in X5 daraufhin seine Ablehnung zurück ("but but") und äußert ein modalitätsverstärktes Versprechen ("yes of course"), wobei er explizit auf die soziale Norm verweist, die er in X3 verletzt hat: "you helped me and I'll give you a beer". Mit seinem abschließenden Akt, dem Rufen des Kellners, leitet X auf der Handlungsebene die Erfüllung von Xs Aufforderung ein.

Im Unterschied zu (13) (j) und (k X3) verstößt der Lerner mit seinem elliptischen Einwort-Dissenssignal in (13 l) nicht gegen das Responsivitätsgebot, sondern er verwendet eine unangemessene Sprechaktmodalität; vergleiche

   (1) (in Xs Zimmer ist der Gasofen explodiert)
     Y : well it might explode again
     X : no no
     RÄ: oh I don't think it will Mrs Sumners

Zwar negiert der Lerner durch sein elliptisches "no" die Proposition von Ys initiierendem Akt und weist damit Ys Befürchtung zurück; auf der relationellen Ebene ist es jedoch nötig, Ys Besorgnis durch eine explizitere und modalitätsmarkierte Formulierung (vgl. den *-committer* "I don't think P" in RÄ) Rechnung zu tragen.

In der Verwendung des elliptischen Einwort-Dissenssignals "no" als "Minimalreplik" zur Realisierung von Ablehnungen kommt, ebenso wie in der Verwendung des elliptischen Einwort-Konsenssignal "yes/yeah" zur Realisierung von Versprechen und Annahmen, eine Gegentendenz zu der sonst feststell-

baren Neigung der Lerner zum "Komplettismus" (vgl. (13 1) in
6.2.2.2) zum Ausdruck. Lernerspezifisch ist darüber hinaus
die Verwendung des Einwort-Dissenssignals als <u>alleiniger</u>
Äußerung innerhalb eines Redebeitrags; in E tritt das elliptische "no" regelmäßig nur in Kombination mit weiteren
Äußerungseinheiten auf wie in

(xxiv)
    Y: oh we I think I think perhaps you're you're just
       slightly er [too nationalist]
    X: [ah no] no oh no no I won't have that no I really
       don't

(xxv)
    Y: I really must reward you in some way [what can I]
    X: oh no don't be ridiculous

Auch die folgenden 3 respondierenden Akte weisen eine unangemessene Sprechaktmodalität auf.

(m) (In Xs Zimmer ist der Gasofen explodiert; die
    Wirtin hat verschiedene Kompensationsangebote
    gemacht)
    Y : I just wonder if I've got a drop of whisky
       for you oh dear
    X : perhaps I think er it's it's enough and I'm
       I'm very tired and er
    RÄ: no thanks very much Mrs Sumners please don't
       bother I'm pretty tired to tell the truth

(n) (Y beschwert sich, daß X das Badezimmer in einem
    unerfreulichen Zustand hinterlassen hat)
    Y : I heard you coming up the stairs it sounded
       like a a herd of animals
    X : oh well I think it can't be it can't have
       been so terrible I think I was only a little
       bit happy but I think I haven't made too much
       noise to disturb you
    RÄ: oh Mrs Sumners surely it can't have been so
       bad I may have been slightly merry but I
       just can't imagine having made such a noise

(o) (wie n)
    Y : well you don't even remember what happened last
       night oh really this is terrible I mean [oh
       no] I thought you were a nice [oh Mrs Sumners]
       clean student

```
X : you must understand I well I'm not a used to
    alcoholics etcetera and when I've been very
    late and oh tomorrow I have such a headache
    I can't describe and I can't even remember
    what had happened yesterday night but I think
    I did have I left the bathroom in not in a mess
RÄ: ... as I say I just can't imagine having left
    the bathroom in a mess
```

Dem Redewechsel in (m) ging die in (11 r) dokumentierte Sequenz von Angeboten (Y) und Annahmen (X) voraus. Im vorliegenden Datum verfolgt der Lerner, wie er in seinem Interview erläuterte, die doppelte Absicht, Ys neuerliches Angebot abzulehnen und gleichzeitig das Gespräch zum Abschluß zu bringen. Y versteht das Schlußeinleitungssignal (genauer: die Legitimierung, vgl. 6.5.2) "I'm very tired" in dem von X beabsichtigten Sinn und beantwortet es mit einem Schlußzustimmungssignal ("allright", vgl. 6.5.1). - Die Ablehnung von Ys Angebot durch "it's enough" ist trotz der Abtönung durch den *downtoner* "perhaps" und den *-committer* "I think" in mehrfacher Weise unangemessen: es fehlt ein Dissenssignal zur Markierung der von X intendierten Illokution (RÄ: "no") und eine Würdigung von Ys angebotener Leistung (RÄ: "thanks very much"). Auf einer niedrigeren Rekonstruktionsstufe, die noch nicht zu einer pragmatisch angemessenen Äußerung führt, wird außerdem deutlich, daß die Pronominalisierung "it" unakzeptabel ist: zum Ausdruck anaphorischer Referenz muß hier das Pronomen "that" verwendet werden (vgl. Stemmer in Vorbereitung).

(13) (n) und (o) stammen von demselben Lerner, der in beiden respondierenden Akten versucht, seine Ablehnung durch den *-committer* "I think" abzutönen. Dabei entsteht das bereits erwähnte ungrammatische Dissenssignal "I think not P". In pragmatischer Hinsicht ist jedoch entscheidend, daß X durch die dreimalige Verwendung von "I think (not) P" in (n) und die einmalige in (o) zwar den subjektiven Charakter seiner Äußerung betont, sich aber nicht explizit auf die aktuelle Hörerin bezieht. Diese Sprecherzentriertheit

ist in den beiden vorliegenden Fällen interaktionell besonders ungünstig, weil X sich durch die Zurückweisung von Ys Beschwerde ohnehin potentiell beziehungsgefährdend verhält und er den inhaltlich begründeten Konflikt auf der Ausdrucksebene verstärkt, anstatt ihm durch stärker hörerbezogenes Sprachverhalten entgegenzuwirken.

Im einzelnen zu (n): mit "I think it can't have been so terrible" äußert der Lerner eine subjektive Behauptung, die im Unterschied zur appellierenden Struktur von RÄ (Anrede, "surely" als nicht-sprecherzentriertem *-committer*) den Dissenscharakter von Xs Respons nicht genügend abschwächt. "I think I haven't made so much noise to disturb you" ist geradezu taktlos, weil X damit einem "Y-event" widerspricht – ob X die Y gestört hat oder nicht, entzieht sich Xs Beurteilungskompetenz – und so gegen das "the speaker knows best principle" verstößt. Ein weiterer, die Diskurskohärenz störender Fehler ist die Betonung von "terrible", das thematisch ist und daher keiner prosodischen Hervorhebung bedarf; rhematisch und daher betonungsbedürftig ist vielmehr "so".

Die Lerneräußerung in (o) ist gegenüber derjenigen in (n) hinsichtlich ihrer interaktionellen Wirkung gesprächstaktisch günstiger angelegt: auf Ys Beschwerde geht X zunächst mit einer ausführlichen Entschuldigung ein, die er mit einem *rhetorical appeal* ("you must understand") einleitet und die im Hinblick auf die nachfolgende Ablehnung die Funktion eines *forewarn* annimmt. Die mit "I think" eingeleitete Ablehnung kann, wie schon (13) (m) und (n), über zwei Stufen rekonstruiert werden: zunächst wird die ungrammatische Lerneräußerung in eine grammatische überführt, so daß die grammatische und akzeptable, aber unangemessene Äußerung "I don't think I left the bathroom in a mess" entsteht. Auf einer zweiten Rekonstruktionsstufe wird die akzeptable Äußerung in eine unter den gegebenen kon- und kotextuellen Bedingungen pragmatisch angemessene transformiert (s. RÄ), die dem Beziehungsaspekt - in diesem Fall durch Akzentuierung der expressiven Funktion ("I don't think" -→ "I just can't imagine") - stärker Rechnung trägt.

6.2.3.6 ZUSAMMENFASSUNG

Im Unterschied zu den *native speakers* verwenden die Lerner zur Einleitung ihrer Einwände seltener diskursstrukturierende *gambits* wie *uptaker* und *starter*. Zur Einleitung von Ablehnungen benutzen sie zumeist das Element "oh" als *receipt* oder *starter*, während die *native speakers* den *starter* "well" in dieser Funktion bevorzugen. Einwände und Ablehnungen sind in L schwächer modalitätsmarkiert als in E, wobei bei der Realisierung von Ablehnungen insbesondere modalitätsrelevante *gambits* wie *cajoler* und *underscorer* unterrepräsentiert sind.
Die Fehlerquote beträgt bei den Einwänden 23 %, bei den Ablehnungen 50 %. In beiden Sprechakten liegen im überwiegenden Teil der Fehler Verstöße auf der Responsivitätsdimension vor: 83 % der fehlerhaften Einwände sind in zumeist propositonaler Hinsicht teilresponsiv; von den unangemessenen Ablehnungen sind 60 % teilresponsiv organisiert. Durch unabgetönte Minimalrepliken, die Verwendung des sprecherzentrierten *-committer* "I think" und Verstöße gegen das "the speaker knows best principle" erhalten einige Ablehnungen eine ungeeignete Sprechaktmodalität und wirken interaktionell belastend.

6.2.4 ABBITTE LEISTEN (APOLOGIZE)[1]

6.2.4.1 BESCHREIBUNG

Abbitte leisten gehört ebenso wie der im Anschluß zu behandelnde respondierende Akt *Bedanken* zu den Expressiva (Searle 1976) oder Attitudinalia (Edmondson/House/Kasper/McKeown 1979, 22). Die pragmatischen Voraussetzungen, die Norrick (1978) für Expressiva aufgestellt hat, hatte ich in 6.1.4.0 angeführt. Der respondierende Akt *Abbitte leisten* bildet häufig den rechten (respondierenden) Teil eines Nachbarpaares, dessen linken (initiierenden) Teil der Sprechakt *Beschweren* einnimmt. Der Zusammenhang zwischen beiden Sprechakten wird deutlich, wenn man ihre Interaktionsbasen vergleicht:

Beschweren: H did P/P bad for S
Abbitte leisten: S did P/P bad for H

und dabei voraussetzt, daß P einen identischen, vom aktuellen Sprecher als negativ bewerteten Sachverhalt bezeichnet ("value judgement condition") und der aktuelle Sprecher, der den Beschwerdeakt äußert, identisch mit dem aktuellen Hörer ist, an den sich der Abbitteakt richtet ("role identification condition").
Bei der Diskussion des Sprechakts *Beschweren* hatten wir festgestellt, daß er in der Regel indirekt formuliert wird, und hatten dies auf die "anti-H"-Qualität des Sprechakts zurückgeführt: *Beschweren* (ebenso wie *Auffordern*) verletzt die "H-support"-Maxime und bedarf daher verstärkter *"face-work"*.
Abbitte leisten konstituiert dagegen (ebenso wie *Bedanken*) "an instance of socially sanctioned H-supportive behaviour" (Edmondson 1981 b, 280) und kann daher nicht nur direkt, son-

---

[1] Ich habe das vielleicht näherliegende Übersetzungsäquivalent von "apologize", "sich entschuldigen", nicht gewählt, weil "entschuldigen" im Deutschen ambig ist zwischen den Bedeutungen "sich bei jemandem für etwas entschuldigen" (apologize) und "eine Handlung/einen Sachverhalt durch eine andere Handlung/einen anderen Sachverhalt entschuldigen" (excuse). Um diese Ambiguität zu vermeiden, verwende ich für engl. "apologize" dt. "Abbitte leisten" und für engl. "excuse" dt. "entschuldigen".

dern auch modalitätsverstärkt realisiert werden ("gushing").
Die soziale Funktion von *Abbitte leisten* kann beschrieben
werden als "admitting responsibility for a state which
affected someone in an adverse way and thereby implicating
contrition and, sometimes, ... asking to be forgiven"
(Norrick 1978, 284). Situationen, in denen nach gesellschaftlich gültigen Normen ein *"complainable"* vorliegt,
sind äußerst zahlreich; da es sich bei vielen dieser Situationen um routinemäßig wiederkehrende Standardsituationen
handelt, greifen Interaktanten zur Realisierung von Abbitten zumeist auf Routineformeln zurück. Abbittebedürftiges
Verhalten läßt sich danach unterscheiden, ob das *"complainable"* rein konventionellen oder nicht-konventionellen Charakters ist. Zu der ersten Kategorie gehört z.B. die Abbitte für "Territoriumsinvasion" in Eröffnungsphasen ("excuse me can you tell me what time it is by any chance" -
vgl. 6.4.3) und Reparaturinitiierung oder *checks* ("sorry
what did you say" - vgl. 6.3.2 und Edmondson 1981 b, 283 f.).
Diese wesentlich phatischen und metakommunikativen Abbitten
werden hier ausgeklammert, da sie keine respondierende Akte
(auf einen (antizipierten) Beschwerdeakt) konstituieren.
Vielmehr werde ich nur solche Abbitten behandeln, in denen
das *"complainable"* nicht nur per Konvention abbittebedürf-
tig ist, sondern der aktuelle Sprecher dem aktuellen Hörer
auch im nichtkonventionellen Sinn Schaden zugefügt hat.

6.2.4.2 SPRECHAKT "ABBITTE LEISTEN" IN E UND L

In E werden alle 11 Abbitten durch Beschwerdeakte elizitiert. Auch in L folgen 5 der 10 Abbitten auf Beschwerden;
den weiteren gehen Ablehnungen (3) und Versicherungen (2)
voraus. Auf 8 Abbitten in E und auf 5 in L folgt eine Entschuldigung (vgl. 6.2.6).

Die Abbitten in E werden typischerweise mit einem *uptaker*

wie "yeah" oder "okay" und/oder dem *starter* "well" eingeleitet"; vergleiche

> (xxvi)
> X: hey what's that that's my paper
> Y: { yeah I'm sorry
>   okay I'm sorry
>   yeah well I'm sorry }

In Situationen, in denen mit der Beschwerde des Koaktanten
ein Überraschungsmoment verbunden ist (der "complainee"
sich "ertappt" fühlt), bringt der Abbitteleistende dies
durch stärker expressive *uptakers* ("oh", "hey", Hesitation)
zum Ausdruck; vergleiche

> (xxvii)
> Y: excuse me but I think you've got my place
> X: oh I'm ever so sorry but I'm in this terrible
>   rush ...
>
> (xxviii)
> Y: I'm busy doing a bloody work for tomorrow when
>   I've got to do a presentation
> X: hey well I'm sorry
>
> (xxix)
> Y: are you responsible for these markings in the
>   margins of the book˄looks like your handwriting
> X: er u I'm (clears throat) awfully sorry erm
>   (clicks tongue)

Bis auf eine explizit-performative Verwendung von "I apologize" werden sämtliche Abbitten in E mit dem Adjektiv
"sorry" realisiert. Entsprechend ihrem Interaktionsmerkmal
"H-supportive", werden die Abbitten in E in 6 der 11 Fälle
modalitätsverstärkt. Vergleiche den *intensifier* "ever so"
und den *overstater* "awfully" in den zitierten Redewechseln
sowie den *+committer* "really" und den *exclaim* "oh hell" in

> (xxx)
> X: you promised you'd take that in for me
> Y: { I'm I'm s- I'm really sorry
>   er yeah but you know it's er (clicks tongue)˄oh hell
>   I'm sorry }

Auffällig ist in E desweiteren die Kookkurrenz von *hesitators*, die wir als *downgraders* klassifizierten, mit den übrigen als *upgraders* wirkenden Modalitätsmarkierungen. Vermutlich sind die *hesitators* hier Peinlichkeitssymptome, die auf die unangenehme Situationsrolle des aktuellen Sprechers verweisen, während die *upgraders* eher als hörerzentrierte "H-supporting devices" eingesetzt werden. Systematische Unterscheidungen in der Wahl modalitätsverstärkter oder nicht verstärkter Realisierungen von Abbitten, die z.B. auf unterschiedliche initiierende Akte bzw. deren Realisierungen (Direktheitsstufe) oder auf die Qualität des *"complainable"* zurückzuführen wären, lassen sich in dem kleinen Korpus nicht ermitteln.

Auch die Lerner in L leiten ihre Abbitten regelmäßig mit einem *receipt* ("yes") oder einem *starter* ("well") ein. Im Unterschied zu den *native speakers* verwenden sie jedoch am häufigsten das Element "oh" in der Funktion eines *starter*, *receipt* oder *exclaim* als einleitendes *gambit*. Wie oben angeführt, wird "oh" in E nur einmal als Überraschung konnotierendes Element einer Abbitte vorangestellt, und auch die Lerner benutzen das Element teilweise in der gleichen Funktion; vergleiche

> (14)
> (a) (Student beschuldigt seinen Arbeitgeber, die Strichliste falsch geführt zu haben)
> Y: I don't think it's a mistake Peter I'm not liable to make a mistake of of that nature you know [oh yes] and er I do know that er Miss Gossford Elizabeth has been working very hard today she's been working very hard and I've got six down for her already and she's still out there picking [isn't she]
> X: [oh oh] sorry yes I see I see oh sorry I thought you've made the same mistake as some time before oh

X erkennt in diesem Redewechsel, daß er Y zu Unrecht einen Fehler angelastet hat, und leistet in Antizipation einer

Beschwerde vonseiten Ys Abbitte. Da mit dem Erkennen seiner Fehlhandlung Überraschung verbunden ist, entspricht die Verwendung von "oh" derjenigen des *native speakers* in (xxx). In (14 bX2) ist hingegen kein Überraschungsmoment gegeben, da dem X Ys Beschwerde bereits bekannt ist:

>   (b) Y1: well you did make a lot of noise last
>   night when you were coming in
>   X1: oh well I can't remember so well but
>   you may be right yes (lacht)
>   Y2: really
>   X2: oh I'm very sorry about it but well I
>   was in a pub with some friends and there
>   of course we've drunk a little bit

Unter pragmatischen Bedingungen, wie sie dem Zug des Lerners in X2 zugrunde liegen, verwenden die *native speakers* in E die expressiv neutralen *gambits* "yeah" und "well". In der Lernerperformanz ist "oh" gegenüber E sowohl überrepräsentiert - die Hälfte der Lernerabbitten wird mit "oh" eingeleitet - als auch unterdifferenziert, insofern "oh" für expressiv neutrale wie markierte Einleitungen von Abbitten verwendet wird (zur Überrepräsentation und Unterdifferenzierung von "oh" in der gesamten Lernerperformanz vgl. 6.3.7.2).

Unterdifferenziert gegenüber E ist auch die Realisierung illokutionshervorhebender Funktionen in L: während die *native speakers* verschiedene modalitätsverstärkende Kategorien und Elemente verwenden (s.o.), benutzen die Lerner ausschließlich den *intensifier* "very" (vgl. 14 b).

6.2.4.3 FEHLER IM SPRECHAKT "ABBITTE LEISTEN"

In fünf Dialogen mit der Interaktionsbasis "X did P/P bad for Y" beantwortet der Lerner Ys Beschwerden mit Entschuldigungen, Rechtfertigungen und Versprechen, nicht aber mit einer Abbitte. Dies stellt natürlich eine angemessene Reaktionsweise dar, wenn der Sprecher auf "nicht schuldig" plädiert, d.h. Ys Beschwerdeakt nicht akzeptiert. Wie aus dem sonstigen apologetischen Kommunikationsverhalten der Lerner in diesen Dialogen und ihren Kommentaren in den Lernerinterviews ("eigentlich wollte ich mich ja entschuldigen ..."; "auf Deutsch hätte ich mich entschuldigt" etc.) hervorgeht, erkannten sie jedoch Ys Beschwerden durchaus als legitim an, wie es auch die Rollenbeschreibungen in starkem Maß nahelegen. Ist demnach einerseits festzuhalten, daß die betreffenden Gesamtdialoge so rekonstruiert werden müßten, daß auf mindestens eine der mehrfachen Beschwerden Ys eine Abbitte folgt, so ist es gleichzeitig nicht zwingend zu bestimmen, daß ein <u>bestimmter</u> initiierender Beschwerdeakt die Abbitte als Respons konditioniert. Ich gehe daher so vor, daß ich jeweils eine Abbitte als sozial gefordert setze und dabei einen initiierenden Beschwerdeakt annehme, der relativ eindeutig als solcher identifizierbar ist (also durch eine höhere Direktheitsstufe realisiert ist, die wenig Spielraum zum interaktionellen Aushandeln der Illokution läßt) und demjenigen Beschwerdetypus entspricht, auf den die *native speaker* in E im vergleichbaren Kontext mit einer Abbitte reagieren.

Zwei der fünf respondierenden Züge, die ich demnach als teilresponsiv in illokutiver Hinsicht klassifiziere, sind in (14) (c) und (d) belegt.

(14)
(c) (X hat einen Weinfleck auf Ys Wildlederjacke gemacht)
Y : well look at this was that on before you borrowed it
X : no it wasn't but er it was not it was not my fault cause when I went to the party and er we had such a fun and er then suddenly somebody knocked a glass of er sherry or just wine on on my j- on your jacket and er but I just went to the toilet and tried to to get it out but
RÄ: no it wasn't and I'm terribly sorry about this but you see it wasn't my fault ...

(d) (X bringt ein ausgeliehenes Buch in die Bibliothek
zurück, das er mit Anmerkungen versehen hat)
Y : it's certainly your handwriting, er these are
library books you know how you treat your own
books is your affair but I'm afraid these belong
to the public library here and erm one just
should not erm decorate the books in this fashion
X : yes maybe I haven't thought of the difference
that this this is a j- library book and I've
just treated it as I do it to my own books
RÄ: yeah I'm sorry about this I probably didn't
remember it was a library book ...

Die Teilresponsivität bezieht sich dabei nicht auf die von X vorgebrachten Entschuldigungen selbst (die im übrigen eine unangemessene Sprechaktmodalität aufweisen), sondern auf die ihnen vorausgehenden pragmatischen "Leerstellen", die dadurch entstehen, daß eine durch das Taktprinzip geforderte interaktionelle Funktion nicht erfüllt wird.

Im Unterschied zu (14) (c) und (d) führen die Lernerinnen in (14) (e) und (f) interaktionell angemessene und beabsichtigte Abbitten aus, verwenden zu ihrer Realisierung jedoch eine unangemessene Sprechaktmodalität.

(14)
(e) (X hat Y eine Verabredung zum Babysitten abgesagt)
Y : well it's going to be a problem for me to find
somebody I wonder if I should erm get somebody
else to come because I did have erm some more
answers to my advertisement in the newspaper
erm whether I should get someone else for
Friday evenings
X : well I I would say it's not a problem for erm
every Friday evening it's just for this day
sonst [uh-huh uh-huh] quite sorry about it
RÄ: ... I'm really terribly sorry about this ...

(f) (wie e)
Y : and if you can't come next week please let me
know well earlier
X : yes I would I would try to try to do so because
well I'm rather sorry about it but it's just
for this day
RÄ: I certainly will Mrs Norton and again I'm awfully
sorry about this ...

(14 e) weist die Sprechakt-Sequenz $Beschwerde_Y$- $Entschuldigung_X$- $Abbitte_X$, (14 f) die Sequenz $Aufforderung_Y$- $Versprechen_X$- $Abbitte_X$ auf. Für die Unangemessenheit von Xs Abbitten liegen dieselben pragmatischen Gründe vor, aus denen Xs erster Zug in (f) als ungeeignete Realisierung eines Versprechens betrachtet werden muß (vgl. (12 o) in 6.2.2.3): Abbitten konstituieren ebenso wie Versprechen "H-supportive behaviour" und bedürfen daher weder der Indirektheit noch der Abtönung. Im Gegenteil wirkt eine Abschwächung des illokutiven Potentials solcher Sprechakte geradezu disfunktional, weil der Sprecher dadurch den sprechaktinhärenten "H-support" partiell zurücknimmt. Im Fall der Abbitten in (e) und (f) bewirkt die Abtönung durch die *downtoners* "quite" und "rather" eine Abschwächung der expressiven Funktion, nämlich des Ausdrucks von Reue über die Unannehmlichkeiten, die X der Y zugefügt hat. In RÄn wird demgegenüber mithilfe der Ersetzung dieser abschwächenden Modalitätsmarkierungen durch die verstärkenden *overstaters* "terribly" und "awfully" die uneingeschränkte illokutive Kraft der Abbitten und damit der volle "H-support" restituiert.

6.2.4.4 ZUSAMMENFASSUNG

In der Lernerperformanz ist das *gambit* "oh" zur Einleitung von Abbitten gegenüber E sowohl überrepräsentiert wie funktional unterdifferenziert verwendet. Auch modalitätsverstärkende Funktionen werden in L nur durch ein Element, den *intensifier* "very", realisiert. Von 42,9 % unangemessen bzw. nicht-realisierten Abbitten sind 66,7 % durch pragmatische Leerstellen teilresponsiv in illokutiver Hinsicht. Unangemessene Sprechaktmodalität wird durch die Abtönung anstelle der Verstärkung von Abbitten hervorgerufen.

6.2.5 BEDANKEN (THANK)

6.2.5.1 BESCHREIBUNG

Der Sprechakt *Bedanken* setzt eine verbale oder nonverbale Handlung voraus, die der aktuelle Hörer "auf seine Kosten" zugunsten des aktuellen Sprechers vollzogen hat (Leech 1977, 15 f.) und die der aktuelle Sprecher (aufgrund sozialer Konventionen und/oder individueller Auffassung) als positiv bewertet. *Bedanken* hat mit *Abbitte leisten* zum einen gemeinsam, daß es der "H-support"-Maxime entspricht und daher direkt und häufig modalitätsverstärkt realisiert wird. Zum anderen ist auch dieser Sprechakt in einer großen Anzahl von Standardsituationen aufgrund gesellschaftlicher Normen obligatorisch, so daß auch er in der Regel durch eine Routineformel realisiert wird (im Englischen durch das explizit-performative "thank you"). Da ein routinisiertes Bedanken häufig rein konventioneller Natur ist und ihm durchaus keine tatsächliche Dankbarkeit aufseiten des Sprechers zugrunde liegen muß ("thanking is generally the most formulaic and least 'heartfelt' of expressive illocutionary acts", Norrick 1978, 285), empfinden Interaktanten die Routineformel zur Danksagung für eine Leistung des Koaktanten, die über den Rahmen konventionell höflichen Verhaltens hinausgeht, häufig als zuwenig ausdrucksstark. Sie verwenden daher insbesondere in solchen Situationen Modalitätsverstärkung und/oder bringen ihre Wertschätzung für den Koaktanten und seine Leistung sowie die eigene positive emotionale Betroffenheit zum Ausdruck.

Wie bei den Abbitten, so werde ich mich auch beim Sprechakt *Bedanken* auf sein Auftreten als Respons in der thematischen Phase der Dialoge beschränken und phatische Danksagungen, wie sie typischerweise in der Eröffnungs- (vgl. 6.4.5) und der Beendigungsphase (vgl. 6.5.3, 6.5.4) vorkommen, hier nicht behandeln.

6.2.5.2 SPRECHAKT "BEDANKEN" IN E UND L

In E ist die Realisierung von Danksagungen wesentlich durch die Ausprägung des Kosten-/Nutzen-Faktors, also den Grad der Leistung des Koaktanten für den aktuellen Sprecher determiniert. Die folgenden Beispiele aus E illustrieren, wie der verbale Aufwand des Sprechers proportional zum Kosten-/Nutzen-Faktor steigt.

(xxxi)
Y: come in and have a seat
X: {thank you / thanks}

(xxxii)
Y: don't forget to come and see me when you're passing by
X: {well thanks Mrs Carter / thank you very much}

(xxxiii)
Y: I'll get you a cup of tea
X: okay lovely thanks a lot

(xxxiv)
Y1: I've just packed a bit of lunch for you (proffers parcel) [I er]
X1: [oh] that's lovely (accepts parcel) thanks very much
Y2: are you planning to stop on the way I I thought you could possibly draw in and er also I've I've made a flask of coffe for you you see (proffers flask)
X2: oh that's terribly kind (accepts flask)

(xxxv)
(Studentin verabschiedet sich von ihrer Wirtin)
X: I I've packed everything and I don't think I've forgotten anything and I'd like to say thank you very much indeed for all you've done for me over the last three years it's been very nice staying here and I've really appreciated it
----
X: you really have been good to me over the [past]

(xxxvi)
(Student leiht seinem Freund £20)
Y: so er there's twenty quid for you (producing money from pocket) will that be enough
X: that's fantastic Joe you're a mate that's great thanks very much

----
X: well thanks very much chief oh that's great

X: okay thanks a lot you're a real life-saver

In (xxxi) und (xxxii) halten sich Ys Leistungen für X im Rahmen konventionell höflichen Verhaltens (Angebot eines Sitzplatzes; Einladung zum Besuch); als Respons hierauf ist die "Minimalausstattung" eines Dankes daher völlig ausreichend. Mit der Realisierung von Ys Angebot in (xxxiii) (X eine Tasse Tee zu holen) ist demgegenüber bereits eine konkrete Anstrengung innerhalb der aktuellen Situation verbunden, auf die X daher mit modalitätsverstärktem Dank ("a lot" als *intensifier*) und einer positiven Bewertung von Ys Angebot ("lovely") Bezug nimmt. In (xxxiv) hat Y zwei gleichwertig aufwendige Leistungen für X erbracht (ein Lunchpaket (Y1), Kaffee gemacht (Y)); X nimmt dies in beiden Fällen mit einem Ausdruck der Wertschätzung entgegen, dessen Modalität in X2 durch den *overstater* "terribly" gegenüber X1 noch weiter verstärkt ist. Das *"thankable"* in (xxxv) umfaßt einen Komplex von Leistungen, die Y für X über einen langen Zeitraum hindurch erbracht hat; es ist damit qualitativ von den bisher angeführten punktuellen Einzelleistungen Ys verschieden. Um die besondere Qualität des *"thankable"* zum Ausdruck zu bringen, legt X ihre Danksagung metakommunikativ an ("I'd like to say"), verstärkt ihre Modalität ("very much indeed"), erwähnt das *"thankable"* explizit ("all you've done for me over the last three years") und äußert zweimal ihre Wertschätzung ("nice", "appreciate") für eine positive Erfahrung, an der Y zumindest beteiligt war (X's stay at Y's), in modalitätsverstärkender Form ("very", "really"). Durch die Wiederholung der Wertschätzung (wobei "I've really appreciated it" als Paraphrase von "it's been very nice" aufgefaßt werden kann) erzielt X einen weiteren Steigerungseffekt ihres Dankes. - (xxxvi) schließlich enthält ein *"thankable"*, das eine weitgehende, risikoreiche und möglicherweise mit eigenen Entbehrungen verbundene Leistung Ys mit einem großen aktuellen Nutzen für X verknüpft (Y hilft X aus einer finanziellen Notlage, wobei Y selbst kein Geld hat). X quittiert diesen Freundschaftsdienst, indem er außer den modalitätsverstärkenden Bedankungsakten ("very much", "a lot") und einer ebenfalls modalitätsverstärkenden positiven Bewertung von Ys Handlung ("fantastic", "great") seine Wertschätzung für Y zum Ausdruck bringt ("you're a mate", "you're a real life-saver").

Gegenüber E ist die Lernerperformanz hinsichtlich der Realisierungsalternativen von Bedankungen häufig unterdifferenziert. Vergleiche

(15)
  (a) Y: well come in
     X: erˌthank you very much

  (b) Y: oh hello Achimˌyesˌhave a seat
     X: oh thank you very much

  (c) (Y hat die Nummer eines fahrerflüchtigen Wagens
     notiert, der Xs Fahrzeug angefahren hat)
     Y: anyway that's the number
     X: thanks

Die Lerner in (15) (a) und (b) antworten auf ein konventionelles *"thankable"* mit einem modalitätsverstärkten Dank, während der Lerner in (15 c) auf eine über den konventionellen Rahmen hinausgehende Hilfeleistung Ys, die mit großem Nutzen für X verbunden ist, die Minimalform eines Dankes produziert.

Ähnlich wie die *native speakers*, so benutzen auch die Lerner den Ausdruck von Wertschätzung als (indirekte) Danksagung; vergleiche

(15)
 (d) (Studentin verabschiedet sich von ihrer Wirtin)
    Y1: well I've made you I packed you some sandwiches
        for your journey so you'll have enough to eat
        on the journey
    X1: oh yes [and I'll be very pleased]
    Y2: [and something to drink as well so]
    X2: [that's very kind of you]
    ....
    Y3: will it be enough is there enough [are there
        enough sandwiches]
    X3: [ah yes of course] that's very kind of you

 (e) (Fortsetzung 15 d)
    Y : well er you got everything packed
    X : yes I did everything and it was so nice with
        you I was very delighted to have er to make
        the aquaintance of such a nice woman

 (f) (Y bringt X seine verlorene Zeichenmappe zurück)
    Y : ... I found it near a park bench when I was
        taking my dog for a walk
    X : oh yah it was there it was horrible I was some-
        thing tired and I decided to stretch out on the
        bank I fell asleep and I think I'm must have
        fallen asleep and I thought when I left I for-
        got my folder and I thought perhaps somebody
        had stolen it or but it's [oh] nice of you

Im Unterschied zu den *native speakers*, die die Wertschätzung in der Regel entweder innerhalb desselben Redebeitrags mit einem expliziten Dank kombinieren (vgl. (xxxiii) - (xxxvi), insbesondere (15 d) mit (xxxiv) und (e) mit (xxxv) oder ihn in einem vorausgehenden oder folgenden Beitrag zum Ausdruck bringen (vgl. (xxxiv X1) und (X2)), realisieren die Lerner beide Funktionen zumeist alternativ. Die mit ansteigendem Kosten-/Nutzen-Faktor typische Häufung von Dank, positiver Bewertung von Ys Leistung und Ausdruck der Wertschätzung für Y ist in der Lernerperformanz nur einmal belegt (vgl. (15 k)).

Zur Modalitätsverstärkung von Bedankungen verwenden die Lerner ausschließlich den *intensifier* "very", zum Ausdruck der Wertschätzung die Adjektive "nice" und "kind" wie in (15) (d) - (f). Auch auf der Realisierungsebene ist die Lernerperformanz damit gegenüber E unterdifferenziert.

6.2.5.3 FEHLER IM SPRECHAKT "BEDANKEN"

Alle 10 pragmatisch unangemessenen respondierenden Akte, die auf ein *"thankable"* folgen, stammen aus Situationen mit der Interaktionsbasis "Y did P/P good for X" (4), wobei die mit P bezeichnete Leistung von Y für X über konventionell erwartbares Höflichkeitsverhalten hinausgeht. Bei ihrer Kategorisierung stellt sich zuweilen das Problem, ob solche Äußerungen sinnvoller als in illokutiver Hinsicht teilresponsiv oder als responsiv, aber unzureichend modalitätsmarkiert beschrieben werden sollten. Isoliert man einzelne Redewechsel, bleibt die Entscheidung notwendig arbiträr; durch den Kontext läßt sich jedoch häufig eine - sicher immer noch subjektive, aber besser begründbare - Klassifizierung treffen. Sprechakttheoretisch hängen die Kategorisierungsprobleme damit zusammen, daß *Bedanken* nicht notwendig durch einen bestimmten Sprechakt initiiert wird (vgl. Edmondson 1981 b), sondern das *"thankable"* häufig nonverbal ist und außerhalb des aktuellen Diskurses liegt. Es können in solchen Fällen keine verbindlichen Regeln darüber aufgestellt werden, an welcher Stelle im Diskurs Sprecher die Funktion *Bedanken* realisieren müssen - daß sie <u>irgendwo</u> realisiert wird, ist jedoch in den vorliegenden vier Situationen mit der Interaktionsbasis 4 obligatorisch, wie aus E und geläufigen Interaktionsnormen im Englischen hervorgeht (vgl. zu einer ähnlichen Problematik im Zusammenhang mit dem Sprechakt *Abbitten* 6.2.4.3). In 3 der 8 Dialoge dieses Situationstyps realisiert der Lerner überhaupt keinen expliziten Dank, sondern bringt lediglich seine Wertschätzung für Y zum Ausdruck (vgl. 15 f) bzw. seine Freude über das Resultat von Ys Handlung, vergleiche

(15)
```
(g) (Y hat X eine verlorene Zeichenmappe zurückgebracht)
    Y: yes okay well it was quite lucky for me that
       I found your pictures
    X: yeah it's er was er lucky for me too and er I'm
       very happy that you you found them and I've er
       go them back
```

In einem Fall (vgl. u. 15 j) verzichtet der Lerner auch auf diese indirekte Realisierung eines erwartbaren Dankes. Die Hälfte der folgenden Lerneräußerungen klassifiziere ich aufgrund ihrer Diskursposition als teilresponsiv in illokutiver Hinsicht. Vergleiche (15) (h) - (j).

(15)

(h) (Studentin verabschiedet sich von ihrer Zimmerwirtin)
```
Y1   : I've got some sandwiches ready for you here
X1   : oh thank you thank you
Y2   : I hope it'll be enough
X2   : yes of course it will be enough
Y3   : you won't get hungry now
X3   : (lacht) no (Themenwechsel)
RÄ2  : oh that's lovely Mrs Bell
RÄ3  : no that's super thanks
```

(i) (Y hat beobachtet, wie ein Wagen Xs parkendes Fahrzeug angefahren hat)
```
Y1: ... er I was working away here in the shop
    when I heard this almighty crash and I went
    to the door to have a look and er I saw that
    er a red Alfa Romeo had er bashed you vee
    double u out there
X1: oh mm
Y2: so that's why I put the note under the
    windscreen wiper
X2: oh yes very good [mm] mm could you give me a
    erm a description of that car and perhaps the
    number
Y3: yes I took the number down actually and this
    is it here if you would like to have it
X3: yah
Y4: so
X4: mm
Y5: that's the number (hands piece of paper to X)
X5: oh yes
RÄ2: that was very good of you
RÄ5: that's great thanks a lot
```

(j) (Y hilft seinem Freund X aus einer finanziellen Notlage)
```
Y1: ... I explained the situation so he [yes] and
    what did he say] yah he er said he would let
    me have a bit more money so I can let you have
    some I went to the bank this morning
X1: oh and how much
Y2: well you said er twenty-five quid didn't you
X2: eh twenty-five yes [is that not enough] that
    would be enough yes of course
RÄ2: that's splendid Joe you're a real friend
```

Die Rekonstruktionen von (15 hX2) und (h X3) ergeben obligatorische positive Bewertungen (vgl. (xxxiv)), während ein weiterer Dank fakultativ ist, da die Lernerin in ihrem unmittelbar vorausgehenden Redebeitrag (X1) diese Funktion realisiert hat. Als teilresponsiv stufe ich (h X2) und (h X3) deshalb ein, weil die Lernerin auf Ys Wunsch (Y2) und Ausdruck von Besorgnis (Y3) mit Zustimmungen antwortet, aus denen weder eine Wertschätzung noch ein Dank inferenzierbar sind. X scheint zu verkennen, daß Ys Äußerungen primär auf der relationellen Ebene operieren und expressive Funktionen realisieren, auf die ebenfalls prädominant expressive Responses erwartbar sind.

In (15 i) sind die Diskursstellen, an denen zumindest eine positive Bewertung/Wertschätzung oder ein expliziter Dank pragmatisch erwartbar ist, durch Ys vorangehende Redebeiträge markiert: In Y2 macht Y den Abschluß seines Berichts über die X zugute kommende Handlung durch textuelle Signale ("so that's why") kenntlich, in Y5 vollzieht er mit einem handlungsbegleitenden Kommentar eine für X nützliche Handlung. Für das Aussprechen von Wertschätzung und Dank, die aufgrund des hohen Nutzens von Ys Handelns für X obligatorisch ist, sind X2 und X5 daher die plausibelsten Stellen. Xs *receipts* "oh yes" und ihr positiv wertender Kommentar in X2 ("very good") können nicht als angemessene Responses gelten, wie insbesondere aus einem Vergleich mit den Realisierungen derselben Interaktionssequenz in E hervorgeht:

```
(xxxvii)
Y1: ... and I got the number
X1: you did ah that's great
Y2: (looking through papers on counter) so you
    know I made a note of it and sort of wrote
    you that little note erm
X2: well that's very kind of you

(xxxviii)
Y1: I got his number you see
X1: oh that's that's great
    ...
```

```
Y2: it was a hell of a knock
X2: it's very kind of you to go to all this
     trouble
Y3: oh no trouble ...
     ...
Y4: there there's the number anyway (hands over
     piece of paper)
X4: (accepts - inspects) well that's great well
     thanks for all your trouble I mean
Y5: oh pleasure ...
```

Auch in (15 j) müßte aufgrund seiner Diskursposition - Y hat X soeben eröffnet, daß er ihm Geld leihen wird (Y1) und um welchen Betrag es sich handelt (Y2) - spätestens in (X2) eine Wertschätzung und ein expliziter Dank folgen (vgl. (xxxvi)). Der Lerner produziert hingegen zunächst nur einen *uptaker* ("eh twenty-five yes") und bestätigt Ys Rückversicherung, die zudem durch ein *playdown* ("would") in ihrem ersten Teil unangemessen abgetönt ist. Daß auch im weiteren Diskursverlauf kein Dank oder eine Wertschätzung folgen, verstärkt quasi ex post facto die illokutive Unangemessenheit von Xs Antwortzügen in der zitierten Sequenz.

Die folgenden Lerneräußerungen können im Vergleich mit den soeben behandelten klar als responsiv betrachtet werden; nachteilige Kommunikationseffekte können sich hier jedoch aus ihrer unangemessenen Realisierung ergeben. Vergleiche (15) (k) - (l).

```
(15)
(k) (Y hilft seinem Freund X aus einer finanziellen
    Notlage)
    Y1 : ... yah so erm he agreed right away so I've
         been to the bank this morning and er I
         thought if I lent you twenty Joe I can't
         afford any more honestly but if I lent you
         twenty
    X1 : oh that's that's very nice thank you very
         much
    Y2 : yah I thought you should be all right then
    X2 : oh I think it will help me for for the next
         time
         ...
    X3 : yes well I've already told you erm that I had
         problems with my er parents because I erm er
```

```
                    lent so so much money from them that they
                    said no you've er already done you last
                    chance you know and erm I'm out of money
         Y3  :  yah yah
         X4  :  it's and therefore er it's very nice er
                    from you to lend er this this sum I know
                    that you are also short
         Y4  :  yah well as I said the old man'll er look after
                    me    if things go wr- well [well that's]
                    until next term uh
         X5  :  that's very nice [once I] from from you
         RÄ1 :  that's fantastic Joe oh thanks very much
         RÄ2 :  oh I'm sure that'll see me through
         RÄ4 :  and so I really appreciate this very much ...
         RÄ5 :  you're a real friend chief that's great

(1) (Studentin verabschiedet sich von ihrer Zimmerwirtin)
         Y  :  well er you got everything packed
         X  :  yes I did everything and it was so nice with you
                    I was very delighted to have er to make the
                    acquaintance of such a nice woman
         RÄ :  yes I've done everything now thanks and I just
                    wanted to say Mrs Bell how lovely it's been
                    living here and to thank you for everything
```

In (15 kX2) ist wiederum ein unangemessen abgetönter - primär phatischer - Bestätigungsakt belegt: der -*committer* "I think" schwächt die Modalität des indirekten Dankes unnötig ab, anstatt sie - der "H-support"-Maxime gemäß - wie in (RÄ X2) durch den +*committer* "oh I'm sure" zu verstärken.
Die übrigen Korrekturstellen in (15 k) liegen in X1, X4 und X5, in denen der Lerner das Adjektiv "nice" zum Ausdruck von Wertschätzung für Y verwendet. Wie wir bereits mehrfach feststellten, ist "nice" in dieser Funktion in der Lernerperformanz überrepräsentiert (vgl. 6.2.1.2). In den vorliegenden Fällen ist die Wahl dieses hochfrequenten, ausdrucksschwachen ("abgegriffenen") Adjektivs in relationeller Hinsicht inadäquat, da es der Qualität von Ys Leistung für X auf der Ausdrucksebene nicht korrespondiert (vgl. wiederum (xxxvi)).
Demgegenüber versucht die Lernerin in (15 l) - neben ihrer ebenfalls zweimal mit "nice" realisierten Wertschätzung/positiven Bewertung - der Besonderheit der Situation durch das ausdrucksstarke, aber stilistisch "zu hoch gegriffene" Adjektiv "delighted" Ausdruck zu verleihen. Darüber hinaus

ist aber auch die von X in dieser Abschiedssequenz vollzogene Funktion - nicht nur ihre Ausdrucksform - pragmatisch inadäquat: bestätigende Abschiedsrituale wie "it's been nice meeting you" werden nur bei kurzfristigen, vermutlich sich nicht wiederholenden Kontakten vollzogen. Bei der Beendigung langfristiger Kontakte wird hingegen eine positive Bewertung der Leistungen, die Y für X erbracht hat, und damit eine implizite Wertschätzung für Y zusammen mit direkten Danksagungen geäußert (vgl. RÄ und (xxxv)). Schließlich ist noch anzumerken, daß der Übergang von Xs unmittelbarem Respons auf Ys initiierenden Akt zu der Danksagung durch die Konjunktion "and" nicht ausreichend markiert ist, sondern explizit durch einen *marker/underscorer* (vgl. "I just wanted to say Mrs Bell" in RÄ) gekennzeichnet werden muß.

6.2.5.4 ZUSAMMENFASSUNG

Die Lernerperformanz im Sprechakt *Bedanken* unterscheidet sich von derjenigen der *native speakers* durch die unterdifferenzierte Verwendung modalitätsverstärkender Realisierungsalternativen und die Unterrepräsention kookkurierender direkter und indirekter Danksagungen (Wertschätzung und positive Bewertung). Überrepräsentiert und funktional unterdifferenziert sind demgegenüber "kind" und "nice" als Realisierungselemente zur positiven Bewertung und der *intensifier* "very". Von den 42,7 % unangemessen realisierten Danksagungen sind 50 % in illokutiver Hinsicht teilresponsiv.

6.2.6 ZUSAMMENFASSUNG: RESPONDIERENDE AKTE IN DER LERNER-PERFORMANZ

Die Realisierung respondierender Akte in L unterscheidet sich von derjenigen in E zunächst durch die niedrigere *type-token*-Relation: z.B. ist zur Modalitätsverstärkung der Sprechakte *Abbitte leisten* und *Bedanken* der *intensifier* "very" überrepräsentiert bei gleichzeitiger Nullokkurrenz alternativer Realisierungselemente. Die Überrepräsentation eines Elements ist in anderen Fällen mit seiner funktionalen Unterdifferenzierung verbunden: so wird "nice" zur positiven Bewertung als Realisierung von Annahmen und Bedankungen, "oh" als einleitendes *gambit* bei Ablehnungen und Abbitten von den Lernern durchgängig verwendet, so daß die kontextuell unterschiedlichen interaktionellen u.a. Implikationen dieser Sprechakte auf der Ausdrucksseite keine Entsprechungen finden.

Als weiteres lernerspezifisches Merkmal der Realisierung respondierender Akte sind zwei gegenläufige Tendenzen festzustellen: die Tendenz zum <u>Komplettismus</u> und die Tendenz zur <u>Minimalreplik</u>. Beide Tendenzen wirken sich negativ auf die Diskurskohärenz aus und reduzieren die Interaktionsdichte. Beim Komplettismus kommt dieser Effekt dadurch zustande, daß der Lerner durch die bloße (partielle) Wiederholung des initiierenden Aktes eine stark redundante Äußerung produziert, die zur Weiterführung des Diskurses nur minimal beiträgt - eben dadurch, daß der zweite Sprecher dem vom ersten Sprecher geäußerten propositionalen Akt eine neue, durch den initiierenden Akt konditionierte Illokution hinzufügt. Minimalrepliken verstoßen demgegenüber gegen die aus der "H-support"-Maxime ableitbare Interaktionsnorm, "großzügig" mit "free verbal goods" zu verfahren: ein "sparsames Umgehen mit Kommunikationsleistungen, die den Sprecher "nichts kosten" ("Wortkargheit"), wirkt "unfreundlich", "nicht-sympathetisch" durch seine Sprecher- (anstelle von Hörer-)zentriertheit: S sagt, was vom Standpunkt

seiner Informationszwecke aus notwendig, nicht aber, was
zur Befriedigung der Ego-Bedürfnisse seines Koaktanten wichtig ist; er orientiert damit auf die referentielle Funktion
und ignoriert die relationelle. In R. Lakoffs (1973) Begriffen lassen sich Minimalrepliken als Verhalten interpretieren, das mit der "rule of clarity" übereinstimmt, jedoch
gegen die dritte Bestimmung der "rule of politeness" verstößt: "Make A feel good - be friendly". Im tendentiellen
Widerspruch zu dieser Regel stehen neben Minimalrepliken
auch die Lernerrealisierungen des Sprechakts *Bedanken:* auch
bei einem *"thankable"*, das stark positiv auf der Nutzenseite des Sprechers und stark negativ auf der Kostenseite des
Hörers ausgeprägt ist, kookkurrieren Dank, Ausdruck der
Wertschätzung des Koaktanten und positiver Bewertung der
vom Koaktanten für den Sprecher erbrachten Leistung in L
nicht; vielmehr beschränken die Lerner sich auf den Vollzug
einer dieser Funktionen.

Die Fehleranteile bei der Realisierung respondierender Akte
liegen zwischen 40 und 50 %, ein "Ausreißer" nach unten
bildet der Sprechakt *Einwenden* mit einer Fehlerquote von
23 %. Die Anteile non- bzw. teilresponsiver Äußerungen
gegenüber den responsiven, aber unangemessen modalitätsmarkierten Repliken schwanken zwischen 50 und 80 % im Fall der
Sprechakte *Einwenden, Ablehnen, Abbitte leisten* und *Bedanken,*
bei den Sprechakten *Annehmen* und *Versprechen* liegen sie bei
20 % und darunter. Bezogen auf das Gesamtvorkommen respondierender Akte liegt der Anteil der non- oder teilresponsiven Repliken bei Annahmen und Versprechen unter 10 %,
während er bei den übrigen respondierenden Akten zwischen
20 und 30 % liegt. Möglicherweise hängt dieser Unterschied
damit zusammen, daß Nachbarpaare wie *Vorschlagen-Annehmen*
und *Auffordern-Versprechen* auf der regulativen Ebene operieren, auf der ein Handlungszusammenhang expressive Aspekte
dominiert, und daß eine Konsensrelation zwischen respondierendem und initiierendem Akt besteht: beide Aspekte dürften
es dem Lerner erleichtern, sich responsiv auf den vorausgehenden Akt zu beziehen.

Eine unangemessene Sprechaktmodalität weisen die pragmatisch
fehlerhaften Realisierungen der Sprechakte *Annehmen*, *Versprechen*, *Abbitte leisten* und *Bedanken* insofern auf, als die
Lerner diese in Übereinstimmung mit der "H-support"-Maxime
stehenden Sprechakte abtönen und damit ihr illokutives Potential reduzieren, anstatt es durch Modalitätsverstärkung
hervorzuheben und damit den relationell günstigen "H-support" zu leisten. Die durch das interaktionelle Merkmal
"anti-H" gekennzeichneten respondierenden Akte *Einwenden*
und *Ablehnen* werden demgegenüber nicht oder in ungeeigneter,
sprecherzentrierter Weise abgetönt. In beiden Fällen - der
Abtönung von inhärent "H-supportive" Sprechakten und der
fehlenden Abtönung von inhärent "non H-supportive" Sprechakten - verletzen die Lerner damit die "H-support"-Maxime.
Ihr Kommunikationsverhalten bei der Realisierung respondierender Akte entspricht demnach auf der Modalitätsdimension
weitgehend demjenigen, das auch für initiierende Akte in L
typisch ist.

6.3 GAMBITS

6.3.0.1 ZUR BESCHREIBUNG VON GAMBITS

Wie im Literaturbericht (3.2) erwähnt, zieht Götz als Fazit aus seiner Analyse einer Konversation zwischen deutschen Englischlernern mit einem *native speaker*, daß

> "vor allem auf dem Bereich der Gesprächstaktik ein
> Nachholbedarf besteht. Im einzelnen handelt es sich
> bei den diesbezüglichen Mängeln um eine Erschwerung
> der Sprecherablösung, um ungeschickte bis unangebrachte Realisierung des *feed-back*, mangelnden Partnerbezug bei der Vermittlung von Information" (1977,
> 78).

Die gesprächstaktischen Redemittel, deren unzureichende Beherrschung zu diesen unerwünschten Kommunikationseffekten
führen, nenne ich im Anschluß an Beneke (1975), Keller (1977;

1979), Keller/Taba-Warner (1976; 1977; 1979) und Edmondson
(1977 a, b) *gambits*[1]. Die vier Autoren subsumieren unter
gambits allerdings recht heterogene sprachliche Funktionen
und Realisierungen, wie auch andere Forscher *gambits* unter
anderen linguistischen Etiketten abhandeln. In einer annähernden Definition können *gambits* als dialogtypische
Redemittel bezeichnet werden, die primär oder ausschließlich relationelle und/oder diskursstrukturelle Funktionen
wahrnehmen und in der Regel nicht syntaktisch gebunden
sind - weshalb sie auch traditionellen systemlinguistischen
Deskriptionen weitgehend entgangen sind.

In seiner empirischen Analyse von "speaker - auditor interaction during speaking turns" stellt Duncan (1974) drei diskursstrukturell relevante Signalkategorien auf: "(a) a
speaker within-turn signal, (b) an auditor back-channel
signal, and (c) a speaker continuation signal" (161). Alle
drei Kategorien umfassen verbale und extraverbale (kinetische) Signale. In unserem Zusammenhang sind die "auditor
back-channel signals" von Interesse, die keinen eigenständigen Redebeitrag *(turn)* konstituieren und mit denen der Hörer nicht die Sprecherrolle beansprucht, aber dem aktuellen
Sprecher "Information" liefert, die der Aufrechterhaltung
des Diskurses dient. Die verbalen "auditor back-channel
signals" umfassen "m-hm signals" (m-hm, yeah, right, yes
quite, surely, I see, that's true), "sentence completions",
mit denen der aktuelle Hörer eine vom Sprecher begonnene
Äußerung zuende führt, ohne jedoch damit die Sprecherrolle
zu übernehmen, "request for clarification" und "brief restatement", die beide der Verständnissicherung dienen (166).

---

[1] Der Begriff Gambit (span.-arab.) stammt aus dem Schachspiel, wo er
eine Eröffnung mit einem Bauernopfer bezeichnet, durch das der Spieler einen Stellungsvorteil erlangt. Im Englischen hat "gambit" die
figurative Bedeutung "opening move in some action etc." (COD); "any
initial move" (OALDCE).

[2] Vgl. 6.2.

Schwitalla (1976) untersucht im Rahmen des Projekts "Dialogstrukturen im gesprochenen Standarddeutsch" das Problem der Dialogsteuerung und differenziert hier zwischen dialogaufrechterhaltender und dialogthematischer Steuerung. Während sich der zweite Komplex auf die kommunikative Funktion eines Sprechakts des aktuellen Sprechers und seiner Relation zum vorausgehenden oder folgenden Sprechakt des Dialogpartners bezieht (vgl. 6.2.0.1), umfaßt der erste (a) Eröffnungs- und Schlußsignale, d.h. Akte, die den Sprecherwechsel regeln, (b) Sprechersignale, d.h. Handlungen, "mit denen ein aktueller Sprecher den Kanal zu seiner Zuhörerschaft prüft ..., oder um ein Signal des Verstehens, der Zustimmung oder der bloßen Aufmerksamkeit bittet" (80), (c) Hörersignale, d.h. Akte, "mit denen ein aktueller Zuhörer dem aktuellen Sprecher seine Aufmerksamkeit sichert und gegebenenfalls seine Meinung zum Gesagten kurz mitteilt, ohne darauf zu bestehen, die Sprecherrolle zu übernehmen" (80, vgl. Duncans "auditor back-channel signals").

Rehbein (1979) analysiert ebenfalls Elemente, die eine Steuerungsfunktion im Diskurs ausüben. Er unterscheidet die Sprechersteuerung durch den Hörer, die durch Signale wie "hm" bewirkt wird, von der Hörersteuerung durch den Sprecher. Die zweite Funktion ist wiederum in Vor- und Nachschaltungen untergliedert. Vorschaltungen haben die Funktion, "den Hörerfokus herzustellen, also Aufmerksamkeit bzw. Erwartungen des Hörers zu aktualisieren" ((60), z.B. "ich glaub", "also", "guck mal", Anrede); mit Nachschaltungen "lenkt der Sprecher die Rezeption seiner sprachlichen Handlung durch den Hörer" ((61), z.B. "nich", "ne", "ja", "verstehste"). Diese diskurssteuernden Vor- und Nachschaltungen nennt Rehbein "Sprechhandlungsargumente": sie stellen keine eigenständige Sprechhandlungen dar, sondern erweitern sprachliche Handlungen durch die Funktion der Hörersteuerung.

Sinclair/Coulthard (1975) verfolgen in ihrer empirischen

Analyse von Unterrichtsdiskursen im muttersprachlichen Englischunterricht ähnliche Erkenntnisziele wie Schwitalla, nämlich dialogrelevante Einheiten auf verschiedenen hierarchisch aufeinander bezogenen Ebenen und Strukturierungssignale auf diesen Ebenen zu ermitteln. Allerdings subsumieren Sinclair/Coulthard unter der niedrigsten Analyseebene, dem *act*, sowohl dialogstrukturierende Akte wie *markers* (well, okay, now), dialogaufrechterhaltende Akte wie *acknowledge* (mm, yes) oder *accept* (yes, no, good, fine) als auch dialogthematische Akte, also Sprechakte, wie *starters* (Lehrer: "and these symbols have a special name"), *elicits* (L: "Does anybody know that special name?") oder *informatives* (L: "Well, they're called hieroglyphics") (72).

Auch Leech/Svartvik erwähnen in ihrer "Communicative Grammar of English" (1975) *attention signals* (= Hörersignale) (mm, uh-huh, yeah; oh, really) (114) und Sprechersignale, nämlich *tag questions*, die als "requests for confirmation" fungieren (112 f.), und *linking signals*, deren Funktion sie definieren als "help people to understand your message by signalling how one idea leads on from another" (156). Neben dialogtypischen *linking signals* wie "making a new start" (well, now) oder "changing the subject" (by the way, incidentally) zählen Leech/Svartvik jedoch auch solche Strukturierungselemente zu dieser Kategorie, die in monologischen und/oder schriftlichen Texten vorkommen, z.B. Signale mit der Funktion "listing and adding" (first(ly), second(ly) also, moreover), "summary and generalisation" (in a word, to sum up) oder "explanation" (ie = that is, viz. = namely, eg = for example) (156 f.).

Während die bisher genannten Autoren diskursstrukturierende, kotextbezogene Signale sowie dialogthematische Akte behandelten, schließt Kellers (1979) Konzeptualisierung von *gambits* als "conversational strategy signals" die relationelle Funktion ein. Er unterscheidet vier funktionell ver-

schiedene *gambit*-Klassen: (1) *gambits* mit der Funktion des
"semantic framing" "(which) serve to signal that the stretch
of utterance to follow is to be taken in a particular manner,
for instance as an opinion, or as a piece of unpleasant
realism" (22); (2) *gambits* mit der Funktion des "social
signalling", zu denen *turn-taking*-Signale und Signale zur
Markierung der sozialen Rolle des Sprechers zählen; (3)
"state of consciousness signals", die "a person's state of
consciousness concerning information, opinions and emotions"
anzeigen (228); (4) "communication control signals" "(which)
serve to assure that the listener is in a state of consciousness permitting the reception of the message" (229).
Häufig erfüllt ein *gambit* mehrere dieser Funktionen gleichzeitig. Ausdrücklich aus dieser Funktionszuweisung von *gambits* ausgeschlossen sind Routineformeln (vgl. u. 6.4.0.1),
die in Dialogeröffnungs- und -beendigungsphasen konventionell verwendet werden.
Grundlage von Kellers (1979) *gambit*-Typologie ist ein Korpus des gesprochenen Kanadischen Englisch. Auf der Basis
dieses Materials erstellten Keller/Taba-Warner (1976; 1977;
1979) drei Lernerhefte für den Englischunterricht mit Fran-
kokanadiern. Diesem Unternehmen liegt eine Beobachtung zugrunde, die auch für deutsche Englischlerner zutrifft:

> "it is fair to say that a great many excellent
> students of English distinguish themselves from
> native speakers by their conspicuous failure to
> use gambits. (...) their speech somehow sounds
> abrupt and even impolite to our ears. Sentences
> come out as bold overstatements, or opinions lack
> refinement or qualification" (1977, 2).

In Keller/Taba-Warners Lernmaterialien sind *gambits* in vier
Gruppen unterteilt: "1. phrases that open up a topic, 'Openers', 2. those that lead from one topic into the next,
'Links'"[1], "3. those that are used in responding, 'Responders', and 4. those that close a conversation, 'Closers'"

---

[1] Vgl. die Kategorie "linking signals" bei Leech/Svartvik (1975)

(3). Diese dialogstrukturierenden Klassen sind intern nach dialogthematischen Funktionen subkategorisiert. So finden sich unter "Opinion Openers" als Subklasse von *openers* Untergruppen wie "Guessing" (I guess, I think, could it be), "Opinions" (I imagine, I'm pretty sure, I suspect) oder "Confidential Information" (they say, I hear from the grapevine) (1976, 33 ff.).

Beneke (1975) diskutiert *gambits* im Hinblick auf ihre Verwendung durch den deutschen Fremdsprachenlerner. Er charakterisiert sie wie folgt:

> "In der Rhetorik alltäglicher Kommunikation lassen sich bestimmte, allgemein akzeptierte Signale erkennen, mit denen gesprächstaktische Manöver wie Ablehnung eines Vorschlags, Widerspruch, Eingriff in ein Gespräch, Verweigerung des vorgeschlagenen Themas, Aufforderung zu kooperativer Entscheidung usw. ausgedrückt werden" (359).

Solche im Anschluß an Baduras "typische Formen gesprächstaktischpersuasiver Verbalstrategien" (Badura 1973, 17, zit. bei Beneke 1975, 359) von Beneke kurz "Strategiesignale" (359) genannten Bezeichnungsmittel umfassen, wie der Autor selbst anmerkt, so disparate Phänomene wie Pausen, Apostopesen, *affectual stammering*, *question tags*, Litotes, *understatement*, Digressionssignale[1], Themenzentrierungssignale, Abmilderungssignale ("Forgive my saying so, but ..."), Qualifikationssignale ("You may have a point there, but ..."), Dissenssignale ("Do you really think this is getting us anywhere?"), Unbestimmtheitssignale ("After all it's just a question of ... of ... you know what I mean?"), Solidaritäts- und Aufforderungssignale (359 f.). Sie sind weitgehend mit Kellers Einleitungsfloskeln identisch und operieren auf der dialogstrukturierenden (Digressionssignale), dialogaufrechterhaltenden (*question tags*), dialogthematischen (Aufforderungssignale) und interpersonellen Ebene (Abmilderungs-,

---

[1] Vgl. die Kategorie "changing the subject" bei Leech/Svartvik (1975).

Dissens-, Solidaritätssignale). Aufgrund ihrer syntaktischen und pragmatischen Komplexität empfiehlt Beneke die Kenntnis dieser Strategiesignale nur für den Hörverstehensbereich als Lernziel (vgl. 360), während er für den produktiven Bereich metasprachliche Signale vorschlägt, die der reduzierten Kompetenz ausländischer Sprecher Rechnung tragen: *Handicap*signale ("Please don't speak so fast, I can't follow you"), retardierende Formeln ("Could you please repeat that last remark?"), probeweises Anbieten von Paraphrasen ("Does that mean ..."), *Handicap*-Phrasen für den Fall, daß der Sprecher merkt, daß er sich im Ton vergriffen hat ("Perhaps I've sounded awkward ... I didn't mean to be rude"), *Feedback*-Phrasen, die der Verständigungssicherung dienen und die neben den unter *native speakers* üblichen *repair initiators*[1] (eh?, what?, sorry?, (I beg your) pardon?) auch ausländerspezifische Phrasen ("Could you translate that idiom into simple English?") umfassen, Bitten um Formulierungshilfe ("Is that how one could put it?"), Paraphrasentechnik ("No, that doesn't work. Let me try again ...") (360 f.). Das unterschiedliche Kompetenzniveau, das Keller und Beneke für die produktive Verfügbarkeit von *gambits* anvisieren, begründet sich von den divergierenden Kommunikationsbedürfnissen ihrer Adressaten her: während in Kanada ein *native speaker*-ähnliches produktives Kompetenzniveau im Englischen Voraussetzung für den Zugang der Frankokanadier zu den besseren Berufspositionen ist, benötigen deutsche Muttersprachler im englischsprachigen Ausland häufig nur unterschiedliche Stufen reduzierter produktiver Kompetenz, da sie ihre Ausländerrolle nicht aufzugeben brauchen und keine Integration in die/eine englische Sprachgemeinschaft anstreben.

Crystal/Davy (1975) bieten in ihrem "Advanced Conversational English", das sie als "source book of information about the standard educated colloquial language" (Introduction S. x)

---

[1] Vgl. Schegloff/Jefferson/Sacks (1977, 367).

bezeichnen, die detaillierteste Analyse unter den mir bekannten Arbeiten zum vorliegenden Problemkomplex. Unter dem Begriff *"connectives"* behandeln sie (a) "reinforcers", d.h. *connectives* mit der Funktion "reinforcing, or specifically supplementing, the whole or part of the meaning of what has immediately preceded" (90) (in fact, to be precise, as I say, the point/thing/question/problem is); (b) "diminishers", d.h. *connectives* mit der Funktion "diminishing, or retracting the whole or part of the meaning of what has preceded" (90) (at least, or rather, actually); (c) "softeners", d.h. "(connectives whose) primary role seems to be to alter the stylistic force of a sentence, so as to express the attitude of the speaker to his listener, or to express his assessment of the conversational situation as informal" (91). Frequente *softeners* (you know, I mean, sort/kind of, you see, mind you, yes/no, well, but er), deren Fehlen der Performanz ausländischer Sprecher häufig einen unangemessenen Förmlichkeitsgrad verleiht, werden in ihrer je nach Positions-, phonologischen und prosodischen Merkmalen variierenden semantisch-pragmatischen Funktion beschrieben. Crystal/Davy akzentuieren den Doppelcharakter der *connectives*, die sowohl auf der dialogstrukturierenden (vgl. den Oberbegriff *connective*) wie auf der interpersonellen Ebene (vgl. insbesondere die Kategorie *softener*) operieren.

Im Rahmen von KoKoPro entwickelte <u>Edmondson</u> (1977 a, b) eine *gambit*-Typologie, innerhalb derer *gambits* verstanden wurden als "pragmatic devices used in discourse to establish, maintain, further or terminate discourse. They have a predominantly interpersonal and/or phatic function (1977 a, 45)". In einer späteren Version wurde der *gambit*-Begriff dann eingeschränkt auf den dialogaufrechterhaltenden Aspekt, so daß die Funktion von *gambits* nunmehr bestimmt werden kann als "lubricants of discourse already initiated" (1977 a, 46), als Redemittel, die der Erfüllung des Postulats "plug any conversational gap" (1977 b, 1) dienen und die daher insbesondere - aber nicht ausschließlich - beim Sprecherwechsel auftreten. Edmondson unterscheidet drei Hauptklassen von *gambits*, die sich nach ihrem Bezug zur Äußerung des aktuellen Sprechers oder Hörers definieren: (a) *Uptakers*, mit denen sich der aktuelle Sprecher oder Hörer auf die vorhergehende Äußerung des Dialogpartners bezieht, (b) *Clarifiers*, die innerhalb des Beitrags des aktuellen Sprechers auftreten und sich auf das beziehen, was der aktuelle Sprecher sagen wird, sagt oder gesagt hat, (c) *Appealers*, mit denen der aktuelle Sprecher den aktuellen Hörer um Aufmerksamkeit, Verständnis oder Zustimmung bittet und ihn auffordert, dies durch einen *Uptaker* zu signalisieren (1977 b, 2). Die drei Hauptklassen sind in Edmondson (1977 b, 4 ff.) wie folgt untergliedert:

(a) Uptakers
(1) *Represent*: "In a represent the speaker repeats to himself a part or the whole of what has just been communicated to him".
(2) *Receipt*: "the neutral uptaker, signalling ... I accept your message as relevant to the discourse" (mm, yes, uh-huh) (vgl. Duncans *auditor back-channel signal*; Schwitallas Hörersignale; *acknowledge* bei Sinclair/Coulthard; *attention signal* bei Leech/Svartvik).
(3) *Exclaim*: "The exclaim expresses my attitude to what you have said - it evaluates the message in that my emotional response of surprise etc. is expressed in the act of reception" (what! represent$_{[+Emphase]}$, good heavens!).
(4) *Check*: "initiations of other-repair work" (what? sorry? pardon?) (vgl. Schegloff/Jefferson/Sacks 1977; *Feedback*-Phrasen bei Beneke).
(5) *Agree*: "I accept the state of affairs referred to in your utterance as a true one" (you're right, I agree, that's true) (vgl. Schwitallas Hörersignale; *accept* bei Sinclair/Coulthard).
(6) *Go-on*: Sonderfall eines *receipt*, mit dem der aktuelle Hörer dem aktuellen Sprecher seine Aufmerksamkeit, sein Interesse etc. signalisiert und ihn auffordert, die Sprecher-

rolle zu behalten (oh I see, yes, mm) (vgl. Schwitallas Hörersignale).

(b) Clarifiers
(7) *Starter*: "a simple preliminary to my message, ... not clarifying what I have to say, but rather simply conveying the information that I now have in fact something to say" (well, oh) (vgl. "making a new start" bei Leech/Svartvik).
(8) *Underscorer*: "serve(s) to draw attention to, or highlight a point being made by a speaker in a discourse" (the point/thing is, as I say) (vgl. *reinforcer* bei Crystal/Davy) (1977 a, 46).
(9) *Cajoler*: "(serves to) increase, establish, or indeed restore harmony between the discourse participants. Its significance may be informally glossed as 'Please be in agreement with my speech act'" (1977 a, 46) (actually, sorry but, I mean, you know, you see) (vgl. *softener* bei Crystal/Davy).
(10) *Aside*: "it functions to inform the interactant as to what the speaker is doing (...) and incidentally explain non-availability for talk" ("some other time perhaps ... let me see now ... what have I got on tomorrow ... how about 12.15?").
(c) (11) *Appealer:* "function(s) to elicit an Uptaker" (*tag questions*, uh, okay) (vgl. Schwitallas Sprechersignale; "requests for confirmation" bei Leech/Svartvik).

Die Unterscheidung zwischen diesen *gambit*-Klassen ist dort schwierig, wo mehrere Klassen durch ein identisches Element realisiert werden können. "oh" z.B. kann als *starter*, *receipt* oder *exclaim*, "yes" als *receipt* und *agree* fungieren. Anhaltspunkte für eine Disambiguierung sind zwar zumeist durch den Kontext sowie Pausen, Intonation, Betonung und Tonstärke gegeben, dennoch bleibt dem Analysator ein Interpretationsspielraum, der die Objektivität der Analyse begrenzt. Da Edmondsons Klassifizierung die bisher differenzierteste ist, werde ich sie für die Fehlerdeskription übernehmen. Bei der Beschreibung einzelner *gambit*-Elemente stütze ich mich vor allem auf Crystal/Davy (1975).

6.3.0.2 VORGEHEN BEI DER BESCHREIBUNG VON GAMBITS

Zunächst werden die in L, E und D vorkommenden *gambit*-Klassen quantitativ erfaßt und hinsichtlich ihrer kategorialen Frequenz und derjenigen ihrer Realisierungselemente verglichen. Hierdurch soll festgestellt werden, ob/inwieweit lernerspezifische Präferenzen bei der Wahl von *gambit*-Klassen und -elementen vorliegen, ohne daß zwischen pragmatisch angemessenen (korrekten) und unangemessenen (falschen) Wahlen unterschieden wird. Im Anschluß an eine Übersicht über das Verhalten korrekter zu falschen Verwendungen von *gambits* werden in einem letzten Deskriptionsschritt lernerspezifisch und unangemessen verwendete *gambits* exemplarisch-qualitativ beschrieben, wobei ich drei Kategorien von *gambit*-Fehlern unterscheide: (1) redundantes *gambit*, (2) kontextunabhängig fehlerhafte Realisierung einer *gambit*-Klasse, (3) kontextuell fehlerhafte Realisierung einer *gambit*-Klasse.
In einer früheren Arbeit (Kasper 1979 a) unterschied ich noch einen weiteren Fehlertyp: das Fehlen eines *gambits*, wo seine Verwendung interaktionell erforderlich gewesen wäre. Ich habe diesen Fehlertyp hier nicht wieder aufgenommen, weil ihm die falsche theoretische Prämisse zugrunde liegt, die Verwendung bestimmter sprachlicher Ausdruckselemente zur Realisierung einer bestimmten Intention in einer gegebenen Situation sei obligatorisch. Zwar gibt es zweifellos gesellschaftliche Institutionen mit stark präskriptiven Sprachhandlungsnormen, die bis zur präzisen Vorschrift über die Realisierung einzelner Kommunikationsfunktionen gehen (so kirchliche u.ä. Zeremonien, Rituale); der präskriptive Charakter von Kommunikationssituationen nimmt jedoch mit zunehmender Informalität der Interaktion ab. Da die hier analysierten Kommunikationssituationen sämtlich durch Informalität (wenn auch unterschiedlichen Grades) gekennzeichnet

sind, kann man von der Annahme ausgehen, daß muttersprachliche Sprecher eine Menge alternativer sprachlicher Ausdrucksmittel zur Verfügung haben, mit denen sie denselben oder einen sehr ähnlichen kommunikativen Effekt in gleichermaßen adäquater Weise erzielen können (z.B. Abtönung der illokutiven Kraft eines Sprechakts durch einen *cajoler* oder durch andere Modalitätsmarkierungen, vgl. 6.1.0.1.3).
Es scheint mir daher richtiger, die Nicht- oder geringe Verwendung von *gambits* nicht den fehlerhaften Leneräußerungen, sondern den in der Lernerperformanz unterrepräsentierten Ausdrucksmitteln zuzuordnen.
In den Tabellen werden absolute (fi) und relative Häufigkeiten in Prozenten oder in Mittelwerten ($\bar{x}$) angegeben. Für das zweite Verfahren wurde die Vorkommenshäufigkeit der einzelnen *gambit*-Klassen zu der Anzahl der propositionalen Akte je Situation und Interaktant in Beziehung gesetzt. Sofern in LX nicht zwischen korrekten und fehlerhaften Wahlen unterschieden wird, werden fehlerhafte Verwendungen den *gambit*-Klassen nach ihrer plausibelsten Rekonstruktion zugeordnet.

6.3.1 GAMBIT-KLASSEN IN L, E UND D

Tab. 13 gibt eine Übersicht über die Vorkommenshäufigkeiten von *gambit*-Klassen in L, E und D.

Tab. 13: *Gambit*-Klassen in L, E und D

GAMBITS		L f_x / f_y	L $\bar{x}$ / $\bar{y}$	E f_x / f_y	E $\bar{x}$ / $\bar{y}$	D f_x / f_y	D $\bar{x}$ / $\bar{y}$
Re-present	x	14	0.011	2	0.001	8	0.004
	y	42	0.025	6	0.004	13	0.007
Starter	x	226	0.171	244	0.173	308	0.156
	y	306	0.184	213	0.148	311	0.177
Receipt	x	237	0.18	100	0.071	258	0.131
	y	266	0.16	162	0.112	284	0.162
Exclaim	x	24	0.018	91	0.065	56	0.028
	y	85	0.05	76	0.053	65	0.037
Check	x	15	0.011	10	0.007	7	0.004
	y	25	0.015	4	0.003	5	0.003
Agree	x	90	0.068	58	0.041	121	0.061
	y	49	0.03	60	0.042	127	0.072
Go-on	x	23	0.017	10	0.007	10	0.005
	y	36	0.019	13	0.009	14	0.008
Cajoler	x	31	0.024	302	0.214	240	0.122
	y	162	0.098	205	0.142	145	0.083
Underscorer	x	2	0.002	40	0.028	60	0.03
	y	60	0.036	32	0.022	39	0.022
Aside	x	1	0.001	1	0.001	-	-
	y	21	0.013	1	0.001	-	-
Appealer	x	13	0.01	26	0.018	178	0.09
	y	77	0.046	62	0.043	144	0.082
Σ	x	676	0.519	884	0.627	1246	0.606
	y	1127	0.673	834	0.579	1147	0.633

Nach Tab. 13 sind in der Lernerperformanz gegenüber derjenigen des X in E die Klassen *represent*, *receipt*, *agree* *check* und *go-on* überrepräsentiert, die Klassen *exclaim*, *underscorer*, *cajoler* und *appealer* unterrepräsentiert; *starter* und *aside* sind bei Lernern und *native speaker* etwa gleich stark bzw. schwach vertreten.

An der Überrepräsentation von *represent*, *receipt* und *agree* kann Transfer von grundsprachlichen Interaktionsnormen beteiligt sein. Die höherere Vorkommenshäufigkeit von *gambits* mit *uptaker*-Funktion in den deutschen gegenüber den englischen Dialogen deutet darauf hin, daß in beiden Sprachgemeinschaften unterschiedliche Interaktionsnormen in diesem pragmatischen Teilbereich gelten: ein häufiges Senden von Hörersignalen, um dem aktuellen Sprecher Aufmerksamkeit, akustisches und inhaltliches Verständnis oder Zustimmung mitzuteilen, scheint im Deutschen üblicher zu sein als im Englischen. Eine weitere Ursache für die Überrepräsentation von *receipt* und *agree* liegt vermutlich in der Spezifik von Lerner-*native speaker*-Dialogen und einem hierfür typischen Interaktionsverhalten: Lerner (L) und *native speaker* (N) ist die jeweilige Rolle des anderen als Sprecher des Englischen bekannt, und sie knüpfen daran bestimmte Erwartungen bezüglich des Sprachverhaltens des Anderen und der Erwartung des Anderen über das eigene Sprachverhalten. L vermutet, daß N vermutet, L verstünde aufgrund mangelnder (rezeptiver) Kompetenz im Englischen nicht (alles), was N sagt; deshalb teilt L dem N durch häufiges Senden von Hörersignalen mit, daß L Ns Redebeiträge sehr wohl versteht. In Anlehnung an Vigil/Oller (1976) kann man sagen, daß L dem N positive Rückmeldung über Ns Sprachverhalten gibt, wodurch N darin bekräftigt wird, die von ihm eingeschlagene Redeweise beizubehalten und nicht, wie es bei negativer Rückmeldung durch L erforderlich wäre, sein Sprachverhalten so zu verändern, daß es den Rezeptionsvoraussetzungen von L entspricht. (Ein Ergebnis solcher Adaptationsbemühungen ist der *foreigner talk* mit seinen z.T. nicht normkonformen syntaktischen und lexikalischen Simplifikationen.)

Mit der Spezifik von Lerner-*native speaker*-Dialogen läßt sich auch die gegenüber den E- und D-Dialogen häufigere Verwendung von *go-on* erklären. Das stärkere Vorkommen von *represent* und das leicht höhere von *check* ist ebenfalls typisch für diese Dialogrollenkonstellation, jedoch in genau entgegengesetzter Weise zu der von *receipt* und *agree*: signalisierten jene dem *native speaker* gelungene Rezeption, so teilen ihm diese (partiell) mißlungene Rezeption mit. Interessant ist, daß Rezeptionsschwierigkeiten nicht nur bei X, sondern auch bei Y auftreten: Y verwendet *checks* mit einer relativen Häufigkeit von 0.015, um die Reparatur einer Lerneräußerung zu initiieren; X initiiert *native-speaker*-Reparaturen mit einer relativen Frequenz von 0.011. Diese Erscheinung ist nicht weiter erstaunlich, berücksichtigt man, daß Y kein kompetenter Sprecher/Hörer von Xs Interimsprache ist. Die Häufigkeit, mit der X und Y Reparatursequenzen einleiten, kann als ein Indikator für die produktive gegenüber der rezeptiven Kompetenz der Lerner im Englischen interpretiert werden: häufige Lerner-*checks* deuten auf eine niedrige rezeptive, häufige *native-speaker-checks* auf eine niedrige produktive Kompetenz der Lerner. Insgesamt steht die Überrepräsentierung von *uptakers* in L im Widerspruch zu der (eher impressionistischen) Beobachtung von Götz (1977), nach der Lerner weniger Hörersignale senden als *native speakers*.

Die Unterrepräsentation der Klassen *exclaim*, *cajoler*, *underscorer* und *appealer* scheint, anders als die Überrepräsentation der *uptakers*, mehrheitlich nicht mit der Gebräuchlichkeit dieser *gambit*-Klassen im Deutschen zusammenzuhängen: *appealers* weisen in DX eine entschieden höhere Frequenz auf als in EX (0.09: 0.018), *underscorers* sind in D und E gleichstark vertreten (0.03 : 0.028), *cajolers* kommen zwar in D weitaus weniger vor als in E, wo sie die am häufigsten gewählte *gambit*-Klasse darstellen (0.122 : 0.214); dennoch ist ihre Frequenz als dritthäufigste *gambit*-Klasse in D soviel höher als in L (0.024), daß ihre starke Unterrepräsentation gegenüber E kaum auf grundsprachlichen Einfluß zurückgeführt werden kann. Lediglich beim *exclaim*, dessen Vorkommenshäufigkeit in L sich derjenigen in D annähert, könnten sich grundsprachliche Interaktionsnormen in L niedergeschlagen haben (L: 0.018, D: 0.028, E: 0.065). Besonders auffällig ist das sich der Nullfrequenz annähernde Vorkommen von *underscorers*, also von diskursstrukturierenden, die Aufmerksamkeit des aktuellen Hörers auf die folgende Äußerung lenkenden Elementen, die von den englischen Koaktanten der Lerner mit einer relativen Häufigkeit von 0.036 (gegenüber 0.002 in L) benutzt werden.

Interaktionell kommt den unterrepräsentierten *gambit*-Klassen eine besondere Bedeutung zu: mit einem *exclaim* äußert der Sprecher seine affektive Haltung zu einem verbalen oder nonverbalen Akt des Dialogpartners oder zu einem anderen Situationselement (emotive Funktion); *cajoler* und *appealer* beziehen den aktuellen Hörer explizit in die Sprecheräußerung ein und verweisen damit auf die Adressatenorientiertheit des Sprechakts (konative Funktion). Damit sind *cajoler* und *appealer* gerade in Dialogkonstellationen, in denen sie mit Ss Sprechakt eine Zumutung an H verbunden ist, geeignete Mittel, Ss Sprechakt angemessen zu modulieren. Das Fehlen von *cajoler* und *appealer* als auf der relationellen Ebene operierender Elemente kann, wenn es nicht durch alternative Sprechakt-modulierende Ausdrucksmittel kompensiert wird[1], vom Hörer als Indikator für mangelndes Taktgefühl und Rücksichtslosigkeit bei der Durchsetzung eigener Interessen interpretiert werden, also unerwünschte perlokutive Effekte auslösen; es beeinflußt so in negativer Weise die Beziehung zwischen den Interaktanten.

Die Vorkommenshäufigkeit von *starter* und *aside* in L stimmt

---

[1] vgl. die Diskussion von Modalitätsmarkierungen in 6.1.0.1.3.

mit derjenigen in E und D in etwa überein; möglicherweise hat hier grundsprachlicher Transfer mitgewirkt. Unser Befund bezüglich der *starter* unterscheidet sich von demjenigen von Götz (1977), der in dem von ihm analysierten Lerner - *native speaker* - Diskurs das Fehlen von *starters* ("Kontaktwörter", "gefüllte Pausen") in der Lernerperformanz beobachtet.

6.3.2 REALISIERUNGEN DER GAMBIT-KLASSEN IN L, E UND D[1)]

Während in EX von insgesamt 244 *starter* 229 mit "well" und nur 4 mit nicht-lexikalisierten Elementen wie "er", "hm", "uh" und "oh" realisiert werden, benutzen die Lerner neben 118 "well" 90mal nicht-lexikalisierte Startgeräusche. Die lernerspezifische Verteilung der Realisierungsalternativen dieses *gambits* scheint unabhängig von der Grundsprache zu sein: in D werden vorwiegend "ja" und "also" als *starter* verwendet; nicht-lexikalisierte Elemente treten kaum auf.

Receipts werden in L ebenso wie in E am häufigsten mit "yes/yeah/yah" in fallender Intonation realisiert; hiermit korrespondiert das Funktional-/Formaläquivalent "ja" in D. Unsere Befunde bestätigen damit nicht die Auskunft der von Götz befragten englischen *native speaker*, daß "'yes' als Aufmerksamkeitssignal selten sei" (1977, 75). An nicht-lexikalisierten *receipts* werden in E "h$\widetilde{m}$m", "a$\widetilde{h}$a", "u$\widetilde{h}$um" und "u$\widetilde{h}$ a$\widetilde{h}$" häufig verwendet. Mit zweitstärkster Frequenz benutzen die Lerner "oh" (62mal), das in E nur einmal, in D 5mal zur Realisierung eines *receipt* vorkommt. Der Überrepräsentation dieses Elements steht die Unterrepräsentation bis Nullokkurrenz von in E vertretenen Hörersignalen wie "I see", "okay" und "right" gegenüber.

[1)] Ich beziehe mich in den Angaben zur *native speaker*-Performanz in E und D zumeist auf House (1980).

Während *receipt* und *starter* in E distinkte Funktionen sind, die sich aufgrund ihrer unterschiedlichen Realisierungsmittel - "yes/yeah/yah" als Hörer-, "well" als Sprechersignal - analytisch gut auseinanderhalten lassen, ist in D eine solche Funktionsdifferenzierung aufgrund der funktionalen Polyvalenz des frequenten Realisierungselements "ja" oft nicht möglich. Die Funktions- und Formdivergenz vom Deutschen zum Englischen kommt in unangemessenen Verwendungen zum Tragen, die in 6.3.3.2 diskutiert werden.

In allen drei Dialogbatterien ist "oh" (in entsprechender phonetischer Realisierung) das am häufigsten verwendete Element in der Klasse *exclaim* das in E und L zuweilen zu "oh + address" oder "oh + no" expandiert wird. Weitere in E belegte Realisierungsalternativen wie "oh + *represent*", "oh dear (me)", "my god", "my goodness", "great", "splendid", "oh wow", "oh gosh/grief", "really" benutzen die Lerner jedoch nicht. Die dadurch entstehende Überrepräsentation des Elements "oh" verweist auf einen möglicherweise entscheidenden Grund für die Unterrepräsentation der Klasse *exclaim*: da die Lerner ihre Ausdrucksabsicht nicht anders verbalisieren können, verzichten sie oftmals ganz darauf - vielleicht erscheint ihnen selbst das häufig in verschiedenen Funktionen verwendete "oh" inadäquat.

Übereinstimmung zwischen L, E und D besteht auch in der Realisierungs von *checks* durch ein *represent* mit steigender Intonation. Die reparaturinitiierenden Signale "sorry" und "pardon" werden von den Lernern als freie Varianten benutzt, d.h. sie differenzieren nicht zwischen Verwendungskontexten für das eher förmliche "pardon" und das eher informelle "sorry". Da es sich hierbei jedoch um tendentielle Gebrauchsunterschiede handelt, die von meinen Informanten unterschiedlich beurteilt wurden, habe ich die Verwendung von "pardon" in informellen Situationen als angemessene Realisierung eines *check* eingestuft. - Die *native speaker* in L verwenden darüber hinaus Redemittel zur Initiierung von

Reparaturen, die spezifizieren, welchen Teil der Äußerung
des aktuellen Sprechers der aktuelle Hörer nicht verstanden bzw. wie er sie verstanden hat, z.B. "what do you mean
P", "what/who P" sowie probeweise Ergänzungen, Paraphrasen
und Präzisierungen (vgl. Beneke 1975, 360 f.).
In L ist nur ein Fall belegt, in dem der Lerner Gebrauch
von einer dieser spezifischeren Realisierungen macht und
damit folgende gelungene Reparatursequenz einleitet:

(30)
Y: you mean there's a lot of red tape
X: a lot of what
Y: do you understand that red tape officialdom
X: oh yes yes yah bureaucracy yes
Y: bureaucracy yah

Die Unterrepräsentation bzw. das Fehlen differenzierter metakommunikativer verständnissichernder Redemittel ist in
internationalen Kommunikationszusammenhängen besonders problematisch; es kann ursächlich an non- oder teilresponsivem Kommunikationsverhalten beteiligt sein (vgl. z.B. (13
k) in 6.2.3.5).

Agrees werden in E und L am häufigsten durch "yes/yeah",
in D durch "ja" realisiert. Die weiterhin in E belegten Zustimmungssignale "(that's) right", "(that's) true",
"exactly", "quite", "okay", "fine", "good", "I know", "fair
enough", "this is it", "there you are (you see)" sind in L
mit Ausnahme des unterrepräsentierten "okay" nullrepräsentiert. Die formale und funktionale Äquivalenz einiger dieser Elemente mit deutschen Wendungen wie "genau", "gut",
"ich weiß", die in D dokumentiert ist, bleibt ohne Auswirkungen auf die Lernerperformanz.

Go-ons werden in E fast ausschließlich mit den nicht-lexikalisierten Signalen "uhm" und "mm" realisiert. Während
auch in D nicht-lexikalisierte Hörersignale verwendet werden, überwiegt hier jedoch das Element "ja" mit steigender
Intonation (17 von 24 Belegen). Die Gebräuchlichkeit von

"ja" zur Realisierung eines *go-on* im Deutschen schlägt sich
in der Lernerperformanz nieder: 50 % der in L vorkommenden
go-ons ist durch "yes/yeah/yah" mit steigender Intonation,
50 % mit nicht-lexikalisierten Hörersignalen (überwiegend
"mm") realisiert.

Die in E am stärksten besetzte *gambit*-Klasse *cajoler* wird
dort zumeist durch "I mean" (215mal) realisiert, dem in D
"ich mein(e)" (131mal) als frequentestem Realisierungsmittel entspricht. Trotz seiner Funktional-, Formal- und Distributionsäquivalenz wird "I mean" von den Lernern nicht
verwendet. Vielmehr realisieren sie *cajoler* mit "I know"
und "you see", die sie als freie Varianten verwenden. Damit ist im Vergleich zu E eine pragmatische Unterdifferenzierung verbunden: während "you know" in E an zweiter Stelle (173mal) hinter "I mean" vorkommt, nimmt "you see" einen
untergeordneten Platz (17mal) ein. Hierin kommen stärkere
Selektionsrestriktionen für "you see" gegenüber "you know"
zum Ausdruck, die mit ihren unterschiedlichen pragmatischen
Implikationen zusammenhängen: mit "you know" verweist der
Sprecher auf die zwischen ihm und H bestehende gemeinsame
Verständigungsgrundlage (kognitiver und emotionaler Art);
mit "you see" deutet er dagegen unterschiedliche Kommunikationsvoraussetzungen an:

> "(you see) acts as a summary to the point of the
> utterance so far - a 'pause' in which the speaker
> says 'if you've understood what I've been saying'.
> (As a result, overuse may be interpreted as being
> in effect an accusation of stupidity, and one
> should take care" (Crystal/Davy 1975, 96);
>
> "You see' (wird) dann als *cajoler* gebraucht, wenn
> Information übermittelt wird, von der der Sprecher
> annimmt, daß der Hörer sie nicht berücksichtigt
> hat, obwohl er dies hätte tun müssen (Edmondson/
> House/Kasper/McKeown 1979, 90).

Den pragmatischen Bedeutungen von "you know" und "you see"
dürften im Deutschen diejenigen von "weißt du/wissen Sie"
gegenüber "verstehst du/verstehen Sie" entsprechen, von denen
das erste Element in D mehrfach vorkommt, während das zwei-

te gar nicht vertreten ist. - Wie "I mean", so sind auch
andere in E - wenn auch mit geringerer Frequenz - vorkommende *cajoler* wie "actually" oder "I'm sorry but" in L
nullrepräsentiert.

Underscorer werden in E zumeist durch Varianten von "look"
realisiert: "oh look", "well look", "now look", gefolgt von
"the problem/point/thing is". Den "look"-Varianten korrespondieren in D "hör mal", "sieh mal", "guck mal" bzw.
"hörnse mal", "sehnse mal", die dort die häufigsten Realisierungsalternativen des *underscorer* ausmachen. Aufgrund
der approximativen Nullokkurrenz von *underscorer* in L sind
keine Vergleiche zwischen Lerner- und *native speaker*-Realisierungen dieser *gambit*-Klasse möglich.

Die häufigste Realisierung des *appealer* ist in E das
question tag mit fallender Intonation, gefolgt von "okay",
"all right" und "right" mit steigender Intonation sowie den
nicht-lexikalisierten *appealer*-Varianten "eh", "uh", "mh".
Dem entspricht in D mit abnehmender Frequenz "na/ne",
"nich" und "ja", gefolgt von "okay", "nich wahr", "hm" und
"oder". Soweit die in L unterrepräsentierten *appealer* von
den Lernern korrekt verwendet werden, benutzen sie in Übereinstimmung mit E das *question tag* in fallender oder steigender Intonation sowie je einmal die Elemente "right" und
"mm".

6.3.3 FEHLER BEI DER VERWENDUNG VON GAMBITS

Tab. 14 faßt das Verhältnis falscher zu korrekten *gambit*-Wahlen in L zusammen.

Tab. 14: Korrekte und fehlerhafte Verwendungen von *Gambits*

gambit-Klasse	total	falsch f_i	%
Represent	14	–	–
Starter	226	14	6,2
Receipt	237	14	6,1
Exclaim	24	1	4,7
Check	15	3	(20,0)
Agree	90	5	5,6
Go-on	23	1	4,3
Cajoler	31	3	9,7
Underscorer	2	1	(50,0)
Aside	1	–	–
Appealer	13	6	(46,2)
$\sum$	676	48	7,1

Die Fehlerquote ist sowohl in summa als auch in den einzelnen *gambit*-Klassen gering, wenn man berücksichtigt, daß die hohen Quoten in den Klassen *check, underscorer* und *appealer* durch deren äußerst geringe Vorkommenshäufigkeit bedingt ist, so daß ihnen keine Aussagekraft beigemessen werden kann, und daß die übrigen Fehlerquoten sämtlich unter 10 % liegen. Die Varianz der Fehlerfrequenz zwischen den einzelnen *gambit*-Klassen ist mit 4,2 - 9,7 % ebenfalls gering; "besonders problematische" *gambit*-Klassen sind aufgrund der Fehlerhäufigkeiten nicht festzustellen. Damit ist die Performanz der untersuchten Stichprobe weniger durch unangemessene Verwendungen von *gambits* als durch angemessene, aber aufgrund von Über- und Unterrepräsentationen gegenüber E lernerspezifische Merkmale gekennzeichnet (vgl. 6.3.1 und 6.3.2). Dennoch kann die Diskussion der aufgetretenen Fehler dazu nützlich sein, Hypothesen über erwartbare unangemessene Verwendungen von *gambits* bei einer weniger profizienten Lernerpopulation aufzustellen.

6.3.3.1 REDUNDANTES GAMBIT

Die Verwendung von *gambits* an Diskursstellen, an denen Restriktionen für das Auftreten dieser Redemittel bestehen, konstituiert mit 9 von 48 Fehlern = 18,7 % die am schwächsten vertretene Fehlerkategorie. Sie kommt nur in den in L stark besetzten *gambit*-Klassen *starter* und *receipt* vor. Vergleiche zunächst die unangemessene Verwendung von *starters* in (31) (a) - (c)

(31)
(a) (X und Y sind Zeugen eines Autounfalls und beratschlagen, was zu tun ist)
Y : well you you go over to the farmhouse then
X : well yes yes
RÄ: yes okay

(b) (X öffnet ihm unbekannter Frau die Tür)
Y : er are you Mr Bechstein
X : well it's me and what's your name
RÄ: yes I am

(c) (Farmer begrüßt seinen Erntehelfer)
Y : oh hello Peter how are you
X : oh well I think I'm very fine now
RÄ: (I'm) fine thanks

Die redundanten *starter* in (31) (a) - (c) und den weiteren zwei Belegen in L sind mit "well" realisiert. Die *starters* in (a) und (b) sind in doppelter Hinsicht unangemessen: in ihrer Realisierung durch steigende Intonation sind sie Mittel zum Zeitgewinn, wodurch der Sprecher Unsicherheit über seine Mitteilungsabsicht zum Ausdruck bringt. Dieser Kommunikationseffekt kann von den Lernern im Kontext der vorliegenden respondierenden Akte jedoch kaum beabsichtigt sein, da die Entscheidung über den propositionalen Gehalt ihrer Repliken bereits feststeht und nicht erst mit dem Äußerungsvollzug geplant werden muß: Ys initiierender Vorschlag in (31 a) setzt - berechtigt durch die vorausgehende Diskussion von problemlösenden Handlungsalternativen - Xs Einverständnis voraus (vgl. die resümierende Funktion von "then"), so daß X ihren Annahmeakt - der, wie aus dem doppelten bekräftigenden "yes" ersichtlich ist, eine definitive, keine tentative Annahme zum Ausdruck bringen soll - unverzüglich äußern kann.

Noch eindeutiger kommt der Widerspruch zwischen der Verzögerungsfunktion von "well" und der Proposition von Xs Replik in (b) zum Tragen: da X kaum Zweifel über seine Identität haben wird, ist ein Zögern vor der Bestätigung oder Ablehnung von Ys tentativer fremdinitiierter Fremdidentifizierung (vgl. u. 6.4.4.2) pragmatisch inkompatibel. Die Restriktionen, die die Verwendung des *starter* "well" in seiner spezifischen Realisierungsform in (a) und (b) ausschließen, gelten auch für seine kategoriale Unangemessenheit in den zitierten Redewechseln: die Verwendung eines *starter* zur Einleitung von Äußerungen, deren propositionaler Gehalt feststehend und definitiv ist und vom Sprecher auch unter Wahrung von Höflichkeitskonventionen direkt zum Ausdruck gebracht werden kann, wirkt widersprüchlich und disfunktional.

Die hier angesprochenen pragmatischen Bedingungen kommen insbesondere in der Kookkurrenz des *starters* "well" mit Routineformeln zum Tragen, mit denen Kommunikationsfunktionen in Dialogeröffnungs- und Beendigungsphasen realisiert werden. In (31) (b) und (c) handelt es sich um respondierende Züge innerhalb von Eröffnungsphasen, die von *native speakers* durch Standardrepliken bewältigt werden und daher in der Regel nicht der Einleitung durch ein explizites Startsignal wie "well" bedürfen (vgl. aber in diesem Zusammenhang 6.4.1). In (31 b) vollzieht X mit der Einleitung seiner Replik auf Ys phatische Erkundigung nach dem Befinden durch den *starter* "oh well" und ihre nicht-routinisierte Realisierungsform einen Funktionswechsel von dem durch Y initiierten phatischen Austausch auf einen inhaltsorientierten Redewechsel. Zwar haben Sprecher prinzipiell die Möglichkeit, eine phatische Sequenz in eine primär informationsorientierte umzufunktionieren; jedoch müssen dafür bestimmte Bedingungen gegeben sein wie etwa in dem folgenden Redewechsel:

```
A: hello John how are you
B: oh well not too phantastic I'm afraid I've
   been having a lot of family trouble recently
```

Durch Bs inhaltsorientierten respondierenden Zug verliert auch As Erkundigung nach dem Befinden rückwirkend ihren phatischen Charakter. Im Unterschied zu X in (31 c) ist B zu einer solchen Uminterpretation jedoch durch seine Proposition - Bs Befinden ist <u>nicht</u> gut - berechtigt, da sie von As Erwartungsnorm abweicht und daher eine Mitteilungsrelevanz erhält, die Xs respondierendem Akt nicht zukommt. Bs inhaltsorientierter Redebeitrag kann daher angemessen mit "well" eingeleitet werden, während dies Xs Zug (der auch unter anderen Gesichtspunkten mißglückt ist, vgl. 6.4.5.2) durch "Irreführung" von Ys Erwartung einen pragmatisch inkonsistenten Kommunikationseffekt verleiht. Die Kookkurrenz von "well" mit einer Routineformel oder einer anderen hochgradig vorhersagbaren Äußerung scheint einen - von den Lernern nicht beabsichtigten - "Diskrepanzeffekt" hervorzurufen: das einleitende "well" erzeugt beim Hörer eine relativ hohe Erwartungsschwelle, die durch die folgende "triviale" Äußerung des aktuellen Sprechers nicht erreicht wird.

Zwei Beispiele für die redundante Verwendung von "oh" als

receipt finden sich in folgendem Redewechsel innerhalb einer Beendigungssequenz:

> (31)
> (d) (Schüler verabschiedet sich vom Lehrer)
> Y1 : well ah have a nice trip back
> X1 : oh thank you
> Y2 : the pleasure's mine
> X2 : [oh]
> Y3 : bye-bye
> RÄ1: thank you
> RÄ2: -

Die Redundanz des *receipt* "oh" läßt sich hier analog zu derjenigen des *starter* "well" in (31) (b), (c) begründen: Beendigungssequenzen werden wie Eröffnungssequenzen mit Routineformeln realisiert, die Kookkurrenz von *gambits* als "discourse lubricants" mit starken Restriktionen belegen. Die Honorierung eines Wunsches für eine gute Reise (X1) hat ebenso phatischen Charakter wie dieser Wunsch selbst und wird daher unmittelbar - ohne Vorschaltung eines *receipt* - von jenem elizitiert. Vergleiche dagegen

> A: have a cigarette
> B: oh thank you

Bs *receipt* ist hier angebracht, weil As Angebot eine Leistung As auf As Kosten und zu Bs Nutzen involviert, was B daher zunächst würdigend zur Kenntnis nimmt, bevor er sich für As Angebot bedankt und es annimmt.
Da der Sprechakt *Glück wünschen* jedoch in seiner Ausprägung des Kosten-Nutzen-Faktors auf der Sprecherseite neutral ist, wird er durch das Überraschung konnotierende *receipt* "oh" unangemessen aufgewertet (vgl. auch die Bemerkungen zur Unterdifferenzierung der Realisierung des Sprechakts *"Bedanken"* in 6.2.5.2 sowie zur Sequenz *Wünsche-Dank-Minimierung* in Beendigungsphasen, 6.5.4).

6.3.3.2 KONTEXTUNABHÄNGIG FEHLERHAFTE REALISIERUNG EINER GAMBIT-KLASSE

Mit 24 von 48 Fehlwahlen (= 50 %) umfaßt diese Fehlerkategorie den größten Anteil der unangemessen verwendeten *gambits*. Die meisten Fehlrealisationen treten in den Klassen *starter* (7) und *appealer* (5) auf; die übrigen *gambit*-Klassen sind ein- bis dreimal kontextunabhängig fehlerhaft realisiert. In (32) (a) - (c) sind kontextunabhängig fehlerhafte Verwendungen von "yes/yeah" zur Realisierung von *starters* belegt.

(32)

(a) (X hat einen Fleck auf Ys Wildlederjacke gemacht)
    Y : oh Frauke but how did this mark get on it
    X : yes er a boy there mm er it it happened an accident ...
    RÄ: well there was this boy...

(b) (X hat das Bad in einem unbenutzbaren Zustand hinterlassen)
    Y : what are you going to do about it
    X : yeah perhaps we can clean it up now
    RÄ: well perhaps we could clean it up now

(c) (Y meint, farbige Immigranten seien keine Kundschaft für ihren Frisiersalon)
    Y : ... and they don't come anyway
    X : yes then then in- invite them or or speak to them ...
    RÄ: well then invite them or talk to them ...

Bei der Identifizierung falscher Verwendungen von "yes/yeah" als *gambit* ergab sich zunächst die Schwierigkeit, diese Elemente eindeutig den Klassen *starter* oder *receipt* zuzuordnen. Auf die Auskunft der Lerner konnte ich mich in diesem Fall nicht stützen, da eine Übersetzung ins Deutsche in jedem Fall "ja" ergeben hätte. Aufgrund der Polyvalenz von "ja", das sowohl die Klassen *starter* wie *receipt* realisieren kann, wobei es häufig beide Funktionen simultan erfüllt[1],

---

[1] Vgl. die Kategorie *"receipt-starter"* in House (1980) und die Anmerkungen in 6.3.1.

ist die Unterscheidung beider Klassen für linguistisch ungeschulte deutsche Muttersprachler schwer greifbar, so daß auch metasprachliche Urteile der Lerner wenig Aufschluß bieten konnten. Als differenzierendes Kriterium erwies sich schließlich die Prosodik: eine Pause vor der folgenden Äußerung sowie steigende Intonation interpretierte ich als Indikatoren für ein *receipt*, unmittelbaren Anschluß der folgenden Äußerung ohne Pause, fallende Intonation oder das Fehlen einer eigenen Intonationskurve (intonatorische Integration in die nachfolgende Äußerung) als Indikatoren für einen *starter*. Diese Klassifizierung wurde unterstützt durch die Rekonstruktionen der fehlerhaften Äußerungen durch meine *native speaker*-Informanten, die "yes/yeah" durch "well" substituierten und es damit eindeutig als falsche Realisierung eines *starter* identifizierten.
Die Unangemessenheit von "yes/yeah" in (32) (a) und (b) erklärt sich insbesondere durch ein Merkmal dieser Elemente, das mit seiner ursprünglichen Semantik zusammenhängt und auf das Crystal/Davy hinweisen: auch als *gambit* ist "yes" "still an agreement noise" (1975, 100) und kann daher nicht auf eine "wh"-Frage folgen.

Während in (32) (a) - (c) fehlerhafte Verwendungen von "yes/yeah" als *starter* auftreten, sind in (32) (d) - (f) die Klassen *receipt* und *agree* unangemessen mit "well" realisiert.

(32)
(d) (X und Y streiten sich um einen Bibliotheksplatz)
   Y : ... and the fact that books are here I don't think erm guarantees you your place because other people have to work too
   X : well but I think it's quite normal and quite obviously that you can see that there is somebody if there are books
   RÄ: yes but I think ...

(e) (Lehrer und Student)
   X1: er I want to study erm English
   Y : English
   X2: well
   RÄ2: yes/that's right

(f) (X und Y diskutieren über Women's Lib)
X1: ... did you hear of this erm⌃woman who er went to the tribunal because she was paid lower than her erm⌃erm male⌃erm
Y : because of her male counterpart
X2: well
RÄ2: yes

"well" kann im Englischen keine *uptaker*-, sondern nur *starter*- und diskursstrukturierende Funktionen wahrnehmen; zur Realisierung eines *receipt* oder *agree* ist es daher unangebracht. Kookkurrenz von "well" mit darauffolgendem "but" ist nach Auskunft meiner Informanten ausgeschlossen, weil der aktuelle Sprecher mit "but" den Redebeitrag des vorherigen Sprechers unmittelbar (adversativ) aufgreift; es stellt damit einen impliziten *uptaker* dar, dem normalerweise kein *starter* vorausgehen kann (die normale Sequenz ist: *(receipt) (starter)*).

Die Sequenz in (32 e) repräsentiert nach Wunderlich "das Minimalschema für eine reziproke Verständnissicherung" (1976, 356), die drei Schritte umfaßt: "die Bezugsäußerung" (X1), "die Bestätigung" (Y) und "die Rückbestätigung" (X2) (352). "well" in X2 kann, wie bereits angemerkt, nicht als Bestätigungssignal *(agree)* verwendet werden: seine Semantik enthält kein Merkmal der Akzeptierung; pragmatisch ist es nicht auf den vorherigen Redebeitrag des aktuellen Sprechers oder Hörers (←), sondern auf den folgenden des aktuellen Sprechers bezogen (→). Zudem weist "well" hier eine unangemessene - bei den Lernern häufig vorkommende (vgl. (32) (a) und (b)) - Intonation auf: die steigende Intonation vermittelt Unsicherheit des Sprechers über den Wahrheitsgehalt seines Sprechakts, die der Sprecher, da es sich um eine Sprecherproposition[1] handelt, plausiblerweise jedoch gar nicht hegen kann.

In (32 f) liegt ein Verständnissicherungsschema vor, das

---

[1] "A speaker-proposition is a proposition about which the speaker has more direct knowledge than the addressee" (Foreman 1974, 164).

für Dialoge zwischen *native* und *non-native speakers* typisch
ist (aber auch unter Muttersprachlern vorkommt): X hat Wort-
findungsschwierigkeiten, worauf Y, der auf der Basis des
von X bereits Geäußerten Xs weitere Redeintention inferie-
ren kann, versuchsweise für X die Verbalisierung vornimmt
(das tentative Moment kommt in der steigenden Intonation
von Ys Äußerung zum Ausdruck) und X bestätigt, daß die von
Y angebotene Verbalisierung das von X Gemeinte trifft. Das
von X gewählte Bestätigungssignal "well" ist wiederum funktional unangemessen.

Neben fehlerhaft verwendeten *underscorer*, *go-on*, *cajoler*
und *exclaim*, die jeweils nur einmal belegt sind und auf
deren Diskussion ich daher verzichten möchte, treten kontextunabhängig falsche Realisierungen in den Klassen
appealer und *check* auf:

 (g) (Student zu ihm unbekannter Studentin)
   X : you're English yes
   RÄ: you're English aren't you

 (h) (Y beschwert sich über Xs laute Party)
   X : oh I'm very sorry but I some friends of me
    are here and I'm well we are it's quite
    nice and perhaps you may come in or
   RÄ: why don't you come in for a while eh

 (i) (auf dem Empfangsabend eines Ferienkurses)
   Y : well that made you want to attend the
    course here
   X : excuse me please
   RÄ: sorry

Wie aus L hervorgeht, werden *appealer* dort zumeist mit
tag questions (gRÄ), Adverbien/Adjektiven wie "okay", "right"
oder nicht-lexikalisierten Elementen wie "eh" (hRÄ) realisiert. Die Partikel "yes" und die Konjunktion "or" können
diese Funktion nicht erfüllen: "yes" steht nie in Endposi-
tion, "or" nur in den Kollokationen "or so", "or something/
somebody/somewhere", "suggesting vagueness and uncertain-

ty" (OALDCE)[1]. "Excuse me" (i) gehört nicht zu den Elementen, die als *check* - als Initiator einer Reparatursequenz - fungieren können: seine Funktion ist vielmehr beschränkt auf die einer Einleitungsfloskel in Situationen, in denen mit dem Ansprechen eine besondere Zumutung an den Hörer verbunden ist, z.B. beim Ansprechen Fremder, von denen man eine Gefälligkeit erbittet (vgl. "Territoriumsinvasionssignal", 6.4.2).
Für die Realisierung von *checks* werden im Englischen dagegen Entschuldigungsfloskeln verwendet, die sich nicht - wie "excuse me" - auf eine folgende Zumutung an den Hörer beziehen, sondern auf eine bereits geschehene Übertretung einer Interaktionsnorm (vgl. den in 6.4.2.1 schematisierten Zusammenhang zwischen verschiedenen Entschuldigungsfloskeln im Englischen). Daß die Routineformeln für die Fremdinitiierung einer Reparatur im Englischen Entschuldigungsfloskeln sind, hängt vermutlich mit der Auffassung zusammen, daß ein Koaktant, der "nicht richtig zugehört/verstanden hat", sich unkooperativ und damit entschuldigungsbedürftig verhält. Gleichzeitig kommt in der Realisierung des *check* als konventioneller Entschuldigung in hohem Maße das Taktprinzip zum Tragen: auch wenn der Initiator der Reparatur keine "Schuld" an dem zu beseitigenden Mißverständnis trägt, nimmt er sie mit der Entschuldigungsfloskel konventionell auf sich.

6.3.3.3 KONTEXTUELL FEHLERHAFTE REALISIERUNGEN EINER GAMBIT-KLASSE

15 von 48 *gambit*-Fehlern (= 31,25 %) entfallen auf die Kategorie der kontextuell fehlerhaften Realisierungen einer *gambit*-Klasse. Bei fast 2/3 dieser Fehlwahlen handelt es sich um unangemessen realisierte *receipts*. Vergleiche (33) (a) - (d).

---

[1] Vgl. die *softener* "kind of/sort of" bei Crystal/Davy (1975, 98 f.).

(33)

(a) (zwei fremde Frauen stehen vor einem Stadtplan
und suchen nach dem Weg)
Y : I'm going to a technical college in Salford
I think
X : yah the same where I do
RÄ: oh/yah that's where I go too

(b) (X hat die Ausleihfrist für ein Bibliotheksbuch
überschritten)
Y : ... the rules of the library if you're late
handing a book there's a small fine it's
only ten p
X : yes [?] at Christmas time too
RÄ: really at Christmas time too

(c) (Studentin verabschiedet sich von ihrer Zimmer-
wirtin)
Y : well you all you have to do is write or
phone from the station
X : yes thank you
RÄ: okay thank you

(d) (Studentin betritt das Sprechzimmer ihrer Ärztin)
Y : uh yes Miss Hammerschmidt
X : okay I come because I had a very strong
tonsilitis
RÄ: yes/mm I wanted to see you because ...

Die meisten kontextuell fehlerhaft verwendeten *receipts*
sind durch "yes/yah" realisiert (vgl. (33) (a) - (c)). In
(a) steht die Beiläufigkeit des expressiv neutralen *receipt* "yah" im Widerspruch zum Neuigkeitswert der Proposition von Ys initiierendem Akt für X. Ein *receipt* oder
exclaim, der durch intonatorische Markierung oder lexikalische Wahl (s. RÄ) Überraschung konnotiert, wäre daher
ein angemessenerer *uptaker*.

Auch in (b) ist die mit Xs *receipt* konnotierte Ausdrucksabsicht Überraschung, die er auch intonatorisch angemessen
realisiert. Es wäre hier jedoch angebracht, dem Überraschungsmoment auch durch eine entsprechende lexikalische
Wahl Ausdruck zu verleihen (vgl. RÄ); "yes" - insbesondere
in seiner vom Lerner verwendeten unabgeschwächten Realisierungsform - kann diese Mitteilungsintention nicht transpor-
tieren.

Die steigende Intonation in (c) ist hingegen ebenso unangebracht wie die lexikalische Wahl des neutralen "yes": Ys Einladung in der vorliegenden Abschiedssequenz ist konventionell und der "realen" Beziehungssituation zwischen X und Y zufolge erwartbar, so daß ein Zögern oder Überraschung ausdrückender *receipt* unangemessen ist. Eine definitive positive Reaktion, die durch fallende Intonation gekennzeichnet ist, stimmt auch mit dem folgendem Dank eher überein. Auf der lexikalischen Ebene ist Xs *receipt* als Replik auf Ys Einladung zu ausdrucksschwach und würde besser durch ein Element mit bekräftigender Funktion wie "okay" in RÄ ersetzt.

In (d) schließlich findet sich das Gegenstück zu (c), nämlich die Realisierung eines *receipt* mit "okay" in einem Kontext, in dem der zustimmende/bekräftigende Effekt dieses Elements unangemessen stark ist. Das neutrale "yes" oder ein nicht-lexikalisiertes Element (mm, uhu) wären demgegenüber geeignete Repliken auf Ys fremdinitiierte Fremdidentifizierung (vgl. 6.4.4.).
Die undifferenzierte Verwendung von Realisierungselementen der *gambit*-Klasse *receipt*, insbesondere derjenigen von "yes/yeah/yah", entspricht der unterdifferenzierten bis unangemessenen Verwendung dieses Elements zur Realisierung der respondierenden Akte *Annehmen* und *Versprechen*, über die in 6.2.1.2, 6.2.1.3, 6.2.2.2 und 6.2.2.3 berichtet wurde.

Obwohl die übrigen kontextuell fehlerhaften *gambits* in den Klassen *starter*, *cajoler* und *appealer* nur jeweils ein- bzw. zweimal belegt sind, sollen sie dennoch vorgestellt werden, um den Kontrast zu kontextunabhängig fehlerhaften Realisierungen dieser Klassen zu verdeutlichen.

```
(e) (X hat Konzertkarten bekommen und kann deshalb
    nicht für Y babysitten)
    Y : ... I was depending on your coming round this
        evening because you did say you were going
        to come every Friday
    X : yes well now some of mm the tickets were
        rather expensive ...
```

RÄ: yes‿well the tickets were rather expénsive
you see ...

(f) (Y ist nicht davon begeistert, X Schallplatten
auszuleihen)
X : wḛll we are (...) very careful and er‿I
will lo͡ok that they come bac͡k as they were
befor͡e you see and
RÄ: ... I'll take ca̋re that‿you get them back
the same as befo͡re you know

(g) (Y kommt erschöpft nachhause)
Y : (sighs) oh the traf̋fic tonight it's terrible
my god
X : yah‿is it
RÄ: really‿is it

"Well now" in (33 e) gehört zwar wie "well" zur Klasse der
starter, unterliegt aber stärkeren Selektionsrestriktionen:
während die Verwendung von "well" prinzipiell nicht diskursphasenspezifisch gebunden ist - vgl. aber die in
6.3.3.1 erwähnten Selektionsrestriktionen -, ist die Verwendung von "well now" auf die Einleitung neuer Dialogphasen beschränkt, d.h. es fungiert gleichzeitig als *marker*
(vgl. 6.3.0.1). Da die Interaktanten sich im vorliegenden
Redewechsel inmitten der thematischen Phase des Diskurses
befinden und X auf ein schon eingeführtes Thema - die bereits gekauften Konzertkarten - zurückgreift, ist "well
now" hier unangemessen.
In (f) beachtet die Lernerin die unterschiedlichen Verwendungsbedingungen nicht, die für die *cajoler* "you know" und
"you see" gelten (vgl. 6.3.2): das von ihr verwendete, mit
den stärkeren Selektionsrestriktionen belegte "you see"
wirkt "herablassend"; das in RÄ vorgeschlagene "you know",
"with a rising tone in a high pitch range", erzeugt demgegenüber

> "a similar effect to one of the functions normally
> associated with tag questions, inviting the listener
> to agree with what has been said, or at least expressing the speaker's assumption that the implications of what he has been saying have been understood" (Crystal/Davy 1975, 94).

Gerade seine pragmatische Ähnlichkeit mit einem *appealer* und das Fehlen eines potentiellen perlokutiven Effekts der Herablassung machen "you know" in der vorliegenden Situationsrollenkonstellation - X bittet Y um eine Gefälligkeit, von der X weiß, daß Y sie ungern tut - zur adäquaten Realisierung eines *cajoler*.

In (g) ist die steigende Intonation des *tag*, die die Illokution "Frage" hat, unangebracht, weil X hierdurch den Wahrheitsgehalt der in Ys Äußerung enthaltenen (Sprecher!-)Proposition infrage stellt, wozu kontextuell kein Anlaß besteht. Fallende Intonation signalisiert dagegen, daß "the tag question merely asks for routine confirmation of what the speaker already believes. The sentence is more like a statement than a question" (Leech/Svartvik 1975, 112); was hier impliziert, daß X die von Y geäußerte Proposition als wahr akzeptiert (vgl. ausführlicher 6.4.6.2).

6.3.4 ZUSAMMENFASSUNG: GAMBITS IN DER LERNERPERFORMANZ

Sämtliche *gambit*-Klassen, die in E ermittelt werden konnten, sind auch in L belegt. Die Frequenz, mit der die Lerner die einzelnen *gambit*-Klassen verwenden, entspricht jedoch nur in den Klassen *starter* und *aside* derjenigen der *native speakers* in E. Die *uptakers represent, receipt, agree, check* und *go-on* sind in L gegenüber EX überrepräsentiert, die expressiv bzw. relationell wirksamen *gambit*-Klassen *exclaim, cajoler* und *appealer* sind dagegen unterrepräsentiert; die Verwendung des diskursstrukturierenden *underscorer* nähert sich der Nullokkurrenz. Während in der Überrepräsentation der *uptaker represent, receipt* und *agree* grundsprachliche Interaktionsnormen, wie sie aus D hervorgehen, zum Tragen kommen dürften, kann man annehmen, daß das höhere Vorkommen aller überrepräsentierten *uptaker*-Klassen durch die spezifischen Kommunikationserfordernisse von Lerner-*native speaker*-Diskursen bedingt ist: die gegenüber *native speaker*-Diskursen geringere Übereinstimmung in den Kodes der Interaktanten erhöht die Notwendigkeit, Verstehen und Nichtverstehen dem Koaktanten mit dialogaufrechterhaltenden Mitteln explizit zu signalisieren. Der Überrepräsentation der Hörersignale kommt demnach eine konstruktive diskurstypische Funktion zu, die über die Verständnissicherung hinaus den positiven Effekt hat, daß der Lerner verstärkt seine Kooperationsbereitschaft zum Ausdruck bringt. Demgegenüber wirkt die Unterrepräsentation der expressiven und insbesondere der auf der relationellen Ebene operierenden Klassen *cajoler* und *appealer* potentiell beziehungsstörend, weil der Lerner durch das Fehlen expliziter hörerbezogener sympathetischer Signale (soweit dies nicht durch andere, ähnlich wirkende Ausdrucksmittel kompensiert wird) und die damit verbundene ausschließliche Orientierung auf die referentielle Funktion seinem Koaktanten den nötigen "H-support" verweigert.

Die *type-token*-Relation ist gegenüber E entschieden niedriger. Präferenzen für Realisierungselemente mit grundsprachlichem Formal- und Funktionaläquivalent äußern sich in der Überrepräsentation des Elements "yes/yeah/yah" zur Realisierung der Klassen *receipt*, *agree* und *go-on*. Verbunden mit der Überrepräsentation dieses Redemittels sowie des Elements "oh", das die Lerner mit starker Frequenz zum Ausdruck von *receipt* und *exclaim* verwenden, ist ihre tendentielle funktionale Unterdifferenzierung in der Lernerperformanz, der die Unterrepräsentation bis Nullokkurrenz alternativer Realisierungsmittel entspricht. Interessanterweise beschränken sich grundsprachlich vermittelte Lernerpräferenzen auf das Element "yes": ausdrucksstärkere Realisierungen von *gambits* werden auch bei Funktional-, Formal- und Distributionsäquivalenz im Englischen und Deutschen nicht verwendet. Besonders auffällig ist die Nullokkurrenz des *cajoler* "I mean", der in E und dessen Äquivalent "ich mein(e)" in D die frequentesten *cajoler*-Realisierungen ausmachen. Weitere Beispiele für nullrepräsentierte Realisierungselemente mit grundsprachlichem Äquivalent sind "look" ("sieh mal/guck mal") zur Realisierung des *underscorer*, "exactly" ("genau") und "good" ("gut") zum Ausdruck von *agree*.

Lernerspezifische Merkmale weist die Lernerperformanz im Bereich der *gambits* eher durch angemessene, aber gegenüber E durch Unter-, Überrepräsentation und Unterdifferenzierung gekennzeichnete Verwendungen als durch unangemessenen Gebrauch auf. Die Fehlerfrequenz liegt unter 10 % (4,2 - 9,7 %) und ist damit sehr gering. Der größte Fehleranteil entfällt auf kontextunabhängig fehlerhaft verwendete *gambits* (50 %), gefolgt von kontextuell unangemessenen Realisierungen (31,25 %) und redundanten *gambit*-Verwendungen (18,7 %). Daraus geht hervor, daß die hier untersuchte Lernerstichprobe, soweit sie überhaupt *gambits* unangemessen verwendet, dies eher durch eine unzutreffende Zuordnung von Element zu Klasse als durch die Verletzung spezifischer Verwendungsbedingungen (Kookkurrenz-, Selektionsrestriktionen) eines Elements innerhalb einer Klasse tut. Von den Realisierungselementen erweisen sich das überrepräsentierte "yes/yeah/yah" sowie "well" als besonders fehlerträchtig: die "yes"-Fehler machen 36,7 %, die "well"-Fehler 22,4 % aus, d.s. zusammen 59,1 % aller *gambit*-Fehler. Sie verteilen sich wie folgt auf die *gambit*-Klassen und Fehlerkategorien:

Tab. 15:

Fehler beim Gebrauch von "yes/yeah/yah"

Fehlerkategorie gambit-Klasse	red	kont- unab	kontab	$\sum$
receipt	1		7	8
agree			1	1
starter		7		7
appealer		2		2
$\sum$	1	9	8	18

Tab. 16:

Fehler beim Gebrauch von "well"

Fehlerkategorie gambit-Klasse	red	kont-unab	kontab	$\sum$
receipt		2		2
agree		3		3
starter	6			6
$\sum$	6	5		11

Tab. 15 und 16 zeigen, daß die Lerner "yes" und "well" als multifunktionale Elemente verwenden. Betrachtet man die Fehlwahlen im Kontext der korrekten Verwendungen dieser Elemente, so stellt man fest, daß das multifunktionale Konzept der Lerner ganz überwiegend zu angemessenen - wenn auch im Fall von "yes" gegenüber E unterdifferenzierten - Äußerungen führt. Die in den Tabellen zusammengefaßten gelegentlichen Fehlwahlen deuten jedoch darauf hin, daß die Lerner keine klaren Vorstellungen von der kategorialen Zugehörigkeit und den kontextuell determinierten Verwendungsbedingungen der Elemente "yes" und "well" als Realisierungsmitteln von *gambits* haben.

6.4 ERÖFFNUNGSPHASEN

6.4.0.1 ZUR BESCHREIBUNG VON ERÖFFNUNGS- UND BEENDIGUNGSPHASEN

Diskurseröffnungs- und Beendigungsphasen zeichnen sich funktional durch ihren phatischen Charakter, formal durch ihre starke Ritualisierung aus. Sie heben sich damit von der thematischen Phase ab, deren Rahmen oder "rituelle Klammer" (Goffman 1974, 118) sie bilden. Goffman bestimmt ihre soziale Funktion als "Zugänglichkeitsritual":

"Grüße bezeichnen den Übergang zu einem Zustand erhöhter, Abschiede den Übergang zu einem Zustand verminderter Zugänglichkeit. Es ist deshalb folgende sowohl Begrüßungen als auch Abschiede umfassende Definition möglich: sie sind rituelle Kundgaben, die einen Wechsel des Zugänglichkeitsgrades markieren" (1974, 119).

Den Übergang von einem kontaktlosen in einen Kontaktzustand und vice versa ohne Zugänglichkeitsrituale zu vollziehen, wird in der Mehrzahl sozialer Situationen von Interaktanten als Normverstoß empfunden. Analysen von Telefongesprächen (Schegloff 1972 b; Schegloff/Sacks 1973) und *face-to-face-*Interaktionen (Knapp/Hart/Friedrich/Shulman 1973; Berens 1976; Jäger 1976; Wunderlich 1979; House 1981; Ventola 1979) belegen, daß Interaktanten ihre Kontakte regelmäßig mit Zugänglichkeitsritualen beginnen und abschließen.
Typische Eigenschaften von Eröffnungen, Ablauf (= thematischer Phase) und Beendigungen von Diskursen faßt Jäger in folgender Merkmalsmatrix zusammen:

Merkmalsmatrix

Redekonstellationsteil-Merkmale		Redekonstellationsteile		
Merkmal	Ausprägung	ERÖFF.	ABLAUF	BEEND.
VERHÄLTNIS ZEITRAHMEN/ REALZEIT	v kleiner 1	−	−	+
	v angenähert 1	−	−	+
	v entfernt 1	+	+	−
ZUGÄNGLICH- KEIT	erhöht	+	−	−
	vermindert	−	−	+
HANDLUNGS- FORM	überwiegend rituell	+	−	+
	nicht rituell	−	+	−

(aus: Jäger 1976, 120)

Um ihre interaktionelle Funktion erfüllen zu können, bedürfen Rituale strenger Organisation und Strukturiertheit, die auf der Diskursebene durch Nachbarpaare geleistet wird.

> "at least initial sequences (e.g., greeting exchanges)
> and ending sequences (i.e. terminal exchanges) employ
> adjacency pair formats. It is the recurrent, institu-
> tionalized use of adjacency pairs for such types of
> organization problems that suggests that these prob-
> lems have, in part, a common character, and that ad-
> jacency pair organization is specially fitted to the
> solution of problems of that character" (Schegloff/
> Sacks 1973, 297).

Im Unterschied zu Nachbarpaaren, die in der thematischen Phase auftreten, werden zu ihrer Realisierung in Eröffnungs- und Beendigungsphasen typischerweise <u>Routineformeln</u> verwendet.[1] Nach Coulmas, der diese Kategorie in die Pragmatik einführte (1978; 1979), sind Routineformeln

> "expressions whose occurrence is closely bound to
> specific social situations which are, on the basis
> of an evaluation of such situations, highly predict-
> able in a communicative course of events. Their
> meaning is pragmatically conditioned, and their
> usage is motivated by the relevant characteristics
> of such social situations" (1979, 240).

Ihre Hauptfunktion besteht demnach in der Reduktion interaktioneller Komplexität: "RFs (sc. routine formulae) furnish organized reactions ... to social situations. They thus function as a relay for ensuring a smooth course of interaction" (251). Mit dieser letzten Bestimmung überschneidet sich die Funktion von Routineformeln mit derjenigen von *gambits*, die als "discourse lubricants" charakterisiert worden waren. Während jedoch *gambits* als "anywhere"-Elemente nicht an bestimmte Situationen gebunden sind, ist die unlösbare Verknüpfung mit standardisierten, häufig wiederkehrenden Situationen gerade das definierende Merkmal von Routineformeln. Auch die variierende, häufig aber stark ausgeprägte Obligatorik ihrer Verwendung unterscheidet sie von *gambits*.

---

[1] Zwar treten auch innerhalb thematischer Phasen Routineformeln auf, z. B. als Realisierungen von Sprechakten wie *Abbitte leisten, Bedanken*; sie sind aber kein <u>typisches</u> Merkmal thematischer Interaktion.

Grundsätzlich sind alle stereotypisierten Situationen einer
Gesellschaft potentiell geeignet, Routineformeln als ihre
sprachlichen Korrelate hervorzubringen: "Repetition invites
conventionalization" (Coulmas 1979, 252). Ganz besonders
gilt dies jedoch für Eröffnungs- und Beendigungsphasen von
Interaktionen, wie Coulmas unter Bemühung der "much strai-
ned analogy of language and chess" ausführt:

> "the initiating and terminating moves are structurally
> more restricted and allow for less variation than what
> happens in the middle of the game. It is thus to be
> expected that a relatively large proportion of the
> total set of RFs are associated with situations of
> encounter or leave-taking" (252).

Welche Elemente aus der (kleinen, geschlossenen) Liste von
Routineformeln, die als Realisierungen bestimmter Funktionen (z.B. *begrüßen, verabschieden*) zur Verfügung stehen,
von Interaktanten gewählt werden, hängt von dem "rituell
etablierten Verhältnis zwischen den Ausführenden" (Goffman
1974, 123), also ihrer objektiven und subjektiven Rollenbeziehung, ab. Gerade weil es sich bei Diskurseröffnungs-
und Beendigungsphasen um ritualisierte Interaktionsformen
mit einem standardisierten Ausdrucksinventar handelt, dürfte das *native-speaker*-Bewußtsein hier normativer als in
nicht-ritualisierten Interaktionsformen sein, und Verstöße
dürften daher auch deutlicher von *native-speakers* registriert
werden.

6.4.0.1.1 ZUR BESCHREIBUNG VON ERÖFFNUNGSPHASEN

Eröffnungsphasen (Schegloff 1972 b; Goffman 1974, 111-137;
Berens 1976) kommt insofern ein hoher interaktioneller Stellenwert zu, als sich hier die Beziehung der Kommunikationspartner allererst etabliert bzw. re-etabliert und definiert.
Berens nimmt an, daß

"in der Phase der Dialogkonstituierung die verbale
Interaktion der Beteiligten auf die Erörterung der
Situation gerichtet ist und daß sich dafür typische
verbale Muster feststellen lassen. Die Kommunikationspartner überprüfen vor Beginn der eigentlichen Kommunikation ihre Situationsdefinition und
stimmen noch ungeklärte Elemente ab, um auf der
Basis einer als gemeinsam vorausgesetzten Festlegung der Redekonstellation ihren angestrebten Dialog zu führen" (1976, 17 f.).

Pragmatisch unangemessenes Sprachverhalten ist in dieser Phase besonders risikoreich, weil es den Gesprächspartnern gegenüber dem sich ungeeignet Verhaltenden negativ prädispo-
nieren und dadurch den weiteren Interaktionsverlauf nach-
haltig belasten kann.
Um Zugänglichkeit oder "availability to talk" (Schegloff
1972 b, 395) herzustellen, verwenden Interaktanten "summons
- answer (SA) sequences" (z.B. A: Klopfen - B: come in;
A: excuse me - B: yes), eine Sonderform des Nachbarpaares,
dessen spezifisches Merkmal seine "non-terminality" ist,
d.h. "a completed SA sequence cannot properly stand as the
final exchange of a conversation" (384): es besteht "the
obligation of the summoner to talk again upon the completion (by the summoned) of the SA sequence" (385). Für bestimmte Typen von Kontaktsituationen gilt darüber hinaus
die Regel, daß der Initiator des Kontakts das erste Thema
bereitstellt (z.B. in Telefongesprächen, zielgerichteten
Interaktionen wie Kauf-, Beratungsgesprächen etc.).

Berens weist darauf hin, daß die einzelnen Interaktionszü-
ge und ihre sprachliche Realisierung innerhalb von Eröffnungsphasen abhängig sind von Faktoren wie Situation, Relevanzbereich, situativem Rang, Zugänglichkeit und Bekannt-
schaftsgrad der Interaktanten, Themenfixierung und Kommuni-
kationsmodus (= Typ der Handlungsform, z.B. 'Beratung')
(21 ff.). An sprachlich realisierten Funktionen der Dialogkonstituierung unterscheidet er

- Dialogeröffnungssignal (ES) (guten tag)
- Dialogbereitschaftssignale (BS) (nehmen sie platz)

- Themeneinführung (TE) (ich wollte sie mal fragen, ob ...)
- Festlegung des situativen Rangs (sie müssen die gesprächsführung machen) (31 f.)

Damit ist die Liste von Funktionen, die Interaktanten in Eröffnungsphasen vollziehen, jedoch keineswegs erschöpft. Wie aus Dialogbatterie E hervorgeht, ist sie um mindestens folgende Funktionen ergänzungsbedürftig:

- Identifizierung (my name is Jones)
- phatische Erkundigung nach dem Befinden (how are you)
- phatische Replik (fine thanks)
- Territoriumsinvasionssignal (TIS) (excuse me)
- Anteilnahmesignal (yes lovely)

Die Funktion *Festlegung des situativen Rangs* kommt in den Situationstypen unserer Korpora nicht vor und wird daher nicht weiter berücksichtigt.

Ein Beschreibungsmodell von Eröffnungsphasen könnte damit analog zu Jäger (1976, 129) folgendermaßen aussehen:

$$\text{Eröff} \rightarrow \# \text{ES/TIS} \left\{ \begin{array}{l} \text{Bereitschaftssignal} \\ \text{Identifizierung} \\ \text{phatische Erkundigung} \\ \text{phatische Replik} \\ \text{Anteilnahmesignal} \end{array} \right\} \text{TE} \#$$

Welche dieser Funktionen überhaupt und mit welchen sprachlichen Mitteln realisiert werden, hängt von der Faktorenkonstellation der Kommunikationssituation ab. Kookkurrenzrestriktionen zwischen einzelnen Funktionen dürften ebenfalls bestehen.

6.4.0.2 VORGEHEN BEI DER BESCHREIBUNG VON ERÖFFNUNGS- UND BEENDIGUNGSPHASEN

Nach einer Skizzierung der interaktionellen Funktionen von Eröffnungs- und Beendigungsphasen werden die einzelnen Diskursschritte, die Interaktanten im Verlauf dieser Phasen vollziehen, in ihren Realisierungen in E und L qualitativ beschrieben. Dabei werden zunächst nur die korrekten Realisierungen in L erfaßt. Nachdem so die angemessenen lernerspezifischen Merkmale charakterisiert worden sind, folgt eine exemplarische Beschreibung fehlerhafter Realisierungen von Diskursfunktionen in Eröffnungs- und Beendigungsphasen, wobei insbesondere deren interaktionelle Implikationen in den Blick genommen werden sollen.

6.4.1 ERÖFFNUNGSSIGNAL

Ventola (1979) unterscheidet im Englischen folgende Typen von Eröffnungssignalen: "Short Greetings" (hello, hi), "Timebound Greetings" (good morning, good afternoon), "Social Distance Depending Greetings" (how do you do) und "Extended Greetings" (how are you, how are things). Den letzten Typ kategorisiere ich als "phatische Erkundigung", da im Britischen Englisch darauf eine Routine_replik_ (z.B. "fine thanks") obligatorisch ist und keine bloße Reziprozierung (how are you) wie im Amerikanischen Englisch. Unter einander bekannten Interaktanten folgt auf das Eröffnungssignal häufig eine Anrede (Address), die sich in ihrem Förmlichkeitsgrad nach der Rollenbeziehung zwischen den Interaktanten richtet (Ventola 1979, 272).

6.4.1.1 ERÖFFNUNGSSIGNAL IN E UND L

Das frequenteste Eröffnungssignal in E und L ist reziprokes "hello" (E: 16, L: 13mal). Förmlichere Realisierungen mit Spezifizierung der Tageszeit wie "(good) morning/afternoon" (E: 5, L: 4mal) werden nur in durch Dominanz gekennzeichneten Rollenbeziehungen verwendet, und zwar mit reziproken

(good afternoon - good afternoon) und nicht-reziproken Elementen. Bei Nicht-Reziprozität ist die Sequenz "hello - good afternoon" frequenter als die umgekehrte Abfolge. Die Frequenz und Distribution der korrekten Realisierungsalternativen in L stimmt mit derjenigen in E überein.
Den eigentlichen Eröffnungssignalen schicken die *native speakers* insbesondere bei unerwarteten Kontakten oder Kontaktaufnahme zwischen Fremden *starters, receipts* oder *exclaims* voraus, wobei sie mehrheitlich die nichtlexikalisierten Elemente "oh", "uh", "er", "erm" verwenden; vergleiche

(ixi)
Y: oh hello Susan
X: er hello Mrs Norton

Die ebenfalls vorkommende Kookkurrenz eines Eröffnungssignals mit dem *starter* "well" (s.u.) unterliegt stärkeren Restriktionen als die Kookkurrenz mit nichtlexikalisierten einleitenden *gambits*. Während die *native speakers* 51,7 % ihrer Eröffnungssignale ein einleitendes *gambit* vorausschicken, beträgt die Kookkurrenz dieser Funktionen in L nur 33,3 %. Die von den Lernern korrekt verwendeten Realisierungselemente sind mit denjenigen in E identisch. Was die Reziprozität des Eröffnungssignals anbelangt, so gelten nach den Dialogbatterien E und D folgende Begrüßungsregeln:
(1) Der Begrüßungsakt ist reziprok, d.h. wenn A den B gegrüßt hat, besteht für B die Verpflichtung, A zu grüßen. As initiierender Gruß übt eine hohe "conditional relevance" auf Bs respondierenden Akt aus; *Gruß - Gegengruß* sind daher das klassische Beispiel eines Nachbarpaares.
(2) Bestimmte Bedingungen rufen obligatorische oder fakultative Tilgung von Bs Gegengruß hervor. Obligatorische Tilgung besteht dann, wenn A bereits zu einem späteren Stadium innerhalb der Eröffnungssequenz fortgeschritten ist. Der von A zuletzt geäußerte initiierende Akt konditioniert Bs Respons, der dann den getilgten Gegengruß impliziert, z.B.

(xi)
Y: good afternoon Miss Hammersmith please take a seat
X: thank you (setzt sich)

6.4.1.2 FEHLER IN ERÖFFNUNGSSIGNALEN

Zur Realisierung von Eröffnungssignalen verwenden die Lerner in 2 von 8 Fällen unangemessene Elemente. Vergleiche (41) (a) und (b).

(41)
(a) (Schüler betritt das Arbeitszimmer seines Lehrers)
Y : yes come in
X : good day sir
Y : oh hello Achim yes have a seat
RÄ: hello/good afternoon Mr Sinden/sir

(b) (Studentin verabschiedet sich von ihrer Zimmerwirtin)
X : dear Mrs Bell now my time has come
Y : oh oh Inge I'm sorry you've got to go
RÄ: hello Mrs Bell I'm off now

In beiden Eröffnungszügen verwenden die Lerner Redemittel, die nicht der pragmatisch angemessenen Funktionalsprache angehören: mit "good day" in (41 a) liegt ein diachron inhomogenes Element vor, das spätestens seit dem 19. Jh. im *Standard British English* auch in sehr förmlichen Kontexten anachronistisch und nur noch in literarischen Texten aus früheren Epochen überliefert ist. "My time has come" ist demgegenüber auf der diachronen Achse korrekt, gehört jedoch einem stark formalitätsmarkierten Register an (vgl. dagegen die informelle RÄ). Beide Eröffnungssignale - insbesondere in ihren Kombinationen mit förmlichen ((a): sir) und emotiven Anredeformen ((b): dear Mrs Bell) - wirken pathetisch-theatralisch und verleihen Xs Eröffnungszügen

einen nicht beabsichtigten komischen Effekt, insbesondere
im Kontrast zu den informellen Repliken der Koaktanten.

In L ist weiterhin eine unangemessene Kookkurrenz des *starters* "well" mit einem Eröffnungssignal belegt:

    (c) (X betritt ein Geschäft und begrüßt den ihr unbekannten Y)
       X : well hello erm
       Y : hello
       RÄ: (erm) hello

E und meinen Informanten zufolge kann "well" mit einem Eröffnungssignal nur unter zwei Bedingungen kookkurrieren:
1. wenn bereits Kontakt zwischen den Interaktanten bestand und mit "well" eine beiläufige, unmarkierte Wiederaufnahme des Kontaktes signalisiert wird, vergleiche

    (xli)
    X: well afternoon Jim here's the last basket

    (xlii)
    X: well Mrs Bowles I'm off now.

2. wenn der Sprecher Überraschung über das Zusammentreffen mit dem Koaktanten zum Ausdruck bringen will wie in

    (xliii)
    (Klopfen)
    X1: (from inside) hello hang on
    Y : hurry up
    X2: (opens door) well hello.

Beide Bedingungen treffen auf (41 c) nicht zu: es bestand vor diesem Redewechsel kein Kontakt zwischen X und Y, und ein Überraschungsmoment ist ebenfalls nicht gegeben. Wenn die Lernerin ihrem Eröffnungssignal ein *gambit* vorausschicken will, muß sie daher ein nichtlexikalisiertes Element (s. RÄ) verwenden.

In (41 d) schließlich verstößt die Lernerin gegen Sequenzierungsregeln, die die Abfolge von Eröffnungszügen bestimmen:

> (d) (Patientin betritt das Sprechzimmer)
> (Klopfen)
> Y : oh c̃ome in erm∧Miss er Hammer̈schmidt ỹes
> X1: [hello]
> Y : [wẽll] what cañ I dö f̃or you
> X2: hello Dr Josephson well erm you treated me
> on tonsilitis ...
> RÄ2: well Dr Josephson you treated me for tonsilitis
> ...

Wie ich in 6.4.1.1 erwähnt hatte, wird das respondierende Eröffnungssignal des zweiten Sprechers obligatorisch getilgt, wenn der erste Sprecher bereits zu einem späteren Diskursstadium fortgeschritten ist. In (41 d) hat die Koaktantin Y durch ihre elizitierende Themeneinführung (s.u.) "what can I do for you" bereits die thematische Phase eingeleitet; diese Äußerung konstituiert den für Xs Replik verbindlichen initiierenden Zug und bedingt daher obligatorische Tilgung von Xs Eröffnungssignal.

6.4.2 TERRITORIUMSINVASIONSSIGNAL (TIS) UND THEMENEINFÜHRUNG

6.4.2.1 TIS UND THEMENEINFÜHRUNG IN E UND L

TIS sind "summons" oder "attention-getting devices", die Sprecher verwenden, um die Aufmerksamkeit eines Fremden zu erlangen (Schegloff 1972 b, 383). Daß sie im Englischen und im Deutschen mit einer Entschuldigungsformel realisiert werden ("excuse me"; "Entschuldigung"), hängt mit einer kulturspezifischen Norm zusammen, nach der die Kontaktaufnahme unter Fremden außerhalb bestimmter Institutionen nicht ohne weiteres erlaubt ist: das Territorium des Anderen (Goffman 1974, 54 ff.) ist nur bedingt zugänglich. Mit der Verwendung einer Entschuldigungsformel als TIS gibt der Sprecher dem Angesprochenen zu verstehen, daß er diese Norm kennt und anerkennt und kann sie, indem er sich für ihre Übertretung entschuldigt, für den weiteren Interaktionsverlauf suspendieren.

Die Verwendungsbedingungen für TIS sind im Deutschen und Englischen identisch. Potentielle Realisierungsprobleme entstehen für deutsche Lerner des Englischen dadurch, daß zwischen der deutschen Entschuldigungsformel und ihren Äquivalenten im Britischen Englisch eine Divergenzrelation besteht: die Form der Entschuldigung variiert mit ihrer Funktion.

	TIS	Sprechakt *Abbitte leisten*	check[1]
D	Entschuldigung/ Verzeihung	Entschuldigung/ Verzeihung	(wie) bitte
E	excuse me	(I'm) sorry	(I beg your) pardon/sorry

In E werden TIS 5mal zur Einleitung einer Kontaktaufnahme mit einem Fremden verwendet, wobei das Standard-TIS "excuse me" in zwei Fällen expandiert wird:

(xliv)
X: excuse me I don't know you do I

(xlv)
X: excuse me I hope I'm not er embarrassing you in any way but ...

In einem weiteren Fall ersetzt die Sprecherin die Routineformel durch die nicht-routinisierte Äußerung "I hope I'm not disturbing you". Mit dieser Realisierung wird, ebenso wie in den expandierten Formen des TIS, die dem TIS zugrunde liegende Interaktionsnorm explizit thematisiert.

---

[1] Vgl. 6.3.0, 6.3.2.

Themeneinführungen markieren den Abschluß der Eröffnungs- und den Beginn der thematischen Phase. Sie werden in E nur in potentiellen Konfliktsituationen von demjenigen Interaktanten verwendet, der das potentielle konfliktträchtige Thema einbringt, also z.B. eine Aufforderung oder eine Beschwerde äußert.
In L werden Themeneinführungen unter denselben pragmatischen Bedingungen und in leicht höherer Frequenz (8mal gegenüber 5mal in E) verwendet. Was den Vollzug der Diskursfunktion *Themeneinführung* anbelangt, unterscheidet sich das in L dokumentierte Lernerverhalten damit von demjenigen, das eine andere Stichprobe im Vortest zu einer Untersuchung aufweist, über die in House/Kasper (1981 b) berichtet wurde: dort steigen die Studenten sofort ins Thema ein - ohne explizite oder implizite Einführung. Dieser unterschiedliche Befund erklärt sich vermutlich aus Divergenzen in den Erhebungssituationen. Während hier wie dort Dialoge im Rollenspiel durchgeführt werden, ist die Probandenkonstellation verschieden: im vorliegenden Projekt Lerner - *native speaker*, in House/Kasper (1981 b) Lerner - Lerner. Die symmetrische reale Rollenbeziehung und der gemeinsame grundsprachliche Hintergrund, der den artifiziellen Charakter der Erhebungssituation gegenüber der im Projekt gewählten erhöht, verringert die interaktionelle Notwendigkeit für die Lerner, sich durch explizite Themeneinführung gesprächspartnerorientiert zu verhalten. Ein weiterer Unterschied besteht im Kompetenzniveau, das beide Lernergruppen im Englischen aufweisen: wie in 4.2.1 beschrieben, handelt es sich in der vorliegenden Untersuchung um eine Stichprobe mit überdurchschnittlichen Englischkenntnissen, während die Stichprobe in House/Kasper (1981 b) über durchschnittliche bis unterdurchschnittliche Englischkenntnisse verfügt. Die Vermutung liegt nahe, daß schwächere Lerner aufgrund ihrer niedrigeren Kompetenz Diskurssequenzen mit geringer referentieller Notwendigkeit eher vermeiden und rascher "zur Sache kommen" als kompetentere Lerner, die nach ihrer Selbsteinschätzung über die sprachlichen Mittel verfügen, rela-

tionelle Diskursfunktionen zu realisieren.

Zur Realisierung von Themeneinführungen in E werden hauptsächlich "leere" Thematisierungsverfahren[1] verwendet, in denen das Thema selbst noch unerwähnt bleibt, vergleiche

> (xlvi)
> erm good afternoon sir er you know er I wanted to see you about something
>
> (xlvii)
> yes erm I don't think you know anything about this yet
>
> (xlviii)
> now Vick (sigh) er there's something I'd like to mention
>
> (il)
> yes erm well I'm afraid I've got a bit of a problem

TIS und Themeneinführungen treten häufig als (unmittelbar) aufeinander folgende Züge in einer Eröffnungssequenz auf. Dies erklärt sich aus den Verwendungsbedingungen für TIS: um einen Fremden ansprechen zu können, muß der Ansprechende ein inhaltliches Motiv haben, das er dem Angesprochenen möglichst schnell mitteilen muß - erst dann ist das Ansprechen sozial legitimiert. Da in L der beschriebene Zusammenhang zwischen TIS und Themeneinführung zum Tragen kommt, können beide Kategorien zunächst an demselben Datenmaterial behandelt werden.

6.4.2.2 FEHLER IN TIS UND THEMENEINFÜHRUNG

Alle 4 in L vorkommenden TIS und alle 8 Themeneinführungen sind unangemessen verwendet bzw. realisiert. Vergleiche zunächst (42) (a) - (d).

---

[1] Die Analogie zur Thema-Rhema-Gliederung auf der Äußerungsebene ist beabsichtigt: hier geht es um Topikalisierung auf der Diskursebene.

(42)

(a) (Studentin kann nicht zum babysitten kommen)
    (Schellen)
    Y   : hello
    X1 : hello Mrs Norton erm I beg your pardon I
          wanted to have a short er small talk with
          you
    Y   : well come in
    X2 : er thank you very much er you see a problem
          has arisen now er and I want to ask you a
          favour
    RÄ1 : hello Mrs Norton excuse me but there's
          something I wanted to see you about
    RÄ2 : I'm afraid I've got a bit of a problem about
          tomorrow night and I wanted to ask you a
          favour

(b) (Studentin betritt ein Geschäft)
    Y1 : well hello erm
    Y   : hello
    X2 : pardon sir do you know a person named Robert
          Jordan
    Y   : yes er I'm Robert Jordan
    RÄ1 : hello
    RÄ2 : excuse me could you tell me where I can find
          Robert Jordan (by any chance)

(c) (Y hat Xs Bibliotheksplatz besetzt)
    X   : pardon me will you please give me back my seat
    RÄ : excuse me but I'm afraid you're in my seat

(d) (Student zu unbekannter Studentin auf einem Empfang)
    X   : excuse me please may I ask you whether you are
          alone here
    Y   : er yes (laughs)
    RÄ : enjoying the party are you on your own

In (42) (a), (b) und (c) verwenden die Lernerinnen zur Realisierung des TIS eine Entschuldigungsfloskel, mit der im Britischen Englisch konventionell die Funktion *check (repair request)* realisiert wird ("I beg your pardon"(42 aX1), "pardon sir"(b X2), "pardon me"(c X)). In (d) hat der Lerner zwar das formal korrekte TIS gewählt, jedoch fällt die betreffende Situation nicht unter die Situationskategorie, in der nach der oben formulierten sozialen Norm Kontaktaufnahmeverbot besteht. Im Gegenteil haben "social events" wie Empfänge gerade die Funktion, daß sich Unbekannte einander bekannt machen können. Das Ansprechen ist hier eine unmarkierte Handlung und das TIS insofern unangemessen. Aus dem gleichen Grund ist die Themeneinführung zu förmlich und letztlich ganz überflüssig, weil eben kein "Thema" eingeleitet wird, sondern die phatische Phase weiter andauert ("Partygespräch", "small talk"). Daß X mit der Realisierung seines Eröffnungsaktes gegen Kommunikationsnormen verstoßen hat, wird bestätigt durch Ys Reaktion: Zögern - steigende Intonation als Ausdruck von Überraschung - Lachen.

Zur weiteren Diskussion lernerspezifischer Realisierungen von Themeneinführungen vergleiche noch (42) (e) - (h):

(e) (X will Y bitten, ihr Schallplatten auszuleihen)
X : well Colin erm I've a question
Y : yah
RÄ: by the way Colin there's something I wanted to ask you

(f) (wie 42 e)
X : erm Colin we've got a problem erm
Y : oh
RÄ: well actually Colin we've got a bit of a problem

(g) (zwei fremde Frauen stehen vor einem Stadtplan und suchen nach dem Weg)
X : oh erm hello may I just ask you for help I've got a problem
RÄ: excuse me I wonder if you could help me I'm in a bit of a fix

(h) (Studentin kann nicht zum Babysitten kommen)
(Schellen)
Y : hello come in
X : hello I've got a problem Mrs Norton
RÄ: hello Mrs Norton I wanted to see you about something

Die hier und in (42) (a) und (d) belegten Themeneinführungen sind unter verschiedenen Gesichtspunkten unangemessen: (42) (d) und (g) weisen mit "may I (just) ask you" ein markiert hohes Förmlichkeitsniveau auf, das der symmetrischen Rollenbeziehung zwischen den Interaktanten nicht entspricht. In (42 a) benutzt die Lernerin mit "I wanted to have a short er small talk with you" (X1) und "a problem has arisen now" (X2) "grammatische" (= systemgerechte), aber unidiomatische Realisierungen, wobei sie mit der Verwendung von "small talk" auf einen Diskurstyp verweist, der dem von ihr gemeinten geradezu entgegengesetzt ist.

Der Hauptanteil der unangemessenen Themeneinführungen ist jedoch durch eine ungeeignete Modalität charakterisiert: "I want to ask you a favour" (42 aX2), "I've a question" (42 e) und die von den Lernern bevorzugte Variante "I/we've got a problem" (42) (f) - (h) zeichnen sich dadurch aus, daß die relationelle Funktion nicht explizit markiert ist: dies ist jedoch pragmatisch erforderlich, denn alle Themeneinführungen dienen hier der Einleitung einer gesichtsbedrohenden Handlung. In den RÄn wird diesem Umstand durch verschiedene abtönende Modalitätsmarkierungen (*hedge*: "a bit of a problem", *playdown* "I want**ed** to ask/see you", *scope-stater*: "I'm afraid", "I wonder") Rechnung getragen.

6.4.3 BEREITSCHAFTSSIGNAL

6.4.3.1 BEREITSCHAFTSSIGNAL IN E UND L

Bereitschaft zum Dialog wird von demjenigen Interaktanten signalisiert, der die Interaktion nicht initiiert hat. Da diese "passive" Rolle in der Mehrheit unserer Dialoge dem Interaktanten Y zufällt, kommen Bereitschaftssignale vom Träger der X-Rolle und damit in der Lernerperformanz selten vor. Explizite Bereitschaftssignale können auf Eröffnungssignale, TIS, Themeneinführung oder Identifikation folgen. Ihre Realisierungsvarianten sind in E und L identisch:

```
(1)
Y: (klopft)
   ⎧ come (on) in      ⎫
X: ⎨ yes (mrs Walker)  ⎬
   ⎩ yeah              ⎭
```

Die Funktion, Dialogbereitschaft zu signalisieren, wird jedoch auch von anderen Elementen in der Eröffnungsphase mit übernommen: steigende Intonation des respondierenden Eröffnungssignals ("morning") oder der Bestätigung einer Fremdidentifizierung (vgl. 6.4.4.1) bringen gleichzeitig Dialogbereitschaft zum Ausdruck. Daneben findet sich in unseren Daten nonverbales Signalisieren von Dialogbereitschaft durch Aufschauen und gleichzeitiges Unterbrechen der gerade vor sich gehenden Tätigkeit. Implizit wird Dialogbereitschaft immer dadurch signalisiert, daß X sich auf Ys Initiative zum Dialog einläßt und die Interaktion aufgenommen hat.

6.4.3.2 FEHLER IM BEREITSCHAFTSSIGNAL

Neben 4 angemessen verwendeten Bereitschaftssignalen findet sich in L eine unangemessene Realisierung:

```
(43)
    (a) (X öffnet unbekannter Frau die Tür)
        Y : oh hello
        X : oh pardon
        RÄ: yes/hello
```

Die Verwendung des Elements "pardon" zur Realisierung von Funktionen, die es nach der Norm des Britischen Englisch nicht erfüllt, hatten wir schon im Zusammenhang mit den Lernerrealisierungen von TIS beobachtet (6.4.2.2). Da "pardon" hier mit steigender Intonation und damit in derselben Weise verwendet wird, mit der es einen *check* realisiert, entsteht der absurde Kommunikationseffekt, daß X die Y zur Reparatur ihres Eröffnungssignals auffordert - was durchaus nicht in Xs Absicht lag.

6.4.4 IDENTIFIZIERUNG

Identifizierungen vollziehen Interaktanten unter zwei Bedingungen, die gleichzeitig gelten müssen: (a) Mindestens einer der Interaktanten weiß nicht, mit wem er es zu tun hat. Das kann historisch (A hat B nie zuvor getroffen) oder situationsbedingt sein (A kann B nicht sehen, weil B vor der Tür steht oder weil A und B telefonieren).(b) Es ist für den weiteren Interaktionverlauf von Belang, die Identität des Anderen zu kennen. In welchen Interaktionstypen Interaktanten aus der Anonymität heraustreten, ist nach meiner Kenntnis noch nicht systematisch untersucht worden; sie scheinen es jedenfalls dann nicht zu tun, wenn die Interaktion zeitlich und inhaltlich sehr begrenzt ist und sie unter Wahrung der Anonymität für die Interaktanten befriedigend abgewickelt werden kann (z.B. bei Wegauskünften (Wunderlich 1979), einfachen Verkaufsgesprächen wie Fahrkartenverkauf etc.).

Es können folgende Typen von Identifizierungsakten unterschieden werden:

a) selbstinitiierte Selbstidentifizierung (my name is A)

b) fremdinitiierte Selbstidentifizierung (A: who are you - B: I'm B)

c) selbstinitiierte Fremdidentifizierung (A: guess who it is - B: wait a minute ... A)

d) fremdinitiierte Fremdidentifizierung (B: you must be A right)

Selbstidentifizierungen bestehen in der Regel aus einem "frame" (I'm/my name is/this is) und einem "term" (Name und/oder Vorname) (Schegloff 1972 b, 379). In welchen Interaktionstypen Interaktanten welche Identifizierungsform bevorzugen, bedarf noch der Untersuchung.

6.4.4.1 IDENTIFIZIERUNG IN E UND L

Aufgrund der Rollenbeschreibung, die unseren Dialogbatterien zugrunde liegen, treten Identifizierungen kaum auf, da es in den durch soziale Distanz gekennzeichneten Rollenkonstellationen zumeist nur zu einer flüchtigen Begegnung kommt, die Identifizierung nicht erfordert (vgl. House 1981). Alle 4 Identifizierungen in E sind (tentative) fremdinitiierte Fremdidentifizierungen mit nachfolgender Bestätigung durch den Koaktanten nach dem Muster

Bei steigender Intonation kommt der Bestätigung der Fremdinitiierung dabei gleichzeitig die Funktion eines Bereitschaftssignals zu. Da die interaktionellen Voraussetzungen für Identifikationen und TIS sich partiell überlagern (Kontaktaufnahme mit einem Fremden), können beide Funktionen - zumeist in der Sequenz *TIS-Identifizierung* - kookkurrieren.
Identifizierende Redewechsel dieses Typs werden in L 4mal vollzogen, wobei die tentative fremdinitiierte Fremdidentifizierung jedesmal vom *native speaker*, die Bestätigung vom Lerner realisiert wird. Soweit die Lerner angemessene Bestätigungen verwenden, benutzen sie "yes I am", das auch zu den in E belegten Varianten zählt.

6.4.4.2 FEHLER IN IDENTIFIZIERUNGEN

Von den 7 Identifizierungs-Redewechseln in L sind die Beiträge des Lerners in 4 Fällen unangemessen. Vergleiche (44) (a) - (c).

(44)

   (a) (X öffnet unbekannter Frau die Tür)
      Y : oh hello
      X1 : oh pardon
      Y : er are you Mr Bechstein
      X2 : well it's me and what's your name
      Y : oh my name's Marjory Turner
      RÄ2: yes

   (b) (wie 44 a)
      (klopfen)
      X1 : yeah come in
      Y : hello are you Mr Bechstein
      X2 : yeah my name is Dirk Bechstein
      RÄ2: yes that's right

   (c) (Patientin betritt das Sprechzimmer einer
       Ärztin, bei der sie bereits in Behandlung war)
      (Klopfen)
      Y : come in
      X : hello my name is Liane Hammerschmidt
      Y : uh yes Miss Hammerschmidt
      RÄ: hello you may remember me my name's Liane H.

X leitet seinen zweiten Beitrag in (44 a) zunächst mit einem redundanten *starter* (vgl. 6.3.3) ein, um dann auf Ys tentative fremdinitiierte Fremdidentifizierung einzugehen. Dabei organisiert X jedoch seinen respondierenden Akt so, daß er nicht die von Y erbetene Information - Bestätigung oder Nichtbestätigung von Ys Fremdidentifizierung - thematisiert, sondern einen Selbstidentifizierungsakt vollzieht, indem X, lexikalisiert als "me", rhematisch ist. Die Thematisierungsbedingungen werden deutlich in RÄ2: "yes I am". Die Bestätigung ("yes") ist rhematisch und wird im "am" dobliziert, das deshalb Primärakzent trägt. Redewechsel, in denen der respondierende Akt auf eine Frage nach der Identität angemessen mit "it's me" realisiert wird, wären demgegenüber:

      A: is that you Carol   B: yes it's me
      A: who is it   B: it's me Carol

Hier ist "Carol", referenzidentisch mit dem Sprecher des respondierenden Aktes, rhematisch und erhält deshalb Betonung und Endstellung.

Aufgrund seiner Informationsstruktur ist Xs erster Akt in seinem zweiten Beitrag demnach kein angemessener Respons auf Xs initiierenden Zug. Im zweiten Akt initiiert X eine Selbstidentifizierung von Y. Dies scheint im Kontext der vorliegenden Situation zumindest unüblich: wie aus Dialogbatterie E hervorgeht, bleibt die Initiative, die Interaktion aktiv voranzutreiben, bis eine gemeinsame Handlungsbasis hergestellt ist, zunächst beim unbekannten Besucher Y, der die Interaktion auslöste. Bis Y den Anlaß ihres Besuches preisgegeben hat, verhält sich der Besuchte regelmäßig passiv-abwartend und überläßt es Y, sich unaufgefordert zu identifizieren (oder darauf zu verzichten). Es scheint hier eine Norm zu operieren, nach der Interaktanten der selbstinitiierten Selbstidentifizierung den Vorzug vor fremdinitiierter Selbstidentifizierung geben.[1] Darüber hinaus wird der unangemessene Aufforderungsakt unangemessen realisiert: die Informationsstruktur von "what's your name" rhematisiert "name", das bereits als Thema etabliert ist, und thematisiert "your", womit X präsupponiert, daß Information über Y bereits Teil der gemeinsamen Diskurswelt sei - dies entspricht jedoch nicht der gegebenen Situation. Eine informationsstrukturell adäquate Akzentsetzung wäre offensichtlich "what's yöur name" (vgl. Edmondson/House/Kasper/McKeown 1979, 91 f.).

Auch in (b) bestätigt X Ys tentative fremdinitiierte Fremdinitiierung in unangemessener Weise, nämlich mit einer vollständigen Selbstidentifizierung, die deutlich redundant ist. Seinen Namen wiederholt zu thematisieren, ließe sich wohl nur dann begründen, wenn eine Reparatur erforderlich wäre, etwa wenn Y Xs Namen falsch ausgesprochen hätte. Hinzu kommt die zweimalige fallende Intonation, die Xs respondierendem Akt eine unnötige Resolutheit verleiht. Angebrach-

---

[1] Dies ist eine interessante Analogie zu der von Schegloff/Jefferson/Sacks (1977) festgestellten Präferenz von Selbstkorrektur gegenüber Fremdkorrektur.

ter wäre eine nicht-wiederholende Bestätigung (s. RÄ), die
bei fakultativer steigender Intonation gleichzeitig als Bereitschaftssignal wirken kann.

Ging es in (44) (a) und (b) um unangemessene Bestätigungen
von Fremdidentifizierungen und die Initiierung einer Selbstidentifizierung, so verwendet X in (43 c) eine Form der
Selbstidentifizierung, die nur bei einem ersten Zusammentreffen mit einem Interaktanten sinnvoll angebracht werden
kann. Bei wiederholtem Kontakt besteht folgende Alternative: entweder setzt A die Kenntnis seiner Identität bei B
voraus und thematisiert sie daher gar nicht, oder A ist
sich nicht sicher, daß B As Identität präsent ist, und
identifiziert sich daher erneut, wobei er explizit macht,
daß es sich um eine wiederholte Begegnung handelt (RÄ: "you
may remember me"). Mit der zweiten Alternative eröffnet A
dem B die Möglichkeit, in jedem Fall so reagieren zu können, daß beide "ihr Gesicht wahren". Bei einer Selbstidentifizierung ohne Rekurs auf den vorherigen Kontakt präsupponiert A hingegen, daß die gerade stattfindende Begegnung
von A und/oder B als die erste erlebt wird. Teilt B diese
unzutreffende Präsupposition nicht - was wahrscheinlich
ist -, so ist B berechtigt, diese Divergenz A anzulasten
und negative Einschätzungen über A - z.B. Indifferenz gegenüber B - daran anzuknüpfen.

6.4.5 PHATISCHE ERKUNDIGUNGEN NACH DEM BEFINDEN UND IHRE REPLIKEN

Erkundigungen nach dem Befinden, die primär auf Kontaktherstellung und -fortführung ausgerichtet sind, müssen unterschieden werden von solchen, die auf echte Informationselizitation abzielen, wie z.B. die ärztliche Erkundigung nach
dem Befinden des Patienten. Auf phatische Erkundigungen
folgen dementsprechend keine Detailbeschreibungen des Gesundheitszustandes, sondern Routinerepliken, deren propo-

sitionaler Gehalt mit dem tatsächlichen Befinden des Sprechers nicht übereinzustimmen braucht. Phatische Erkundigungen und ihre Repliken sind demnach Rituale vom Typus des "bestätigenden Austausches" (Goffman 1974, 97 ff.; vgl. auch Ventolas Kategorie "Approach" (1979, 273)). Zwischen diesem phatischen Redewechsel und TIS bestehen Kookkurrenzrestriktionen: phatische Erkundigungen setzen Dialogbereitschaft voraus, während ein Interaktant mit einem TIS erst den Versuch unternimmt, Dialogbereitschaft beim Koaktanten zu erwecken; daher wäre eine Sequenz wie "excuse me Mrs Norton how are you" unsinnig.

6.4.5.1 PHATISCHE ERKUNDIGUNGEN UND IHRE REPLIKEN IN E UND L

Aus E geht hervor, daß phatische Erkundigungen rollenspezifisch verteilt sind. (a) Sie werden in symmetrischen Rollenbeziehungen bei fehlender sozialer Distanz verwendet. Hierbei ist Reziprozität fakultativ, wie z.B. aus folgenden Redewechseln hervorgeht, die aus Dialogen mit identischen Ausgangssituationen stammen:

```
(lii)
Y: hello Steve
X: oh hello Joe how're doin okay
Y: how are you then yeah I'm allright what about you
X: wa- I I just thought I'd come in here for half an
   hour not much to do

(liii)
Y: hello there Steve I thought I'd find you in
X: hello John
Y: find you in here how are you then
X: oh you know fiddling along
Y: oh I just thought I could use a drink you know
```

Während in E Reziprozität der phatischen Erkundigung in 1/3 der Fälle vorkommt, erwidert der Lerner in L die Erkundigung nicht. Nach House (1979; 1981) dürfte dies auf un-

terschiedliches Interaktionsverhalten im Englischen und
Deutschen zurückzuführen sein: im Deutschen sind die Präferenzen für Reziprozität bei phatischen Erkundigungen schwächer als im Englischen.

(b) Phatische Erkundigungen werden bei asymmetrischen Rollenbeziehungen von dem Interaktanten in der mit Dominanz ausgestatteten Rolle realisiert. Reziprozität ist hier nahezu ausgeschlossen.
Die Distribution phatischer Erkundigungen in L ist ausgeglichen; X und Y verwenden sie jeweils viermal. Dies entspricht ihrer Vorkommenshäufigkeit und Verteilung in E.

6.4.5.2 FEHLER IN PHATISCHEN ERKUNDIGUNGEN UND IHREN REPLIKEN

Auf der Realisierungsebene erweisen sich Erkundigungen jedoch als problematisch für die Lerner: außer der korrekt verwendeten Routineformel in (45 cX2) (s.u.) gelingt den Lernern keine angemessene Realisierung dieser Funktion. In (42 d) ist bereits eine unangemessene Registerwahl bei der Realisierung einer phatischen Erkundigung sowie ein Verstoß gegen die zwischen dieser Funktion einerseits und TIS und Themeneinführung andererseits bestehenden Kookkurrenzrestriktionen belegt. (45 a) enthält zwei weitere mißlungene phatische Erkundigungen:

```
(45)
  (a) (Y kommt erschöpft von der Universität nachhause)
      Y1 : hello Angela
      X1 : hello Colin
      Y2 : on your own then
      X2 : oh yes
      Y3 : (seufzt) god the rush hour
      X3 : (lacht) you've worked until now
      Y4 : yes I've been quite busy this afternoon,
           quite busy
      X4 : oh what have you done
```

```
Y5  : oh I went to a lecture at three o'clock
      and then er talking to a few people about
      it afterwards till about five taken me
      nearly an hour to get back tube's terribly
      full uh you know what it's like
X5  : well of course
RÄ3 : been working till now have you
RÄ4 : mm
```

Während die phatische Erkundigung in X3 lediglich unakzeptabel realisiert ist (vgl. RÄ3), aber durchaus eine im vorliegenden Kontext pragmatisch angemessene Erkundigung darstellt, ist die wiederholte Erkundigung in X4 unter pragmatischem Aspekt problematisch: mit Y4 hat nämlich der Koaktant Xs erste Erkundigung in unter phatischen Gesichtspunkten völlig ausreichender Weise beantwortet. Die vergleichbaren Redewechsel in E zeigen, daß der Aktant, der die phatische Erkundigung äußert, sich mit einer Replik wie der in Y4 "zufriedengibt" und keine weiteren Erläuterungen vom Koaktanten erfragt; vergleiche

```
(liv)
Y: hello
X: oh hello did you have a good day at the university
Y: er fairly tiring lectures were boring long and tedious
   but er apart from that it was okay
X: (tongue click) oh so do you want a bit of recuperation
   beer in other words
```

Weitere spezifischere Erkundigungen folgen nur, wenn die Replik in ihrem propositionalen Gehalt gegen die (tatsächliche oder konventionell vorausgesetzte) Erwartung des Koaktanten verstößt: in dem Fall wirkt die Replik elizitierend, d.h. sie provoziert weitere Erkundigungen, deren Ausbleiben ihrerseits von Interaktanten als unangemessen, weil "Indifferenz" gegenüber dem Koaktanten suggerierend, wahrgenommen wird. Diese Bedingungen sind in (45 a) jedoch nicht gegeben, wie aus verschiedenen Indikatoren deutlich wird: Zwischen der ersten phatischen Erkundigung und der ersten phatischen Replik (X3 - Y4) besteht unter referentiellem Gesichtspunkt beinahe eine Paraphraserelation, zumindest jedoch keine inhaltliche Diskrepanz, die eine spezifizierende weitere Erkundigung nahelegte. Eine solche Nichterfüllung ihrer Erwartung präsupponiert die Koaktantin jedoch mit (X4). Sowohl in der respondierenden phatischen Replik Y5 wie in dem folgenden *uptaker* in X5 wird aber deutlich, daß diese Präsupposition weder von Y geteilt wird (vgl. seinen *cajoler* "you know what it's like"), noch von X ernst gemeint war (vgl. ihren *uptaker* "well of course"). Vielmehr bringen die Interaktanten mit diesen beiden Äußerungen zum Ausdruck, daß sie von Anfang an über "common ground" verfügen, der die erneute phatische Erkundigung in X4 disfunktional macht. Eine angemessene Reaktion auf Y4 wäre ein nicht-elizitierender sympathetischer "phatic noise" in der Form eines Anteilnahmesignals, das im nächsten Abschnitt diskutiert wird.

Auch der *second pair part* des untersuchten Redewechsels, die phatische Replik, bereitet den Lernern Realisierungsprobleme: von 5 Repliken ist eine unakzeptabel, 3 sind unangemessen realisiert.

(45)
(b) (Student trifft seinen Ferien-Arbeitgeber bei der Arbeit)
X1: hello Mr Knox
Y : oh hello Peter how are you
X2: oh well I think I'm very fine now well it's hard work but it's nice to have such good contact with people you see I like it
RÄ2: fine thanks ...

(c) (Zwei Freunde treffen sich in einer Kneipe)
Y : hello there Steve
X1: hey hello Joe
Y : I thought I'd see you in here
X2: oh how are you
Y : uh fine how are things with you then
X3: uuh very bad you know
RÄ3: oh er not too good you know

(d) (wie 45 b)
Y : hello Steve
X1 : [oh Joe]
Y : how are you
X2 : oh it's fine of you coming oh I'm not very good
RÄ2: oh it's great of you to come I'm not very well I'm afraid

In (b) entspricht Xs Replik nicht dem phatischen Charakter von Ys Erkundigung: durch die Einleitung mit betontem "oh well" als *starter* und dem *-committer* "I think" verleiht X seiner Replik eine referentielle Funktion (vgl. 6.3.3), die weiter verstärkt wird durch die unakzeptable Kollokation "⁺very fine". Die sich anschließende immer noch prädominant phatische, aber bereits stärker inhaltsorientierte Bemerkung des Lerners ist hingegen funktional und formal gelungen.

Inwieweit Interaktanten in ihren phatischen Erkundigungen und Repliken 'universelle', 'leere' Routineformeln verwenden oder rein phatische mit inhaltlichen Funktionen verbinden, hängt von ihrer Rollenbeziehung und dem Situationskontext ab (vgl. Ventola 1979, 273). In (c) und (d) z.B. gehört es zum gemeinsamen Informationshintergrund von X und Y, daß X in einer finanziellen Klemme steckt. Daß seine Replik gegenüber einem Freund daher negativ ausfallen wird, ist erwartbar. Auch negative Repliken - die im Unterschied zur unmarkierten positiven Replik in der Regel der Erklärung bedürfen (vgl. 6.3.1) - werden mit Routineformeln realisiert, die typischerweise abtönende Elemente enthalten. Vermutlich hängt es mit einem sozialen Tabu zusammen - das defensivem *face-saving* dient -, daß es Interaktanten im Deutschen und Englischen bevorzugen, ihr gutes persönliches Befinden direkt und häufig modal verstärkt ("I'm very well"), schlechtes hingegen indirekt und abgetönt zum Ausdruck zu bringen ("I'm not very well"). Auch diese Präferenzen variieren wiederum soziologisch und rollenspezifisch. Xs phatische Replik in (c) bedarf aus den genannten Gründen der Abtönung wie in RÄ: auch unter guten Freunden widerspricht es nach Dialogbatterie E und der Auskunft meiner britischen Informanten pragmatischen Normen des Britischen Englisch, schlechtes Befinden direkt und modalitätsverstärkt zu äußern. In (d) wählt der Lerner eine angemessene Modalität; er hat für seine Replik jedoch keine Routineformel zur Verfügung, wie aus dem Lexikfehler hervorgeht. Dies trifft auch auf Xs Dank für Ys Kommen zu: X vollzieht hier einen interaktionell bedeutsamen Akt an der richtigen Stelle, realisiert ihn aber nicht in akzeptabler Weise.

6.4.6 ANTEILNAHMESIGNAL

6.4.6.1 ANTEILNAHMESIGNAL IN E UND L

Uptaker (vgl. 6.3), die innerhalb phatischer Phasen auf Bemerkungen über das persönliche Befinden/Erleben folgen, sind weitgehend ohne referentiellen Bezug: ihre Hauptfunktion besteht im Ausdruck der Anteilnahme von S an Hs Sprechakt. Da in E phatische Bemerkungen über das persönliche Befinden nur als Repliken auf Erkundigungen, also elizitiert auftreten (vgl. 6.4.5) und die phatischen Redewechsel damit abgeschlossen sind, nimmt der aktuelle Sprecher in seinem folgenden Redebeitrag gar nicht mehr oder nur mit einem neutralen *receipt* ("oh", "mm") auf die Bemerkung des aktuellen Hörers Bezug.
In L kommen außer diesen oben besprochenen Redewechseln 3 weitere vor, in denen Y eine initiierende phatische Bemerkung äußert und damit ein Anteilnahmesignal von X konditioniert.

6.4.6.2 FEHLER IM ANTEILNAHMESIGNAL

In allen drei Fällen, zu denen keine direkte Parallele in E vorliegt, ist das respondierende Anteilnahmesignal des Lerners unangemessen realisiert.

> (46)
> (a) (Y kommt erschöpft nachhause und trinkt mit X
>   ein Bier)
>   Y : cheers
>   X1 : cheers∧∧∧„
>   Y : uuuh I needed that you know what the rush
>   hour traffic is like

```
        X2 : oh tell me
        Y  : oh well (seufzt)
        RÄ2: yes it's terrible isn't it

    (b) (Y kommt erschöpft nachhause)
        Y  : oh the traffic tonight, it's terrible, my god
        X  : yah is it
        Y  : I think I'll have a fag, you have one
        RÄ : really is it

    (c) (wie 46 b)
        Y  : uh god hello Angela, god am I tired, the traffic,
             oh terrible
        X  : oh was it so hard today
        Y  : yah
        RÄ : oh was it so hard today
```

In (a) hatte Y seine Bemerkung durch expliziten Verweis auf das gemeinsame Wissen von Y und X ("you know what P is like") als unter Informationsgesichtspunkten redundant und damit als phatisch gekennzeichnet. Mit einem Anteilnahmesignal hätte X darauf angemessen reagiert und den Redewechsel abgeschlossen. Ihre Aufforderung zur weiteren Information durch Y läßt darauf schließen, daß sie über das von Y präsupponierte gemeinsame Wissen nicht verfügt - was unwahrscheinlich ist. Daß Xs nichtphatischer Zug für Y unerwartet kommt und er die Notwendigkeit, X weitere Details zu liefern, nicht mitvollzieht, läßt sich aus dem Zögern ("oh well", Seufzen) schließen, mit dem er Xs Aufforderung nachkommt.

In (b) (vgl. 6.3.3) und (c) verleiht X durch die steigende Intonation (b) und die Rhematisierung von "was" durch Primärakzent (c) ihren Äußerungen die Illokution *Überraschung, Zweifel*, die im vorliegenden Kontext der Begründung bedürfen, z.B.

```
    Y: oh the traffic tonight, terrible
    X: really is it, I thought everbody was at home
       watching England play Brazil
```

Das Y Xs Zug in (b) ignoriert, sich also nonresponsiv verhält, weist im Kontext des übrigen gesprächspartnerorientierten Diskursverhaltens des Sprechers darauf hin, daß er

Xs Zug seiner Erwartungsnorm entsprechend interpretiert, d.h. als phatisch, nicht-elizitierend und den Redewechsel abschließend.

6.4.7 ZUSAMMENFASSUNG: ERÖFFNUNGSPHASEN IN DER LERNERPERFORMANZ

Die von den Lernern in Eröffnungsphasen vollzogenen Funktionen stimmen insgesamt in ihrer Frequenz und rollenspezifischen Distribution mit derjenigen in E überein. Ein lernerspezifisches Merkmal auf der kategorialen Ebene ist lediglich die fehlende Reziprozität phatischer Erkundigungen, an der Einfluß von grundsprachlichen Interaktionsnormen beteiligt sein dürfte. Soweit die eröffnungsphasenspezifischen Funktionen angemessen realisiert sind, entspricht die Lernerperformanz derjenigen in E; Über- und Unterrepräsentationen der Realisierungselemente sind nicht zu verzeichnen.
Als stark lernerspezifisch sind die Realisierungen der Eröffnungsphasen in L vielmehr durch die zahlreichen Fehler gekennzeichnet: von 34 Eröffnungsphasen treten in 26 (= 76,5 %) Fehler auf, und zwar häufig mehrfach. Die Fehlerquoten in den einzelnen Funktionen der Eröffnungsphase sind in Tab. 17 zusammengefaßt.
Das geringe Vorkommen der einzelnen Funktionen in L läßt keine Generalisierungen über die Lernerperformanz innerhalb der Funktionen zu, zeigt aber deutlich, daß die Eröffnungsphase insgesamt sich als stark fehleranfällig erwiesen hat. Verletzungen funktionaler Kookkurrenz-, Selektions- und Sequenzierungsrestriktionen treten beim Gebrauch des Eröffnungssignals, des Territoriumsinvasionssignals und des Anteilnahmesignals sowie beim Vollzug von Identifizierung und phatischer Erkundigung auf. Den funktional unangemessenen Zügen scheinen dabei insbesondere im Fall der drei zuletzt genannten Funktionen unzutreffende interaktionelle Präsuppositionen zugrunde zu liegen, die in einer unange-

messenen Explizitheit Ausdruck finden.

Tab. 17: Fehler in der Eröffnungsphase

Funktion	total	falsch f_i	%
Eröffnungssignal	8	2	25
Territoriumsinvasionssignal	4	4	100
Themeneinführung	8	8	100
Bereitschaftssignal	5	1	20
Identifizierung	7	4	57,1
Phatische Erkundigung	4	3	75
Phatische Replik	5	3	60
Anteilnahmesignal	3	3	100
∑	44	28	63,64

Die meisten Fehlrealisierungen hängen jedoch mit einer mangelnden oder unangemessenen Verwendung von Routineformeln zusammen: durch die Verwendung nicht-routinisierter Redemittel anstelle von Routineformeln vollziehen die Lerner pragmatisch unangemessene Funktionswechsel von phatischer auf referentiell orientierte Kommunikation (so bei phatischer Erkundigung, phatischer Replik, Anteilnahmesignal); sie verwenden Routineformeln kategorial falsch, d.h. zur Realisierung einer Funktion, die durch andere Routineformeln realisiert wird (Territoriumsinvasionssignal); sie benutzen funktionsmäßig adäquate, aber hinsichtlich ihres Registers (Eröffnungssignal, Themeneinführung, phatische Erkundigung) oder ihrer Modalität (Themeneinführung, phatische Replik) pragmatisch unangemessen realisierte Routineformeln. Auf die Performanz unserer Stichprobe treffen damit Coulmas Bemerkungen zum Verhältnis von Routineformeln und der kommunikativen Kompetenz von Fremdsprachenlernern zu:

> "deficient knowledge and control of formulaic
> expressions may be a serious stumbling block
> even for a speaker whose command of the foreign language is relatively elaborate otherwise. Quite often a grammatically and lexically
> highly developed code can be observed to coincide with the inability to smoothly perform in
> actual conversational interaction, especially
> when the foreign language training was carried
> through in a non-natural environment ... One
> of the chief reasons for this is the lack of
> certainty in filling certain socially defined
> functional slots with the required RFs"
> (1979, 254 f.)

Die mangelnde Fähigkeit, Routineformeln in Eröffnungsphasen angemessen zu verwenden, stellt ein klares Defizit in der kommunikativen Kompetenz unserer Lerner dar.

6.5 BEENDIGUNGSPHASEN [1]

6.5.0 ZUR BESCHREIBUNG VON BEENDIGUNGSPHASEN

Beendigungsphasen fallen im wesentlichen drei Funktionen zu: "(1) to warn of future inaccessibility, (2) to reinforce relationships and to support future encounters, and (3) to summarize the substantive portions of the interaction" (Knapp/Hart/Friedrich/Shulman 1973, 186). Die erste Funktion - die Überführung eines anhaltenden Zustandes von Zugänglichkeit in einen Zustand verminderter Zugänglichkeit (Goffman 1974) - stellt Interaktanten vor ein Problem, das Schegloff/Sacks (1973) wie folgt formulieren:

---

[1] Das Mißverhältnis zwischen interaktioneller Bedeutung und wissenschaftlicher Erforschung dieses Gegenstandes merken Knapp/Hart/Friedrich/Shulman an: "While scholarly research has sanctimoniously turned its back on conversational closings, the rest of the world seems to take its leave-taking seriously" (1973), 182). Analoges gilt für Eröffnunsphasen.

> "how to organize the simultaneous arrival of the co-
> conversationalists at a point where one speaker's
> completion will not occasion another speaker's talk,
> and that will not be heard as some speaker's silence"
> (294 f.); "how to coordinate the suspension of the
> transition relevance of possible utterance comple-
> tion, not how to deal with its nonoperation while
> still relevant" (295).

Um die Aufhebung der Übergangsrelevanz ("transition relevance") herbeizuführen, verwenden Interaktanten Nachbarpaare, die zur Erfüllung dieser Funktion in besonderem Maße geeignet sind, denn:

> "by providing that transition relevance is to be lift-
> ed after the second pair part's occurrence, the occur-
> rence of the second pair part can then reveal an ap-
> preciation of and agreement to the intendedness of
> closing now which a first part of a terminal exchange
> reveals its speaker to propose" (298).

Die zweite und dritte Funktion - "signalling supportiveness" und "summarizing" - verweisen auf die "anaphorische" (Bezug zum schon als vergangen betrachteten, noch anhaltenden *encounter*) und "kataphorische" Orientierung von Beendigungsphasen. Während "supportiveness" ausschließlich auf den Beziehungsaspekt gerichtet ist, umfaßt "summarizing" inhaltliche und relationelle Aspekte der zum Abschluß kommenden Interaktion. Jäger (1976) faßt die verschiedenen Funktionen der Beendigungsphasen zusammen:

> "Die Beendigung von Gesprächen kann (...) als Eva-
> luation der Gesamt-Interaktion beschrieben werden,
> bei der die Interaktionspartner eine letzte Situa-
> tionsdefinition treffen, d.h. die Hauptaspekte der
> Interaktion zusammenfassen, die Konsequenz der In-
> teraktion für die Beziehung der Partner resumieren
> und die Begegnung zu einem eindeutigen Abschluß
> bringen" (127).

Wie Eröffnungsphasen, so weisen auch Beendigungsphasen eine interne Struktur auf. Jäger bezeichnet "die formal-organisatorischen Merkmale der Beendigungs-Einleitung und des Beendigungs-Abschlusses als rituelle Markierung des Textexemplarteils BEENDIGUNG" (121). Zu den Gliederungssignalen von Beendigungsphasen zählt er

- Schlußeinleitungssignale (SES) (A: gut)
- Schlußzustimmungssignale (SZS) (B: also)
- Terminalsignale (TSi), die typischerweise in Nachbarpaaren organisiert sind (auf wiedersehn - auf wiedersehn) (122 ff.).

Im Anschluß an Knapp/Hart/Friedrich/Shulman (1973) kategorisiert Jäger die inhaltlichen und relationellen Funktionen, die zwischen Schlußeinleitungssignal und Terminalsignal eingeschoben werden können, wie folgt:

- interne Legitimierung (ich glaub das wärs dann)
- Resumee (wir sind uns darüber einig)
- externe Legitimierung (ich muß jetzt gehen)
- Wertschätzung/Dank (haben sie vielen dank)
- Vereinbarungen (dann bis heute abend)
- Ratschläge (fahr vorsichtig)
- Wünsche (viel erfolg fürs studium).

Zur Beschreibung der Beendigungsphase in L auf der Grundlage von E erweisen sich folgende Modifikationen von Jägers Kategorien als günstig:

a) *Interne* und *externe Legitimierung* werden zu einer Funktion *Legitimierung* zusammengezogen.

b) Im Anschluß an Wunderlich (1979) wird die Funktion *Resumee* in *Ergebnissicherung* umgetauft und in *Ergebnisüberprüfung*, *-bestätigung* und *-feststellung* untergliedert.

c) Auf *Wertschätzung/Dank* können *Minimierungen* folgen, die deshalb die Einführung dieser Funktion erforderlich machen.

d) Vereinbarungen und Ratschläge, die sich nicht auch als Ergebnissicherung bzw. Wünsche interpretieren lassen, finden sich weder in E noch in L; daher entfallen beide Kategorien.

Unter Modifikation von Jägers Modell (1976, 129) können Beendigungsphasen damit wie folgt idealtypisch beschrieben werden:

Beend → ‖ SES + SZS   Legitimierung
                        Ergebnissicherung
                        Wünsche   TSi + TSi ‖
                        Dank
                        Minimierung

Wie in Eröffnungsphasen, so sind auch die Funktionen der Beendigungsphase partiell fakultativ und redekonstellationsabhängig.

6.5.1 SCHLUSSEINLEITUNGSSIGNAL (SES) UND SCHLUSSZUSTIMMUNGSSIGNAL (SZS)

6.5.1.1 SES UND SZS IN E UND L

SES sind "Signale, die ein vorhergehendes Thema beendigen, das Angebot einer Beendigung formulieren und von dem Interaktionspartner ausgesandt werden, der die aktuelle Sprecherrolle innehat" (Jäger 1976, 122). Nach Schegloff/Sacks zählen sie zu den "possible-pre-closings", denn sie lassen dem Interaktionspartner die Alternative, die Gesprächsbeendigung durch Eintritt in ein neues Thema abzulehnen oder sie durch ein respondierendes *pre-closing*, z.B. ein SZS, anzunehmen (Schegloff/Sacks 1973, 303 ff.). Erst mit der Zustimmung des Interaktionspartners gilt die Beendigungsphase als eröffnet. Jäger nimmt an, daß Beendigungseinleitungen und -zustimmungen regelmäßig durch SES-SZS-Sequenzen realisiert werden (122 ff.). Damit ist jedoch nur eine, wenn auch die in E frequenteste Variante möglicher Beendigungseröffnungen erfaßt. Neben der (replizierbaren) Struktur SES-SZS wie in (lv)

(lv)
X: fine okay   oder   X: fine okay see you next week
Y: right   Y: yes okay then bye-bye

finden sich folgende elaboriertere Varianten in E:

(lvi)
X: well I'd better go now I suppose
Y: okay Caroline

Das SES wird vor Legitimierungen oder anderen beendigungsphasenspezifischen Funktionen getilgt. Die Legitimierung etc. impliziert dann das SES, wie aus dem SZS "okay" in (lvi) hervorgeht.

(lvii)
Y: well Simon I must get back to my exercise books now best of luck on the course
X: well thank you very much sir

Das SZS wird getilgt, wenn der aktuelle Hörer zu einem weiteren Stadium der Beendigungsphase fortgeschritten ist. Der aktuelle Sprecher antwortet dann mit einem durch HS initiierenden Akt konditionierten *second pair part* ((lvii): *Wünsche-Dank*).
Wann die Tilgung des SZS obligatorisch, wann sie fakultativ ist, bleibt zu untersuchen. Eine Hypothese wäre, daß die Verbindlichkeit der Tilgung zunimmt, je weiter sich der aktuelle Hörer dem Terminalssignal nähert. Die Eröffnung von Beendigungsphasen wiese damit eine strukturelle Parallele zur Eröffnung von Eröffnungsphasen auf, in denen das respondierende Eröffnungssignal ebenfalls bei fortgeschrittenem Stadium der Eröffnungsphase getilgt werden muß (vgl. 6.4.1).

In E und L werden Beendigungsphasen überwiegend von dem Interaktanten in der dominierenden Situationsrolle, also Y, eröffnet. Dennoch unternimmt X in E immerhin 12 von 32 Beendigungsinitiativen, während die Lerner nur in 6 von 31 Fällen die Beendigungsphase einleiten. Daß die Lerner es häufig dem *native speaker* überlassen, die Initiative zur Dialogbeendigung zu ergreifen, dürfte typisch für Lerner-*native speaker*-Diskurse sein: "schwierige" Diskursaufgaben werden dem sprachlich kompetenteren Interaktanten übertragen. Auch explizite SZS verwenden die Lerner seltener als die *native speaker* in E. Während dort die explizite Form der Schlußzustimmung nach dem in (lv) belegten Muster am häufigsten vorkommt, bevorzugen die Lerner implizite Zustimmungsformen nach dem Muster (lvii).

6.5.1.2 FEHLER IN SES UND SZS

In L ist nur ein Fall belegt, in dem der Lerner die Beendigungsphase mit expliziten SES einleitet. Dabei ist eine Realisierung unangemessen:

(51)
(a) (Y hat beobachtet, wie Xs Wagen von einem fahrerflüchtigen Auto beschädigt wurde)
```
X  : well now I've I've to see what to do okay
     I go to the police well er anyway thank
     you very much
Y  : not at all as I say if I can be of any
     more help er just let me know
RÄa: well now I've got to see what to do ...
RÄb: okay I've got to see what to do ...
```

Mit der vorliegenden prosodischen Struktur hat "well now" die Funktion eines *marker*, wie er z.B. vom Lehrer in schulischen Diskursen zur Ankündigung eines neuen Themas verwendet wird. Es kann unter Beibehaltung der lexikalischen Wahl und Veränderung der Prosodie zu "well now" (RÄa) rekonstruiert werden, wobei "well" als SES fungiert und "now" den folgenden Sprechakt einleitet. Alternativ kann es als Einheit aufgefaßt und durch eine andere SES-Variante wie "okay" (RÄb) ersetzt werden. - (51 a) ist im übrigen ein Beispiel für die in (lvii) belegte Variante:
auf Xs Sequenz *SES-Legitimierung-SES-Ergebnisfeststellung-SES-Dank* antwortet Y mit einer Minimierung und ei-

nem Angebot, die hier ein SZS implizieren.

Bei den SZS kommt folgende Fehlrealisation vor:

> (51)
> (b) (X und Y streiten sich über ein Fußballspiel)
> Y : I'm saying if after the first goal England
>   had drawn level through the awarding of that
>   penalty then erm then things could have been
>   different uh well
> X : tja don't care
> RÄ: all right (let's leave it at that)

X rezipiert Ys SES (uh well) korrekt und will seine Zustimmung zur Gesprächsbeendigung durch ein SZS zum Ausdruck bringen. Mit seinem SZS gelingt es ihm jedoch nicht, zwischen Desinteresse an einer Fortführung des Themas und Desinteresse an Y zu unterscheiden. Diese Unterscheidung wird in RÄ durch SES wie das neutrale Gliederungssignal "all right" und fakultativ durch einen expliziten Vorschlag zur Gesprächsbeendigung geleistet: die Proposition "we - leave this topic at that" is themenbezogen, die Illokution *Vorschlag* jedoch hörer- (nicht, wie in (51 bX), sprecher-) bezogen. Sach- und Beziehungsaspekt werden damit getrennt und nicht in unangemessener Weise gekoppelt. In dem Interview zu dem Dialog, aus dem (51 b) stammt, bestätigte der Lerner, daß er mit seinem "don't care" lediglich das Thema abschließen wollte. Die de facto geschehene Verknüpfung von Sach- und Beziehungsaspekt war also nicht intendiert.

6.5.2 LEGITIMIERUNG

Die Kategorie "Legitimierung" wurde ursprünglich von Knapp/Hart/Friedrich/Shulman (1973) in ihrer empirischen Untersuchung von Beendigungsphasen aufgestellt und in zwei Subkategorien untergliedert: "Internal Legitimizing", mithilfe derer ihre Probanden "sought to justify leave-taking by making reference to (their) own sense of having completed the conversation", und "External Legitimizing", mithilfe derer sie "sought to justify leave-taking by making reference to forces external to (themselves)" (188). Interaktanten verwenden demnach Legitimierungen, um <u>begründet</u> den Abschluß einer Interaktion einzuleiten. Da sie es dem Koaktanten quasi aufnötigen, den Gesprächsabschluß zu akzeptieren, sind Legitimierungen wie "I gotta go" effektivere "possible pre-closings" als neutrale SES wie "okay" (Schegloff/Sacks 1973, 312).

6.5.2.1 LEGITIMIERUNGEN IN E UND L

In E werden Legitimierungen hauptsächlich von dem Interaktanten in der dominanten Situationsrolle verwendet, und zwar insbesondere in argumentativen Dialogen, die keinen intern motivierten Abschluß finden und die die Interaktanten daher unter Bezug auf außerhalb des Themas liegende Gründe, Verpflichtungen etc. abbrechen. Daß die Distribution von Legitimierungen situationsrollenspezifisch determiniert ist, kommt z.B. deutlich in Verabschiedungssituationen zum Ausdruck: hier wird die Legitimierung typischerweise von dem sich verabschiedenden Interaktanten verwendet, wie E und L belegen.

Die in E und L vorkommenden Legitimierungen sind ausnahmslos sprecherbezogen ("I must be off"). Ein weiterer Typus von Legitimierungen, mit dem A den Dialog unter Hinweis auf Bs Interessen und unter Rückgriff auf Informationen aus der Eröffnungsphase abschließt ("well I let you get back to your books"; "why don't you lie down and take a nap") (Schegloff/ Sacks 1973, 310 f.), ist in E und L nicht belegt.

Die rollenspezifische Sequenz und Distribution von Legitimierungen in L entspricht der *native speaker*-Performanz. Bei der Realisierung fällt jedoch ein Unterschied auf: Die *native speaker* in E verwenden bevorzugt relativ unspezifische Legitimierungen wie in

(lviii)
X: well I I'd better go now I suppose

(lix)
X: well I really must go

Legitimierungen mit einem spezifischen Bezug auf eine anstehende Verpflichtung wie die folgende sind dagegen weniger frequent:

(lx)
X: I've got to go and see my husband
Y: yeah er well I think we'd better leave it there dear

Dieser zweite Legitimierungstyp wird von den Lernern ausschließlich verwendet. Es bleibt zu untersuchen, ob die Lernerpräferenz für spezifische, nicht-routinisierte Legitimierungen zufällig ist oder ob in der Nullokkurrenz "leerer" Standardlegitimierungen ein defizitäres Repertoire an Routineformeln seinen Niederschlag findet.

6.5.2.2 FEHLER IN LEGITIMIERUNGEN

In 2 der 4 Legitimierungen in L verwenden die Lerner unangemessene Realisierungen. Vergleiche (52) (a) und (b)

(52)
(a) (Studentin verabschiedet sich von ihrer Wirtin)
X : I have to be in time and therefore well the time has come
Y : well bye-bye then
RÄ: okay well I really must go

> (b) (In Xs Zimmer ist der Gasofen explodiert;
> Xs Wirtin macht Kompensationsangebote)
> X : perhaps I think er it's it's enough and
>   I'm I'm very tired and er
> Y : allright I'll just go and get the electric
>   fire then okay
> RÄ: well thanks a lot Mrs Bell don't bother I'm
>   pretty tired to tell the truth

In (a) greift X ihr unangemessen förmliches Eröffnungssignal ((42 a) 6.4.1.2) wieder auf, um es als Legitimierung zu verwenden: eine geläufige Strategie, für die der Lernerin allerdings die adäquaten Realisierungsmittel fehlen. Die Legitimierung in (b) konstituiert auf der Sprechaktebene die Ablehnung eines Angebots, die trotz des *downtoner* "perhaps" und des *-committer* "I think" aufgrund ihrer Sprecherzentriertheit ausgesprochen rüde wirkt (vgl. 6.2.3.5) und auf der Diskursebene einen unvermittelten Gesprächsabschluß durch X initiiert.

6.5.3 ERGEBNISSICHERUNG

6.5.3.1 ERGEBNISSICHERUNG IN E UND L

Ebenso wie die Legitimierung, steht auch die Ergebnissicherung am Abschluß der thematischen und am Beginn der Beendigungsphase. Ihre Funktion ist, daß sich die Interaktanten ihres gegenseitigen Einverständnisses über das Resultat aus der thematischen Phase versichern oder sich ihr Verständnis des Resultats noch einmal explizit mitteilen. Ergebnissicherungen werden häufig in Nachbarpaaren realisiert, denn

> "by an adjacently positioned second, a speaker can
> show that he understood what a prior aimed at, and
> that he is willing to go along with that. (...)
> Also ... a second can assert his failure to under-
> stand, or disagreement, and inspection of a second
> by a first can allow the first speaker to see that
> while the second thought he understood, he indeed
> misunderstood. It is then through the use of adjac-
> ent positioning that appreciations, failures, correc-

tions, etcetera can be themselves understandably
attempted" (Schegloff/Sacks 1973, 297 f.; vgl.
auch Wunderlich 1979, 48).

Ein Beispiel für die Korrektur eines Mißverständnisses durch
Ergebnissicherung aus L:

(53)
(a) Y: well I'll hear from you tomorrow then
    X: oh no today at about twelve
    Y: today then

Die Korrektur bedarf der Bestätigung, die Y in ihrem zweiten
Beitrag abgibt.
Elizitierende *first pair parts* in Ergebnissicherungen sollen
Ergebnisüberprüfungen heißen, der obligatorische *second pair
part* heißt Ergebnisbestätigung (A: okay - B: fine). Demgegenüber ist die Ergebnisfeststellung nicht-elizitierend; ein
second pair part ist strukturell fakultativ, z.B.

(lxi)
X: so if you do that I'll stay here
Y: okay
                        oder
(lxii)
X: right if anything crops up I'll let you know
   on time
Y: thanks very much

Bei Nichtreziprozität der Ergebnisfeststellung beinhaltet Bs
Übergang zu einem späteren Diskursstadium Einverständnis mit
As Ergebnisfeststellung. In E wird jedoch auch die Ergebnisfeststellung zumeist in Nachbarpaaren realisiert.
Da Ergebnisbestätigungen und -feststellungen überwiegend mit
denselben Elementen realisiert werden wie SZS, sind die Elemente dann als simultane Realisierungen beider Funktionen zu
interpretieren, wenn der Ergebnissicherung keine explizite
SES-SZS-Sequenz vorausgeht; vergleiche

(lxiii)
Y: okay
X: fine
Y: well we'll do it that way then
X: right

mit

(lxiv)
Y: okay we'll do it that way then
X: right

Gegenüber E ist die Reziprozität der Ergebnisfeststellung in L geringer, d.h. die Lerner vollziehen respondierende Ergebnisfeststellungen seltener als die *native speakers* (E: 10mal, L: 6mal). Ebenfalls geringer fällt die *type-token*-Relation in L gegenüber E aus: die Lerner verwenden als angemessene Realisierungen "okay", "yes okay" und "okay then", nicht aber die in E belegten Varianten "right", "all right", "fine", "good" oder Kombinationen wie "okay right".
Ergebnisüberprüfungen werden in E fast, in L ausschließlich von Y verwendet, so daß keine Daten über die Lernerperformanz in dieser Funktion vorliegen. Ergebnisbestätigungen durch den Lerner erfolgen in allen der 4 belegten Fälle und werden angemessen realisiert. Auch initiierende Ergebnisfeststellungen werden in E und L häufiger von Y als von X vollzogen.

6.5.3.2 FEHLER IN DER ERGEBNISSICHERUNG

2 der 6 in L vorkommenden respondierenden Ergebnisfeststellungen sind unangemessen realisiert.

(53)
(b) (X und Y haben eine geschäftliche Vereinbarung getroffen)
Y : well I'll take these along and you'll be hearing from me again
X : yeah okay
RÄ: yes okay

(c) (wie 53 b)
      Y : all right I'll just I'll just go and get the
          electric fire then, okay
      X : yeah
      RÄ: thanks very much

Die Ergebnisfeststellung verlangt fallende Intonation, die
den Assertionscharakter dieser Funktion signalisiert. Xs
Äußerung in (b) wirkt demgegenüber durch ihre steigende
= Interrogativsatzintonation perlokutiv verunsichernd. In
(c) erfordern die Rollenbeziehung (Y > X) und die "pro-X"-
Qualität von Ys Vorschlag und Angebot eine explizitere und
relationell weniger neutrale respondierende Ergebnisfeststellung, als sie in Xs "yeah" vorliegt; eine auf der relationellen Ebene operierende, Dankbarkeit/Anerkennung vermittelnde Ausdrucksalternative wäre angemessen.

6.5.4 WÜNSCHE - DANK - MINIMIERUNG

Typischerweise drücken Interaktanten in Beendigungsphasen
ihre guten Wünsche für die Zukunft des Anderen aus[1], auf
die dieser zumeist mit einem Dank oder mit einem neutralen
receipt antwortet. Danksagungen werden desweiteren häufig
in Beendigungsphasen innerhalb des Interaktionstyps 'Y did
p/p good for X' von X verwendet; die Proposition des Sprechakts *Bedanken* bezieht sich dann in der Regel auf das/ein
Thema der vorangegangenen Diskursphasen. Bezieht sich die
Danksagung auf eine vorausgehende Handlung von Y und nicht
nur auf Wünsche, so ist im Deutschen eine Minimierung ("gern
geschehn"; "keine Ursache") die Regel; vergleiche den Standard-
redewechsel "danke - bitte". Im Englischen ist dagegen die
Norm, einem Dank eine verbale Minimierung folgen zu lassen,
wesentlich schwächer verankert als im Deutschen (Leech/

---

[1] Vgl. die Kategorie "Welfare Concern" bei Knapp/Hart/Friedrich/Shul-
man (1973, 188).

Svartvik 1975, 153; House 1979). Zwar gibt es, wie im
Deutschen, Routineformeln für diese Funktion (pleasure;
any time; no trouble; not a bit; don't mention it; that's
all right); sie werden aber vergleichsweise seltener benutzt und häufig durch para- (huh-uh) und extraverbale
Zeichen (Lächeln) ersetzt.
Da es sich bei Wünschen, Dank und Minimierung um auf der
Beziehungsebene operierende Rituale handelt, werden die
drei Funktionen in der Regel durch Routineformeln realisiert. Ihre Plazierung innerhalb der Beendigungsphase verweist wiederum auf deren phatischen Charakter: der interpersonelle dominiert den thematischen Aspekt bzw. schließt
ihn völlig aus.

6.5.4.1 WÜNSCHE - DANK - MINIMIERUNG IN E UND L

Gute Wünsche werden in E und L nur von Y, und zwar überwiegend in durch Dominanz gekennzeichneten Rollen, ausgesprochen. Während die *native speaker* in L diese Funktion
8mal realisieren, kommt sie in E nur 2mal vor. Dies legt
den Schluß nahe, daß häufiges Gute-Wünsche-Aussprechen
ein Merkmal des *native-speaker*-Verhaltens in Interaktionen mit *non-natives* ist.
Danksagungen werden in E und L dagegen überwiegend von X
(E: Y 3, X 16; Y 3, X 13) ausgesprochen, vergleiche

    Y: best of luck on the course
    X: well thank you very much sir

Diese rollenspezifische Distribution ist situationsinduziert,
da z.B. Interaktionstypen wie 'Y wants X do P/P good for Y',
die Danksagungen von Y hervorrufen würden, in unserem Material nicht vorkommen. In L sind Danksagungen von X am frequentesten in Rollenbeziehungen vom Typ Y < X, während sich
eine rollenspezifische Distribution in E nicht feststellen
läßt.

Die *type-token*-Relation in der Lernerperformanz ist niedriger als in E: Dort finden sich Varianten wie "(well) thank you very much", "thanks a lot", "thanks very much", "thanks", "thank you" und "thanks again", während in L lediglich "thank you very much", "thank you" und "thanks" auftreten (vgl. dieselbe Beobachtung zur Lernerrealisierung des Sprechakts *Bedanken* in 6.2.5.2). Die in E geläufigste Variante "thanks very much" kommt in L nicht vor. Inwieweit englische *native speakers* perlokutive Unterschiede zwischen den Varianten wahrnehmen, ist schwer zu beurteilen; jedoch scheint die Bevorzugung von "thanks very much" mit der geringen Förmlichkeit von "thanks" und der verstärkenden Funktion von "very much" zu tun zu haben.

Da Wünsche in E nur zweimal auftreten, läßt sich nicht ermitteln, ob sie im Englischen regelmäßig Danksagungen und/oder *receipts* elizitieren. In L jedenfalls sind Danksagungen als Respons auf Wünsche die Regel, wobei Transfer von deutschen Interaktionsnormen mitgewirkt haben dürfte. In (54 a) sind angemessene Danksagungen als Respons auf Wünsche, in (54 b) ist eine ebenfalls angemessene Replik ohne Danksagung belegt.

(54)
(a) (Y hat beobachtet, wie Xs Wagen von einem fahrerflüchtigen Auto beschädigt wurde)
Y1: yah good well I hope you er I hope you're successful in trying to catch this er young fool and er I'm sure the police 'll do everything they can to help you
X1: mm
Y2: yah okay
X2: thank you very much
Y3: pleasure
X3: because you paid attention
Y4: yah pleasure best of luck
X4: thanks

(b) (Student und sein Ferienarbeitgeber)
Y1: ... and let's hope you er get your seven baskets in tomorrow Peter
X1: well I hope so yes perhaps
Y2: okay
X2: perhaps more
Y3: good the more the better the more you pick the more money you earn of course

Insgesamt stellen Danksagungen in Beendigungsphasen kein
nennenswertes Kommunikationsproblem für die untersuchte
Stichprobe dar.

Minimierungen kommen wiederum aus interaktionstypologischen
Gründen auf der Lernerseite nicht vor. Allerdings unterscheidet sich das *native-speaker*-Verhalten, ähnlich wie bei Wünschen, deutlich in L und E: während in E auf 19 Danksagungen nur 2 Minimierungen als Respons folgen, kommen in L auf
13 Danksagungen durch X 6 Minimierungen durch Y (vgl. (54)(a),
(d)) - auch dies ein Indiz dafür, daß *native speakers* sich
gegenüber *non-natives* oftmals höflicher verhalten als 'entre
eux'.

6.5.4.2 FEHLER IN DANKSAGUNGEN

In L treten 4 fehlerhafte Realisierungen von Danksagungen
oder neutralem *receipt* als Respons auf Wünsche auf; vergleiche (54) (c) - (f).

```
(54)
  (c) (X verabschiedet sich von seinem Lehrer)
      X1 : bye-bye
      Y1 : and a good journey
      X2 : oh
      Y2 : bye
      X3 : bye
      RÄ2: okay/thank you

  (d) (wie 54 c)
      Y1 : Achim well er have a nice trip back
      X1 : oh thank you
      Y2 : the pleasure's mine
      X2 : oh
      Y3 : bye-bye
      X3 : bye-bye
      RÄ1: thank you
      RÄ2: -

  (e) (X und Y im Zug)
      Y : well I'm sorry I've got to get out at this
          next stop so er all the best with your studies
      X : oh thanks (lacht)
      RÄ: thanks
```

Der *receipt* "oh" als neutraler Respons in (c X2) und (d X2) und als Einleitung der Danksagung in (d) und (e) konnotiert "Überraschung" und ist daher als respondierender Akt auf einen Wunsch, der situativ erwartbar ist und keine "anti-Y"-Qualität aufweist, ungeeignet (vgl. 6.3.3.1). Eine unakzeptable Realisierung liegt mit der Danksagung in (f) vor:

> (f) (Studentin verabschiedet sich von ihrer Wirtin)
> Y : well bye-bye then
> X : bye-bye thank you for all
> RÄ: thanks for everything

6.5.5 TERMINALSIGNAL: VERABSCHIEDEN

6.5.5.1 TERMINALSIGNAL IN E UND L

Mit der Verabschiedung, dem Austausch von Terminalsignalen, wird die Beendigungsphase und damit die gesamte Interaktion abgeschlossen. Die Zugänglichkeit der Interaktanten erreicht hier ihre niedrigste Ausprägung während der Interaktion. Ebenso wie Begrüßungen, werden Verabschiedungen durch eine kleine geschlossene Klasse von Routineformeln realisiert, deren Selektion situations- und rollenbeziehungsspezifisch determiniert ist. Welcher Interaktant das initiierende Terminalsignal sendet, dürfte ebenfalls nicht unabhängig von der Rollenbeziehung der Interaktanten sein: Der Inhaber der mit Dominanz ausgestatteten Situationsrolle ist dazu vermutlich eher sozial legitimiert. Dialogbatterie E bestätigt eine sozial bestimmte Initiierung von Verabschiedungen allerdings nicht; rollenbeziehungsspezifische Regularitäten sind nicht erkennbar. Anders in L: dort ergreift Y 9mal, X hingegen nur 2mal die Initiative zur Verabschiedung. Dies dürfte wiederum mit der Besonderheit von Lerner-*native-speaker*-Interaktionen zusammenhängen: die Lerner überlassen aufgrund ihrer sprachlichen und u.U. auch sozialen Unsicherheit interaktionell relevante Initiativen eher dem *native speaker*. Die Interaktionsnorm, nach der Verabschiedungsrituale mutuell und daher sprachlich in Nachbarpaaren organisiert sind ("terminal exchange"), wird von den Lernern durchgängig befolgt.

Die *type-token*-Relation ist in L, wie zu erwarten, niedriger als in E: während in E die Elemente "good bye", "bye-bye", "bye", "I'll see you", "I'll be seeing you again", "see you then/next week", "cheerio" vorkommen, verwenden die Lerner nur die drei zuerst erwähnten, wobei L mit E insofern übereinstimmt, als daß die frequenteste Realisierung in beiden "bye-bye" ist.
Ein weiteres lernerspezifisches Merkmal in L ist die Reziprozität der gewählten Elemente. In E finden sich zwar reziprok realisierte Nachbarpaare vom Typ

    (lxv)
    X: bye-bye
    Y: bye-bye;

häufiger sind jedoch nichtreziproke Realisierungen wie

    (lxvi)
    Y: see you next week   X: cheerio
    X: yes okay then bye-bye   Y: bye-bye then.

In L findet sich demgegenüber folgende Regelmäßigkeit:
a) X reziproziert Ys Realisierung wie in (lxv); (b) X wählt eine reduzierte Form des von Y geäußerten Elements, z.B.

    (lxvii)
    Y: well bye-bye then   X: bye-bye
    X: bye-bye   X: bye

In (55 a) ist eine Verabschiedungssequenz aus L belegt, in der X und Y die Realisierungen ihrer Terminalsignale reziprozieren (Y2, X3) und X Ys Realisierung in reduzierter Form aufgreift (X2).

(55)
(a) (Student und sein Ferienarbeitgeber)
Y1: so we'll see you then tomorrow morning again bright and early
X1: tomorrow morning same time same place
Y2: same time same place (lacht) ... well bye-bye now
X2: bye-bye
Y3: see you in the morning
X3: in the morning

6.5.5.2 FEHLER IM TERMINALSIGNAL

Von 14 Terminalsignalen in L sind nur die folgenden 2 unangemessen realisiert. (55) (b) und (c) belegen eine Unterdifferenzierung im Gebrauch des Terminalsignals.

(55)
(b) (X und Y sind Zeugen eines Autounfalls; X soll Hilfe holen)
Y : so if you do that I'll stay here okay
X : okay good-bye
RÄ: okay I'll rush off

(c) (zwei Freunde in einer Kneipe)
Y1: okay I'll see you there tonight yah
X : yes good-bye
Y2: okay cheers
RÄ: allright cheerio

"Good-bye" wird in E nur bei endgültigen Verabschiedungen verwendet (so auch Leech/Svartvik 1975, 151; Goffman 1967; Knapp/Hart/Friedrich/Shulman 1973, 195); auch hier wird jedoch das informellere "bye-bye" bevorzugt. Bei vorübergehender Kontaktunterbrechung wird - je nach der Rollenbeziehung der Interaktanten - eines der anderen Terminalsignale verwendet. Da es sich in (55) (b) und (c) um kurzfristige Kontaktunterbrechungen handelt, ist die Selektion von "good-bye" unangemessen.

6.5.6 ZUSAMMENFASSUNG: BEENDIGUNGSPHASEN IN DER LERNERPERFORMANZ

Von 31 Beendigungsphasen in L ist der Lerner an 26 durch die Realisierung von mindestens einer beendigungsrelevanten Funktion beteiligt; der *native speaker* in L übernimmt hingegen in 30 Fällen einen aktiven Part. Auch im Hinblick auf die Ausführung einzelner Funktionen zeigt L lernerspezifische Merkmale: Nur die Verwendung von Legitimierungen stimmt in ihrer Frequenz und Distribution in L mit derjenigen in E überein. Dagegen sind Schlußeinleitungs- und explizite Schlußzustimmungssignale, initiierende Terminalsignale und respondierende Ergebnisfeststellungen gegenüber E unterrepräsentiert, wobei nur im letzten Fall grundsprachlicher Einfluß mitgespielt haben dürfte. In der Unterrepräsentation initiierender Funktionen (Schlußeinleitungssignal, Terminalsignal) scheint ein Spezifikum von Lerner-*native speaker*-Diskursen zum Ausdruck zu kommen: Die Lerner ziehen es aufgrund ihrer ungünstigeren kommunikativen Ausstattung vor, die Initiative zur Einleitung neuer Diskursphasen und -subphasen dem kompetenteren *native speaker* zu überlassen. Aber auch das Diskursverhalten der *native speakers* ist offenbar von ihrem Koaktanten abhängig: in den Lerner-*native speaker*-Diskursen in L realisieren die *native speakers* die Funktionen *Wünsche* und *Minimierung* auffällig öfter als in den *native speaker-native speaker*-Diskursen in E.

Neben der kategorialen Unterrepräsentation beendigungsspezifischer Funktionen ist die Lernerperformanz durch eine gegenüber E niedrigere *type-token*-Relation bei der Realisierung von Ergebnisfeststellungen, Dank und des Terminalsignals charakterisiert. Legitimierungen werden in L - anders als in E - durch nicht-routinisierte Redemittel realisiert.

In 11 der 26 Beendigungsphasen mit aktiver Lernerbeteiligung (= 42,3 %) treten Fehler auf, deren Verteilung auf die einzelnen beendigungsrelevanten Funktionen aus Tab. 18 hervorgeht.

Tab. 18: Fehler in der Beendigungsphase

Funktion	total	falsch f_i	%
Schlußeinleitungssignal	4	1	25
Schlußzustimmungssignal	3	1	33,3
Legitimierung	4	2	50
Ergebnisfeststellung	6	2	33,3
Dank	13	4	30,77
Terminalsignal	14	2	14,27
$\sum$	44	12	27,27

Kategorial unangemessene Fehlwahlen treten bei der Realisierung von Beendigungsfunktionen nicht auf. Die meisten Fehler bestehen vielmehr, wie im Fall der Fehler in Eröffnungsphasen, in einer mangelnden oder unangemessenen Verwendung von Routineformeln: nicht-routinisierte anstelle von routinisierten Redemitteln werden zur Realisierung von Schlußzustimmungssignalen, Ergebnisfeststellung und Dank verwendet; das Terminalsignal wird mit einer kontextuell unangemessenen Routineformel realisiert; bei der Realisierung der Funktion *Dank* werden Kookkurrenzrestriktionen verletzt. Unangemessene Register- und Modalitätswahl kennzeichnet die nicht-routinisierten fehlerhaften Legitimierungen.

Ein Vergleich der Lernerperformanz in Beendigungsphasen mit derjenigen in Eröffnungsphasen zeigt, daß die Beendigungsphase sich als weniger fehleranfällig erwiesen hat und lernerspezifische Merkmale eher in der Unterrepräsentation von Funktionen und ihren Realisierungen zum Tragen kommen. Möglicherweise ist dieser Unterschied diskursphasenspezifisch und durch das Untersuchungsarrangement begründet: in Eröffnungsphasen sind die Lerner aufgrund der Rollenbeschreibungen häufig gezwungen, die Initiative zur

Diskurseröffnung zu ergreifen und ihr Anliegen vorzubringen. Um die Interaktion in Gang zu setzen, ist der Vollzug bestimmter eröffnungsspezifischer Funktionen obligatorisch und wird demnach auch von den Lernern realisiert - obwohl sie hierzu überwiegend <u>keine</u> geeigneten Redemittel zur Verfügung haben. Anders im Fall der Beendigungsphasen: welcher Interaktant den Diskurs wann, aus welchen Gründen etc. beendet, war nicht vorgegeben. Die Lerner konnten die Intiative zur "Lösung des Beendigungsproblems" also ruhig dem kompetenteren *native speaker* überlassen und sich weitgehend auf respondierende Funktionen beschränken, wobei sie im Fall von Schlußzustimmungssignal, respondierender Ergebnisfeststellung und respondierendem Terminalsignal lediglich die initiierende Äußerung ihres Koaktanten zu reziprozieren brauchen, um eine angemessene Realisierung zu produzieren.

6.6 ZUSAMMENFASSUNG DES DESKRIPTIONSTEILS

Aus der Beschreibung der untersuchten Sprechakte und Diskursfunktionen in der Lernerperformanz lassen sich folgende Tendenzen abstrahieren:

Grosso modo kann die untersuchte Stichprobe die sprachlichen Handlungen, die durch die Rollenbeschreibungen vorgegeben waren, vollziehen; globale Zusammenbrüche der Kommunikation treten nicht auf, wohl aber lokale Kommunikationsstörungen, die auf die mangelnde metakommunikative Aktivität der Lerner, genauer: ihren Verzicht auf Reparaturinitiierung zurückzuführen sind. Daß auch lokale Kommunikationsstörungen relativ selten auftreten, liegt ganz offenbar an der günstigen kommunikativen Ausstattung der *native speaker*-Koaktanten, die die Interaktion mit Lernern gewöhnt sind und über z.T. sehr gute Kenntnisse der Lerner-Grundsprache verfügen, so daß sie in hohem Maße zu "stillen Reparaturen" (Rekonstruktion der Lerner-Ausdrucksintention bei der Rezeption fehlerhafter Lerneräußerungen) in der Lage sind. Bei "naiveren" *native speakers* als Koaktanten dürfte der Kommunikationserfolg der Lerner demnach geringer sein (vgl. Hackmann (1977), Hatch (1978 a) zum Beitrag des *native speakers* zum Gelingen/Mißlingen der Kommunikation).

Die Bereitschaft der Lerner, pragmatische und Diskursfunktionen insbesondere initiierend zu vollziehen, ist durchaus abhängig vom Rollenzwang: obligatorische Funktionen realisieren sie mit etwa der gleichen Frequenz wie die *native speakers* in E und D in den entsprechenden Situationsrollen; fakultative Funktionen werden seltener ausgeführt. Besonders deutlich wird dies an der unterschiedlichen Realisierung von Eröffnungs- und Beendigungsphasen (vgl. 6.5.6). Das Verhalten unserer Lerner stimmt in dieser Hinsicht mit demjenigen überein, das die Probandengruppe von Nold (1978) unter ähnlichen Erhebungsbedingungen (Rollenspiel unter je zwei Lernern) aufwies.

Die Tendenz der Lerner, ihr sprachliches Handeln an minimalen Kommunikationserfordernissen zu orientieren, kommt bei der Realisierung nicht-referentieller Funktionen zum Tragen. In Übereinstimmung mit den Beobachtungen von Götz (1977), Nold (1978; 1979) und den einschlägigen KoKoPro-Arbeiten (vgl. Literaturbericht 3.2) sind hierbei vor allem relationelle und diskursrelevante Funktionen betroffen. Auf der Diskursdimension wirkt sich in dem untersuchten Korpus die Orientierung an minimalen Kommunikationserfordernissen allerdings nur in der Neigung der Lerner zu Minimalrepliken aus. Andere Merkmale der Lernerperformanz, die die Diskurskohärenz stören, sind die der Minimalreplik gegenläufige Tendenz zum Komplettismus bei der Realisierung respondierender Akte und insbesondere non- und teilresponsive Repliken; sie dürften jedoch kaum mit der Orientierung an minimalen Kommunikationserfordernissen zusammenhängen. Die von Götz (1977) und Nold (1978) beobachtete Unterrepräsentation diskursaufrechterhaltender *gambits* - *uptakers* und *starters* -, die sich ebenfalls diskurskohärenzvermindernd aus-

wirkt, weist die Lernerperformanz im vorliegenden Korpus
hingegen nicht auf. Ganz im Gegenteil verwenden unsere Lerner *uptakers* in höherem Maße als die *native speakers* in E
und D; sie tragen damit aktiv zur Verständnissicherung bei,
signalisieren Kooperationsbereitschaft und gleichen die
durch andere lernerspezifische Merkmale gestörte Diskurskohärenz partiell aus. Zu untersuchen bleibt, welchen Beitrag die verschiedenen diskursrelevanten Funktionen zur
Stützung von Diskurskohärenz leisten und bei welchen Funktionen sich defizitäre Realisierungen besonders kommunikationsbeeinträchtigend erweisen (vgl. Stemmer in Vorbereitung). Untersuchungsbedürftig ist auch, von welchen Bedingungen es abhängt, ob Lerner bestimmte diskurskohärenzrelevante Funktionen realisieren (vgl. die widersprüchlichen
Befunde von Götz (1977) und Nold (1978) einerseits und der
vorliegenden Arbeit andererseits).

Die Orientierung an minimalen Kommunikationserfordernissen
wirkt sich insbesondere in der häufig unzureichenden Markierung der relationellen Funktion aus. Ich habe versucht,
diese Erscheinung, die Götz (1977) als "mangelnden Partnerbezug", Nold (1978) als Wahl eines "neutralen Sprechstils"
bezeichnet, als Verstöße gegen Höflichkeitskonventionen,
d.h. gegen gesellschaftlich übliche gesichtswahrende protektive und defensive Interaktionspraktiken (Brown/Levinson
1978) zu beschreiben und dies über Lakoffs (1973) "rule of
politeness", Leechs (1977) "Tact Maxim" und Edmondsons
(1981 a, b) "H-Support Maxime" zu explizieren. In den untersuchten pragmatischen Aspekten äußert sich die unzureichende Markierung der relationellen Funktion insbesondere in der
Wahl einer unangemessenen Sprechaktmodalität bei der Realisierung initiierender und respondierender Sprechakte und in
der Unterrepräsentation von *gambits*, die auf der relationellen Ebene operieren (*cajoler* und *appealer*).

Die relationelle Funktion wird in der Lernerperformanz jedoch nicht nur durch fehlende Markierung von Sprechaktmo-

dalität unzureichend gekennzeichnet; ihr wird auch durch
unangemessen realisierte oder zumindest in ihrer Tendenz
von den pragmatischen Gebrauchsnormen englischer *native
speakers* abweichende Sprechaktmodalität in lernerspezifischer Weise Ausdruck verliehen. Ein besonders auffälliges
lernerspezifisches Merkmal äußert sich in der Tendenz,
Sprechakte mit inhärenter "anti-Hörer"-Qualität wie *Auffordern, Beschweren, Einwenden, Ablehnen* eher direkt und wenig abgetönt, Sprechakte mit inhärenter "pro-Hörer"-Qualität wie *Vorschlagen, Anbieten/Einladen, Annehmen, Versprechen, Abbitte leisten* und *Bedanken* hingegen eher indirekt
und stärker abgetönt zu formulieren. Damit orientieren
die Lerner ihr Kommunikationsverhalten nicht an der "H-Support"-Maxime, sondern drehen sie quasi um: sprechaktinhärente protektive "Gesichtspflege" wird abgebaut, inhärente Gesichtsbedrohung wird verstärkt.

Insbesondere in Eröffnungs- und Beendigungsphasen zeigt sich,
daß die Lerner nur unzureichend über Routineformeln verfügen, mit denen rekurrente, sozial definierte ritualisierte
Handlungen realisiert werden. Aufgrund ihrer sozialen Funktion, die reibungslose Abwicklung von Standardsituationen
zu ermöglichen, scheint mir die mangelhafte Beherrschung
von Routineformeln - zumal bei der Realisierung interaktionell so bedeutsamer Handlungen wie Dialogeröffnungen und
-beendigungen - in ihrem Kommunikationseffekt nachteiliger
zu sein als das lernertypische unidiomatische Sprechen in
nichtroutinisierten Situationen (vgl. Walters 1977).

Bei der Verwendung von Routineformeln zur Realisierung von
Beendigungsphasen, *gambits* und Modalitätsmarkierungen ist
die *type-token*-Relation weitaus niedriger als in der *native
speaker*-Performanz. Dies ist keineswegs überraschend; auch
bei fortgeschrittenen Lernern wird ein eingeschränktes fremdsprachliches Repertoire gegenüber demjenigen sozial vergleichbarer *native speakers* ein typisches interimsprachliches Merkmal sein. Über- und Unterrepräsentationen müssen sich nicht

zwangsläufig kommunikationsstörend auswirken, solange es sich bei den betreffenden Funktionen und Redemitteln um "echte" freie Varianten handelt. Häufig ist mit der Überrepräsentation eines Redemittels jedoch seine funktionale Unterdifferenzierung verbunden - z.B. in der Verwendung der *gambits* "yes/yeah/yah" und "oh" oder der Modalitätsmarkierungen "perhaps" und "I think". Gerade solche Redemittel und Funktionen, die eine erhebliche pragmatische Rolle auf der Diskurs- und relationellen Ebene spielen, müßten wesentlich genauer untersucht und in ihren Verwendungsbedingungen beschrieben werden, damit auf dieser Grundlage eine angemessene Selektion und Progression für den kommunikationsorientierten Fremdsprachenunterricht getroffen werden kann. Zieht man die hohen Fehlerquoten bei der Realisierung initiierender und respondierender Akte und von Eröffnungsphasen sowie die lernerspezifischen Realisierungen von *gambits* und Beendigungsphasen in Betracht, und berücksichtigt man die nachteiligen interaktionellen Implikationen der dokumentierten pragmatischen Defizite, so läßt sich als Fazit des Deskriptionsteils die "starke" Globalhypothese aufstellen, daß Lerner nach Durchlaufen eines konventionellen, redemittel- und fertigkeitsorientierten schulischen Englischunterrichts auch bei guter fremdsprachlicher Kompetenz i.e.S. nicht in der Lage sind, pragmatische und Diskursfunktionen in interaktionell befriedigender Weise zu realisieren.

7 EXPLIKATION LERNERSPEZIFISCHER MERKMALE

7.0 ZUR AUFSTELLUNG VON ERKLÄRUNGSHYPOTHESEN

7.0.1 TYPEN VON KAUSALPROZESSEN

In Kapitel 6 sind einige pragmatische Aspekte in der Lernerperformanz beschrieben und dabei lernerspezifische angemessene und nicht-angemessene Äußerungen und Merkmale herausgearbeitet worden. Dieser produktorientierten Analyse soll nun eine prozeßorientierte Analyse folgen, indem ich versuchen will, Hypothesen über die kausale Bedingtheit lernerspezifischer Produkte aufzustellen.

Die Kausalinterpretation klinischer textueller Daten (vgl. Kapitel 4.1) stellt den Analysator zunächst vor das Problem, den Prozeß, der das zu analysierende interimsprachliche Datum hervorgebracht hat, typologisch zu identifizieren. Dabei kommen prinzipiell mindestens die in Abb. 5 dargestellten Prozeßtypen in Frage.

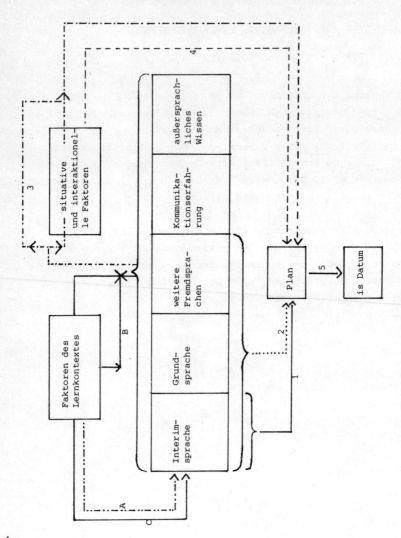

Abb. 5: interimsprachliche Prozeßtypen

Die Prozeßtypen (1) - (4) operieren in der Planungsphase, der Prozeßtyp (5) kann in der Realisierungsphase interimsprachlicher Äußerungen wirksam werden. Unter der Planungsphase ist derjenige mentale - nicht notwendig bewußte - Prozeß zu verstehen, der zur Erstellung oder Auswahl eines Kommunikationsplans führt; die Realisierungsphase umfaßt die Umsetzung des Plans in sprachliche Handlung (vgl. Faerch/Kasper 1980 a, 55 f.).

Zu den Prozeßtypen (1) - (4) zählen:

(1) Die <u>Anwendung einer interimsprachlichen Regel</u>. Hier schließt sich auf der nächsten Untersuchungsebene als weitere Frage an, durch welchen <u>Lernprozeß</u> diese Regel gebildet wurde.

   (A) Die <u>psycholinguistischen Lernprozesse</u> (vgl. 2.3) betreffen die Aktualisierung sprachlicher und nicht-sprachlicher Wissensresourcen und ihre Anwendung auf das fremdsprachliche Material bei der interimsprachlichen Regelbildung. Durch sein spezifisches Arrangement im Erwerbskontext kann das fremdsprachliche Material jedoch auch seinerseits psycholinguistische Prozesse auslösen.

   (B) Die interimsprachliche Regel kann damit <u>mittelbar durch den Erwerbskontext induziert</u> sein.

   (C) Wirkt das fremdsprachliche Material in seiner kontextspezifischen Ausprägung unmittelbar, d.h. ohne Zwischenschaltung psycholinguistischer Prozesse regelbildend auf das interimsprachliche System, so ist die betreffende Regel <u>unmittelbar durch den Erwerbskontext induziert</u>.

(2) Die spontane Verwendung stark automatisierter interimsprachlicher, grundsprachlicher oder weiterer fremdsprachlicher Resourcen bei der Erstellung eines <u>Kommunikationsplans</u>.

(3) Die problemorientierte, potentiell bewußte Verwendung kommunikativer Resourcen in Form einer Kommunikationsstrategie (vgl. 2.3).

In interaktionellen Daten stellt der *"input"* des Koaktanten eine weitere Quelle lernerspezifischer Merkmale dar. Ein interimsprachliches Datum kann in diesem Fall also

(4) unmittelbar diskursinduziert sein.

In der Realisierungsphase interimsprachlicher Äußerungen können darüber hinaus

(5) einzelsprachlich unabhängige und interimsprachenspezifische Performanzstörungen wie Kontamination, Assimilation u.ä. wirksam werden (vgl. die Diskussion des Performanzfehlers bei Corder 1967; 1973 b, 256 ff.; Legenhausen 1975, 44 ff.; Raabe 1979 b).

Aus Abb. 5 werden die Gründe für die prozeßtypologische Ambiguität textueller interimsprachlicher Daten deutlich: mit Ausnahme der Prozesse (C) (unmittelbare Induktion durch den Erwerbskontext) und (4) (unmittelbare Diskursinduktion) sind identische lernerinterne sprachliche und außersprachliche Wissensresourcen an der interimsprachlichen Regelbildung und Kommunikation beteiligt.
Daß eine Kommunikationsstrategie (3) einem interimsprachlichen Datum ursächlich zugrunde liegt, kann mit einiger Wahrscheinlichkeit nur bei "inhärent strategischen" Strategien wie z.B. Appellen oder dem Vorliegen von Strategiesignalen (*"strategy markers"*, Faerch/Kasper 1980 b) angenommen werden. Wenn solche auf der Produktebene beobachtbaren Hinweise fehlen, läßt sich zwischen (1) einerseits und (2) und (3) andererseits nur dann mit einiger Sicherheit unterscheiden, wenn dem Analysator im Detail bekannt ist, wie die Interimsprache des betreffenden Lerners und ihre kommunikative Verfügbarkeit (Automatisierheitsgrad) aktuell beschaffen

sind: enthält ein interimsprachliches Datum Regeln oder Elemente, die nicht Bestandteil der aktuellen Interimsprache sind, kann auf einen Kommunikationsplan oder eine Kommunikationsstrategie geschlossen werden. Gerade in den Anfangsstadien ausschließlich unterrichtsgesteuerten Fremdsprachenlernens, in denen eine starke Kontrolle über den fremdsprachlichen *"input"* besteht, müßte es möglich sein, "reine" interimsprachliche Systeme erfassen zu können - wenn auch hiermit zahlreiche untersuchungsmethodische Probleme verbunden sind, auf die ich hier nicht eingehen kann. Das "reine" interimsprachliche System einer fortgeschrittenen Lernerstichprobe zu ermitteln, ist hingegen aufgrund der fehlenden *"input"*-Kontrolle methodisch höchst schwierig; man müßte dazu "unkommunikative" Testverfahren entwickeln, die die Lerner zur Anwendung ihres interimsprachlichen Systems, nicht aber zu derjenigen von Kommunikationsplänen und -strategien veranlassen. Der Untersuchungsaspekt der vorliegenden Arbeit - die pragmatische Dimension in der Interimsprache - macht den Einsatz "unkommunikativer" Tests jedoch prinzipiell fragwürdig, da ja die Realisierung pragmatischer Fähigkeiten konstitutiv an kommunikative Handlungen gebunden ist (vgl. die Bemerkungen zum Validitätsproblem in Kapitel 4.1). Aufgrund der durch Datentyp, Population und linguistische Ebene verstärkten Ambiguität zwischen den Prozeßtypen (1) - (3) wird bei der Kausalexplikation der Lernerdaten nicht zwischen ihnen unterschieden, sofern nicht Indikatoren auf einen bestimmten Prozeßtyp hinweisen.

Darüber hinaus wird die Performanzstörung als Prozeßtyp zur Erklärung der vorliegenden Daten außer Betracht gelassen, da keine Hinweise darauf zu finden sind, die auf seine Beteiligung an der Entstehung lernerspezifischer Merkmale auf der <u>pragmatischen</u> Dimension schließen lassen.

Schließlich werden die Prozeßtypen (B) und (C), die durch ihr Einwirken auf die Regelbildung indirekt an der Entstehung interimsprachlicher Daten beteiligt sind, für die nachfolgende Analyse spezifiziert: Zwar kommt prinzipiell jeder unterrichtliche und außerunterrichtliche Kontext, der den

Lerner mit fremdsprachlichem Material in Kontakt bringt, als
erwerbsrelevanter Faktor infrage. Da die hier untersuchte
Probandengruppe die Fremdsprache jedoch überwiegend unter
unterrichtsgesteuerten Bedingungen erlernte und überdies bis
auf die globalen Hinweise, die durch den Fragebogen zum Erwerbskontext (vgl. 4.2.2.2.2) eingeholt wurden, keine Informationen über ihren außerunterrichtlichen Erwerb des Englischen vorliegen, wird ausschließlich der Fremdsprachenunterricht als erwerbskontextueller Erklärungsfaktor berücksichtigt. Die Prozeßtypen (B) und (C) "Induktion durch den Erwerbskontext" werden daher in Übereinstimmung mit Bestimmung der Interimsprachenhypothese (vgl. 2.2) als "Fremdsprachenunterrichtsinduktion" konkretisiert.

7.0.2 KAUSALAMBIGUITÄT - PLURIKAUSALITÄT

Innerhalb der zusammengefaßten Prozeßtypen (1) - (3), die
ich unter den - hinsichtlich seiner Plan- oder Strategiesteuerung (Faerch/Kasper 1980 a, 53 ff.) neutralen Oberbegriff
"Prozesse" subsumiere, stellt sich dem Analysator als weiteres Problem, welche Resourcen der Lerner bei der Produktion eines interimsprachlichen Datums aktiviert hat, ob also z.B. dem Datum interlingualer grundsprachlicher Transfer
oder (intralinguale) Generalisierung ursächlich zugrunde
liegt. Daß zur Explikation eines interimsprachlichen Datums
zwei (oder mehrere) konkurrierende Erklärungshypothesen mit
etwa gleicher Plausibilität aufgestellt werden können, ist
aus zahlreichen Fehler- und Interimsprachenanalysen bekannt
(vgl. exemplarisch Legenhausen 1975, 18 ff. und die dort
diskutierte Literatur). Ich nenne diese Erscheinung <u>Kausalambiguität</u>. Auf sie sind wissenschaftshistorisch bedeutsame
Entwicklungen in der Zweitsprachenerwerbsforschung zurück-

zuführen wie die Re-interpretation der von Ravem (1974) als interlinguale Interferenzfehler klassifizierten Lerneräusserungen durch Dulay/Burt (1974 a), die diese Fehler mehrheitlich als durch intralinguale Generalisierung bedingt auffaßten und daraus starke Evidenz gegen die kontrastive Erwerbshypothese und für die Identitätshypothese ableiteten (vgl. 2.1).

Von der Kausalambiguität gilt es die Plurikausalität[1] abzugrenzen. Hierunter verstehe ich das Zusammenwirken mehrerer Kausalfaktoren an der Entstehung eines interimsprachlichen Datums. Während bei der Kausalambiguität ein Analyseproblem vorliegt, das prinzipiell durch Kontexthinweise, Elizitationsverfahren u.ä. auf eine monokausale (oder plurikausale) Ursachenhypothese auflösbar ist, geht es bei der Plurikausalität um die echte Mehrfachbedingtheit eines Datums. Plurikausalität ist bei grundsprachlich induzierter Generalisierung innerhalb der Interimsprache gegeben wie etwa der Gruppierung fremdsprachlicher Verben in stark und schwach flektierende Klassen auf der Basis ihrer grundsprachlichen Flektionsklassenzugehörigkeit (dt. "schütteln", "schüttelte" → engl. "shake", "shaked", vgl. "inter-/intralingual transfer" in Faerch/Kasper 1980 a, 73; James 1977; Raabe 1979 a, 79). Auch der Zusammenhang von Vermeidung und Kompensationsprozessen kann als plurikausaler Faktor wirksam werden: die Vermeidung von grundsprachlichem Transfer ("non-transfer", Kellerman 1977, 99 ff.) kann interimsprachliche Generalisierung nach sich ziehen (z.B. Vermeidung des Transfers von Inversionsregeln aus dem Deutschen auf das Dänische → Generalisierung der SVO-Stellung im Dänischen - "maske han kommer snart" für "maske kommer han snart"). Formale Reduktion innerhalb der Interimsprache löst oftmals funktionale Reduktions- oder *"achievement"*-Strategien aus (Faerch/Kasper 1980 a, 83 ff; vgl. die von Hamayan/Tucker (1979) berichtete Vermeidung des frz. *sub-*

---

[1] Vgl. Kielhöfer/Börner (1979, 12 f., 89 f.), die jedoch Kausalambiguität unter Plurikausalität subsumieren.

jonctive ("il faut que j'aille") und seine Kompensation durch den Infinitiv ("il me faut aller") beim Verbanschluß).

Die in den Beispielen angeführten Fälle echter Plurikausalität dürfen nicht auf pseudo-plurikausale Daten ausgedehnt werden. Kellerman unterscheidet in diesem Zusammenhang zwischen "formal and efficient causes of interference" (1977, 3 ff.): ein gegebenes interimsprachliches Datum scheint durch grundsprachlichen Transfer erzeugt zu sein, weil es auf der Produktebene mit einer korrespondierenden grundsprachlichen Struktur übereinstimmt ("formal cause", formale Ursache). Bei dem zugrunde liegenden psycholinguistischen Prozeß kann es sich jedoch um Generalisierung oder einen anderen nicht grundsprachlich basierten Prozeß handeln ("efficient cause", reale Ursache).[1] Die bloße Tatsache, daß keine Übereinstimmung zwischen dem scheinbaren, dem Produkt formal entsprechenden Prozeß und dem es wirklich bedingenden Prozeß besteht, rechtfertigt _nicht_ die Annahme von Plurikausalität (vgl. auch die Diskussion von "Produkt-Prozeß-Ambiguität" bei Rudner 1966, 8 ff.).

Im Unterschied zu plurikausalen Daten, die durch _eine_ komplexe Erklärungshypothese als vorläufig erklärt gelten können (vgl. auch die "additiv-integrative Ursachenbeschreibung" in Raabe 1979 a, 77), ist der Erklärungswert von Ursachenhypothesen über kausalambige Daten notwendig geringer. Die zur Aufstellung solcher Hypothesen erforderliche "alternative Ursachenbeschreibung" (Raabe 1979 a, 77) kann nach dem von Legenhausen (1975) entwickelten Verfahren der mehrfachen Merkmalszuordnung durchgeführt werden. In dieser Arbeit soll jedoch ein anderer Weg beschritten werden, der in 7.0.5 skizziert wird.

---

[1] Die Unterscheidung zwischen "formal and efficient causes" geht auf Aristoteles zurück und wurde zuerst von Reibel (1971) auf den Spracherwerb übertragen.

7.0.3 DER EINFLUSS DES LERNKONTEXTES

Wie bereits in 7.0.1 angesprochen, wird interimsprachliche Produktion und Rezeption nicht nur durch psycholinguistische Faktoren und den unmittelbaren Kommunikations- und/oder Datenerhebungskontext bedingt; sie reflektiert auch immer den Fremdsprachenunterricht als Erwerbszusammenhang des interimsprachlichen Systems (und ggf. nicht-fremdsprachenunterrichtsgesteuerte Erwerbskontexte, vgl. 2.2). Der Einfluß des Fremdsprachenunterrichts kommt bei der Kausalinterpretation lernerspezifischer Merkmale auf zwei Ebenen zum Tragen:

(a) Der Lerner wird im Unterricht mit fremdsprachlich abweichenden Regeln konfrontiert, die er in sein interimsprachliches System integriert und in der Kommunikation verwendet. Es kann sich hierbei um explizite falsche Regeln handeln wie z.B. die Regel zur consecutio temporum in indirekter Rede, die in der Schülergrammatik zu "Learning English" lautet: "Introductory clause: past tense (;) Indirect speech: Only a tense of the past group is possible. Thus: present tense becomes past tense (,) pres. perf. becomes past perf. (,) past tense becomes past perf. (,) future tense becomes fut. in the past" ("Essentials of English Grammar", 1976, 26). Hierbei findet die Restriktion des *"back shift"* in Aussagen mit gegenwärtiger Gültigkeit keine Beachtung; dadurch werden Äußerungen produziert wie z.B. "John said there were lions in Africa", die bei fehlender Distanzierung des Sprechers zur Proposition "verdeckt fehlerhaft" sind.

Auch unakzeptable und unangemessene Sprachverwendungen des Lehrers und in Lehrmaterialien, denen implizite falsche Regeln zugrunde liegen und die den Lerner dazu veranlassen, diese falschen Regeln zu erschließen, können zu fremdsprachenunterrichtsinduzierten Leneräußerungen führen. Z.B. ist in der folgenden Übung aus "Learning English A 1" zum Gebrauch von "some" und "any" die Verwendung von "have" unakzeptabel:

"Have you [any] coffee? Yes, I have [some] (...)
Have you ... meat? No, I haven't ... (...)
Have you ... sugar? Yes, I have ... (...)" (11 h).

In akzeptablem *Standard British English* muß es "have you got any coffee etc." heißen. Ein solcher fehlerhafter *"input"* in der Form expliziter oder impliziter Regeln führt unmittelbar zu falschen Regelbildungen und Fehlern; die resultierenden interimsprachlichen Daten können daher als unmittelbar fremdsprachenunterrichtsinduziert charakterisiert werden.[1]

(b) Durch das Arrangement von Lehrmaterialien, Übungen und Regeln werden psycholinguistische Prozesse und Präferenzen ausgelöst, die ihrerseits lernerspezifische Merkmale zur Folge haben. Beispielsweise kann die häufig zu beobachtende Verwendung des *durative aspect markers* anstelle der *simple form* dadurch erklärt werden, daß die starke Betonung der Aspektmarkierung im Englischunterricht die Lerner zur Generalisierung dieser grammatischen Funktion veranlassen, auch wenn die expliziten Regeln und das Lehrmaterial korrekt sind (vgl. z.B. Frith 1975, 328). Solche mittelbar - nämlich über psycholinguistische Prozesse und Präferenzen vermittelte - fremdsprachenunterrichtsinduzierte Fehler

---

[1] Es sei in diesem Zusammenhang darauf hingewiesen, daß Regelformulierungen, die von den fremdsprachlichen Normen abweichen, im unterrichtsgesteuerten Lernprozeß unvermeidlich sind: ein fremdsprachlicher Regelkomplex kann normalerweise nicht in toto eingeführt werden, sondern seine Regeln werden sukzessiv und mit zunehmendem Lernfortschritt in zunehmend differenzierter Form eingebracht ("konzentrische Progression"). Zunächst wird eine übergeneralisierte Regel gegeben, deren Anwendungsbereich später eingeschränkt, d.h. spezifiziert und differenziert wird. Eine solche linguistisch falsche, jedoch im Anfangsunterricht didaktisch notwendige Interimregel könnte beispielsweise die zitierte Zeitenfolgeregel in indirekter Rede sein, wenn sie auf späterer Lernstufe durch entsprechende Restriktionen des *"back-shift"* differenziert würde (was in "Learning English" und den "Essentials of English Grammar" nicht geschieht).

und nicht-fehlerhafte Lerneräußerungen überwiegen nach meiner Einschätzung den Anteil lernerspezifischer Merkmale, die <u>unmittelbar</u> auf Fremdsprachenunterrichtsinduktion zurückgeführt werden können.

In der Literatur zur Fehler- und Interimsprachenanalyse wird nach meiner Kenntnis nicht zwischen den beiden Typen von Fremdsprachenunterrichtsinduktion differenziert (vgl. Richards 1971, 209 f.; George 1972; Selinker 1972; Corder 1973 b, 291 f.; Jain 1974, 199; Stenson 1975; Swain 1977; Holmes 1978; Raabe 1979 a, 82 f.; Schmidt/Richards 1980); jedoch deutet Stenson in ihrem Artikel über "induced errors" an, daß der Lernkontext prozeßauslösend wirkt und damit mittelbar auf die interimsprachliche Regelbildung und Performanz Einfluß nimmt.[1] Auch der von Selinker (1972) als "transfer of training"(vgl. auch Politzer 1965) bezeichnete Prozeß dürfte häufig mittelbar an der interimsprachlichen Performanz beteiligt sein. Selinker gibt als Beispiel die Verwendung von "he" anstelle von "she" im Englischen serbokroatischer Sprecher an, das er als "due <u>directly</u> to the transfer of training" interpretiert: "textbooks and teachers in this interlingual situation almost always present drills with 'he' and never with 'she'" (1972, 218; meine Hervorhebung). Ich würde dieses interimsprachliche Lernerverhalten als <u>mittelbar</u> unterrichtsinduziert auffassen, da die Lerner nicht mit falschen Regeln oder Texten konfrontiert werden, sondern aus sprachlich korrekten, aber methodisch irreführend angelegten Übungen, die die implizite Regel "use 'he' with male animates" enthalten, die falsche Regel "use 'he' with all animates" ableiten, d.h. die Pronominalisierung mit "he" auf "female animates" generalisieren.

---

[1] Vgl. "... any inexplicit explanation may be open to <u>misinterpretation</u> by the student. The teacher must be on guard to monitor <u>drills and explanations</u> to be certain that they do not lead to false <u>generalizations</u>" (1975, 57; meine Hervorhebungen).

7.0.4 BEDINGUNGSFELDER, PROZESSE UND PRÄFERENZEN

Nach der vorausgehenden Diskussion von Bedingungsfaktoren interimsprachlicher Daten lassen sich als Bedingungsfelder, die an der Erzeugung lernerspezifischer Merkmale auf der pragmatischen Dimension in Interimsprachen wirksam sind, sprachliche Bedingungsfelder einerseits und lern- und kommunikationskontextuelle Bedingungsfelder andererseits unterscheiden (vgl. auch die Ausführungen zur Interimsprachenhypothese in 2.2 sowie Abb. 5 in 7.0.1).

Das <u>sprachliche Bedingungsfeld</u> schließt alle sprachlichen Resourcen des Lerners ein - Grund-, Interim- und weitere Fremdsprachen - sowie sein kommunikatives Wissen, das zwar im Zusammenhang mit dem Grundsprachenerwerb und eventuell dem Lernen weiterer Fremdsprachen erworben wurde, aber im wesentlichen als nicht-sprachspezifisches Wissen gespeichert werden dürfte. Seine sprachlichen und kommunikativen Resourcen kann der Lerner typischerweise auf zweierlei Weise nutzen: er kann sie zum interimsprachlichen Lernen/ Kommunizieren verwenden, d.h. grundsprachliches, weiteres fremdsprachliches und allgemein kommunikatives Wissen auf den interimsprachlichen Lern-/Kommunikationsprozeß transferieren und interimsprachliches Wissen generalisieren, oder er kann es vermeiden, auf eine dieser kommunikativen Resourcen zurückzugreifen. Eine entscheidende Variable, die die Art des Nutzbarmachens sprachlicher Resourcen mitdeterminieren wird, dürfte der Bewußtheitsgrad sein, mit dem der Lerner über seine sprachlichen Resourcen verfügt. Legt man die - zweifellos zu grobe - Unterscheidung von Bialystok (z.B. 1978) in "implicit" und "explicit knowledge" zugrunde, so kann man annehmen, daß die Lerner im Bereich der Pragmatik häufig (nur) über implizites Wissen verfügen, was das Monitoren ihrer Performanz in diesem Bereich erschwert oder geradezu verunmöglicht (vgl. 4.2.2.1). Die Bedingungsfelder "Lern- und Kommunikationskontext" können, wie bereits erwähnt, sich unmittelbar auf der Ebene des Kommunikationsverhaltens niederschlagen, oder sie können ihrerseits psycholinguistische Prozesse auslösen.

Beide Typen von Bedingungsfeldern kommen zum einen bei der interimsprachlichen Regelbildung und der aktuellen Produktion und Rezeption individueller Äußerungen zum Tragen, wenn das interimsprachliche Regelsystem aufgrund seiner defizitären Ausstattung einerseits und seiner Durchlässigkeit andererseits den Lerner zur Bildung von Kommunikationsplänen und -strategien veranlaßt. Auf der Ebene der individuellen Äußerung ist die Wirksamkeit der Bedingungsfelder - mit Ausnahme der primär diskurs- und fremdsprachenunterrichtsinduzierten Äußerungen (vgl. 7.0.1 und 7.0.3) - über psycholinguistische Prozesse vermittelt, die die sprachlichen, allgemein-kommunikativen und kontextuellen Resourcen auf bestimmte Weise verarbeiten. Individuelle - korrekte und fehlerhafte - Äußerungen können damit als Produkte derselben Prozesse erklärt werden (vgl. 7.0.1). Die Einschränkung auf die Erklärung fehlerhafter Äußerungen, wie sie typisch für Fehleranalysen ist und auf der Ebene der individuellen Äußerung auch in dieser Arbeit vorgenommen wird, hat forschungspraktische, nicht aber sachimmanente Gründe.

Zum anderen wirken die Bedingungsfelder auf die Gesamtperformanz der Lerner, d.h. auf die Art und Weise, wie sie ihr interimsprachliches System ausnutzen. Dabei entstehen nichtlernerspezifische und lernerspezifische Gebrauchspräferenzen[1], die sich in funktionalen und formalen Über- und Unterrepräsentationen manifestieren. Von "Präferenzen" als psychologischem Korrelat zu beobachtbaren Unter- und Überrepräsentationen zu sprechen, ist natürlich nur dann sinnvoll, wenn die Interimsprache funktionale und formale Alternativen enthält; bei z.B. nur einer Ausdrucksmöglichkeit für eine Funktion ist deren Überrepräsentation gegenüber der *na-*

---

[1] Vgl. zu "Gebrauchsnorm", "Sprach(ge)brauch" als zwischen virtuellem Sprachsystem und aktueller Rede vermittelnden Kategorien zur Beschreibung von *native speaker*-Sprachen z.B. Coseriu (1970); v. Polenz (1973).

tive speaker -Performanz nicht durch "Präferenzen", sondern schlicht durch das begrenzte interimsprachliche Repertoire bedingt. Ebenso sollte man im Auge behalten, daß eine direkte Abhängigkeitsbeziehung zwischen der Unter- und Überrepräsentation freier Varianten in identischen Kontexten besteht: die Unterrepräsentation oder Nullokkurrenz einer Variante bedingt die Überrepräsentation einer anderen und vice versa. Hypothesen über das auslösende Moment müssen oft arbiträr bleiben; hier läßt sich bei der Explikation textueller Daten nur vermuten, welche sprachlichen und kontextuellen Bedingungen sich am stärksten als präferenzsteuernde Motive ausgewirkt haben. Darüber hinaus sind Unter- und Überrepräsentationen, die Lernerpräferenzen zum Ausdruck bringen, von lernerspezifischen Merkmalen zu unterscheiden, die reine Folgeerscheinungen einer Lernerpräferenz sind. Als Ergebnis eines solchen "Dominoeffekts" (Raabe 1979 a) muß man in den vorliegenden Daten beispielsweise die Überrepräsentation des *playdown* als abtönender Modalitätsmarkierung in Vorschlägen (vgl. 6.1.3.2) und Angeboten/Einladungen (vgl. 6.1.3.2) einstufen: die Realisierung der bevorzugten Direktheitsstufen 3, 4 und 6 mit Modalverben bringt es mit sich, daß die Lerner ihre Sprechakte mithilfe von *playdowns* wie dem *past time*-Morphem modulieren. Da der Dominoeffekt demnach einem Systemzwang resultiert, nicht auf psycholinguistische Prozesse und Präferenzen zurückzuführen ist und damit keinen Aufschluß über interimsprachliche Lern- und Kommunikationsprozesse bieten kann, bleiben lernerspezifische Merkmale, die durch diesen Mechanismus verursacht sind, aus der folgenden Diskussion ausgeklammert.

7.0.5 ZUR AUFLÖSUNG VON KAUSALAMBIGUITÄT

In 7.0.2 wurde das Problem der Kausalambiguität interimsprachlicher Daten angeschnitten. Ordnet man einem solchen Datum mehrere alternative Ursachenhypothesen zu, so ist sein vorläufiger Erklärungsgrad notwendig geringer, als wenn ihm _eine_ mono- oder plurikausale Erklärungshypothese zugeordnet wird. Da die Kausalinterpretation interimsprachlicher Daten _prinzipiell_ hypothetischen Charakter hat, halte ich es für ökonomischer und der explorativen Ausrichtung dieser Untersuchung angemessener, kausalambige Daten auf der Basis bestimmter Plausibilitätskriterien auf _eine_ Hypothese hin aufzulösen. Auf diese Weise wird von mehreren konkurrierenden Hypothesen die jeweils stärkere verfolgt, die später in experimentellen Folgeuntersuchungen gezielten Testverfahren unterworfen und ggf. falsifiziert werden kann.

Der Hauptkandidat für Kausalambiguität ist in dieser wie in anderen Interimsprachenanalysen das zwischen grundsprachlichem Transfer[1] und interimsprachlicher Generalisierung[1] ambige lernerspezifische Merkmal. Ich wähle in diesen Fällen _grundsprachlichen Transfer_ als Erklärungshypothese, wenn folgende Bedingungen gegeben sind:

1. Es läßt sich ein formales grundsprachliches Übersetzungsäquivalent mit dem betreffenden interimsprachlichen Datum erstellen.

2. Man kann annehmen, daß das Übersetzungsäquivalent von den Lernern als "unmarkiert", d.h. nicht-sprachspezifisch und daher transferfähig wahrgenommen wird (vgl. James 1977; Jordens 1977; Kellerman 1977; 1978).

3. Aus dem Diskurskontext, den Informationen über den Lernkontext oder aus sonstigen Quellen liegen keine Hinweise

---
[1] Vgl. 7.1 und 7.2 zur Erörterung der beiden Kausalkategorien.

dafür vor, daß trotz der angenommenen objektiven und subjektiven formalen Übersetzungsäquivalenz eher ein interimsprachlich basierter Prozeß als Kausalfaktor anzunehmen ist.

Mit der Präferenz grundsprachlich basierter vor interimsprachlich basierten Erklärungshypothesen unter den angegebenen Bedingungen ist durchaus kein Rückfall auf das Stadium der (schwachen) Kontrastivhypothese (vgl. Wardhaugh 1970; Bausch/Kasper 1979, 6) beabsichtigt. Vielmehr liegt ihr die Überlegung zugrunde, daß im Unterschied zum eher "geschlossenen" System der Syntax die eher "offenen" Systeme von Semantik und Pragmatik eine höhere grundsprachliche Transferfähigkeit aufweisen: sie enthalten weniger stark strukturierte Regelmäßigkeiten, die intralingual generalisierungsfähig wären (vgl. Kielhöfer/Börner 1979, 100). Die mit fortschreitendem Lernprozeß zunehmende Verdrängung des interlingualen Transfers zugunsten der intralingualen Generalisierung, die in verschiedenen Untersuchungen empirisch nachgewiesen wurde (z.B. Taylor 1975 a, b; Dommergues/Lane 1976; Kielhöfer/Börner 1979), gilt vermutlich für die unterschiedlichen sprachlichen Ebenen und Subsysteme in unterschiedlichem Maße.

Ein weiteres Argument für die Bevorzugung der Transfer- anstelle der Generalisierungshypothese unter den angegebenen Bedingungen ist der Erwerbskontext und seine Auswirkung auf die beiden Prozesse. In der Literatur gehen die Meinungen darüber auseinander, ob der Zweitsprachenerwerbstyp "Fremdsprachenunterricht" eher Transfer oder Generalisierung begünstigt. Während Corder (1978) die Ansicht vertritt, das unterrichtsgesteuerte Fremdsprachenlernen vollziehe sich nach einem "restructuring continuum" auf grundsprachlicher Basis und sei daher für grundsprachlichen Transfer anfällig (im Unterschied zum "recreation continuum", das er als Modell des nicht-unterrichtsgesteuerten Zweitsprachenerwerbs postuliert), nimmt Juhász (1970, 23 ff.) an, daß grundsprachlicher Transfer ("Interferenz") unter fremdsprachenunterrichtlichen Lernbedingungen schwächer ausgeprägt ist, weil er durch methodische Maßnahmen zurückgedrängt werden kann. Im vorliegenden Zusammenhang halte ich Corders Position für zutreffender, da die Lerner in ihrem Fremdsprachenunterricht keine systematische Unterweisung in der pragmatisch angemessenen Verwendung des Englischen erhielten (vgl. die Fragebogenergebnisse in 4.2.2.2.2). Damit verfügen sie in weitaus geringerem Maße als z.B. in der Syntax über explizites interimsprachliches Wissen, das den Einfluß der Grundsprache reduzieren könnte und sich auf neue Lern- und Kommunikationskontexte generalisieren ließe.

7.0.6 KAUSALKATEGORIEN ZUR EXPLIKATION PRAGMATISCHER FEHLER UND ANGEMESSENER LERNERSPEZIFISCHER MERKMALE

Aus der Sichtung der lernerspezifischen angemessenen Merkmale und der Fehler bei der Realisierung der pragmatischen Aspekte, die in Kap. 6 beschrieben wurden, und der Berücksichtigung der interimsprachlichen Bedingungsfelder konnte eine Taxonomie von Kausalkategorien induktiv-deduktiv entwickelt werden. Nähere Erläuterungen zu den einzelnen Kategorien werden im Zusammenhang mit ihrer Anwendung auf das interimsprachliche Material in den folgenden Kapiteln gegeben.

- Grundsprachlicher Transfer (7.1)
    - Grundsprachlicher pragmatischer Transfer (7.1.1)
    - Grundsprachlicher Transfer von Redemitteln (7.1.2)
    - Grundsprachlicher Transfer mit Reduktion (7.1.3)
    - Transfervermeidung (7.1.4)

- Generalisierung (7.2)

    - Pragmatische Generalisierung (7.2.1)
    - Generalisierung von Redemitteln (7.2.2)

- Funktionale Reduktion (7.3)

- Inferenzieren (7.4)

    - Pragmatisches Inferenzieren (7.4.1)
    - Inferenzieren von Redemitteln (7.4.2)

- Diskursinduktion (7.5)

- Fremdsprachenunterrichtsinduktion (7.6)

7.1 GRUNDSPRACHLICHER TRANSFER

Über den Transferbegriff als zentraler Kategorie zur Beschreibung und Erklärung von Lernprozessen herrscht eine Art von negativem Konsens in der Literatur: auf das Erlernen des Lernobjekts Zweit-/Fremdsprache angewendet, wird er als diffus, heterogen, gegenstandsinadäquat und in hohem Maße theorieabhängig (je nachdem, ob er z.B in einer behaviouristischen oder kognitiven Spracherwerbstheorie verankert ist) problematisiert (z.B. von Jakobovits 1969; Selinker 1969; Nemser/Slama-Cazacu 1970; Raabe 1979 a). Daß jedoch eine bereits erworbene Fähigkeit A, ein Wissen B, ein Handlungsmuster C das Erlernen einer Fähigkeit A', eines Wissens B', eines Handlungsmusters C' beeinflußt, also "Transfer" oder "Lernübertragung" stattfindet, gilt als unbestritten; vergleiche geläufige Transferdefinitionen wie "the effect of a preceding activity upon the learning of a given task" (Osgood 1953; 520) oder "the impact of a prior experience upon current learning" (Ausubel 1963, 28). Für die Erforschung des Fremdsprachenlernens ist es von großer Bedeutung, diese abstrakten Begriffsbestimmungen da-

hingehend zu konkretisieren, was unter welchen Bedingungen und mit welchem Effekt transferiert wird.
Vogel/Vogel (1975, 90 ff.) und Vogel (1976) unterscheiden Transfer auf drei Dimensionen: (1) unspezifischen und spezifischen Transfer (vgl. auch Jakobovits 1969); (2) horizontalen (lateralen) und vertikalen Transfer; (3) positiven und negativen Transfer.
Als unspezifischen Transfer könnte man z.B. die Übertragung allgemeiner, während der Primärsozialisation erworbener kommunikativer Handlungsmuster, Erwartungen und Einstellungen auf das Lernen der und Kommunizieren in der Fremdsprache nennen. Spezifischer Transfer findet hingegen statt, wenn zur Erfüllung einer bestimmten Lern- oder Kommunikationsaufgabe ein bestimmtes vorhandenes Wissen oder Verhalten aktualisiert wird, also der Lerner z.B. beim Vollzug eines Vorschlagsaktes in der Fremdsprache die pragmatischen Regeln anwendet, die die Realisierung dieser Funktion in der Grundsprache bestimmen.
Die Unterscheidung zwischen lateralem und vertikalem Transfer stammt von Gagné (1970, 188 f.). Er versteht unter lateralem Transfer die Übertragung einer Fähigkeit auf eine neue Situation (z.B. Schule → Alltag, Beruf), unter vertikalem Transfer die Anwendung von Lernarten, die in seinem Lernmodell (156 ff.) eine niedrigere hierarchische Stufe einnehmen, auf eine Aufgabe, die Lernarten höherer hierarchischer Stufen involviert (z.B. "Sprechaktmodalität" als pragmatische Kategorie → Regeln zur Realisierung von Sprechaktmodalität unter verschiedenen pragmatischen Bedingungen). Interlingualer Transfer zwischen verschiedenen sprachlichen Resourcen, also von der Grundsprache oder einer weiteren Fremdsprache auf die Interimsprache, scheint nur lateral, also auf gleichartiger Lernartenstufe vorstellbar (z.B. Abtönung mithilfe des Präteritums im Deutschen → Abtönung mithilfe des *past tense* im Englischen); intralingualer Transfer innerhalb der Interimsprache kann hingegen sowohl in lateraler (z.B. Verwendung von "okay" als Zustimmungssignal → Verwendung von "okay" zur Markierung von Diskursgrenzen)

als auch in vertikaler Richtung (z.B. Realisierung von Danksagungen in Standardsituationen ("take a seat" - "thank you") → Realisierung von Danksagungen auf ein nicht-konventionelles *"thankable"*, vgl. 6.2.5.2) verlaufen.

Obwohl die Transferprozesse ungeachtet der aktivierten interim- oder grundsprachlichen Resourcen dieselben sein werden, sodaß man von daher für eine Kategorie plädieren könnte, die dann je nach Resourcentyp subkategorisiert wird (inter- vs. intralingualer Transfer, z.B. Rattunde 1977), scheint mir eine begriffliche Trennung sinnvoll, weil a) die psycholinguistischen Bedingungen, die den Lerner zum Aktualisieren der einen oder anderen Resource veranlassen, jeweils unterschiedlich sind (vgl. unten die Bemerkungen zur Transferfähigkeit); b) Präferenzen für den einen oder anderen Resourcentyp von verschiedenen Faktoren des Lern- und Kommunikationskontextes, u.a. dem Lernstadium abhängig sind; c) die interimsprachlichen Resultate verschiedenartig sind. Intralingualer, also sprachsystemübergreifender Transfer wird daher nach diesen einführenden Bemerkungen als Transfer, intralingualer, sprachsystemimmanenter Transfer als Generalisierung (vgl. 7.2) bezeichnet.

Die Unterscheidung zwischen positivem und negativem Transfer bezieht sich auf den Lern- und Kommunikationseffekt: bei gleichartigen Prozessen kann das Transferergebnis zu einer erfolgreichen oder nicht erfolgreichen Lern- oder Kommunikationsleistung (korrekte fremdsprachliche Regel/Äußerung vs. fehlerhafte Regel/Äußerung) führen. Besonderes Interesse galt in der Zweitsprachenerwerbsforschung dem negativen Transfer, der häufig als Interferenz bezeichnet wird (vgl. zum Begrifflichen insbesondere Juhász 1970; Rattunde 1977). Diese Gleichsetzung ist jedoch nur innerhalb eines bestimmten lerntheoretischen Bezugsrahmens sinnvoll (der dann wiederum die begriffliche Verdopplung überflüssig macht): einem behaviouristischen Transferkonzept zufolge (z.B. Osgood 1953; Lado 1964) meinen beide Begriffe die Störung des Erwerbs eines neuen Respons (R) auf einen neuen Stimulus (S) durch eine früher erlernte Stimulus-Respons-Verbindung ("proaktive Inhibition"); also

    SGS → RGS (grundsprachliche Stimulus-Respons-Verbindung)

    SFS → RFS (fremdsprachliche Stimulus-Respons-Verbindung)

⇒ SFS → RGS (Verknüpfung des fremdsprachlichen Stimulus mit einem grundsprachlichen Respons)

Innerhalb eines kognitiven Transfermodells, in dem Transfer nicht als Übertragung erworbener *habits* auf neue Lernsituationen, sondern als potentiell bewußte kreative Aktualisierung vorhandenen Wissens bei der Bewältigung neuer Lernsituationen aufgefaßt wird (vgl. z.B. Sharwood Smith 1979 zu einer kognitiven Interpretation des Transferbegriffs), ist es nicht schlüssig, das - aus der Lernerperspektive zufällig - "negative" Produkt eines solchen aktiven lernergesteuerten Prozesses als "Interferenz", als Ergebnis einer inkompatiblen S-R-Verbindung zu betrachten. Dennoch kann es auch im Kontext einer kognitiven Auffassung von Spracherwerb sinnvoll sein, zwischen (positivem oder negativem) Transfer und Interferenz zu unterscheiden: dann nämlich, wenn Transfer als Lern- oder Kommunikationsstrategie, also als potentiell bewußte Problemlösungsaktivität betrachtet wird, bei der der Lerner auf grund- oder andere fremdsprachliche Resourcen zurückgreift, Interferenz hingegen als das fehlerhafte nicht-intentionale Auftreten stark automatisierter Elemente aus der Grund- oder einer anderen Fremdsprache aufgefaßt wird, das keiner kognitiven Steuerung unterliegt. Auf die durch An- oder Abwesenheit kognitiver Kontrolle grundsätzlich unterschiedliche psychologische Basis von Transfer und Interferenz haben insbesondere Vogel (1976, 56) und Kielhöfer (1975, 100 ff.) im Anschluß an Parreren (1966) aufmerksam gemacht. So einleuchtend diese Unterscheidung jedoch ist, so schwer ist sie oftmals analytisch in textuellen Daten auszumachen. Es werden daher bei der Explikation lernerspezifischer Merkmale auch solche Aktualisierungen

grundsprachlicher Regeln oder Elemente unter "Transfer"
subsummiert, die möglicherweise interferenzgesteuert sind.

Entscheidend für die Transferfähigkeit bereits erworbener
Kenntnisse und Fähigkeiten ist die Ähnlichkeit dieser mit
der aktuell zu bewältigenden Lern- oder Kommunikationsaufgabe (vgl. z.B. Jakobovits 1969, der eine Matrix über
Transfererwartungen unter verschiedenen Variablenkonstellationen aufstellt). Der Ähnlichkeitsbegriff ist zwar lernpsychologisch nicht befriedigend definiert (vgl. z.B. Kielhöfer 1975, 111 ff.); es dürfte aber immerhin feststehen,
daß nicht die "objektive", vom Analysator feststellbare Ähnlichkeit zwischen einer grund- und fremdsprachlichen Lern-/
Kommunikationsaufgabe für die Transferfähigkeit maßgeblich
ist, wie es die klassische behaviouristische Theorie annimmt
(z.B. Thorndike 1913; 1932), sondern daß sie auf der subjektiven Wahrnehmung von Ähnlichkeitsbeziehungen durch den Lerner beruht:

> "Das Auftreten des Transfers ist ... hauptsächlich davon abhängig, ob der Lerner Ähnlichkeit oder Identität
> von Elementen, Strukturen, Relationen erkennt oder nicht.
> Was Ähnlichkeit ist, bestimmt damit nicht der Experimentator, sondern der Lerner selbst" (Vogel 1976, 46 im Anschluß an Jakobovits 1969, 77).

Man kann annehmen, daß die grundsprachliche Transferbereitschaft des Lerners umso größer ist, je mehr sprachliche Merkmale an einer Regel oder einem Element als formal- und/oder
funktionaläquivalent in Grund- und Fremdsprache wahrgenommen werden (vgl. die von Legenhausen 1975, 30 ff. diskutierte "feature-matching hypothesis"). Dabei resultiert Transfer
häufig in einem "negativen" Produkt, weil der Lerner objektive
partielle Äquivalenz subjektiv als totale Äquivalenz auffaßt (z.B. die Identifizierung von dt. "müssen" mit engl.
"must" aufgrund der phonologisch-phonetischen und semantischen Merkmalsübereinstimmung - vgl. 7.1.3).
Ähnlichkeitsbeziehungen zwischen Grund- und Fremdsprache,
die für den Lerner einen "point of reference" (James 1977)
abgeben, konstituieren die notwendige, nicht aber die hin-

reichende Bedingung für Transferfähigkeit. Wie insbesondere Kellerman (1977; 1978) und Jordens (1977) in verschiedenen Experimenten nachgewiesen haben, ist es weiterhin erforderlich, daß der Lerner die zu transferierende grundsprachliche Einheit als unmarkiert und nicht-sprachspezifisch betrachtet (vgl. 7.0.5); andernfalls wird er den Transfer nicht als erfolgreich einschätzen und vermeiden (vgl. 7.1.4). Allerdings gilt die hinreichende Bedingung nach den bisher vorliegenden Befunden nur für fortgeschrittene Lerner, mithin auch für die untersuchte Stichprobe: Anfänger transferieren oftmals grundsprachliches Wissen aufgrund mangelnder interimsprachlicher Resourcen und fehlender Erfahrung über den voraussichtlichen Erfolg, ohne daß diese Bedingungen gegeben sind (z.B. Krashen 1977).

Transferbedingte lernerspezifische Äußerungen und Merkmale auf der pragmatischen (wie auch auf der semantischen) Ebene können nach einer ersten groben Untergliederung durch die Übertragung grundsprachlicher pragmatischer Funktionen oder grundsprachlicher Formen, d.h. Redemittel entstanden sein. So kann man annehmen, daß die Verwendung von "good day" als Eröffnungssignal in (41 a) (6.4.1.2) durch die Formaläquivalenz mit dem deutschen Idiom "guten Tag", also durch Transfer auf der Ebene der Redemittel zustande kommt, während die pragmatische Funktion und ihre Distribution nicht affiziert wird.

7.1.1 GRUNDSPRACHLICHER PRAGMATISCHER TRANSFER
7.1.1.1 - ALS ERKLÄRUNGSHYPOTHESE FÜR PRAGMATISCHE FEHLER

Pragmatische Fehler, die durch grundsprachlichen Transfer pragmatischer Funktionen zustande kommen, sind in meinem Korpus selten. Das ist nicht erstaunlich, wenn man die starke kulturelle Ähnlichkeit zwischen der deutschen und englischen Kommunikationsgemeinschaft berücksichtigt, die eine hohe Wahrscheinlichkeit für erfolgreichen Transfer pragmatischer Funktionen bietet.

Es lassen sich nur 4 fehlerhafte Lerneräußerungen ausmachen, bei denen die Annahme pragmatischen Transfers plausibel scheint. Es handelt sich in diesen Fällen um die Wahl einer unangemessenen Sprechaktmodalität in initiierenden Akten. Vgl. (61) (a) + (b).

(61)

(a) (Y und X streiten sich über einen nicht gegebenen Strafstoß)

X : it's better to see in the evening in television the you can see the the situation once more and then you we want to er er speak about erm the same problem

RÄ: let's wait until this evening and look at it on television ... and then we can discuss the matter once more

AI: es ist besser heute abend im Fernsehen zu sehen, du kannst die Situation noch mal sehen und dann können wir nochmal drüber sprechen

(b) (Rezeption zur Eröffnung eines Sommerkurses; ein deutscher Student bemüht sich um intensiveren Kontakt mit einer englischen Kursteilnehmerin)

X1 : and I'm trying to learn it (= English) better because I'm interested in the country and the language

Y : mm

X2 : and maybe you can help me with it because you are speaking (lacht) much better than I you would like it to help me

RÄ2 : don't you think you could perhaps help me with
      it after all you speak English much better than
      I do
AI : und vielleicht kannst du mir dabei helfen weil
      du ja viel besser sprichst als ich

Die durch Rückübersetzung entstandenen angenommenen Ausdrucksintentionen (AI) ergeben pragmatisch angemessene Realisierungen der Sprechakte im Deutschen. Dies deutet - insbesondere im Kontext der lernerspezifischen angemessenen Merkmale, die in 7.1.1.2 angeführt werden - darauf hin, daß kategorische unpersönliche Formulierungen ("es ist besser zu sehen"/"man kann es besser sehen") und "objektivistisches", nicht-konsultatives Gesprächsverhalten ("vielleicht kannst du mir dabei helfen") im Deutschen sozial akzeptabler sind als im Englischen. Daß diese tendentiell unterschiedlichen Interaktionsnormen im Deutschen und Englischen[1] den Lernern bekannt sind, kann man kaum annehmen; sie werden vielmehr von der - in den meisten Fällen zutreffenden - Identität pragmatischer Funktionen und ihrer Distribution, d.h. einer prinzipiellen Transferfähigkeit ausgehen. Der Transfer einer eher sachlichen und sprecherorientierten Sprechaktmodalität wirkt jedoch unter pragmatischen Bedingungen wie den vorliegenden _nicht_ funktionaläquivalent und führt daher zu unangemessenen Äußerungen (vgl. auch (8 c) in 6.1.4.3).

---

[1] Vgl. House (1979) und House/Kasper (1981 a) zu einigen empirisch ermittelten interaktionellen Unterschieden bei der Sprechaktrealisierung im Englischen und Deutschen.

7.1.1.2 - ALS ERKLÄRUNGSHYPOTHESE FÜR ANGEMESSENE LERNERSPEZIFISCHE MERKMALE

Pragmatischer Transfer, der nicht zu unangemessenen individuellen Äußerungen, sondern zur Über- und Unterrepräsentation pragmatischer Funktionen in der belegten Gesamtperformanz der Lerner führt, tritt in zwei Erscheinungsformen auf: (a) eine pragmatische Funktion, die im Englischen (laut E) weniger gebräuchlich ist, wird aus dem Deutschen mit der dort (laut D) üblichen höheren Frequenz in die interimsprachliche Performanz übertragen; (b) eine pragmatische Funktion, die im Englischen gebräuchlicher ist, wird aus dem Deutschen mit der dort üblichen niedrigeren Frequenz in die interimsprachliche Performanz übertragen. Im Extremfall kann es sich dabei nicht nur um frequentielle, sondern um kategoriale Unterschiede handeln, die in der interimsprachlichen Realisierung einer in der Fremdsprache nicht vorhandenen pragmatischen Funktion oder durch "Leerstellentransfer" einer in der Grundsprache und damit auch in der Interimsprache nicht vorhandenen Funktion auftreten.

Pragmatischer Transfer der Gruppe (a) kommt auf der Produktebene in Überrepräsentationen zum Ausdruck. Folgende in Kapitel 6 beschriebene Überrepräsentationen lassen sich vor dem Hintergrund der dort festgestellten Gebräuchlichkeit der betreffenden Funktionen im Deutschen auf pragmatischen Transfer zurückführen:

- die Überrepräsentation verstärkender Modalitätsmarkierungen (*intensifier* und *aggressive interrogative*) und des abtönenden *agent-avoider* bei der Realisierung von Beschwerdeakten (vgl. 6.1.4.2)

- die Überrepräsentation der *gambit*-Klassen *receipt*, *represent* und *agree* (vgl. 6.3.1)

- die Realisierung der pragmatischen Funktion *Dank* als Replik auf *Wünsche* in Beendigungsphasen (vgl. 6.5.4.1

und House 1979; 1981).

Pragmatischer Transfer der Gruppe (b) äußert sich auf der Produktebene in Unterrepräsentation bis hin zur Nullokkurenz. Auf ihn gehen vermutlich in L zurück:

- die Unterrepräsentation des +*consultative marker* bei der Realisierung von Aufforderungen (vgl. 6.1.1.2), Vorschlägen (vgl. 6.1.2.2) und Angeboten/Einladungen (vgl. 6.1.3.2)

- die Unterrepräsentation der *gambit*-Klasse *exclaim* (vgl. 6.3.1)

- die fehlende Reziprozierung phatischer Erkundigungen in Eröffnungsphasen (vgl. 6.4.5 und House 1979; 1981).

7.1.2 GRUNDSPRACHLICHER TRANSFER VON REDEMITTELN

7.1.2.1 - ALS ERKLÄRUNGSHYPOTHESE FÜR PRAGMATISCHE FEHLER

Ein größerer Teil pragmatischer Fehler als der durch pragmatischen Transfer aus der Grundsprache verursachte ist auf grundsprachlichen Transfer von Redemitteln zurückzuführen. Aus der Analysatorperspektive ist auch dies erwartbar: während die starke Übereinstimmung pragmatischer Funktionen im Englischen und Deutschen erfolgreichen Transfer wahrscheinlich macht, sind die einzelsprachlichen Realisierungen - in unterschiedlich hohem Maße - sprachspezifisch und lassen erfolgreichen Transfer daher nur bedingt zu.
Jeweils drei unangemessene Realisierungen der respondierenden Akte *Annehmen* und *Versprechen* können durch grund-

sprachlichen Redemitteltransfer erklärt werden; vergleiche (61) (c) und (d)

(61)
(c) (X und Y beratschlagen, wie sie Z davon abhalten können, mit ihnen das Wochenende zu verbringen)
Y : what's what's your attitude to that if we just took him down for the match and then said cheerio after the match
X : that would be possible because ...
RÄ: yah we could do that because ...
AI: das wär möglich weil...

(d) (Studentin verabschiedet sich von ihrer Zimmerwirtin)
Y : and write won't you
X : okay, I do
RÄ: okay I will
AI: ja/okay mach ich

Das deutsche Übersetzungsäquivalent in (61 c) weist eine genau parallele Struktur zu der interimsprachlichen Lerneräußerung auf. Die transferauslösende Bedingung ist hier in der Gleichsetzung von dt. "möglich" mit engl. "possible" gegeben, die in beiden Sprachen partiell funktionaläquivalent sind; im Deutschen umfaßt "möglich" jedoch ein weiteres semantisch-pragmatisches Feld als "possible" im Englischen (vgl. die Deskription des Datums (110) in 6.2.1.3). Für (61 d) ließe sich, oberflächlich betrachtet, auch interimsprachliche Redemittelgeneralisierung als Ursache annehmen: die Lernerin könnte die *short answer* "I do" aus Kontexten wie

"Do you want to become a teacher after you have finished your studies?" - "Yes I do"

auf den vorliegenden Kontext generalisiert und dabei auf der Produktebene syntaktisch gegen Tempusregeln verstoßen haben, was sich pragmatisch in einer unangemessenen Realisierung des Sprechakts *Versprechen* auswirkt. Ich halte diese alternative Erklärungshypothese jedoch eher für die "formale" Ursache, da es im vorliegenden Fall wahrscheinlich ist, daß auch im Deutschen auf den initiierenden Aufforderungsakt mit einer Kurzantwort (und nicht bloß mit einem elliptischen Konsenssignal) als Realisierung des respondierenden Versprechens reagiert würde. Daß die Lernerin dabei das Tempus der grundsprachlichen Realisierung auf die interimsprachliche Äußerung in einem "Spontantransfer" überträgt, scheint angesichts der zahlreichen Tempusfehler, die auch diese fortgeschrittenen Lerner unter Kommunikationsbedingungen machen, die kein Monitoren erlauben, durchaus plausibel.

Kann (61 d) als partiell kausalambiges Datum gelten, so ist die Annahme grundsprachlichen Transfers als formale und reale Fehlerursache in (61) (e) und (f) offensichtlich:

(61)

(e) (Schüler begrüßt seinen Lehrer)
X : good day sir
Y : oh hello Achim
RÄ: hello/good afternoon Mr. Sims/sir
AI: guten Tag Herr Sims

(f) (Studentin verabschiedet sich von ihrer Zimmerwirtin)
X : bye bye thank you for all
RÄ: bye bye thanks for everything
AI: auf wiedersehn danke für alles

Die unangemessene Realisierung des Eröffnungssignals in (61 e) (vgl. auch (41 a) in 6.4.1.2 und 7.1) und der Danksagung in einer Beendigungssequenz in (61 f) (vgl. (54 f) in 6.5.4.2) zeichnen sich auf der Produktebene durch die Ersetzung von Routineformeln durch nichtroutinisierte Redemittel aus. Nach Coulmas (1979, 254 ff.) liegt in diesen Fällen ursächlich "pragmatische Interferenz" vor, die durch die "semantische Übersetzung" einer grundsprachlichen Routineformel hervorgerufen wird: "Evidently, semantic translation with disregard of idiomaticity cannot guarantee functional equivalence or correspondence in the target language" (1979, 256). In Coserius (1972) Begriffen kann man sagen, daß die Lerner bei der unidiomatischen "Übersetzung" von Routineformeln die Norm der Grundsprache mit dem System der Fremdsprache - oder genauer: ihrer interimsprachlichen Version der Fremdsprache - wiedergeben. Pragmatische Fehler, denen unidiomatischer Redemitteltransfer zugrunde liegt, beschränken sich in meinem Korpus auf die beiden aufgeführten Fälle. Ihr geringer Anteil am Gesamtfehleraufkommen erklärt sich aus der Erfahrung der fortgeschrittenen Lerner, daß Idiome in der Regel sprachspezifisch und daher nicht transferfähig sind.

Bisher waren Fälle "negativen" Redemitteltransfers auf der Ebene des *clause* und bei Routineformeln angeführt worden. Der überwiegende Anteil grundsprachlichen Redemitteltransfers resultiert demgegenüber in einer unangemessenen Verwendung von *gambits*, und zwar insbesondere der fehlerhaften Verwendung des Elements "yes/yeah/yah", die 36,7 % aller *gambit*-Fehler ausmacht (vgl. 6.3.4). Typische Fehler sind in (61) (g) - (i) belegt.

(61)

(g) (Xs Auto ist angefahren worden)
   Y : ... what are you going to do now then
   X : yes erm I think I have to go to the police ...
   RÄ: well I think I'd better go to the police ...
   AI: ja hm ich muß wohl zur Polizei gehn ...

(h) (X hat die Ausleihfrist zur Rückgabe eines Buches überschritten; Y = Bibliotheksangestellter)
   Y : ... the rules of the library if you're late handing in a book there's a small fine it's it's only ten p
   X : yes at Christmas time too
   RÄ: really at Christmas time too
   AI: ja Weihnachten auch

(i) (Student spricht Kursteilnehmerin auf einem
    Empfang an)
    X : you're English yes
    RÄ: you're English aren't you
    AI: du bist Engländerin ja

Der Transfer des grundsprachlichen Elements "ja" hat zur
Voraussetzung, daß die Lerner von der Funktional- und Distributionsäquivalenz mit seinem Formaläquivalent "yes"
ausgehen. Diese Annahme wird bestätigt durch den weitaus
häufigeren erfolgreichen Transfer des Elements (vgl. 6.3.2
und 7.1.2.2). Im Deutschen und Englischen sind die Formaläquivalente multifunktional; das Englische ist jedoch restriktiver, wie aus Abb. 6 hervorgeht:

gambit Klassen	dt. "ja"	engl. "yes"
receipt	+	+
exclaim	+	+
agree	+	+
go-on	+	+
starter	+	-
appealer	+	-

Abb. 6

Die Fehlerbeispiele in (61 g) und (61 i) belegen den Transfer von "ja" auf die Funktionen *starter* (vgl. auch (32) (a)
- (c) in 6.3.3.2) und *appealer* (vgl. (32 g) in 6.3.3.2),
die auf der Produktebene in kontextunabhängig fehlerhaften
Realisierungen dieser *gambit*-Klassen resultieren. An der
fehlerhaften Verwendung von "yes" als *starter* ist möglicherweise auch der häufige bifunktionale Gebrauch von "ja" als
simultaner *starter* und *receipt* beteiligt (vgl. die *gambit*-
Klasse *"receipt-starter"* in House 1980), die den Lernern die

obligatorische Differenzierung dieser Funktionen im Englischen durch die Wahl unterschiedlicher Realisierungsmittel erschweren dürfte.

In (61 h) (vgl. auch (33) (a) - (c) in 6.3.3.3) verwendet der Lerner "yes" zur Realisierung eines *receipt*, das als neutrales Hörersignal nicht nur ein angemessenes, sondern in E, L und D auch das frequenteste Realisierungselement dieser Klasse darstellt (vgl. 6.3.2). Vor diesem Hintergrund scheint die transferauslösende Annahme der Lerner verständlich, daß das englische "yes" ebenso wie sein deutsches Formaläquivalent als Träger zusätzlicher emotiver Funktionen dienen kann.

Durch grundsprachlichen Transfer dürfte auch die Realisierung eines *appealers* mit "or" bedingt sein, vgl. (61 j):

> (j) (Y beschwert sich über Xs laute Party)
> Y : ... I've been working all evening and it's just been getting worse and now I want to sleep and
> X : oh are you living below my room or
> RÄ: oh you're living below my room aren't you
> AI: ach du wohnst unter mir oder

Im Unterschied zu den "yes"-Fehlern, bei denen das Wissen der Lerner von der Formal- und (partiellen) Funktionaläquivalenz des korrespondierenden grundsprachlichen Elements transferauslösend wird, scheint im Fall der "or"-Fehler hauptsächlich die Formaläquivalenz transfermotivierend zu wirken (vgl. auch (32 h) in 6.3.3.2).

7.1.2.2 - ALS ERKLÄRUNGSHYPOTHESE FÜR ANGEMESSENE LERNERSPEZIFISCHE MERKMALE

Grundsprachlicher Redemitteltransfer, der sich auf der Produktebene in Überrepräsentationen manifestiert, bietet sich an als Erklärungshypothese für

- die Überrepräsentation der Realisierung von Vorschlagsakten auf Direktheitsstufe 6 mit "we must/shall/should/do P" (vgl. 6.1.2.1)

- der Überrepräsentation von "yes/yeah/yah" (auch in Verdopplung) zur Realisierung der respondierenden Sprechakte *Annehmen* (vgl. 6.2.1.2) und *Versprechen* (vgl. 6.2.2.2) sowie der *gambit*-Klassen *receipt, agree* und *go-on* (vgl. 6.3.2).

Im Zusammenhang mit dem zur Überrepräsentation von "yes/yeah/yah" führenden Transfer des grundsprachlichen Formaläquivalents "ja" steht die Unterrepräsentation anderer Einwortkonsenssignale zur Realisierung von Annahmen (vgl. 6.2.1.2) und Versprechen (vgl. 6.2.2.2): ihre geringere Gebräuchlichkeit im Deutschen, wie sie aus D hervorgeht, scheint die Lerner zu veranlassen, auch in ihrer interimsprachlichen Performanz weniger Einwortkonsenssignale zu verwenden.

7.1.3 GRUNDSPRACHLICHER TRANSFER MIT REDUKTION

In 7.1.1 und 7.1.2 wurde grundsprachlicher Transfer auf der Ebene pragmatischer Funktionen und Redemittel diskutiert, bei dem jeweils die gesamte Funktion oder Redemitteleinheit aus der Grundsprache auf die interimsprachliche Äußerung transferiert wurde. Im Unterschied dazu handelt es sich bei der im folgenden zu behandelnden Transfer-Kategorie um partiellen Transfer, wie an (61 k) exemplarisch aufgezeigt werden kann:

(61)
(k) (Y hat Xs Bibliotheksplatz besetzt)
    Y : ... I've got to read this article I'm sorry but it'll only take half an hour
    X : well but you have seen that er there were some books
    RÄ: that's all very well but you must have realized that there were somebody's books
    AI: ja aber du hast doch wohl gesehn daß da Bücher lagen

Vergleicht man die Lerneräußerung mit der angenommenen grundsprachlich repräsentierten Ausdrucksintention, so kann man feststellen, daß AI um interimsprachliche Funktionsäquivalente für die Modalpartikel "doch" und "wohl" reduziert wurde, während Proposition und Illokution (Beschwerde) erhalten blieben. Der Planungsprozeß von (61 k) kann so rekonstruiert werden: zunächst bildet der Lerner eine komplexe grundsprachliche Ausdrucksintention (KgI), die er in einem zweiten Schritt um ihre modalen Elemente reduziert (reduzierte grundsprachliche Ausdrucksintention, RgI); diese reduzierte Version realisiert er dann mit formal- und funktionaläquivalenten interimsprachlichen Redemitteln (aktualisierte interimsprachliche Äußerung, Ak.isÄ), also

ja aber du hast doch wohl gesehen daß da Bücher lagen
→ ja aber du hast gesehen daß da Bücher lagen
→ well but you have seen that there were some books;

schematisch

Abb. 7

Der hypostasierte "Transfer mit Reduktion" setzt voraus, daß innerhalb des betreffenden Kommunikationszusammenhangs in Grund- und Fremdsprache (in ihrer interimsprachlichen Version) identische pragmatische Normen operieren, die der Lerner auch als solche wahrnimmt. Produziert ein Lerner z.B. eine nicht-modalitätsmarkierte interimsprachliche Äußerung, deren rekonstruierte grundsprachliche Ausdrucksintention ebenfalls keine explizite Modalitätsmarkierung enthielte, so käme (wenn die üblichen Transferkriterien zutreffen) pragmatischer Transfer (vgl. 7.1.1), nicht aber Transfer mit Reduktion als Ursachenhypothese infrage.

Eine weitere psycholinguistische Bedingung reduzierten Transfers ist, daß der Lerner über eine "Transferhierarchie" verfügt, in der die verschiedenen Komponenten, die komplexe Ausdrucksabsichten konstituieren, unterschiedliche Positionen einnehmen. Dabei kommt der Proposition und der Illokution als Sprechaktkonstituenten ein hoher Stellenwert zu: werden sie nicht in Übereinstimmung mit der Ausdrucksabsicht des Lerners realisiert, kommt keine Kommunikation zustande, bzw. sie wird empfindlich gestört. Der Beziehungsdimension zwischen den Interaktanten durch die explizite Markierung von Sprechaktmodalität Ausdruck zu verleihen, scheint demgegenüber kommunikativ weniger wichtig; als fakultative Komponente, "ohne die es (offenbar) auch geht", bleibt die Sprechaktmodalität innerhalb des Transferprozesses "auf der Strecke".

In meinem Korpus kommt Transfer mit Reduktion als Erklärungshypothese für pragmatische Fehler nur in der bisher erörterten Erscheinungsform vor, d.h. als Reduktion von Sprechaktmodalität als einer kommunikativen Funktion, die der Lerner als redundant betrachtet. An einigen weiteren Fehlerbeispielen aus Kap. 6 läßt sich weiterer Aufschluß darüber gewinnen, warum die Lerner beim grundsprachlichen Transfer ihre Ausdrucksabsicht ausgerechnet um sprechaktsmodalitätsmarkierende Komponenten reduzieren. Vergleiche (61) (1) - (n)

(61)

(1) (Y hat die Nummer von einem fahrerflüchtigen Wagen für X notiert)

    X : ... and do you know what I've got to do to find him by this number
    RÄ: do you happen to know what I've got to do ...
    AI: ja und wissen Sie vielleicht was ich machen muß ...

(m) (Themeneinführung)

    X : erm Colin we've got a problem erm
    RÄ: well actually Colin we've got a bit of a problem
    AI: ach übrigens Colin wir haben da so'n kleines Problem

(n) (X und Y sind Zeugen eines Autounfalls)

    Y : what shall we do then what shall we do
    X : oh erm perhaps we must stop other cars coming
    RÄ: perhaps we'd better stop other cars
    AI: ja vielleicht müßten wir andere Autos anhalten

In den rekonstruierten grundsprachlichen Ausdrucksintentionen finden sich verschiedene Redemittel zur Realisierung von Sprechaktmodalität: Modaladverbien ("vielleicht"), *underscorer* ("übrigens"), *hedge* ("so'n"), *understater* ("kleines"), Konjunktiv in der Funktion eines *playdown* ("müßten"); vergleiche auch die Modalpartikel "noch" und "wohl" in (61 k). Ich vermute, daß das (intuitive) Bewußtsein der Lerner von solchen modalitätsmarkierenden Redemitteln, die auf der Ebene der Kategorien wie auch der Realisierungselemente im Deutschen umfangreich vertreten sind und eine hohe Verwendungsfrequenz aufweisen (vgl. 6.0.1.3 und 6.1.1.2, 6.1.2.2, 6.1.4.2), schon in der Grundsprache wenig entwickelt ist. Damit ist aber auch das Ausdrucksbedürfnis schwächer, Sprechaktmodalität in der Fremdsprache als obligatorische Kategorie realisieren zu wollen; das gering ausgeprägte Ausdrucksbedürfnis reduziert seinerseits die Motivation der Lerner, Funktionaläquivalente für grundsprachliche Modalitätsmarkierungen in der Fremdsprache zu erwerben und zu verwenden.

Die letzte Bemerkung verweist auf die Frage, wie grundsprachlicher Transfer mit Modalitätsreduktion in Relation zum interimsprachlichen System der Lerner einzuschätzen ist. Im Kontext der insbesondere in Kap. 6.1 belegten - angemessenen und unangemessenen - expliziten Markierung von Sprechaktmodalität in der Lernerperformanz kann man annehmen, daß die Lerner über begrenzte implizite variable Funktionaläquivalenzen verfügen, die sie veranlassen, eine grundsprachlich explizit modalitätsmarkierte Ausdrucksintention unter konstanten pragmatischen Bedingungen einmal mit, einmal ohne explizite Modalitätsmarkierung(en) in der interimsprachlichen Produktion zu realisieren; z.B. den Sprechakt *Auffordern* (zur Informationsgabe) mit

d.h.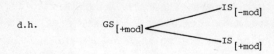

Es besteht damit sowohl eine doppelte interlinguale Funktionaläquivalenz zwischen grundsprachlich modalitätsmarkiertem Aufforderungsakt einerseits und markiertem/nichtmarkiertem interimsprachlichen Aufforderungsakt andererseits als auch intralinguale interimsprachliche Funktionaläquivalenz zwischen modalitätsmarkierter und -nichtmarkierter Version der Aufforderung.

Als Lernprozesse, die den beiden interimsprachlichen Versionen des grundsprachlichen Aufforderungsaktes zugrunde liegen, kann grundsprachlicher (pragmatischer und Redemittel--) Transfer im Fall der modalitätsmarkierten, grundsprachlicher Transfer mit Modalitätsreduktion im Fall der nichtmodalitätsmarkierten Version angenommen werden.

Grundsprachlicher Transfer mit Modalitätsreduktion, der zu den skizzierten hypothetischen interlingualen Funktionaläquivalenzen führt, dürfte dann besonders zum Tragen kommen, wenn bereits in der Grundsprache der Unterschied zwischen modalitätsmarkierter und -nichtmarkierter Version von Sprechaktrealisierungen nur schwach wahrgenommen wird. Dies trifft im Fall der unbetonten Modalpartikel (vgl. 61 k), besonders aber auch bei phonologisch kaum zu diskriminierenden gebundenen Morphemen wie dem Konjunktiv-Morphem bei "müssen" (vgl. 61 n) zu. Es ist wahrscheinlich, daß für die Lerner eine interlinguale Konvergenzrelation zwischen

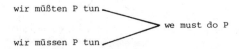

besteht; der Reduktionsprozeß, der die grundsprachlich-interimsprachliche Funktionaläquivalenz "wir müßten P tun" - "we must do P" erzeugt, ist damit bereits in einer grundsprachlichen intralingualen Identifikation angelegt.
Neben den angeführten unangemessenen Realisierungen der initiierenden Akte Auffordern ((61 l), vgl. auch (1 b) in 6.1.1.3), Vorschlagen ((61 n), vgl. auch (3 c) in 6.1.2.3) und Beschweren ((61 k), vgl. auch (8 b) in 6.1.4.3) sowie der Themeneinführung in (61 m) (vgl. auch (42 f) in 6.4.2.2) können weitere in Kap. 6 belegte pragmatische Fehler tentativ durch grundsprachlichen Transfer mit Reduktion erklärt werden: die Aufforderungsakte in (3 a), (3 b), (3 e) (vgl. 6.1.2.3), die Beschwerdeakte in (8 a) und (8 d) (vgl. 6.1.4.3), die phatische Erkundigung in (45 a) (vgl. 6.4.5.2), die Themeneinführungen in (42 a), (42 b), (42 e), (42 g) und (42 h) (vgl. 6.4.2.2).

Ich habe als Produkte von grundsprachlichem Transfer mit Reduktion nur fehlerhafte Leneräußerungen angeführt. In der Tat ist es schwer vorstellbar, daß dieser Prozeß angemessene, aber durch Über- und Unterrepräsentation gekennzeichnete lernerspezifische Merkmale erzeugt: dies würde voraussetzen, daß explizit modalitätsmarkierten deutschen Äußerungen nichtmodalitätsmarkierte englische Äußerungen funktionaläquivalent wären. Solche Äquivalenzbeziehungen gehen aus den Dialogbatterien E und D jedoch nicht hervor, und es finden sich auch keine lernerspezifischen angemessenen Merkmale in L, die grundsprachlichen Transfer mit Reduktion als Ursachenhypothese plausibel machten.

7.1.4 TRANSFERVERMEIDUNG

Bei der Kausalkategorie Transfervermeidung ist die Beziehung zwischen Prozeß- und Produktebene gegenüber derjenigen bei grundsprachlichem Transfer mit Reduktion genau umgekehrt: brachte reduzierter Transfer nur Fehler, aber keine angemessenen lernerspezifischen Merkmale hervor, so resultiert Transfervermeidung ausschließlich in lernerspezifischen angemessenen Merkmalen, aber nicht (unmittelbar) in Fehlern. Transfervermeidung oder "non-transfer" hat nach Kellerman (1977) folgende psychologische Grundlage:

> "At the same time as learners are learning what can be transferred from NL (sc. native language) to TL (sc. target language) they are also learning what cannot. Again, faced with the problem of having to invent the TL, they may consider an NL feature to be untransferable, because the TL, as they perceive it, would not allow such a feature" (100).

Lerner werden den Transfer grundsprachlicher Merkmale vermeiden, wenn sie diese als sprachspezifisch in bezug auf die betreffende Fremdsprache wahrnehmen. Als typische nichttransferfähige, weil von Lernern als sprachspezifisch betrachtete Klassen von Redemitteln nennt Kellerman neben Flexionsmorphemen Sprichworte, *Slogans*, *Slang*-Ausdrücke und Idiome.
Auch auf der pragmatisch-funktionalen Ebene ist Transfervermeidung denkbar, wenn der Lerner eine bestimmte interaktionelle Funktion als kulturell-/sprachspezifisch betrachtet. Es wäre z.B. möglich, daß Lerner im Englischen auf das Niesen eines Anwesenden nicht reagieren, weil sie das "Gesundheit Wünschen" aufgrund dieses Anlasses als kulturspezifisch deutsch und damit nicht transferfähig auffassen. Es liegt nahe, daß pragmatische Transfervermeidung bei kulturell sehr ähnlichen Kommunikationsgemeinschaften nur selten auftreten dürfte; dem korrespondiert, daß pragmatischer Transfer unter diesen Bedingungen zumeist erfolgreich verläuft (vgl. 7.1.1).
Auf der Ebene der pragmatischen Funktionen findet sich denn

auch kein lernerspezifisches Merkmal in L, für das Transfervermeidung mit einiger Plausibilität als Kausalhypothese angenommen werden könnte. Zwar gibt es einige Fälle, in denen eine in D und E übliche pragmatische Kategorie in L nicht realisiert wird - vgl. z.B. die Unterrepräsentation/ Nullokkurrenz des *cajolers* und von *supporting moves* bei Anbieten/Einladen (vgl. 6.1.3.2) und des *cajolers* und +*committers* zur Realisierung von Beschwerdeakten (vgl. 6.1.4.2). Es ist jedoch kaum anzunehmen, daß die Lerner diese pragmatischen Funktionen mit den betreffenden initiierenden Akten als grundsachenspezifisch betrachten; Transfervermeidung wäre hier demnach die "formale" und nicht die reale Ursache für die Unterrepräsentation dieser Kategorien in L. Dagegen ist mit Transfervermeidung auf der Ebene der Redemittel eher zu rechnen, wie ja auch Transfer auf dieser Dimension eher unangemessene Äußerungen hervorruft (vgl. 7.1.2.1).

Mit der Vermeidung grundsprachlichen Redemitteltransfers kann die Nullokkurrenz bestimmter Realisierungen von *gambit*-Klassen erklärt werden, deren deutsche Äquivalente idiomähnlichen Status haben und die die Lerner daher als grundsprachlich gebunden zu betrachten scheinen. Hierzu zählt die Nullokkurrenz von "exactly", "good" und "I know" zur Realisierung von *agrees*, deren deutsche Funktionaläquivalente "genau", "gut" und "ich weiß" nicht transferauslösend wirken (vgl. 6.3.2). Besonders auffällig ist in diesem Zusammenhang die Nullokkurrenz von "I mean" als Realisierungsmittel von *cajolers*: dieses Element wird in E mit Abstand am häufigsten zur Realisierung von *cajolers* verwendet; in D entspricht dem die hohe Frequenz von "ich mein(e)" als ebenfalls frequenteste *cajoler*-Realisierung. Trotz der Funktional-, Formal- und Distributionsäquivalenz des deutschen und englischen Elements, von der man annehmen könnte, daß sie auch in den subjektiven Wahrnehmungshorizont der Lerner einginge, vermeidet die untersuchte Lernerstichprobe den Transfer des grundsprachlichen Elements (vgl. 6.3.2). "Ich mein(e)" wird von den Lernern offenbar als grundsprachenspezifisches Idiom und daher nicht transferfähig betrachtet. In Kap. 7.6 wird zu diskutieren sein, inwieweit der Fremdsprachenunterricht der Lerner an dieser Transfervermeidung ursächlich beteiligt ist. Darüber hinaus müßte untersucht werden, ob die Transfervermeidung von "I mean" Kompensationsmechanismen in Form der Generalisierung anderer Redemittel auslöst (ibid.).

7.2 GENERALISIERUNG

Unter Generalisierung wird ein Lern- oder Kommunikationsprozeß verstanden, bei dem der Lerner bereits erworbene interimsprachliche Funktionen, Regeln oder Elemente auf neue Kontexte überträgt (zur Generalisierung als Lern"operation" vgl. Kielhöfer/Börner 1979, 109 ff., als Lern- und Kommunikationsplan Faerch/Kasper 1980 a, 72 f., 94 f.). In der Literatur wird dieser intralinguale Prozeß oftmals unter den Bezeichnungen "intralingualer Transfer" (z.B. Rattunde 1977) oder "Übergeneralisierung" (z.B. Taylor 1974; 1975 a, b; Kielhöfer 1975; Selinker/Swain/Dumas 1975) diskutiert. Es wurde bereits darauf hingewiesen (7.1), daß inter- und intralingualer Transfer als Prozesse gleichartig verlaufen dürften, jedoch verschiedene Wissensressourcen aktiviert werden und unterschiedliche Transferbedingungen gelten, so daß sich eine terminologische Differenzierung empfiehlt. Der Terminus "Übergeneralisierung" scheint mir irreführend, da er suggeriert, dem Lerner sei der korrekte Applikationsbereich der betreffenden sprachlichen Form/Funktion bekannt. Zumeist wird der Lerner jedoch gerade deshalb schon vorhandenes interimsprachliches Material in neuen Kontexten - Situationen und Kotexten - anwenden, weil ihm dessen spezifische Selektionsbedingungen _nicht_ ausreichend bekannt und automatisiert sind. Für den Analysator, der die interimsprachliche Performanz aus der Perspektive der fremdsprachlichen Regeln und Normen betrachtet, mag sich eine intralingual generalisierte Regel als "übergeneralisiert" darstellen; aus der Lernerperspektive scheint es angemessener, von der Generalisierung interimsprachlicher Formen/Funktionen zu sprechen. Ebenso macht es aus der Lernerperspektive wenig Sinn, "die Fremdsprache" als Quelle intralingualer Generalisierung anzunehmen. Was generalisiert wird, sind vielmehr Formen/Funktionen der Interimsprache.

Zur kausalen Beschreibung von Über- und Unterrepräsentationen, denen interimsprachlich-intralingual basierte Gebrauchspräferenzen zugrunde liegen, kann "Generalisierung" nicht unmodifiziert übernommen werden: Generalisierung beschreibt den Übertragungsprozeß eines Merkmals M1 von Kontext A in Kontext B; bei der Über- bzw. Unterrepräsentation handelt es sich jedoch um die lernerspezifische Verteilung freivarianter Merkmale in identischen Kontexten, d.h. um ihre Anwendungshäufigkeit in der interimsprachlichen gegenüber der *native speaker*-Performanz. Zu erklären ist mithin nicht, wie Merkmal M1 von Kontext A in Kontext B gelangt, sondern warum Merkmal M1 gegenüber den alternativen Merkmalen M2 und M3 mit besonderer Frequenz verwandt wird. Dennoch meine ich, daß unter der Bedingung, daß die lernerspezifischen Verteilungen durch interimsprachliche intralinguale Faktoren hervorgerufen werden, von "Generalisierung" in einem metaphorischen Sinn gesprochen werden kann: ebenso wie bei der Generalisierung einer interimsprachlichen Funktion oder Form, so aktiviert der Lerner auch im Fall intralingual basierter Gebrauchspräferenzen interimsprachliches Wissen; er "generalisiert" vertikal innerhalb eines gegebenen Kontextes (im Unterschied zur horizontalen kontextübergreifenden Generalisierung; vgl. Abb. 8).

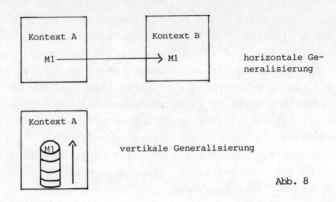

Abb. 8

7.2.1 PRAGMATISCHE GENERALISIERUNG

7.2.1.1 - ALS ERKLÄRUNGSHYPOTHESE FÜR PRAGMATISCHE FEHLER

Die Generalisierung pragmatischer Funktionen, die sich auf der Produktebene in pragmatischen Fehlern niederschlägt, kommt in meinem Korpus als Kausalhypothese für unangemessene Verwendungen diskursfunktionaler *gambits*, unangemessene propositionale Explizitheit von Sprechakten und Diskursfunktionen und die Wahl unangemessener Sprechaktmodalität infrage. Die psycholinguistischen Voraussetzungen, die Generalisierung in diesen beiden pragmatischen Funktionsbereichen auslösen, dürften dabei recht verschieden sein.

Die redundanten Verwendungen der diskursfunktionalen *gambit*-Klassen *starter* und *receipt*, über die in 6.3.3.1 berichtet wurde, können in ihrer Kausalbedingtheit auf pragmatische Generalisierung zurückgeführt werden. Vergleiche (62) (a) und (b).

(62)

(a) (Lehrer und Schüler)
```
    Y  : what's your address in Germany
    X  : well my address is Markstraße one hundred
    RÄ : my address is Markstraße one hundred
```

(b) (wie 62 a)
```
    Y1  : well er have a nice trip back
    X1  : oh thank you
    Y2  : the pleasure's mine
    X2  : [oh] bye-bye
    RÄ1 : thank you
    RÄ2 : bye-bye now
```

Die Verwendung des *starters* "well" als einleitendes *gambit* zu einem Redebeitrag, der weder in der Grund- noch in der Fremdsprache mit einem Startsignal eingeleitet wird (vgl. auch (31) (a) - (c) in 6.3.3.1), hat vermutlich zur psycholinguistischen Voraussetzung, daß die Lerner die Einleitung von Redebeiträgen mit "well" als "typisch Englisch" betrachten und daher den *starter* "well" auch unter Diskursbedingungen verwenden, in denen sie in ihrer Grundsprache kein Startsignal verwenden würden. Etwas spekulativ könnte man annehmen, daß die Lerner "well" auf nicht-*starter*bedürftige Kontexte aus dem metakommunikativen Motiv generalisieren, ihre interimsprachliche Produktion "englischer" wirken zu lassen.

Die redundante Verwendung des *receipt* "oh" in (62 b) (vgl. (31 d) in 6.3.3.1) scheint demgegenüber durch das Bedürfnis des Lerners motiviert zu sein, den vorausgehenden Beitrag des Koaktanten durch ein Hörersignal aufzugreifen und ihm damit seine Aufmerksamkeit zu versichern. Daß dieses Interaktionsbedürfnis bei den Lernern stark ausgeprägt ist, wird an der Überrepräsentation der Kategorie *receipt* in L deutlich (vgl. 6.3.1). Da die Realisierung der Diskursfunktionen *starter* und *receipt* überwiegend zu angemessenen - wenn auch im Fall der *receipts* lernerspezifischen - Verwendungen dieser Kategorien führt (vgl. 6.3.2, 6.3.3), kann man annehmen, daß die Lerner über implizite Regeln über die Distribution der beiden *gambit*-Klassen verfügen, die mit den fremdsprachlichen Distributionsregeln im wesentlichen übereinstimmen, daß sie darüber hinaus aber idiosynkratische (hypothetische?) "unkonturierte" Verwendungsbedingungen in ihrem interimsprachlichen pragmatischen Regelrepertoire gespeichert haben, die die Realisierung von *starter* und *receipt* in einem weiteren Applikationsbereich erlauben.

Pragmatische Generalisierung kommt zweitens als Ursachenhypothese für Realisierungen von Sprechakten und Diskursfunktionen infrage, die in ihren Propositionen unangemessen explizit sind. Vergleiche (62) (c) und (d).

(62)
 (c) (Student spricht Studentin auf einer Party an)
  X : would you like to drink a glass of wine with me
  RÄ : can I get you another glass of wine

 (d) (X öffnet unbekannter Frau die Tür)
  Y1 : oh hello
  X1 : oh pardon
  Y2 : er are you Mr Bechstein
  X2 : well it's me and what's your name
  RÄ2 : yes that's right

Der pragmatische Generalisierungsprozeß, der den beiden Lerneräußerungen zugrunde liegt, läuft hypothetisch so ab, daß die Lerner propositional explizite Redeweisen, die in argumentativen und expositorischen mündlichen Diskursen, insbesondere aber in schriftlichen Texten üblich sind, auf den Sprechakt *Anbieten/Einladen* ((62 c), vgl. auch (5 b), (5 c) in 6.1.3.3) und den Identifizierungsakt ((62 d), vgl. auch (44 a), (44 c) in 6.4.4.2 sowie den Annahmeakt in (11 r), 6.2.1.3 und das Anteilnahmesignal in (46 a), 6.4.6.2) generalisieren. Damit verletzen die Lerner die Erfordernisse der relationellen Funktion, die in diesen Sprechakten und Diskursfunktionen einen hohen Stellenwert einnimmt und aus Gründen des *face-saving* implizitere Redeweisen verlangt. In 7.6 wird darauf einzugehen sein, inwieweit der schulische Vermittlungskontext in diesen Fällen generalisierungsauslösend wirkt.

Der dritte Komplex pragmatischer Fehler, die durch pragmatische Generalisierung erklärt werden können, betrifft die Wahl einer unangemessenen Sprechaktmodalität. Hier lassen sich auf der Produktebene wiederum zwei Untergruppen unterscheiden: 1. die Lerner markieren die Modalität ihres Sprechakts nicht explizit in Kontexten, die eine explizite abtönende oder verstärkende Modalitätsmarkierung in der Fremdsprache pragmatisch erfordern; 2. sie schwächen die Modalität ihres Sprechakts durch abtönende Modalitätsmarkierungen in Kontexten ab, die Modalitätsverstärkung erfordern. Eine Voraussetzung für die Annahme intralingualer pragmatischer Generalisierung als fehlererzeugender Prozeß auf der Modalitätsdimension ist, daß grund- und fremdsprachliche pragmatische Normen übereinstimmen, so daß pragmatischer Transfer als Fehlerursache nicht wahrscheinlich ist. Zu der ersten Fehlergruppe, die Sprechakte umfaßt, in denen die relationelle Funktion nicht explizit markiert ist, zählt die Wahl der direkten Realisierungsform von Sprechakten anstelle einer indirekten Realisierungsform, die unabgetönte anstelle einer abgetönten und die unverstärkte anstelle einer verstärkten Realisierungsform von Sprechakten. Vergleiche hierzu (62) (e) - (g)

(62)

(e) (Student und ältere, ihm unbekannte Frau, die seine Zeichnungen sehen möchte)
X : it's in the other room I take it wait a minute
RÄ: ... could you just wait a minute

(f) (in Xs Zimmer ist der Gasofen explodiert)
Y : well it might explode again
X : no no
RÄ: oh I don't think it will Mrs. Y

(g) (wie e)
```
Y : could you show me the drawings
X : yeah
RÄ: certainly/oh sure
```

Die Äußerung einer Aufforderung auf der höchsten Direktheitsstufe, 8, in (62 e) (vgl. (2 a) und (2 b) in 6.1.1.3, (5 a) in 6.1.3.3), die unmodulierte Formulierung einer Ablehnung in (62 f) (vgl. (13 l) in 6.2.3.3 und den unabgetönten Einwand in (13 f'), 6.2.3.3, die unabgetönte phatische Replik in (45 c), 6.4.5.2) und die "neutrale", unverstärkte Realisierung eines Versprechens in (62 g) (vgl. (12 j) und (12 k) in 6.2.2.3 sowie die unverstärkten Annahmeakte in (11 r), 6.2.1.3 und die Ergebnisfeststellung in (53 c), 6.5.3.2) lassen sich auf eine gemeinsame psycholinguistische Grundlage zurückführen, die folgendermaßen rekonstruiert werden kann:
Die Lerner orientieren bei der Planung ihrer Sprechakte primär auf die referentielle Funktion und beziehen den Beziehungsaspekt nicht in den Planungsprozeß ein. Die Hauptursache für die Vernachlässigung der relationellen Dimension in der verbalen Planung dürfte dabei in dem schwach ausgeprägten Bewußtsein von Sprechaktmodalität liegen, das bereits in 7.1.3 als entscheidendes Moment für das Operieren von grundsprachlichem Transfer mit Reduktion aufgenommen wurde. Dieser Prozeß scheint als Ursache für die vorliegenden Daten jedoch nicht plausibel, da die "Rückübersetzungen" der interimsprachlichen Äußerungen keine grundsprachlichen Formaläquivalente ergeben, die auf eine grundsprachlich basierte Planung mit anschließender Modalitätsreduktion schließen ließen. Vielmehr deutet die "bald on record"-Strategie (vgl. 6.1.0.1.3), die die Lerner hier bevorzugen, darauf hin, daß sie - zumindest unter bestimmten Kommunikationsbedingungen - für ihre interimsprachliche Produktion spezifische Interaktionsnormen ausgebildet haben, die weder grundsprachlich basiert noch unmittelbar in einem nicht einzelsprachlich gebundenen Kommunikationswissen lokalisiert

sind: dieses Wissen schließt nämlich zweifellos ein, daß referentielle, aktionale und modale, d.h. auf die Sprecher-Hörer-Beziehung gerichtete Funktionen simultan in der verbalen Kommunikation realisiert werden. Während die referentielle und aktionale Komponente - in Sprechaktbegriffen: Proposition und Illokution - für die Lerner obligatorisch in der interimsprachlichen Kommunikation realisiert werden müssen, bildet die modale Komponente einen fakultativen Aspekt interimsprachlicher Produktion. Man kann auch sagen, daß die Lerner ihre interimsprachliche Planung in vielen Kommunikationssituationen intuitiv an den von Grice formulierten Konversationsmaximen (vgl. 6.1.0.1.3) orientieren, also das äußern, was unter inhaltlich-logischen Gesichtspunkten notwendig ist, daß sie jedoch Höflichkeits- und Taktprinzipien, die in normalen Kommunikationsabläufen zwischen *native speakers* den Grice'schen Prinzipien übergeordnet sind und sie teilweise außer kraft setzen, als ein weiteres Leitprinzip verbaler Planung "tilgen". Damit orientiert sich die interimsprachliche Produktion unter bestimmten Bedingungen an reduzierten verbalen Interaktionsnormen, die nur die kommunikativen Funktionen umfaßt, die minimal erforderlich sind, um ein gegebenes Kommunikationsziel zu erreichen. Es läßt sich hier eine Parallele zur Redundanzvermeidung in <u>Pidgins</u> ziehen: aufgrund ihres eingeschränkten Funktionsspektrums weisen Pidgins ein reduziertes Redundanzniveau auf morphosyntaktischer Ebene auf, das zur Erfüllung minimaler Kommunikationserfordernisse ausreicht. Der "Pidginisierungsaspekt" als charakteristisches Merkmal von Interimsprachen wird weiter unten wieder aufgegriffen (vgl. 7.6).
Mit der Annahme eines interimsprachenspezifischen Planungsverfahrens, das auf eine möglichst unmittelbare Realisierung referentieller und aktionaler Kommunikationsziele ausgerichtet ist, bleibt aber noch unbegründet, warum der den angeführten nicht explizit modalitätsmarkierten Leneräußerungen zugrunde liegende psycholinguistische Prozeß als pragmatische Generalisierung beschrieben werden kann. Wie zu Beginn von Kap. 7.2 erwähnt, bezeichnet Generalisierung

die Anwendung bekannter Funktionen/Formen auf neue Kontexte. Dieser Prozeß läuft in seiner hier zur Diskussion stehenden Erscheinungsform als pragmatische Generalisierung hypothetisch so ab, daß die Lerner in ihrem Fremdsprachenerwerbsprozeß von Anfang an interimsprachlich primär solche Diskurstypen zu bewältigen lernen, die durch eine starke referentielle Orientierung gekennzeichnet sind, so daß relationelle Funktionen und die Mittel zu ihrer fremdsprachlichen Markierung weitgehend außerhalb des interimsprachlichen Bewußtseins und der interimsprachlichen Kommunikationspraxis der Lerner bleiben. Von solchen nicht modalitätsmarkierten - hinsichtlich ihrer Sprechaktmodalität "neutralen" - Diskurstypen, wie sie im schulischen Fremdsprachenunterricht hauptsächlich vorkommen (vgl. dazu ausführlich 7.6), generalisieren die Lerner auf Diskurstypen wie diejenigen, aus denen die Äußerungen in (62) (e) - (g) stammen und die eine obligatorische Markierung relationeller Funktionen verlangen. Die Generalisierung von einer diskurstypspezifischen Sprechaktmodalität auf andere Diskurstypen stellt somit einen Sonderfall von pragmatischer Generalisierung dar, den man als Modalitätsgeneralisierung bezeichnen kann.

Bei keiner der hypothetisch durch Modalitätsgeneralisierung erzeugten unangemessenen Äußerungen liegen textuelle oder introspektive Hinweise dafür vor, daß die Lerner zunächst versuchten, dem Beziehungsaspekt durch die Wahl modalitätsmarkierender Redemittel Ausdruck zu verleihen, diese kommunikative Absicht jedoch mit ihrem defizitären interimsprachlichen Repertoire nicht realisieren konnten und daher aufgeben mußten. Es scheint damit wenig plausibel, eine (funktional reduzierende) lokale Kommunikationsstrategie wie "Modalitätsreduktion" (Kasper 1979 c) als Ursachenhypothese für diese pragmatischen Fehler anzunehmen (vgl. aber die Diskussion von Modalitätsreduktion als globalem Kommunikationsplan in 7.3.1).

Modalitätsgeneralisierung, die auf der Produktebene als fehlende Markierung von Sprechaktmodalität zum Ausdruck kommt, setzt voraus, daß die Lerner die nach ihren interimsprachlichen Interaktionsnormen fakultative Kommunikationskomponente "Sprechaktmodalität" nicht aktualisieren. Dem steht eine weitere Form von Modalitätsgeneralisierung gegenüber, derzufolge die Lerner einen spezifischen Typ expliziter Modalitätsmarkierung auf Kontexte ausweiten, die interaktionell eine andersartige Modalitätsmarkierung erfordern. Vergleiche hierzu (62) (h) und (i).

(62)
(h) (Studentin sagt eine Verabredung zum Babysitten ab)
```
Y1  : so you'll be able to come next week
X1  : yes yes I think I would try to get this
      time
Y2  : and if you can't come please let me know
      well earlier
X2  : yes I would I would try to try to do so
      well I'm rather sorry about it
RÄ1 : yes you can be absolutely sure
RÄ2 : oh I'll certainly let you know in time
      if anything should crop up
```

(i) (Y hat X £20 geliehen)
```
Y  : I thought you should be all right then
X  : oh I think it will help me for the next
     time
RÄ : oh I'm sure that'll see me through
```

Die respondierenden Sprechakte *Versprechen* und *Abbitte leisten* in (62 h) (vgl. (12 o) sowie (12 m), (12 n) in 6.2.2.3 und (14 e), (14 f) in 6.2.4.3) und *Bedanken* in (62 i) (vgl. (15 j), (15 k) in 6.2.5.3; vgl. auch *Annehmen* in (11 p), 6.2.1.3) weisen abtönende Modalitätsmarkierungen (den *playdown* "would", den *downtoner* "rather", den *-committer* "I think") auf, die in den vorliegenden Kontexten inadäquat sind und durch verstärkende Redemittel ersetzt werden müßten (vgl. die Fehlerdeskriptionen zu den angeführten Datenbeispielen in Kap. 6). Den funktionalen Generalisierungsprozeß,

der den unangemessen abgetönten Sprechakten zugrunde liegt, kann man folgendermaßen rekonstruieren:
Die - interimsprachlich fakultative - Komponente "Sprechaktmodalität" hat bei den Lernern - wie auch in der *native speaker*-Kommunikation - zwei Ausprägungen: sie kann die inhärenten interaktionellen Implikationen eines Sprechakts (durch "Indirektheit" und "Abtönung") abschwächen, und sie kann sie (durch intensivierende Redemittel) verstärken. Dabei besteht innerhalb des allgemeinen Kommunikationswissens, das in *native speaker*-Interaktionen aktualisiert wird, eine starke Relation zwischen Sprecher-Hörer-Beziehung und Ausprägung der Sprechaktmodalität: Sprechakte, die "gesichtsbedrohende Akte" konstituieren und sich auf die Sprecher-Hörer-Beziehung potentiell negativ auswirken ("-H-supportive"), werden in ihrer Modalität abgeschwächt; Sprechakte, die "gesichtspflegende" Handlungen darstellen und sich potentiell positiv auf die Sprecher-Hörer-Beziehung auswirken ("+H-supportive"), werden in ihrer Modalität verstärkt (vgl. 6.1.0.1.3). Nimmt man Sprechakte hinzu, in denen der Beziehungsaspekt eine völlig untergeordnete Rolle spielt, so läßt sich das Verhältnis von relationeller Funktion und Sprechaktmodalität in der *native speaker*-Interaktion wie folgt idealtypisch darstellen:

---

native speaker-Interaktionswissen

relationelle Funktion	Sprechaktmodalität
irrelevant/neutral (o)	→ keine Markierung (o)
-H-supportive (-)	→ abgetönt (-)
+H-supportive (+)	→ verstärkt (+)

Abb. 9

Aus den angemessenen modalitätsmarkierten Lerneräußerungen geht in L hervor (vgl. Kap. 6.1, 6.2), daß die Lerner - vermittelt über Transfer ihres allgemeinen Kommunikationswissens - ebenfalls über diese verbalen Interaktionsnormen verfügen. Sie sind jedoch in ihrem interimsprachlichen Interaktionswissen weniger eindeutig ausgeprägt: wie wir in (62) (e) - (g) sahen, generalisieren die Lerner die unmarkierte Sprechaktmodalität aus Kontexten, in denen die relationelle Funktion keine Rolle spielt, auf Kontexte, in denen der Beziehungsaspekt durch negativen oder positiven "H-support" ausgezeichnet ist. Zu (62) (h) und (i) kann man analog sagen, daß sie die abgetönte Sprechaktmodalität, die sie alternativ zur unmarkierten Sprechaktmodalität in Kontexten mit negativem "H-support" verwenden, auf Kontexte mit positivem "H-support" generalisieren. Damit stellt sich die Beziehung zwischen relationeller Funktion und Sprechaktmodalität im impliziten interimsprachlichen Interaktionswissen der Lerner, wie es sich insgesamt in L spiegelt, als variabler dar als dasjenige von *native speakers*. Man kann es so schematisieren:

interimsprachliches Interaktionswissen	
relationelle Funktion	Sprechaktmodalität
irrelevant (o)	→ keine Markierung (o)
-H-supportive (-)	→ { keine Markierung (o) / abgetönt (-) }
+H-supportive (+)	→ { keine Markierung (o) / abgetönt (-) / verstärkt (+) }

Abb. 10

Es finden demnach Generalisierungen von Sprechaktmodalitätsausprägungen, die im *native speaker*-Interaktionswissen an spezifische relationelle Funktionen gebunden sind, auf andersartige Beziehungskonstellationen statt (vgl. Abb.11).

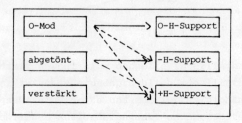

Abb. 11

Dabei ist bemerkenswert, daß die Lerner zwar Sprechakte, die intrinsisch "H-supportive" sind - die respondierenden Akte *Versprechen, Abbitte leisten, Bedanken* (vgl. 6.2.6) -, abtönen, eine Modalitätsgeneralisierung in umgekehrter Richtung - die Verstärkung von Sprechakten mit negativem "H-support" (*Auffordern, Beschweren, Einwenden, Ablehnen*) - aber (bis auf die vermutlich durch grundsprachlichen pragmatischen Transfer bedingte Modalitätsverstärkung von Beschwerdeakten (vgl. 6.1.4.2 und 7.1.1.2)) nicht vorkommt. Ich nehme an, daß diese einseitige Generalisierung in der subjektiven folkloristischen Wahrnehmung bzw. Vorurteilsbildung englischer Interaktionsnormen durch den Lerner begründet ist: sie werden zurückhaltendes, zum *understatement* neigendes Kommunikationsverhalten für "typisch Englisch" halten, das jeder Beziehungskonstellation angemessen ist; Verstärkung und Übertreibung werden sie demgegenüber als "unenglische" Äußerungsweisen ablehnen (wenn nicht die stärker kognitiv verankerten grundsprachlichen Interaktionsnormen das interimsprachliche Kommunikationswissen "überdeterminieren").

7.2.1.2 - ALS ERKLÄRUNGSHYPOTHESE FÜR ANGEMESSENE LERNER-SPEZIFISCHE MERKMALE

Pragmatische Generalisierung, die als vertikale Generalisierung innerhalb identischer Kontexte angemessene lernerspezifische Merkmale hervorbringt, wird vermutlich durch zwei intralingual verankerte Motive ausgelöst: ein "objektsprachliches" Motiv, das mit der Beschaffenheit des interimsprachlichen Systems und seiner möglichst problemlosen Verwendung in der Kommunikation zusammenhängt, und ein "metasprachliches" Motiv, das von der subjektiven Wahrnehmung oder Vorstellung britisch-englischer Interaktionsnormen seitens der Lerner ausgeht.

Das "objektsprachliche" Motiv möchte ich als "Strategie des geringsten Aufwandes" paraphrasieren. Sie bewirkt, daß der Lerner zur Erstellung eines Kommunikationsplans vorzugsweise solche Funktionen und Formen wählt, die subjektiv leicht zu memorieren und zu produzieren sind, d.h. eine hohe Verfügbarkeit durch Automatisierung haben. Damit hängt auch zusammen, daß die Lerner schwierig zu memorierende und zu produzierende Formen und Funktionen vermeiden. Wiederum kann man nur darüber spekulieren, welches im Einzelfall die unabhängige und welches die abhängige Variable ist: die Vermeidung der schwierigeren oder die Präferenz für die leichtere Funktion/Form. "Schwierigkeit" und "Leichtigkeit" sind hierbei als vortheoretische Begriffe zu verstehen, da es bislang noch nicht gelungen ist, diese psycholinguistischen Kategorien in befriedigender Form zu definieren und die Kriterien anzugeben, die "Schwierigkeit" und "Leichtigkeit" beim Fremdsprachenlernen und in der interimsprachlichen Kommunikation konstituieren (zur Auseinandersetzung mit der *"difficulty"*-Problematik in zweitsprachlichen Lern- und Kommunikationsprozessen vgl. Weinreich 1953, 1; Higa 1966; Juhász 1970; Arndt 1973; Corder 1973 b; 229 ff.; Tran-Thi-Chau 1975; Kielhöfer 1976; Eckman 1977; Kellerman 1979). Die objektive Komplexität einer fremdsprachlichen Funktion/Form und die strukturelle Relation zwischen Grund- und Fremdsprache geben <u>allein</u> jedenfalls keine geeigneten Kriterien zur Bestimmung von "Schwierigkeit/Leichtigkeit" ab; vielmehr müssen die Lernervoraussetzungen mit einbezogen werden, die die subjektive Wahrnehmung dieser sprachlichen Sachverhalte durch den Lerner steuern.

Auf der pragmatischen Ebene wird die "Strategie des geringsten Aufwandes" häufig in Verbindung mit den in 7.2.1.1 hypostasierten lernerspezifischen Interaktionsnormen auftreten, nach denen die Markierung der relationellen Funktion fakultativ und die propositionale und aktionale Komponente sprachlicher Handlungen möglichst "unmittelbar" zu realisieren ist. Die "Strategie des geringsten Aufwandes" bietet sich als Kausalhypothese an für

- die Überrepräsentation der unabgetönten Direktheitsstufe 8 zur Realisierung von Aufforderungen (6.1.1.1): der unmodulierte Imperativ "you do P" ist mit größerer "Leichtigkeit" zu planen und zu produzieren als z.B. die unterrepräsentierte Direktheitsstufe 1 ("your collection of records is supposed to be very good" als Realisierung der Ausdrucksintention "I request you to lend me some of your records")

- die Überrepräsentation von Direktheitsstufe 5 zur Realisierung von Beschwerdeakten (6.1.4.1): die unmodulierte Tatsachenfeststellung "you did P" ist einfacher als z.B. die unterrepräsentierte Stufe 1 ("I wonder how this stain got onto my suede jacket" als Realisierung der Ausdrucksintention "I reproach you for having stained my suede jacket")

- die Überrepräsentation des -*committer*, realisiert mit "I think", als abtönende Modalitätsmarkierung in Beschwerdeakten (6.1.4.2) (vgl. die Bemerkungen zu "I think" als *imperial form* in 7.2.2.2).

Als Produkte von Generalisierung, die durch die "Strategie des geringsten Aufwandes" als zugrunde liegendes Motiv ausgelöst wurden, sind hier überrepräsentierte "leichte" Funktionen interpretiert worden, die den Lernern als Kompensate für unterrepräsentierte "schwierige" Alternativfunktionen dienen. In der gleichen Weise können unterrepräsentierte Funktionen, die ohne Substitut bleiben, auf Generalisierung zurückgeführt werden. Die "Strategie des geringsten Aufwandes" kann demnach sowohl die Präferenz einer Funktion vor einer anderen als auch den Verzicht auf die Realisierung einer Funktion bewirken, wenn diese Funktion nach den lernerspezifischen Interaktionsnormen fakultativ ist. Wenn jedoch keine Präferenz einer Funktion vor einer anderen, sondern der Verzicht auf die Realisierung einer Funktion vorliegt, scheint es mir adäquater, <u>funktionale Reduktion</u> (vgl. 7.3.2) als Verursachungsprozeß anzunehmen, der ebenfalls durch die "Strategie des geringsten Aufwandes" ausgelöst werden kann.

Das "metasprachliche Motiv", das pragmatischer Generalisierung als Gebrauchspräferenzen induzierendem Prozeß zugrunde liegt, steht sowohl von seiner psychologischen Grundlage als auch in seinem Resultat im Gegensatz zur "Strategie des geringsten Aufwandes". Die lernerspezifische Wahrnehmung/Vorstellung britisch-englischer Interaktionsnormen, die in 7.2.1.1 als auslösender Faktor für unangemessen abgetönte Sprechakte (vgl. (62 f) (62 g)) angenommen wurde, führt zu Lernerpräferenzen für indirekte und abgetönte Sprechaktrealisierungen bei als "H-supportive" ausgewiesenen Handlungen wie

- der Nullokkurrenz der Stufen 7 und 8 zur Realisierung von Vorschlägen (6.1.2.1)

- der Überrepräsentation abtönender Modalitätsmarkierungen bei der Realisierung von Vorschlägen (6.1.2.2)

- der Überrepräsentation von Direktheitsstufe 3 bei gleichzeitiger Unterrepräsentation von Stufe 8 zur Realisierung von Angeboten/Einladungen (6.1.3.1).

Daß widersprüchliche Interaktionsnormen die Lernerkommunikation bestimmen und sich in gegenläufigen Gebrauchspräferenzen äußern, kann als Indikator für den unabgeschlossenen Lernprozeß der Probanden beim Aufbau der pragmatischen Komponente ihrer kommunikativen Kompetenz in der Fremdsprache interpretiert werden.

7.2.2 GENERALISIERUNG VON REDEMITTELN

7.2.2.1 - ALS ERKLÄRUNGSHYPOTHESE FÜR PRAGMATISCHE FEHLER

Der überwiegende Teil der pragmatischen Fehler im vorliegenden Korpus läßt sich ursächlich auf interimsprachliche Generalisierung von Redemitteln zurückführen.
Neben der Generalisierung grammatischer Regeln (Tempus: "I'm going to do P" anstelle von "I'll do P" zur Realisierung von Versprechen; Adverbmorphologie: "I'm not very good" anstelle von "I'm not very well", vgl. (45 d) in 6.4.5.2); der Thema - Rhema - Gliederung ("are you Mr Bechstein" - "well it's me" anstelle von "yes I am", vgl. (44 a) in 6.4.4.2) und lexikalischer Wahlen ("nice" anstelle von z.B. "great", "fantastic", "lovely" o.ä. zum Ausdruck von Wertschätzung/positiver Bewertung, vgl. (15 k), (15 l) in 6.2.5.3), die auf der Produktebene in pragmatisch unangemessenen Äußerungen resultieren, können durch Redemittelgeneralisierung entstandene Fehler in drei Hauptbereiche untergliedert werden:

(a) die Generalisierung prosodischer Strukturen (18 Fehler)

(b) die Generalisierung registerspezifischer Redemittel
   (8 Fehler)

(c) die Generalisierung individueller "pragmatischer" Elemente (35 Fehler)

Die Generalisierung prosodischer Strukturen ist sowohl auf der Ebene des *clause* auf der Ebene von Einzelelementen zu verzeichnen. Auf der *clause*-Ebene ruft die Generalisierung prosodischer Strukturen Inkompatibilität von Syntax und Intonation hervor, vgl. (62 h'):

(62)
(h') (X und Y treffen eine Verabredung)
   X   : perhaps I could er phone you at about twelve o'clock today
   RÄ1: could I phone you at about twelve o'clock today perhaps
   RÄ2: perhaps I could phone you at twelve o'clock today

Deskriptiv läßt sich die Realisierung des Vorschlagaktes (vgl. (4 a), (4 b) in 6.1.2.3 sowie den Aufforderungsakt (2 d) in 6.1.1.3) als Kombination zweier sprachlicher Ebenen unter Verletzung mutueller Selektionsrestriktionen kennzeichnen: Deklarativsatzsyntax ist mit Interrogativsatzintonation verbunden; angemessen wäre in den betreffenden Lerneräußerungen die Kopplung gleichartiger Satztypen auf Syntax- und Intonationsebene. In den zwei Rekonstruktionsalternativen wird beiden Realisierungsmöglichkeiten Rechnung getragen. Aus der Sicht der interimsprachlichen Produktionsbedingungen scheint es, wenn man das fortgeschrittene Kompetenzniveau der Lerner berücksichtigt, plausibler, von der zweiten Alternative auszugehen: es ist wahrscheinlicher, daß die Lerner über gut automatisierte feste Regeln im Bereich der Syntax als im prosodischen Bereich verfügen. Für die Generalisierung von Interrogativsatzsyntax auf einen Deklara-

tivsatzkontext spricht weiterhin, daß die Lernerin durch
Pausen und Hesitationsphänomene Unsicherheit signalisiert,
die sich auf der Intonationsebene in steigender Intonation
äußert.
Auf der Ebene der Einzelelemente treten alternative Rekonstruktionsmöglichkeiten von Element und Intonation nicht
auf: hier weist der disambiguierende Kontext klar auf die
Intonation als fehlerhaft realisierte Äußerungskomponente
hin. Vergleiche hierzu (62) (i') und (j):

(62)
(i') (Schüler begrüßt einen ihm bekannten Lehrer)
 X : hello Mr Sims
 Y : ah Achim come in
 RÄ: hello Mr Sims

(j) (zwei fremde Frauen stehen vor einem Stadtplan
 und suchen nach dem Weg)
 Y : I'm going to a technical college in Salford
 I think
 X : yah the same where I do
 RÄ: oh/yah that's where I go too

In (62 i') generalisiert der Lerner die steigende Intonation
mit ihrer elizitierenden und/oder Überraschung ausdrückenden
Funktion auf einen Kontext, in dem eine definitive, konstatierende Äußerung vollzogen werden soll (vgl. auch (33 c),
(33 g) in 6.3.3.3, (46 b), (46 c) in 6.4.6.2, (53 b) in
6.5.3.2); in (62 j) wird fallende Intonation auf die expressive Funktion "Überraschung" ausgedehnt (vgl. (33 a) in
6.3.3.3 sowie (44 b) in 6.4.4.2). Das auslösende Motiv hinter der Intonationsgeneralisierung wird im Fall der steigenden Intonation häufig Unsicherheit und das verstärkte Bedürfnis nach Rückmeldung ("*uptake*") seitens des Koaktanten
sein. Hinter der Generalisierung fallender Intonation steckt
vermutlich ein gegenüber der Grundsprache schwächer ausgebildetes interimsprachliches Wissen darüber, wie emotive und

konative Funktionen prosodisch realisiert werden.

Die unangemessene Wahl registerspezifischer Redemittel wird oftmals als typisches Merkmal auch fortgeschrittener Fremdsprachenlerner genannt (z.B. Corder 1973 b, 280 ff.; Coulmas 1979; Schmidt/Richards 1980). Im vorliegenden Korpus kommt eine unangemessene Registerwahl nur in wenigen Fällen als pragmatischer Fehler zum Tragen. Dabei ist die Richtung der Generalisierung registerspezifischer Redemittel allerdings jedesmal identisch: die Lerner generalisieren als förmlich markierte Redemittel auf informelle Kontexte wie in (62) (k) und (l).

(62)
(k) (Student spricht eine Kursteilnehmerin auf einem Empfang an)
X : excuse me please, may I ask you whether you are alone here
RÄ: enjoying the party, are you on your own

(l) (Studentin verabschiedet sich von ihrer Zimmerwirtin)
Y : well er you got everything packed
X : yes I did everything and it was so nice with you I was very delighted to have er to make the acquaintance of such a nice woman
RÄ: yes I've done everything now thanks and I just wanted to say Mrs Bell how lovely it's been living here and to thank you for everything

Die Generalisierung von Redemitteln, deren Verwendung an Redesituationen mit hohem Förmlichkeitsniveaus gebunden ist, auf Kontexte mit niedrigem Förmlichkeitsniveau findet sowohl auf der Ebene von Strukturen wie in der Themeneinführung in (62 k) (vgl. (42 d), (42 g) in 6.4.2.2, das Eröffnungssignal in (41 b), 6.4.1.2, die Legitimierung in (52 a), 6.5.2.2, die Einladung in (6 b), 6.1.3.3) als auch in der Wahl individueller Lexeme statt wie in der Realisierung des Sprechakts *Bedanken* in (62 l) (vgl. (15 l) in 6.2.5.3 und die Einladung in (6 a), 6.1.1.3). Es lassen sich aus dem begrenzten Datenmaterial zwei psycholinguistische Motive vermuten, die auf der Registerdimension generalisierungsauslösend wirken: zum einen das "Ignoranzmotiv", d.h. dem Lerner sind die registerspezifischen Selektionsrestriktionen seiner strukturellen und lexikalischen Wahlen schlicht nicht bekannt. Das Ignoranzmotiv dürfte z.B. der Generalisierung der Struktur "may I ask you ..." in (62 k) zugrunde liegen. Zum anderen kann der Lerner bewußt als förmlich markierte Elemente verwenden, um der Besonderheit der Situation, emotionaler Betroffenheit u.ä. Ausdruck zu verleihen; dies scheint in (62 l) der Fall zu sein, wie man aus der Pause vor und der Betonung von "delighted" und der Selbstkorrektur vor "acquaintance" schließen kann. Wie bereits bemerkt, treten nur Generalisierungen von an förmliche Kontexte gebundenen Redemitteln auf informelle Kontexte auf; Generalisierungen z.B. von *substandard*-Redemitteln sind nicht zu verzeichnen. Diese "einseitige" Registergeneralisierung dürfte typisch für die im Fremdsprachenunterricht erlernte Interimsprache sein, deren *"input"* vielfach durch Diskurstypen mit hohem Förmlichkeitsniveau (literarische Texte) gekennzeichnet ist.

Die Klassen individueller pragmatischer Elemente, deren Generalisierung zu unangemessenen Äußerungen führt, umfassen Modalitätsmarkierungen, *gambits* und Routineformeln. Die Generalisierung dieser "pragmatischen", d.h. auf der pragmatischen Ebene operierenden und nur über ihre pragmatische Funktion angemessen beschreibbaren Elemente macht die größte Kategorie von Redemittelgeneralisierung aus. Vergleiche zunächst (62 m) als Beispiel für die Generalisierung von Modalitätsmarkierungen.

(62)
  (m) (in Xs Zimmer ist der Gasofen explodiert; Y hat
     etliche Kompensationsangebote gemacht)
     Y : I just wonder if I've got a drop of whisky
        for you, oh dear

```
X : perhaps I thínk er⌒it's it's enóugh and
    I'm⌒very tired and⌒er
RÄ: no thanks very much Mrs Bell please don't
    bother⌒ I'm pretty tired to tell the truth
```

Wie die Gesamtperformanz der Lerner in L zeigt, verfügen sie über ein begrenztes Repertoire an Kategorien und Redemitteln, mit denen sie die in ihrer Interimsprache fakultative Komponente "Sprechaktmodalität" realisieren können (vgl. insbesondere Kap. 6.1). Als abtönende Modalitätsmarkierungen verwenden sie am häufigsten den -*committer* "I think" und den *downtoner* "perhaps". Dabei kommt es zu unangemessenen Verwendungen bei der Realisierung der Legitimierung des Ablehnungsaktes in (62 m) (vgl. (52 b) in 6.5.2.2, (13 m) sowie (13 n), (13 o) in 6.2.3.5, den Vorschlagsakt in (3 d), 6.1.2.3, die Angebote/Einladungen in (5 d), (5 e), 6.1.3.3, den Annahmeakt in (11 n), 6.2.1.3). Im Kontext der überwiegend korrekten, dabei gegenüber E überrepräsentierten Verwendung der beiden *downgraders* kann man den fehlerverursachenden Prozeß als Generalisierung der spezifischen modalitätsabschwächenden Funktionen dieser Redemittel, nämlich "seinen Sprechakt als subjektive Meinungsäußerung charakterisieren" ("I think") und "seinen Sprechakt als tentativ kennzeichnen" ("perhaps"), auf eine unspezifische abtönende Funktion beschreiben. Die Ausweitung der besonderen auf die allgemeine Funktion eines Redemittels kann bei einem geringen Repertoire an alternativen Realisierungselementen in der Verwendung des generalisierten Elements als *"imperial form"* resultieren. Diese aus dem Grundsprachenerwerb bekannte Erscheinung (vgl. z.B. Ingram 1973, 235), die bei der Verwendung von Morphemen in der Kindersprache beobachtet wurde, findet sich in der Interimsprache der fortgeschrittenen Lerner im Bereich der Modalitätsmarkierungen.

Auch die kontextuell unangemessene Verwendung von *gambits* kann zumeist prozessual auf die Generalisierung der betreffenden Elemente zurückgeführt werden. Hier läßt sich unterscheiden zwischen multifunktionalen, hochfrequenten und zu-

meist angemessen verwendeten Realisierungselementen, die
die Funktion von *imperial forms* angenommen haben, und
ebenfalls multifunktionalen Elementen, die die Lerner jedoch äußerst selten und in unangemessener Weise als *gambits*
verwenden. Zur ersten Gruppe zählt insbesondere das Element
"yes/yeah/yah" (62 n), zur zweiten Gruppe z.B. "okay" (62 o).

(62)

(n) (Studentin verabschiedet sich von ihrer Zimmerwirtin)
Y : well you all you have to do is write or
    phone from the station
X : yes thank you
RÄ: okay thank you

(o) (Studentin betritt das Sprechzimmer ihrer Ärztin)
Y : uh yes Miss Hammerschmidt
X : okay I come because I had a very strong
    tonsilitis
RÄ: yes/mm I wanted to see you because ...

Unangemessene Verwendungen multifunktionaler Realisierungselemente von *gambits*, durch deren Generalisierung auf die
vorliegenden Kontexte Verletzungen von Selektionsrestriktionen innerhalb der Klassen *cajoler*, *starter*, *agree* und
insbesondere *receipt* hervorgerufen werden, sind in (33)
(d) - (f), 6.3.3.3 belegt.

Unter den kontextunabhängig fehlerhaften *gambit*-Verwendungen kann die Realisierung der Klassen *receipt* und *agree* mit
"well" durch Generalisierung erklärt werden. Vergleiche
(62) (p) und (q).

(62)

(p) (X und Y streiten sich um einen Bibliotheksplatz)
Y : ... and the fact that books are here I don't
    think erm guarantees you your place because
    other people have to work too

```
X  : well but I think it's quite normal and
     quite obviously that you can see that
     there is somebody if there are books
RÄ : yes but I think ...
```

```
(q) (Student zu einer Kommilitonin)
    X1: er I want to study erm English
    Y : English
    X2: well
    RÄ2: yes/that's right
```

Die Verwendung von "well" als *uptaker* (vgl. (32) (d) - (f) in 6.3.3.2) muß im Zusammenhang mit seiner häufigen korrekten, aber auch mit seiner redundanten Verwendung als *starter* gesehen werden, die in 7.2.1 als pragmatische Generalisierung aufgrund der Wahrnehmung von "well" durch die Lerner als "typisch Englisch" interpretiert wurde. Das Bedürfnis der Lerner, ihre Performanz durch häufiges Benutzen von "well" als authentisches Englisch zu kennzeichnen, kann auch in den hier angeführten Fällen generalisierungsauslösend gewirkt haben. Ein weiteres Motiv, das möglicherweise gleichzeitig mit der intralingualen generalisierungsauslösenden Bedingung an der Generalisierung von "well" beteiligt ist, liegt in der Distribution des grundsprachlichen Funktionaläquivalents von "well" vor: man kann annehmen, daß die Lerner die Funktion von "ja" und "well" als *starter* identifizieren und diese partielle Funktionaläquivalenz zu einer totalen Funktionsidentität ausbauen, indem sie "well" auf die *uptaker*-Funktionen *receipt* und *agree* generalisieren, die im Deutschen ebenfalls durch "ja" realisiert werden (vgl. Abb.12). Die Erklärungshypothese für die zitierten "well"-Fehler könnte demnach als grundsprachlich induzierte Generalisierung (vgl. 7.0.2) spezifiziert werden.

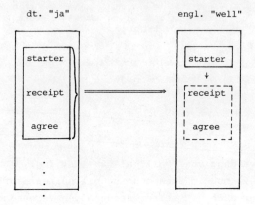

Abb. 12

Die dritte und kleinste Gruppe pragmatischer Fehler, die durch Redemittelgeneralisierung erklärt werden kann, sind unangemessene Verwendungen von Routineformeln. Auch hier lassen sich verschiedene Subtypen unterscheiden: die Generalisierung nicht-routinisierter Redemittel auf Kontexte, die die Verwendung einer Routineformel erfordern (z.B. die Realisierung einer phatischen Replik mit "oh well I think I'm very fine now" anstelle von "fine thanks" in (45 b), 6.4.5.2); die Realisierung einer kategorial angemessenen Routineformel auf eine spezifische Subfunktion, die durch andere Elemente realisiert wird (z.B. die Verwendung von "good-bye" als Terminalsignal bei kurzfristiger Kontaktunterbrechung anstelle von z.B. "cheerio" in (55) (b) und (c), 6.5.5.2); die kategoriale Generalisierung von Routineformeln auf Funktionen, für die im Englischen andere Routineformeln verwendet werden wie die Realisierung von Reparaturinitiierungen (*checks*) mit "excuse me" (vgl. (32 i) in 6.3.3.2) und die Verwendung von "pardon me" als Territoriuminvasionssignal (vgl. (42) (a) - (c) in 6.4.2.2 und die in 6.4.2.1 dargestellte Form-Funktionsbeziehung zwischen den verschiedenen Entschuldigungsfloskeln im Deutschen und im Britischen Englisch).

Insbesondere das letzte Beispiel verweist auf die psycholinguistische Basis, die der Mehrzahl der durch Redemittelgeneralisierung erzeugten pragmatischen Fehler zugrunde zu liegen scheint: die Lerner verfügen über partiell zutreffende, meist semantisch begründete "Grund"regeln über die pragmatischen Verwendungsbedingungen eines Elements mit pragmatischer Funktion, z.B. der Verwendung einer Entschuldigungsfloskel zur Reparaturinitiierung und als Territoriuminvasionssignal. Diese "Grundregeln" werden auf Kontexte angewendet, deren pragmatische Faktoren eine Regelspezifizierung, -ausdifferenzierung oder -modifikation verlangen, zu der das interimsprachliche Regelsystem (noch) nicht fortgeschritten ist: es enthält vielmehr umfassende Klassen pragmatischer Funktionen, die die betreffenden Elemente realisieren können, während es die sich im Lernprozeß anschließende Subklassifizierung ("Diskriminierung", Kielhöfer/Börner 1979, 117 ff.) für diese pragmatischen Redemittel noch nicht vollzogen hat. Insbesondere bei der Herausbildung von *imperial forms* als Resultat von Generalisierung stellt sich die Interimsprache dem Analysator im Vergleich zur Fremdsprache als "simplifiziert" oder "reduziert" dar. Die intralingualen interimsprachlichen Prozesse als "Simplifizierung" (z.B. Taylor 1974; Richards 1975; Selinker/Swain/Dumas 1975; Fathmann 1977) oder "Reduktion" (z.B. Jain 1974; Taylor 1974) zu bezeichnen, beruht jedoch auf einer Verwechslung von formaler und realer Ursache (oder von Analysator- und Lernerperspektive): diese Prozesse setzen die wenig plausible Annahme voraus, daß der Lerner bereits über die komplexen Regelzusammenhänge verfügt, die er dann (warum?) zu reduzierten Regeln vereinfacht.

7.2.2.2 - ALS ERKLÄRUNGSHYPOTHESE FÜR ANGEMESSENE LERNERSPEZIFISCHE MERKMALE

In 7.2.2.1 war anhand des Datenbeispiels (62 m) die Hypothese aufgestellt worden, daß die Lerner bestimmte pragmatisch relevante Redemittel wie "I think" und "perhaps" zu *imperial forms* generalisieren. Diese Hypothese wird gestützt durch die Überrepräsentation dieser Redemittel in der Gesamtperformanz der Lerner. Allerdings lassen sich zwei Gruppen von *imperial forms* unterscheiden: "echte" *imperial forms* , die ohne Alternativrealisierungen der betreffenden Funktion in der produktiven Komponente der Interimsprache unserer Lerner zu sein scheint, und zu deren Verwendung die Lerner daher gezwungen sind, wenn sie ihre Ausdrucksabsicht realisieren wollen (dies ist natürlich bei einem rein textuellen Korpus eine gewagte, aber, wie mir scheint, untersuchenswerte Hypothese) - wie z.B.:

- "I think" als *-committer*, z.B. zur Abtönung von Beschwerden (6.1.4.2)

- "of course" zur Verstärkung von Versprechen (6.2.2.2); fremdsprachliche Varianten wie "certainly", "sure(ly)" kommen in L nicht vor

- "very" zur Verstärkung der Sprechakte *Abbitten* und *Bedanken* (6.2.4.2, 6.2.5.2); Varianten wie "a lot" sind nullrepräsentiert

- "oh" in der Funktion eines *exclaim* (6.3.2); "oh god/dear/hell" treten nicht auf.

Demgegenüber verwenden die Lerner andere überrepräsentierte und funktional unterdifferenzierte Redemittel als Varianten zu ebenfalls in L belegten, aber mit geringerer Häufigkeit benutzten Elementen. Hier handelt es sich also um "echte" Gebrauchspräferenzen und "unechte" *imperial forms* die die Lerner aufgrund ihres höheren Automatisiertheitsgrades weniger "leicht" verfügbaren Alternativrealisierungen vorziehen. Hierzu gehören

- "perhaps" als *downtoner*, insbesondere in Vorschlägen (6.1.2.2); Varianten wie "maybe" sind belegt

- "nice" zur positiven Bewertung in den Sprechakten *Annehmen* und *Bedanken* (6.2.1.2, 6.2.5.2); Varianten wie "kind" sind belegt

- "oh" als *receipt* mit expressiver Komponente (6.3.2); Varianten wie "I see" sind belegt

- "oh" als *receipt* oder *starter* bei Ablehnungen (6.2.3.4); der *starter* "well" ist ebenfalls belegt. "Oh" scheint hier als "Generalillokutionsindikator" zu fungieren

- "oh" als *receipt, starter* oder *exclaim* bei Abbitten (6.2.4.2); "yes" und "well" sind als Varianten vertreten. "Oh" wird funktional unterdifferenziert, indem die Lerner es auch in nicht-expressiver Funktion verwenden.

Die Gebrauchspräferenz für diese "unechten" und die Herausbildung der "echten" *imperial forms* können hypothetisch auf die in 7.2.1.2 eingeführte "Strategie des geringsten Aufwandes" zurückgeführt werden, die bei der Herausbildung der "echten" *imperial forms* als Lernstrategie, bei den Gebrauchspräferenzen für die "unechten" *imperial forms* als Kommunikationsstrategie wirksam ist: als Lernstrategie führt sie dazu, daß die Lerner die Integration als redundant erachteter Redemittel in die produktive Komponente ihres interimsprachlichen Systems verweigern und sich stattdessen wenige multifunktionale Elemente mit hoher Reichweite und damit hoher "Erfolgsgarantie" in der Kommunikation aneignen. Sie reduzieren damit den Lernaufwand und "ökonomisieren" ihren Lernprozeß. Als Kommunikationsstrategie bewirkt die "Strategie des geringsten Aufwandes", daß der Lerner aus seinem interimsprachlichen System vorzugsweise gut automatisierte und ebenfalls multifunktionale Elemente mit hoher Erfolgsgarantie zur verbalen "Füllung" seiner lokalen Kommunikationspläne selektiert. Die Gebrauchspräferenz für Redemittel mit hoher Reichweite und damit hoher Erfolgsgarantie ist durch Risikovermeidung motiviert (vgl. Corders (1978) "risk-avoiding strategies", Lauerbachs (1977) "playing it safe").

Eine weitere Erscheinung der Interimsprache, der die "Strategie des geringsten Aufwandes" als generalisierungsauslösendes Motiv zugrunde zu liegen scheint, ist die Tendenz der Lerner zum "Komplettismus", also dazu, respondierende Akte "im ganzen Satz" zu formulieren, anstatt Ellipsis und Proformen zu verwenden (vgl. (12 b), (12 c), (12 e) in 6.2.2.2). Es mag auf den ersten Blick überraschen, daß oberflächenstrukturell explizite "vollständige" Äußerungen auf dasselbe Motiv zurückgeführt werden wie Äußerungen mit oberflächenstruktureller "Minimalausstattung" (vgl. z.B. (12 e) in 6.2.2.3). Psycholinguistisch betrachtet, sind Äußerungen mit expliziten Konstituenten jedoch oftmals "einfacher" zu realisieren als Äußerungen, zu deren Produktion Tilgungs- und Substitutionsregeln verwendet werden. Kellerman hat ebenfalls eine Tendenz von Lernern zur "hyperclarity" beobachtet: "explication of structure is a fairly common phenomenon in interlanguage production"; es schlägt sich nieder in "formally correct yet unstylish sentences which fail to make use of cohesive devices such as reference, substitution, and ellipsis" (1979, 37). Interessant ist sein Hinweis auf ähnliche Erscheinungen im Erstsprachenerwerb: dort wurde beobachtet, daß Kinder substituierte und getilgte Elemente bei der Wiederholung entsprechender Äußerungen restituieren (ibid.).

Auf der pragmatischen Ebene kommt der Komplettismus im vorliegenden Korpus nur bei der Realisierung respondierender Akte zum Tragen; die oberflächenstrukturell explizite Realisierung initiierender Akte ist bei den untersuchten Sprechakten und Diskursfunktionen regelmäßig angemessen. Redemittelgeneralisierung liegt insofern vor, als die Lerner die explizite Realisierung initiierender Akte auf respondierende Akte übertragen. Es ist anzunehmen, daß darüber hinaus spezifische Kommunikationsnormen des Fremdsprachenunterrichts indirekt an der Tendenz zum Komplettismus beteiligt sind; dies wird in 7.6 erörtert.

7.3 FUNKTIONALE REDUKTION

Die bisher diskutierten psycholinguistischen Kausalkategorien Transfer und Generalisierung haben gemeinsam, daß der Lerner vorhandenes grundsprachliches oder interimsprachliches Wissen gesamthaft oder partiell (vgl. "Transfer" gegenüber "Transfer mit Reduktion" (7.1, 7.1.3 sowie die Bemerkungen zur Modalitätsgeneralisierung (7.2.1)) zur interimsprachlichen Regelbildung oder Kommunikation, d.h. zum Erreichen von Lern- und Kommunikationszielen nutzbar macht. Dabei konnte auf der Grundlage der textuellen Daten nicht zwischen den in 7.0.1 erwähnten interimsprachlichen Prozeßtypen unterschieden werden.

Demgegenüber geht es in den drei folgenden Kapiteln um Prozeßtypen, die spezifisch für die interimsprachliche Kommunikation sind. Unter funktionaler Reduktion soll verstanden werden, daß der Lerner sein Kommunikationsziel - aufgrund fehlender oder nur unter Schwierigkeiten anwendbarer sprachlicher Mittel - reduziert (Funktionalreduktion als Kommunikationsstrategie) oder aufgrund seiner Situationseinschätzung bestimmte Funktionen nicht in seinen Handlungsplan aufnimmt (Funktionalreduktion als Kommunikationsplan). Funktionale Reduktion kann die propositionale, aktionale oder modale Komponente sprachlicher Handlungen betreffen (Faerch/Kasper 1980 a, 90 f.). Auf der Produktebene manifestiert sich funktionale Reduktion nur dann, wenn das ursprüngliche Kommunikationsziel des Lerners bekannt oder rekonstruierbar ist und das realisierte Ziel demgegenüber eine Abweichung darstellt, die nicht durch eine interaktionsbedingte Veränderung des ursprünglichen Kommunikationsziels verursacht worden ist.

7.3.1 - ALS ERKLÄRUNGSHYPOTHESE FÜR PRAGMATISCHE FEHLER

Wie die Verwendung anderer Kommunikationsstrategien/-pläne, so ist auch das Auftreten von "funktionaler Reduktion" abhängig von verschiedenen Variablen, insbesondere dem Profizienzniveau des Lerners (vgl. Glahn 1980 b) und dem situationsdeterminierten Zwang, eine bestimmte propositionale, aktionale oder modale Funktion zu vollziehen. Aufgrund der Rollenbeschreibung, die den Lerner-*native speaker*-Diskursen in L zugrunde liegen, waren die Probanden einerseits gezwungen, auch solche vorgegebenen Funktionen zu realisieren, die sie vielleicht in nicht-simulierter Kommunikation vermieden hätten. Andererseits kann man, wenn der Lerner eine aufgrund der Rollenbeschreibung stark obligatorische zentrale Funktion innerhalb eines Diskurses nicht vollzieht, eher auf funktionale Reduktion schließen als in nicht-simulierter Kommunikation, in der das Kommunikationsziel/die -ziele des Lerners nicht klar ermittelt werden kann/können.
In der Literatur ist hauptsächlich propositionale Reduktion unter verschiedenen Etiketten und unklar definierten Konzepten registriert worden, z.B. "topic avoidance" (Tarone/Frauenfelder/Selinker 1976; Tarone/Cohen/Dumas 1976; Tarone 1977), "message abandonment" (Tarone/Cohen/Dumas 1976; Tarone 1977), "meaning replacement" (Váradi 1980), "semantic acoidance" (Tarone/Frauenfelder/Selinker 1976; Tarone/Cohen/Dumas 1976; Blum/Levenston 1978 a). Unterscheidet man zwischen "globaler" und "lokaler" propositionaler Funktionalreduktion (Faerch/Kasper 1980 a, 90), d.h. der Vermeidung einer gesamthaften themengebundenen Interaktion, für die die Lerner nicht die nötigen Mittel zur Verfügung haben, einerseits, und der Vermeidung eines untergeordneten Einzelthemas andererseits, so entfällt globale propositionale Reduktion auf-

grund der Rollenspielsituation. Lokale propositionale Reduktion ist hingegen prinzipiell möglich; bedingt durch das relativ hohe Profizienzniveau der Lerner im lexikalischen und syntaktischen Bereich besteht für sie jedoch innerhalb der simulierten Alltagsdiskurse kaum die Notwendigkeit, von dieser Reduktionsstrategie Gebrauch zu machen. Als fehlerverursachende Strategie, die zu unangemessenen Realisierungen führt, kommt lokale propositionale Reduktion im vorliegenden Untersuchungszusammenhang demnach auch nicht vor. Dagegen macht ein Lerner, dessen interimsprachliche Kompetenz unter dem Durchschnitt der Probandengruppe liegt, von propositionaler Reduktion in Form von Themenvermeidung Gebrauch. Eine Sequenz aus dem betreffenden Diskurs sei zur Illustration angeführt:

(63)
(a) (Student und Studentin auf dem Empfang zu einem Sommerkursus)
Y1: how did you find the lecture this afternoon
 I thought it was a bit boring
X1: I I think it's er rather difficult because I've learned English at school now only for five years
Y2: uh-huh
X2: I've not been at school as you may have been there I'm now twenty-seven and I've been at the Hessen-Kolleg
Y3: uh-huh
X3: it's an it's a school for adults
Y4: oh I see yah

Xs Redebeitrag in X1 kann auf der Produktebene als propositionale teilresponsive Replik auf Ys initiierenden Akt ("Elizitation von Meinungsäußerung") beschrieben werden: er ignoriert das von ihr etablierte Thema "the afternoon lecture" und führt stattdessen das Thema "my experiences in learning English" ein. Die Themenvermeidung des Lerners kann durch Ausdrucksschwierigkeiten, eventuell auch durch inhaltliche Probleme motiviert sein, über das von Y eingebrachte

Thema zu sprechen; er "kompensiert" das vermiedene Thema durch Substitution eines anderen, das er mit seinen interimsprachlichen Redemitteln bewältigen kann und bei dem er sich auch inhaltlich "auf sicherem Boden" bewegt. Die "Themenvermeidung" hat hier demnach einen "Themenwechsel" ("topic switch") als Kompensationsstrategie zur Folge.

Aktionale Funktionalreduktion bezieht sich auf die Vermeidung von Sprechakten und Diskursfunktionen, die dem Lerner Realisierungsprobleme bereiten. Als verursachender Faktor für pragmatisch unangemessenes Diskursverhalten kann diese Kommunikationsstrategie in Diskursen angenommen werden, in denen die Lerner bestimmte aktionale Funktionen nicht vollziehen, obwohl sie den Rollenbeschreibungen zufolge stark obligatorisch sind. Auf aktionale Reduktion läßt sich die Nullokkurenz der respondierenden Akte *Abbitte leisten* und *Bedanken* unter Kommunikationsbedingungen zurückführen, in denen diesen Sprechakten eine zentrale Interaktionsfunktion zukommt. Wie in 6.2.4.3 berichtet wurde, vollziehen die Lerner in 5 der 8 Diskurse mit der Interaktionsbasis "X did P/P bad for Y" keine Abbitte (vgl. auch (14 c), (14 d)); in 6.2.5.3 wurde festgestellt, daß sie 3 der 8 Diskurse mit der Interaktionsbasis "Y did P/P good for X" keine Danksagung aussprechen (vgl. auch (15 h) - (j)). Dabei kann zwischen "globaler" und "partieller" aktionaler Funktionalreduktion unterschieden werden: während alle nicht-realisierten Abbitten und eine nichtvollzogene Danksagung ohne Kompensationshandlungen (vgl. etwa die oben belegte "Themensubstitution") bleiben (globale aktionale Reduktion), äußern die Lerner in zwei der danksagungselizitierenden Diskurse Wertschätzungen für den Koaktanten, die als Substitute für die nichtrealisierten Danksagungen fungieren (partielle aktionale Reduktion (vgl. (15 g)). Es bleibt zu erklären, warum aktionale Funktionalreduktion als kommunikative Strategie, die pragmatisch unangemessenes Diskursverhalten erzeugt, ausschließlich und gerade bei den Sprechakten *Abbitte leisten* und *Bedanken* auftritt. Bei dem Problem, das die Lerner dazu veranlaßt, zu dieser Strategie zu greifen, wird es sich kaum um ein interimsprachliches Problem im engeren Sinn handeln: es ist unwahrscheinlich, daß Lerner dieses Profizienzniveaus nicht über die einschlägigen Routineformeln "I'm sorry" und "thank you" verfügen, oder daß diese Redemittel unzureichend automatisiert wären. Vielmehr sind zwei recht unterschiedliche psychologische Ausgangssituationen denkbar, die als motivierende Faktoren hinter der aktionalen Reduktion wirksam gewesen sein können. Die erste Ausgangslage kann so rekonstruiert werden: die Lerner entwerfen nach der Lektüre der Rollenbeschreibungen einen Gesamthandlungsplan für den folgenden Diskurs, der unter anderem die Situationseinschätzung einschließt, daß der Vollzug der emotiv-relationellen Sprechhandlungen *Abbitte leisten* und *Bedanken* aufgrund der "Konsequenzlosigkeit" der simulierten Interaktion verzichtbar ist (vgl. zur Planbildung Rehbein 1976 a,b; 1977, 141 ff.). In diesem Fall kann die aktionale Funktionalreduktion als "nicht-strategischer" Kommunikationsplan charakterisiert werden, den der Lerner aufstellt, um ein Kommunikationsziel zu erreichen, dessen Realisierung er nicht als problematisch einschätzt.

Der zweiten hypothetischen (und spekulativen) Ausgangslage zufolge nimmt der Lerner die simulierte Interaktion durchaus "ernst", d.h. er stellt einen Gesamthandlungsplan auf, den er auch unter nicht-simulierten Bedingungen erstellt hätte und der den Vollzug von *Abbitte leisten* und *Bedankken* einschließt. Er antizipiert jedoch Probleme bei der Realisierung dieser Sprechakte, die sich aus der Schwierigkeit ergeben, auf nicht-konventionelle *complainables* und *thankables* (vgl. 6.2.4.1, 6.2.5.1) mit angemessenen Realisierungsmitteln zu reagieren: die Routineformeln erscheinen ihm gerade aufgrund ihres floskelhaften Charakters als ungeeignete "Leerformeln"; nicht-routinisierte Ausdrucksalternativen zur Realisierung emotiv-relationeller Funktionen übersteigen jedoch seine interimsprachliche Kompetenz. Den Widerspruch zwischen interaktionell erforderlichen Funktio-

nen und unzureichenden Realisierungsmitteln löst der Lerner
"zugunsten" der letzteren durch den Verzicht auf die Realisierung der Abbitten und Danksagungen (globale aktionale
Reduktion) oder durch die Substitution einer ähnlichen
Funktion ("Danksagung" ersetzt durch "Wertschätzung") (partielle aktionale Reduktion). In diesem Fall liegt eine "echte" reduktionistische Kommunikationsstrategie vor, die der
Lerner zur Problemlösung einsetzt.

Der dritte Typ funktionaler Reduktion, die Modalitätsreduktion (Kasper 1979 c), kann wiederum auf den gesamten Diskurs
("globale Modalitätsreduktion") oder auf die Realisierung
einzelner Sprechakte ("lokale Modalitätsreduktion") angewandt werden. In 6 der 48 Dialoge des vorliegenden Korpus
verzichtet der Lerner ganz auf die Markierung von Sprechaktmodalität. Als Motiv der globalen Modalitätsreduktion
kann die in Kap. 7.1.3 und 7.2.1.1 erwähnte schwach ausgebildete Lernerwahrnehmung von Sprechaktmodalität und/oder
ihre Einschätzung als redundante Funktion wirksam sein, die
dazu führt, daß der Lerner modalitätsmarkierende Funktionen
erst gar nicht in seinen Gesamthandlungsplan einbaut. Gegenüber diesem nicht-strategischen Kommunikationsplan setzt
der Lerner Modalitätsreduktion als globale Kommunikationsstrategie ein, wenn er die Markierung von Sprechaktmodalität als Ausdrucksproblem betrachtet, das er durch Reduktion
"löst". Diese Alternative halte ich aus den bereits diskutierten Gründen (vgl. 7.2.1.1) für weniger wahrscheinlich.
Globale Modalitätsreduktion kann durch den Rückgriff des
Lerners auf Situationen, in denen Sprechaktmodalität nicht
markiert wird, quasi mental abgestützt werden. In diesem Fall
läge die in 7.2.1.1 beschriebene Modalitätsgeneralisierung
von nicht markierungsbedürftigen Diskurstypen - vermutlich
vom schulischen Diskurs - auf den aktuellen markierungsbedürftigen Kontext der Modalitätsreduktion als verstärkender
Faktor zugrunde: daß Sprechaktmodalität in schulischen Diskursen nicht markiert wird, legitimiert - im "Vor"-bewußt-
sein der Lerner - ihre Reduktion in den angeführten Dialo-

gen. Unangemessene, weil nicht modalitätsmarkierte individuelle Sprechaktrealisierungen, die im Kontext eines Dialogs stehen, dessen Lernerbeiträge durchgängig nicht modalitätsmarkiert sind, können ursächlich auf globale Modalitätsreduktion mit unterstützender Modalitätsgeneralisierung zurückgeführt werden (vgl. die Aufforderung in (2 a), 6.1.1.3, das Versprechen in (12 j), 6.2.2.3, den Einwand in (13 f), 6.2.3.3).

Individuellen Lerneräußerungen, die durch fehlende Modalitätsmarkierung unangemessen sind und die im Kontext (angemessen oder unangemessen) modalitätsmarkierter Äußerungen stehen, kann prinzipiell lokale "strategische" Modalitätsreduktion als "Lösung" des Markierungsproblems oder der "unstrategische" Verzicht auf eine als fakultativ betrachtete Funktion zugrunde liegen. In 7.2.1.1 habe ich mich bereits gegen die "strategische" Interpretation ausgesprochen, da in keinem der nicht-modalitätsmarkierten Sprechakte Hinweise auf Problemlösungsaktivitäten ("strategy markers") vorliegen (vgl. die dort zitierten Datenbeispiele). Es scheint bei diesen unangemessenen Lerneräußerungen plausibler, Modalitätsgeneralisierung als Komponente eines unstrategischen lokalen Kommunikationsplans als fehlerverursachenden Prozeß anzunehmen.

7.3.2 – ALS ERKLÄRUNGSHYPOTHESE FÜR ANGEMESSENE LERNERSPEZIFISCHE MERKMALE

In 7.2.1.2 wurden überrepräsentierte "leichte" pragmatische Funktionen, die als Substitute für unterrepräsentierte "schwierige" Funktionen verwandt wurden, auf die "Strategie des geringsten Aufwandes" als ein generalisierungsauslösendes Motiv zurückgeführt. Auch bestimmten unterrepräsentierten Funktionen, die ohne Kompensate bleiben, kann die "Strategie des geringsten Aufwandes" als Motiv zugrunde liegen. Hierzu zählen

- die Unterrepräsentation abtönender Modalitätsmarkierungen und einleitender *gambits* (*starter*, *uptaker*) bei der Realisierung von Einwänden (6.2.3.2)
- die Unterrepräsentation der relationell wirksamen und diskursstrukturierenden *gambits cajoler*, *appealer* und *underscorer* (6.3.1)
- die fehlende Kookkurrenz von Dank, Wertschätzung und positiver Bewertung (6.2.5.2)
- die schwächere Reziprozität von Ergebnisfeststellungen (6.5.3.1).

In diesen Fällen verzichten die Lerner (häufig oder durchgängig) ersatzlos auf die Realisierung der betreffenden Funktionen. Die "Strategie des geringsten Aufwandes" löst damit "reine" funktionale Reduktion aus, die weder durch den Rückgriff auf vergleichbare Kontexte gestützt wird, in denen diese Funktionen ebenfalls nicht realisiert werden (vgl. die Bemerkungen zum Zusammenhang von Modalitätsgeneralisierung und Modalitätsreduktion in 7.2.1.1, 7.3.1), noch durch Substitution anderer Funktionen aus vergleichbaren Kontexten kompensiert wird: Generalisierung als "flankierender" (reduktionsverstärkender oder -kompensierender) Prozeß findet hier nicht statt.

7.3.3 ZUR BEZIEHUNG ZWISCHEN GENERALISIERUNG UND REDUKTION

Nachdem in diesem und im vorausgehenden Kapitel mehrfach die Beziehung zwischen Generalisierung und Reduktion angesprochen wurde, sollen hier mögliche Relationen zwischen beiden Prozessen noch einmal überblicksartig skizziert werden. Vereinfachend beschränkt sich die Darstellung auf die interimsprachliche Kommunikation; Lernprozesse werden ausgeklammert. Beide Prozesse können sowohl unabhängig voneinander als auch kombiniert auftreten.

a) Generalisierung ohne Reduktion

Ein Merkmal Ma aus Kontext A wird in Kontext B verwendet, um eine Kommunikationslücke in B zu schließen. Bedingung: Der Lerner nimmt an, daß A und B in wesentlichen Aspekten ähnlich sind und er daher sein Kommunikationsziel durch die Verwendung von Ma in B unvermindert erreichen kann.

Abb. 13

Beispiel: Generalisierung registerspezifischer Redemittel (vgl. (62 k), (62 l) in 7.2.2.1)

b) Reduktion ohne Generalisierung

Der Lerner kann ein komplexes globales oder lokales Kommunikationsziel im Kontext B aufgrund der Beschaffenheit seines interimsprachlichen Systems nicht unvermindert erreichen und reduziert sein Kommunikationsziel daher um das nicht verfügbare Merkmal. Dies geschieht rein intrakontextuell, d.h. ohne mentalen Rückgriff auf vergleichbare andere Kontexte.

Abb. 14

Beispiel: Aktionale Funktionalreduktion des Sprechakts *Abbitte leisten* in Diskursen mit der Interaktionsbasis "X did P/P bad for Y" (vgl. 7.3.1)

c) Reduktion mit unterstützender Generalisierung

Der Lerner reduziert sein Kommunikationsziel in Kontext B um das Merkmal M, wobei er mental auf einen vergleichbaren Kontext A zurückgreift, in dem das Merkmal M nicht realisiert wird.

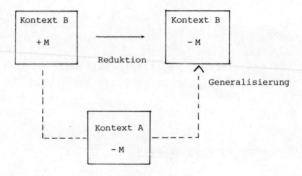

Abb. 15

Beispiel: Globale Modalitätsreduktion in markierungsbedürftigen Diskursen unter Rückgriff auf den Diskurstyp Fremdsprachenunterricht (vgl. 7.3.1)

d) Reduktion mit kompensierender Generalisierung

Der Lerner reduziert sein Kommunikationsziel in Kontext B um das Merkmal M_B; als Kompensat für M_B verwendet er Merkmal

M_A aus Kontext A, von dem er annimmt, daß es eine annähernd ähnliche (nicht: identische) Funktion erfüllt wie M_B.

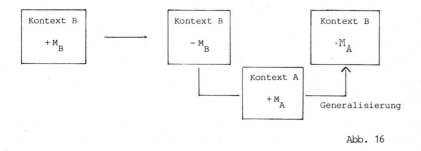

Abb. 16

Beispiel: Aktionale Funktionalreduktion von Danksagungen mit kompensierender Generalisierung von Wertschätzungen (vgl. 7.3.1.)

7.4 INFERENZIEREN

Ging es bei Transfer, Generalisierung und Funktionaler Reduktion um fehlerverursachende produktive Prozesse, so handelt es sich beim "Inferenzieren" als Kommunikationsstrategie um einen rezeptiven Prozeß. Carton (1971), der diesen Begriff in die Psycholinguistik des Zweitsprachenerwerbs eingeführt hat, rückt ihn in die begriffliche Nähe des "unbewußten Schlusses" und definiert: "In inferencing, attributes and contexts that are familiar are utilized in recognizing what is _not_ familiar" (45). Um fremdsprachliche Äußerungen verstehen zu können, die unbekannte Elemente enthalten, unternimmt der Lerner "probabilistic guesses" auf der

Grundlage intralingualer, interlingualer und extralingualer
"cues", um so die Bedeutung der Äußerung zu erschließen.
Als rezeptive Strategie manifestiert sich Inferenzieren
nicht unmittelbar auf der Produktebene; vielmehr kann man
nur aus der folgenden produktiven Äußerung schließen, welche Inferenzprozesse bei der Rezeption der Äußerung des aktuellen Hörers abgelaufen sind. Typischerweise sind Rezeptionsfehler, die durch Inferenzieren entstanden sind, an unangemessenen, weil non- oder teilresponsiven respondierenden Akten erkennbar. Es brauchen sich jedoch nicht alle Rezeptionsfehler in folgenden unangemessen produzierten Äußerungen niederzuschlagen; sie können "verdeckte Fehler" ohne
sichtbare Folgen bleiben. Neben dem Inferenzieren unbekannter Redemittel, auf das Carton sein Konzept dieser Lern-
und Kommunikationsstrategie einschränkt, spielt in der *native speaker-* und Lernerkommunikation Inferenzieren eine
wichtige Rolle bei der Transformation geäußerter sekundärer, direkter in gemeinte primäre, indirekte Sprechakte
durch den Rezipienten (vgl. Searle 1975). Diesen Inferenztyp nenne ich "pragmatisches Inferenzieren" (vgl. auch
Candlins (1978) "interpretative strategies").

7.4.1 PRAGMATISCHES INFERENZIEREN

Da pragmatisches Inferenzieren die angesprochene zentrale
Rolle bei der Rezeption von Sprechakten spielt, ist es selbstverständlich, daß die Lerner diese Strategie ständig verwenden; in diesem Kapitel werden jedoch nur Inferenzschlüsse
erwähnt, die auf der Produktebene zu unangemessenen Äußerungen führen. Zwei nonresponsiven Realisierungen des Sprechakts
Versprechen und einer in ihrer Illokution teilresponsiven Realisierung von *Bedanken* liegt offenbar pragmatisches Inferen-

zieren bei der Rezeption des initiierenden Aktes zugrunde.
Vergleiche (64 (a) - (c)

(64)

(a) (Zimmerwirtin hat Studentin *sandwiches* für die
Reise gemacht)
Y : I hope it'll be enough
X : yes of course it will be enough
RÄ: yes thanks that'll be fine

(b) (Y kommt nach Hause und findet X beim Bier)
Y1 : you're drinking a beer there
X1 : yes
Y2 : erm er well er I might er if you were
kind enough to offer me one I probably
wouldn't say no
X2 : of course of course yes (lacht)
RÄ1 : yes would you like one too

(c) (Y hat X mit £20 aus einer finanziellen Klemme
geholfen)
Y : once I get my grant in next term I can
manage again and er hopefully you'll be
in the same position
X : ha yes all right I I think I will do er at
once
RÄ: well I hope so too and then I'll pay you
back at once

Anhand von (64 c) (= 12 i) war in Kap. 6.2.2.3 exemplarisch
die Inferenzprozedur rekonstruiert und die Fehlerstelle ermittelt worden, die der fehlerhaften Rezeption des initiierenden Aktes zugrunde liegt und damit die nonresponsive Replik
auslöst (vgl. auch die Fehlerdeskriptionen zu (12 h) in demselben Kapitel und zu (15 h) in 6.2.5.3). Das Motiv, das den Lerner in (64 c) veranlaßt, Ys initiierenden Akt nicht als (direkten) Wunsch zu rezipieren, sondern Inferenzen anzustellen, über die er den Wunsch in einen (indirekten) Aufforderungsakt transformiert, könnte ein Vorurteil über "indirektes" Kommunikationsverhalten als "typisch englische" Interaktionsnorm sein. Diese Hypothese gewinnt an Plausibilität

im Zusammenhang mit angemessenen, aber durch ihre Indirektheit lernerspezifischen Äußerungen (vgl. 7.2.1.2) sowie der abgetönten anstelle von modalitätsverstärkten fehlerhaften Sprechaktrealisierungen (vgl. 7.2.1.1), denen ebenfalls eine lernerspezifische Wahrnehmung englischer "Indirektheit" als Motiv zugrunde zu liegen scheint. Während der Lerner damit interimsprachliches Interaktionswissen zur Sprechaktrezeption aktiviert und zum Inferenzieren verwendet, scheinen die Rezeptionsfehler, die die non-/teilresponsiven Repliken in (64) (a) und (b) auslösen, dadurch zustande zu kommen, daß die Lerner "allgemeines" oder grundsprachlich basiertes pragmatisches Wissen nicht zur Rezeption der initiierenden Akte nutzen. Andernfalls hätten sie - unter Berücksichtigung des Relevanzpostulats und Rekonstruktion der situativen und intentionalen Faktoren, die Ys initiierende Akte determinieren - darauf kommen müssen, daß die von Y geäußerten Akte "Meinungsäußerung" und "Feststellung/Informationsfrage" nicht mit den gemeinten identisch sind; damit wären Inferenzprozeduren in Gang gesetzt worden. Der "Transferblock", der das Nutzbarmachen grundsprachlichen bzw. allgemein-kommunikativen pragmatischen Wissens verhindert, blockiert in seiner Konsequenz die zur adäquaten Rezeption von Ys Äußerungen notwendige Inferenzstrategie.

7.4.2 INFERENZIEREN VON REDEMITTELN

Ebenfalls non-/bzw. teilresponsive respondierende Akte können durch Inferenzieren von lexikalischen Redemitteln erklärt werden; vergleiche die nonresponsive Danksagung in (64) (d), den teilresponsiven Annahmeakt in (e) (= (11) (r) und (m) in 6.2.1.3) und die nonresponsive Ablehnung in (64 f) (= (13 k) in 6.2.3.5).

(64)

(d) (in Xs Zimmer ist der Gasofen explodiert; X muß
    in ein anderes Zimmer umziehen)
    Y1 : all right I just go and get the electric
          fire then okay
    X1 : yeah
    Y2 : you get your things
    X2 : thank you
    RÄ 2 : okay (thank you)

(e) (X und Y in einer Kneipe; Y hat X soeben £25 ge-
    liehen)
    Y: will you have a short will you have a short
    X: no a big one that's equal [oh okay] we take
       we take a big one

(f) (wie e)
    X1: one beer that's that's that's that's if I
        eat or if I drink a beer that's the same
    Y1: well
    X2: I need some calories
    Y2: you might buy me one then
    X3: no ho ho ho
    Y3: uh are you not going to buy me a beer
    X4: with twenty-five quids

In (64) (d) und (e) können die fehlerauslösenden Stellen präzise in Ys initiierendem Akt lokalisiert werden. Die Ambiguität von "get" als "holen" vs "bekommen" in (d) löst der Lerner zugunsten der zweiten Alternative; er aktiviert damit sein interimsprachliches Wissen über die Bedeutung von "get" und generalisiert die Lesart "bekommen" auf den vorliegenden Kontext. Die Inferenzstrategie kann hier demnach als rezeptive Redemittelgeneralisierung präzisiert werden. Die "Bereitschaft" des Lerners, die Lesart "bekommen" zu wählen, wird dabei durch den unmittelbar vorausgehenden Diskursverlauf motiviert sein, in dem Y eine Reihe von Angeboten an X richtet (vgl. 11 r). Die Erwartung des Lerners ist dadurch auf weitere Sprechakte desselben Typs eingestellt, er interpretiert folglich Ys aktuelle Äußerung als Angebot und das Element "get" in der mit diesem Sprechakt kompatiblen Lesart. Gleichzeitig bezieht der Lerner Interpretationshinweise aus dem weiteren Kontext nicht in seine Inferenzprozedur ein: dort war nämlich mehrfach davon die Rede, daß sich X nicht weiter in seinem Zimmer, in dem der Gasofen explodiert ist, aufhalten kann und er seine Sachen in ein anderes Zimmer bringen soll (vgl. 11 r Y2). Die schwächere psychologische Präsenz des weiter zurückliegenden Redewechsels bewirkt vermutlich, daß der Lerner ihn nicht als "cue" für die Rezeption von Ys initiierendem Akt in (64 d) heranzieht.

Bei der fehlerhaften Rezeption von "a short" als "ein kleines Bier", die die modifizierte, propositional teilresponsive Annahme in (64 e) auslöst, ist es evident, daß der Lerner grundsprachliches Wissen, das ihn zum richtigen Verständnis von Ys Einladung gebracht hätte, nicht aktiviert. Man kann annehmen, daß dem Transferblock ("rezeptive Transfervermeidung") die sprachliche Einschätzung des Lerners zugrunde liegt, "ein Kurzer" für "ein Glas Schnaps" sei eine grundsprachenspezifische Lexikalisierung, die erfolgreichen Transfer auf das Englische nicht erlaube. Anstelle seines grundsprachlichen Wissens greift der Lerner daher zum Verständnis von "a short" auf den Diskurskontext zurück, in dem von Biertrinken die Rede war (vgl. 64 f), und inferenziert auf der Basis dieses kontextuellen Hinweises die Bedeutung "ein kleines Bier".

Die nonresponsive Ablehnung von Ys Aufforderung in (64 f X3) geht ursächlich auf zwei Quellen zurück. In Ys unmittelbar vorausgehendem Redebeitrag liegt die rezeptive Fehlerstelle in "might"; entscheidender dürfte aber sein, daß der Lerner an früherer Diskursstelle die Bedeutung eines für die Interaktion zentralen Lexems nicht verstanden hat; vergleiche (64 g):

(64)
    (g) (Y hilft seinem Freund aus einer finanziellen Klemme)
        Y1: ... I went to the bank this morning
        X1: oh, and how much

Y2: well‿ you said ẽr twenty-five quid didn't
you
X2: er‿twenty-five‿yes [is that not enough]
that would be enough‿yes of course

Xs Zögern in (64 g X2) ist ambig; es auf Nichtverstehen von
"quid" zu beziehen, ist hier noch nicht zwingend. So bleibt
das nicht-interpretierte "quid" ein verdeckter Rezeptionsfehler, der erst in (64 g X3) Konsequenzen zeitigt und in
(64 f X4) durch den Lerner selbst bestätigt wird. Im Unterschied zu (64) (d) und (e), in dem der Lerner durch Aktivierung intralingualer und kontextueller Hinweise Inferenzen anstellt, die zu einer <u>bestimmten</u> Interpretation der
Lexeme "get" und "a short" führen, konnte der Lerner, wie
er in seinem Interview bestätigte, "might" und "quid" <u>keine</u>
bestimmte Bedeutung zuordnen; seine sprachlichen und allgemein-kommunikativen Resourcen lieferten ihm keine Anhaltspunkte, die er zum Inferenzieren hätte nutzbar machen können. In einem solchen Fall kann man von einem "Inferenz-
block" sprechen.

7.5 DISKURSINDUKTION

7.5.1 - ALS ERKLÄRUNGSHYPOTHESE FÜR PRAGMATISCHE FEHLER

Im Unterschied zu den bisher angeführten Prozessen, die als
lernerbezogen charakterisiert werden können, sind diskursin-
duzierte Fehler genuin interaktionelle Produkte, die unmittelbar durch die aktuelle Diskurskonstellation, d.h. ohne
Vermittlung über weitere psycholinguistische Prozesse hervorgerufen werden. Damit ist auch die Aktivierung oder
Nicht-Aktivierung sprachlicher und allgemein-kommunikativer

Resourcen nicht unmittelbar an der Fehlerbildung beteiligt;
indirekt dürfte jedoch der Zustand des interimsprachlichen
Systems der Diskursinduktion Vorschub leisten (s.u.).
Wie die durch Inferenzieren bedingten unangemessenen Äuße-
rungen, so manifestieren sich auch die diskursinduzierten
Fehler auf der Produktebene in non- oder teilresponsiven
respondierenden Akten. Während Inferenzieren als rezeptive
Strategie sich jedoch auf den vorausgehenden Redebeitrag des
Koaktanten bezieht und das Produkt der Inferenzprozedur Ein-
fluß auf die Planbildung der non-/teilresponsiven Replik
nimmt, handelt es sich bei der Diskursinduktion um einen
Konflikt zwischen dem bereits erstellten kommunikativen
Handlungsplan des Lerners und der "conditional relevance",
die die vorausgehende Sprechhandlung des Koaktanten auf Xs
Replik ausübt.

(65)
(a) (Y hat vergessen, Xs Referat abzugeben)
```
Y1: ... I was so busy yesterday I just didn't
    have time to give it in, terribly sorry, but
    I'll do it tomorrow for you, I'll give it
    in tomorrow
X1: but I think tomorrow it's too late, it was
    the last day today I think
Y2: what
X2: oh yes it was, tomorrow it has no worth
    anymore
Y3: y you mean he won't accept it
X3: pardon
Y4: the teacher won't take it tomorrow
X4: no it it can't you can't give it in tomorrow
Y5: ach I find that ridiculous, of course he'll
    take it
X5: why do you think
Y6: well he must be some sort of a reasonable
    sort of person is he not
X6: no it it's impossible
```

(b) (X und Y beratschlagen, wie sie Z davon abhalten
können, mit ihnen das Wochenende zu verbringen)
```
Y: how about I don't know erm, I'm not too keen on
   either of that your two suggestions they're
   good ideas but er, I don't know if they'd work
   very well the car is, ts, the tickets I mean he
```

could easily say with the tickets erm oh I'll
go on the off-chance there's bound to be some
at the gate or on the black market outside you
know sold by er people who've already got tickets
and trying to sell them at a bit of a profit
or something ts erm (sighs)
X: yes if we say something against him we will be
very er furious and perhaps he er doesn't want
to be with us any longer

(c) (X möchte von Y Schallplatten ausleihen)

Y: [you know I'm er you know I'm not] terribly er
I don't I usually on principle just don't lend
records out as you know because er I have done
in the past and there's always something goes
wrong not always but very often even with you
know people you like and know well
X: but you know us you live with us in the same
flat

Das Zustandekommen der propositionalen Teilresponsivität von X1, X4 und X6 in (65 a) (vgl. (13 h) in 6.2.3.5) sowie von (65 b X) (vgl. (11 l) in 6.2.1.3 und (13 b), (13 c), (13 e) in 6.2.3.3) kann so rekonstruiert werden: der Lerner hat sich auf der Grundlage der Rollenbeschreibung einen globalen Plan dazu gebildet, wie er seinerseits die Interaktion am besten in Gang halten kann. Für den Diskurs, aus dem (65 a) stammt, lautet der Plan: lehne Ys Kompensationsangebote als undurchführbar ab. Der globale Plan, der (65 b) zugrunde liegt, heißt: weise auf die interaktionellen Konsequenzen hin, die Z ziehen wird, wenn er offen "ausgeladen" wird. Bei der Umsetzung dieser Globalpläne in lokale Pläne sind die Lerner nun nicht flexibel genug, Ys initiierende Akte konkret in die lokale Planbildung einzubeziehen; die Fixierung auf den Globalplan wirkt sich als "*input*-Block" aus. Damit fallen die Ablehnungen und Einwände in (5 a) und die Annahme in (65 b), die auf der Grundlage nicht konkretisierter Globalpläne gebildet werden, in ihren Propositionen außerhalb des von den initiierenden Akten konditionierten Relevanzbereichs.

Die propositionale Teilresponsivität von Xs Einwand in (65 c) (vgl. (13 d) in 6.2.3.3 und den Sequenzierungsfehler bei der Verwendung des Eröffnungssignals in (41 d), 6.4.1.2) kommt demgegenüber durch eine Kollision von Xs lokalem Plan mit Ys initiierendem Akt zustande: während der ersten Stadien von Ys Redebeitrag plante die Lernerin ihr Gegenargument gegen Ys Einwand auf ihre Aufforderung, ihr Schallplatten auszuleihen. Bis zu "very often" in Ys Äußerung fällt ihr in (5 c X) realisierter Einwand voll in den von Ys initiierendem Akt eröffneten Relevanzbereich. Nun zieht Y aber zur Unterstützung seiner bisherigen Argumentation in der Fortsetzung seines Redebeitrags genau das von X geplante Argument heran und schließt es damit aus dem Spektrum relevanter respondierender Akte aus. Auf diese unvorhergesehene Situation mit einer Veränderung ihres bereits aufgestellten lokalen Plans zu reagieren, gelingt der Lernerin nicht. Sie realisiert ihre Äußerung demnach wie geplant und produziert damit eine teilresponsive Replik.

Wie gesagt, besteht keine direkte Abhängigkeit einzelner diskursinduzierter Fehler von der aktuellen Beschaffenheit der Interimsprache. Die geringere Planungsflexibilität der Lerner, die die kurzfristige Modifikation erstellter Pläne nicht erlaubt, dürfte jedoch mit dem kleineren Repertoire an interimsprachlichen Ausdrucksmitteln, ihrer geringen Automatisiertheit und Verfügbarkeit zusammenhängen. Die Lerner sind daher häufig gezwungen, ihre Redebeiträge mittel- bis langfristig vorzuplanen; ihre interimsprachlichen Resourcen mit der in der Grundsprache üblichen Spontaneität zu aktivieren, gelingt zumeist nicht. Die psycholinguistischen Voraussetzungen der Lerner dafür, den relevanten Koaktanten-*"input"* mit dem globalen und provisorischen lokalen Plan zu synthetisieren, sind demzufolge wenig günstig. Ein weiteres Indiz für die kurzfristige verbale Planung von Interimsprachensprechern sind übrigens die kurzen Intonationsbögen, die die Performanz der untersuchten Lernergruppe typischerweise kennzeichnen.

7.5.2 - ALS ERKLÄRUNGSHYPOTHESE FÜR ANGEMESSENE LERNERSPEZIFISCHE MERKMALE

Einige pragmatische Funktionen, die in der Lernerperformanz gegenüber E über- bzw. unterrepräsentiert sind, lassen sich auf den unmittelbaren Einfluß der Diskurskonstellation auf die Lernerperformanz zurückführen. Hierzu können die Überrepräsentation der *gambit*-Klassen *go-on* und *check* (vgl. 6.3.1) gerechnet werden, die beide der Verständnissicherung dienen: mit dem *go-on* signalisiert der Lerner, daß er die Äußerungen des *native speaker* versteht; mit dem *check* signalisiert er Nicht-Verständnis. In 6.3.1 wurde bereits darauf hingewiesen, daß ein erhöhtes Bedürfnis nach Verständnissicherung aufgrund der verschiedenen Codes der Interaktanten charakteristisch für Lerner-*native speaker*-Diskurse ist und zu verstärkter metakommunikativer Aktivität führt. Während die Überrepräsentation von *go-on* und *check* monokausal auf die Spezifik des Lerner-*native speaker*-Diskurses zurückgeführt werden kann, scheinen an der Überrepräsentation von *receipt*, *represent* und *agree* zwei Kausalfaktoren beteiligt zu sein: pragmatischer Transfer von grundsprachlichen Interaktionsnormen (vgl. 7.1.1.2 und Tab. 20 in 6.3.1) und - wie im Fall des *go-on* - die verstärkte Notwendigkeit für die Lerner, ihrem Koaktanten durch explizite diskursaufrechterhaltende Signale mitzuteilen, daß sie seine Redebeiträge verfolgen und verstehen.

Ein metakommunikatives Motiv, das jedoch nicht auf den Code, sondern auf die Rollenbeziehung zwischen den Interaktanten bezogen ist, liegt vermutlich der Überrepräsentation von *preparators* in Aufforderungen und Vorschlägen zugrunde (6.1.1.2, 6.1.1.3): der reale Statusunterschied zwischen Lerner und *native speaker* wird es ihnen erforderlich erscheinen lassen, ihre initiierenden Akte gesprächstaktisch abzusichern; im Fall der Aufforderungen dürfte dieses Bedürfnis durch deren inhärent konfliktträchtiges Potential verstärkt werden.
Mit der unter sozialen, vor allem aber unter kommunikativen

Gesichtspunkten asymmetrischen Rollenbeziehung zwischen
Lerner und *native speaker* läßt sich auch die Unterrepräsentation des Sprechakts *Anbieten/Einladen* (6.1.3.1), der
Schlußeinleitung (6.5.1.1) und des initiierenden Terminalsignals (6.5.5.1) erklären: die Lerner überlassen die Initiative zu kommunikativen Handlungen, die nicht durch die
Rollenbeschreibungen zwingend vorgegeben sind, dem sprachkompetenteren *native speaker* (vgl. 6.5.6). Es findet demnach eine typische Diskursrollenverteilung (vgl. Wagner
1979; "cooperative strategies" in Faerch/Kasper 1980 a,
97 f.) statt, in der der Lerner die weniger risikoreiche
passive bzw. reaktive Rolle übernimmt.

Hierzu gehört schließlich auch, daß der Lerner Redemittel
aus dem vorausgehenden Zug des *native speakers* zur Realisierung einer Kommunikationsfunktion übernimmt. Dieses Imitationsverfahren wird besonders deutlich in der (reduzierten) Reziprozierung des Terminalsignals (6.5.5.1), die den
Lerner davon entlastet, alternative Realisierungsmittel aus
seinem interimsprachlichen Repertoire abzurufen. Unmittelbare Diskursinduktion angemessener lernerspezifischer Merkmale findet auf der pragmatischen Ebene im vorliegenden
Korpus demnach statt durch Redemittelimitation, einen verstärkten Bedarf an metakommunikativen und defensiven gesprächstaktischen Funktionen und eine diskurstypspezifische
Verteilung von Gesprächsrollen.

7.6 FREMDSPRACHENUNTERRICHTSINDUKTION

Bei dem soeben behandelten Prozeß handelt es sich um Auswirkungen der Spezifik interimsprachlicher Kommunikation auf die Entstehung lernerspezifischer Merkmale. In diesem letzten Kapitel über die hypothetischen Ursachen lernerspezifischer Produkte geht es demgegenüber um den Einfluß des schulischen Lernkontextes auf die interimsprachliche Regelbildung und die Entwicklung spezifisch interimsprachlicher Kommunikationsnormen. Da die schulischen Vermittlungsbedingungen der Interimsprachenhypothese zufolge den fremdsprachlichen Lernprozeß maßgeblich bestimmten (vgl. 2.2), wird auch die interimsprachliche Produktion und Rezeption indirekt durch den schulischen Lernkontext beeinflußt sein.

In 7.0.3 waren zweierlei Weisen skizziert worden, in denen der Einfluß des Lernkontextes in der interimsprachlichen Kommunikation zum Tragen kommen kann: (a) durch unakzeptablen/unangemessenen *"input"* in Form von abweichenden expliziten und/oder impliziten Regeln, die der Lerner direkt seinem interimsprachlichen System integriert; (b) durch ein ungünstiges Arrangement von Lehrmaterialien und methodischen Maßnahmen, das bewirkt, daß die Lerner korrekten *"input"* in fremdsprachlich abweichender Weise verarbeiten. Diese Verarbeitung ist vermittelt über die Aktivierung sprachlicher und allgemein-kommunikativer Resourcen durch psycholinguistischer Prozesse und Präferenzen.
Nach Durchsicht der pragmatischen Fehler und der angemessenen lernerspezifischen Merkmale im vorliegenden Korpus kommt nur der zweite Typ, die mittelbare Fremdsprachenunterrichtsinduktion, als Erklärungshypothese infrage. Dies dürfte zum einen damit zusammenhängen, daß im pragmatischen Bereich keine explizite Regelvermittlung stattfand und somit den Lernern auch keine expliziten falschen Regeln zugänglich waren; zum anderen damit, daß das Englisch von Lehrern und Mitschülern, das am ehesten pragmatisch unangemessene Züge

aufweisen dürfte, einen *"input"*-Faktor darstellt, der im
Rahmen dieser Arbeit nicht kontrollierbar ist.

Im folgenden sollen Fehler und angemessene lernerspezifische Merkmale, die durch Fremdsprachenunterrichtsinduktion mittelbar erklärt werden können, im Zusammenhang diskutiert werden, weil es mir hier weniger auf den Einfluß von *"transfer of training"* auf interimsprachliche Einzelaspekte als auf allgemeine Merkmale des interimsprachlichen Kommunikationsverhaltens ankommt.

Die fremdsprachenunterrichtsinduzierten Fehler und angemessenen lernerspezifischen Merkmale lassen sich grob in zwei Gruppen unterteilen: a) Merkmale, die vor allem durch den Einfluß des Lehrwerks und anderer Unterrichtsmaterialien mittelbar bedingt sind; b) Merkmale, die mittelbar durch typischen *"classroom discourse"* entstanden sind.

a) Die Generalisierung von Redemitteln, die einem förmlichen <u>Register</u> angehören, auf informelle Kontexte dürfte durch Unterrichtsmaterialien bedingt sein. Insbesondere die Beschäftigung mit "gehobenen" literarischen Texten auf der Oberstufe wird zur Vermischung von Registern beigetragen haben; aber schon die Funktionalsprachen, in denen die Lektionstexte und Übungen von "Learning English A" auf Unter- und Mittelstufe abgefaßt sind, haben häufig ein relativ hohes Förmlichkeitsniveau, das zudem den (fiktiven) Redekonstellationen nicht immer angemessen ist. So finden sich z.B. in "Learning English A 2" folgende dialogische Übungen zum "Einschleifen" der Modalverben "may" und "be allowed to":

    (3 a)
    "Stella and Barbara want to go to the theatre to see
    a play. They are dressing.
    Stella: Mother, I can't find my comb.
    Mother: It may be in the cupboard in the bathroom,
           dear.

Stella: No, it isn't. May I have your comb, Mother?"
(1968), 121).

(13 c)
"On the way to the theatre.
Barbara: Shall we be allowed to keep our coats on in
   the theatre?
Stella : Yes, we shall."
(1968, 122).

Daß solche Übungen, die eine Diskrepanz zwischen Rollenbeziehung und Redeweise der fiktiven Sprecher aufweisen, zur Bildung fremdsprachlich falscher interimsprachlicher Regeln führen, ist nicht verwunderlich (vgl. "excuse me please may I ask you whether you are alone here"; "may I just ask you for help" in (42 d), (42 g), 6.4.2.2/(62 k) in 7.2.2.1, "hello may I invite you to another drink" in (6 b), 6.1.3.3).

Abgesehen von ihrem unangemessenen Register ist die zitierte Übung (3 a) ein typisches Beispiel für die Vermittlung von Modalverben in "Learning English": epistemisches und nicht-epistemisches "may" werden in unmittelbarer Nähe geübt, ohne daß den Schülern die unterschiedlichen Bedeutungen und Verwendungsbedingungen explizit klar gemacht und epistemisches und nicht-epistemisches "may" zunächst getrennt geübt würden. Ganz im Gegenteil heißt es im Lehrerheft zur Behandlung der defektiven Modalverben:

> "Das Spektrum der Modalitäten, das mit Hilfe der Defectives ausgefächert wird, ist in seinen Sinnschattierungen so breit und nuanciert, daß es recht künstlicher Demarkationen bedürfte, wenn man eindeutige Testübungen dazu erstellen wollte. Wir haben daher an dieser Stelle der Einschleifübung den Vorzug gegeben. Der Schüler kann durch den richtigen Gebrauch in wechselreichen Situationen langsam ein Gefühl für die schillernde Bedeutungsbreite dieser Verben entwickeln" (Learning English, Ausgabe A, Teil 2, Lehrerheft, 11).

Die metaphysische Gefühlsmethode führte, wie die zahlreichen Fehler im Bereich der Modalverben zeigen, nicht zum Erfolg;

sie löste vielmehr Generalisierungs- und Transferprozesse aus, die in fehlerhafter interimsprachlicher Regelbildung resultierten (z.B. die Generalisierung von "may" in "perhaps you may be right", (11 n) in 6.2.1.3, "perhaps you may come in or", (32 n), 6.3.3.2 sowie die oben angeführten Registerverstöße beim Gebrauch von "may").

Die unterdifferenzierte, z.T. unangemessene Verwendung von "must" anstelle von anderen "verbs of obligation", die insbesondere bei der Realisierung von Vorschlägen zu beobachten ist (vgl. (3) (a) - (c) in 6.1.2.3) und für die als primäre Ursachenhypothese grundsprachlicher Transfer aufgestellt wurde (vgl. 7.1.3), dürfte durch die sehr frühe Einführung von "must" sekundär bedingt sein (vgl. Speight 1977): hier ist offenbar das "Gesetz des Zuerstgelernten" (vgl. Kielhöfer 1975, 192) wirksam. In "Learning English A 1" wird "must" in Lektion 5 als erstes "verb of obligation" eingeführt; funktionale Unterschiede zu seinem deutschen Formaläquivalent werden weder im Lehrbuch noch in der Schülergrammatik angesprochen, so daß sich im Kopf der Lerner zwangsläufig die fremdsprachlich falsche Gleichung "müssen = must" herstellt. "Have to" wird erst in der 19. Lektion, d.h. im zweiten Lehrjahr eingeführt, und auch dort nur als Substitut für das defektive "must". Im Lehrerheft zu A 1 wird der Lehrer zwar auf den "feine(n) Unterschied" im Gebrauch von "must" und "have to" aufmerksam gemacht (1975, 49); da dieser Unterschied aber kein Übungsgegenstand ist, kann man kaum annehmen, daß ein Hinweis des Lehrers die einjährige falsche Praxis der Lerner (und des Lehrers) und die damit verbundene Regel-Automatisierung aufheben kann. "Had better", das häufig als Funktionsäquivalent für dt. "müßte(n)" (vgl. (61 n) in 7.1.3) zur Realisierung von Vorschlägen verwandt wird, kommt als produktiver Lerngegenstand in "Learning English A" nicht vor.

Es ist im Rahmen dieser Arbeit nicht nachprüfbar, ob die Lehrer der untersuchten Probandengruppe die unzureichende

Behandlung der Modalverben in "Learning English" durch richtigstellende Regeln und Übungen auszugleichen versuchten. Die belegten Fehler verweisen eher auf das Gegenteil. Es würde sich lohnen, eigens zum Erlernen und zur Verwendung von Modalverben durch Interimsprachensprecher Untersuchungen vorzunehmen - in der vorliegenden Arbeit werden sie ja nur unsystematisch, weil im Zusammenhang mit den analysierten pragmatischen Aspekten erfaßt. Als Hypothese ließe sich hierzu aufgrund unserer Befunde formulieren, daß ohne explizit kognitive Vermittlung der Semantik und Pragmatik von Modalverben und pragmatisch angemessene Übungen Transfer- und Generalisierungsprozesse ausgelöst werden, die nicht nur zur Bildung interimsprachenspezifischer hypothetischer Regeln auf einer bestimmten Entwicklungsstufe des interimsprachlichen Systems führen, sondern die in interimsprachspezifischen permanent festen Regeln (vgl. 2.3.1) resultieren. Durch eine ungeeignete Progression (wie bei "must") werden "Fossilisierungs"tendenzen verstärkt.

b) Für die folgenden Merkmale der Lernerperformanz nehme ich den fremdsprachenunterrichtsspezifischen Diskurs als mittelbar verursachenden Faktor an.

Die Inkompatibilität von Syntax und Intonation, für die in 7.2.2.1 Generalisierung der Prosodie als primäre Fehlerquelle hypostasiert wurde, scheint mir in den Fällen sekundär durch ein spezifisches Kommunikationsverhalten im Fremdsprachenunterricht induziert zu sein, in denen die Lerner Deklarativsatzsyntax mit Interrogativsatzintonation kombinieren (vgl. (4 a), (4 b) in 6.1.2.3/(62 h') in 7.2.2.1) oder Einzelelemente mit steigender anstelle von fallender Intonation realisiert werden ((33 c), (33 g) in 6.3.3.3/ (62 i') in 7.2.2.1, (46 b), (46 c) in 6.4.6.2, (53 b) in 6.5.3.2). Für den schulischen Lehr- und Lerndiskurs - nicht nur des Fremdsprachenunterrichts - ist es typisch, daß die Schüler mit der Beantwortung einer Lehrerfrage gleichzeitig Rückmeldung vom Lehrer darüber abrufen, ob sie die Frage richtig beantwortet haben. Die pragmatischen Voraussetzungen hierfür sind, daß Frage-Antwort-Sequenzen in unterrichtlichen Elizitationsprozessen (vgl. Rehbein 1979 a) nicht - wie im Fall der echten Frageillokution - dazu dienen, Lücken im Wissen des Fragenden durch Aneignung von Wissen zu schließen, über das der Befragte verfügt (vgl. Maas 1972, 213 ff.), sondern herauszufinden, ob der Befragte über ein Wissen verfügt, das der Fragende schon hat:

"Echte" Frageillokution: X will wissen ob P
Pädagogische Frageillokution: X will wissen ob Y weiß daß P

Da der antwortende Schüler weiß, daß der Lehrer über das elizitierte Wissen verfügt, kann er von ihm Rückmeldung darüber abrufen, ob er das gewünschte Wissen produziert hat. Zwar erfolgt die Rückmeldung durch den Lehrer häufig auch ohne explizit markierten Schülerappell; durch die steigende Intonation wird die Rückmeldung jedoch quasi zwingend. Eine typische Elizitationssequenz mit appellierender Schülerantwort ist in Edmondson (1979 a, 207) belegt:

```
L   : no look at the words check through is that all
      right I'll ask a few questions who wants to go
      to Germany Conny
Con : Tom wants to go to Germany
L   : ja a what family Tom belongs to what family Ute
Ute : it is erm (studies book) the family Bartlett
L   : yes it's the Bartlett family right
```

Aus Utes Antwort wird deutlich, daß sie über die Richtigkeit des von ihr produzierten Wissens unsicher ist (Hesitation, ins Buch sehen), den tentativen Charakter ihrer Replik durch die steigende Intonation zum Ausdruck bringt und damit gleichzeitig einen starken Rückmeldungsappell äußert. Genau diese Doppelfunktion bewirkt aber, daß die steigende Intonation bei der Beantwortung von Fragen in nicht-pädagogischen Redewechseln gegen die pragmatischen Voraussetzungen, nämlich den

Wissensstand des Fragenden, verstößt.

Insbesondere die in L belegte Verwendung von Interrogativsatzintonation mit Deklarativsatzsyntax bei der Realisierung von Vorschlägen dient den Lernern offenbar dazu, ihren Vorschlägen einen tentativen Charakter zu verleihen und einen Respons von Y zu elizitieren; dieser Funktionszusammenhang kann nach den Bemerkungen zu pädagogischen Frage-Antwort-Sequenzen als Generalisierung ursächlich beschrieben werden, die sekundär durch fremdsprachenunterrichtsspezifische Kommunikationsstrukturen induziert ist (vgl. Edmondson 1979 a; Kahrmann 1979).

Durch ein fremdsprachenunterrichtsspezifisches Kommunikationsverhalten dürften auch propositional unangemessen explizite Realisierungen von Sprechakten und Diskursfunktionen mittelbar bedingt sein. In 7.2.1.1 wurde als primäre Ursache dieser Fehler pragmatische Generalisierung hypostasiert: propositional explizite Redeweisen, wie sie z.B. im argumentativen und expositorischen Diskurs üblich sind, werden auf Kontexte generalisiert, in denen - aufgrund des stärkeren Gewichts der relationellen Funktion - implizite Redeweisen angemessen sind. Die propositionale Überbestimmtheit des Sprechakts Anbieten/Einladen in (5 b), 6.1.3.3/ (62 c), 7.2.1.1, des Annahmeaktes in (11 r), 6.2.1.3, der Aufforderung zur Identifizierung in (44 a), (44 c), 6.4.4.2/ (62 d), 7.2.1.1 und des Anteilnahmesignals in (46 a), 6.4.6.2 können als mittelbare Folge der auf die referentielle Funktion zentrierten Orientierung des vor-pragmadidaktischen Fremdsprachenunterrichts interpretiert werden, die in Kap. 1.1 angesprochen und konkret von und für unsere(r) Lernerstichprobe durch die Fragebögen zum Erwerbskontext bestätigt wurde (vgl. 4.2.2.2.2).

Der unangemessenen Explizitheit auf der propositional-funktionalen Ebene korrespondiert auf der formalen Ebene die Tendenz der Lerner zum "Komplettismus" bei der Realisierung respondierender Akte, die in 7.2.2.2 primär durch Redemittelgeneralisierung mit der "Strategie des geringsten Aufwandes" als auslösendem Motiv erklärt worden war. Auch dieses "Kommunikations"-Verhalten wird mittelbar durch den Fremdsprachenunterricht verursacht sein: häufig verlangen Lehrer von ihren Schülern, "in ganzen Sätzen" zu antworten (vgl. Rehbein 1978; Jung 1979, 200). Im Fremdsprachenunterricht dient der "Komplettismus" zumeist dazu, die Fähigkeit zu fördern, z.B. morpho-syntaktische Regeln korrekt anzuwenden. In der Tat ist das "Antworten im ganzen Satz" im Kontext z.B. eines fragend-entwickelnden Lehrverfahrens kaum verzichtbar, da die Lerner bei "normalem" Gesprächsverhalten oftmals nicht dazu kämen, die zu übende Regel etc. zu produzieren: sollen z.B. unregelmäßige Verben über eine Fragetechnik geübt werden, so nützt eine kommunikationsadäquate elliptische Antwort nichts: auf die Frage "When did Jane come home from work" wäre eine kommunikationsadäquate Antwort "at six o'clock"; eine im Hinblick auf das Teillernziel "unregelmäßige Verben" adäquate Antwort muß jedoch "She came home at six o'clock" lauten. Der hier angedeutete und in der Unterrichtspraxis häufig anzutreffende Konflikt zwischen Teillernziel und übergeordnetem Lernziel scheint mir durchaus aufhebbar, wenn die Schüler aus der reaktiven Rolle heraustreten können und Anlässe zur Produktion initiierender Äußerungen geboten werden, die zwangsläufig nicht-elliptische Strukturen erhalten. Wie Jung (1979) zutreffend bemerkt, orientieren traditionelle, fertigkeitsorientierte Lehrwerke auf die Satz-, nicht aber auf die Text-/Diskursebene. An den *pattern drills, switchboards,* Einzelfragen zu den Lektionstexten, Einsatz- und Substitutionsübungen, die in den Übungsteilen von "Learning English A 1-3" fast ausschließlich verwandt werden (vgl. 4.2.2.2.2), läßt sich der Einfluß des Fremdsprachenunterrichts auf die Tendenz der Lerner zum "Komplettismus" leicht nachweisen.

In 7.2.2.1 und 7.2.2.2 war der überrepräsentierte und häufig falsch verwendete *-committer* "I think" als *imperial form* charakterisiert worden, die durch Generalisierung der Funktion "seinen Sprechakt als subjektive Meinungsäußerung kennzeichnen" auf unspezifische Abtönungsfunktionen entstanden ist. In 7.1.1.1 hatte ich die Nullokkurrenz des *cajolers* "I mean" ursächlich auf Transfervermeidung zurückgeführt. Zwischen beiden Erscheinungen besteht ein Zusammenhang, der seinen Ursprung im Englischunterricht der Lerner zu haben scheint. Mehrere Lerner gaben in den Interviews die Auskunft, daß sie "I mean" nicht benutzen, weil ihnen dieser Ausdruck im Englischunterricht als "Germanismus" verboten worden sei. Sie hätten vielmehr gelernt, stattdessen "I think" zu verwenden. Die falsche linguistische Analyse, die hinter dieser Sprachregelung steckt, beruht auf einer Konvergenz der Funktionen des deutschen "ich meine", das zum einen in seinem vollen semantischen Gehalt als "dies ist meine Meinung" verwandt wird, zum anderen eine semantisch weitgehend entleerte pragmatische *cajoler*-Funktion erfüllt. Beide Funktionen können in Texten zumeist aufgrund der Betonung unterschieden werden (Meinungsäußerung: +betont, *cajoler*: -betont). Die englischen Übersetzungsäquivalente der beiden Funktionen von "ich meine" sind lexikalisch unterschieden; die Äquivalenzrelationen sind (grob)

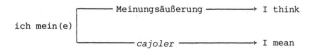

Da die Funktionsdifferenzen der beiden "ich meine" nicht beachtet werden, könnte man annehmen, daß die Lerner sowohl das Äquivalenzverbot "ich mein(e) (Meinungsäußerung)" ≠ "I mean" auf "ich meine (*cajoler*)" ≠ "I mean" als auch die Äquivalenzregel "ich meine (Meinungsäußerung)" = "I think" auf "ich mein (*cajoler*)" = "I think" generalisieren; die resultierende interimsprachliche Äquivalenzrelation wäre damit "ich meine (Meinungsäußerung/*cajoler*)" = "I think".

Diese Beschreibung entspricht jedoch nicht der Lernerperformanz in L: die unangemessen verwendeten "I think" können zumeist nicht durch "I mean" restituiert werden; vergleiche z.B. (3 d), 6.1.2.3, (5 d) in 6.1.3.3, (13) (m) - (o) in 6.2.3.5, in denen "I think" aufgrund seiner Sprecherzentriertheit unangemessen ist und durch hörerbezogene abtönende Modalitätsmarkierungen ersetzt werden muß. Weitere unangemessene Verwendungen von "I think" lassen sich durch verstärkende Modalitätsmarkierungen - Substitution des -*committer* "I think" durch einen +*committer* wie "I'm sure" - substituieren; vgl. z.B. (11 p) in 6.2.1.3, (12 o) in 6.2.2.3, (15 k) in 6.2.5.3). Die Übernahme sowohl abschwächender als auch verstärkender Funktionen durch "I think" in der Lernerperformanz ist meines Erachtens darauf zurückzuführen, daß die Subjektivierung von Feststellungen, Argumenten etc. durch dieses Redemittel ein typisches Merkmal der Schülersprache im Fremdsprachenunterricht ist, wobei zwischen Subjektivierung mit abschwächender und verstärkender Funktion ("+" vs. "-"*committer*) nicht differenziert wird. Da die relationelle Funktion im Fremdsprachenunterricht eine untergeordnete Rolle spielt (s.u.), werden die Lerner ferner kaum Gelegenheit gehabt haben, Kontexte, in denen Abschwächung der Sprechaktmodalität durch sprecherbezogene Redemittel angemessen ist, von Kontexten unterscheiden zu lernen, die hörerbezogene Modalitätsmarkierungen (z.B. den +*consultative marker*) erfordern. Wie gesagt, verwenden die Lerner "I think" als globale - meist abtönende - Modalitätsmarkierung, nicht jedoch als direktes Substitut für "I mean". Zumeist bleiben Äußerungspositionen, die einen geeigneten *"slot"* für diesen *cajoler* abgäben, pragmatische Leerstellen; vergleiche (66 a)

(66)

    (a) (X hat einen Weinfleck auf Ys Wildlederjacke gemacht, nachdem sie sie ohne Ys Zustimmung ausgeliehen hatte)

        Y : well I think it's a bit much you know expecting

```
         me you know to borrow my clothes and
X :  oh I I think when we live to- together then
     it's possible that I can lend your clothes
     for a moment but er it's not often that
     such thing happen that I er that your
     clothes get dirty
RÄ:  oh I thought as we live together it would
     be all right if I borrowed them for a moment
     and I mean it's not often that this happens
```

Im Zusammenhang mit der Nullokkurenz von "I mean" steht die starke Unterrepräsentation relationell wirksamer *gambits*, nämlich von *cajolers* und *appealers*. Die Funktionalreduktion dieser Kategorien in der Planung von Lerneräußerungen (vgl. 7.3) scheint dadurch beeinflußt, daß die Lerner ihr Kommunikationsverhalten an schulischen Interaktionsnormen orientieren. Sie ist ein Teilaspekt von grundsprachlichem Transfer mit Reduktion (7.1.3), Modalitätsgeneralisierung des ersten Typs (Nichtmarkierung von Sprechaktmodalität, 7.2.1.1) und Modalitätsreduktion (7.3). Es spricht einiges dafür, daß diese psycholinguistischen Prozesse ihrerseits durch die spezifischen Kommunikationsbedingungen des Fremdsprachenunterrichts ausgelöst wurden. Wie in den angeführten Kapiteln erwähnt, finden pragmatische Generalisierungs- und Reduktionsprozesse überwiegend auf der Ebene der Sprechaktmodalität statt, die die relationelle Funktion realisiert, kaum jedoch auf propositionaler und aktionaler Ebene. Die lernerspezifische Hierarchie kommunikativer Funktionen, die Ausrichtung ihres Diskurses an den Grice'schen Konversationsmaximen, die sie auf die Realisierung "redundanter" relationeller, z.T. auch expressiver Funktionen verzichten läßt, war 7.2.1.1 in Analogie zu Pidgins gesetzt worden. Meine Hypothese ist nun, daß die interimsprachlichen Interaktionsnormen zumindest partiell nach denen des Fremdsprachenunterrichts modelliert werden, und daß diesen Interaktionsnormen ein fremdsprachenunterrichtsspezifisches Pidgin entspricht.

Wie jeder konventionelle Unterricht, so ist auch der Fremdsprachenunterricht primär durch seinen Inhaltsaspekt geprägt: Wissensvermittlung, -aufnahme und -verarbeitung steht im Vordergrund. Der stets präsente Beziehungsaspekt wird jedoch in mehr oder minder wahrnehmbarer Form immer mit realisiert, und zwar im nicht-fremdsprachlichen Unterricht in demselben sprachlichen Medium. Für den traditionellen Fremdsprachenunterricht ist es dagegen typisch, daß Inhalts- und Beziehungsaspekt durch ihre Realisierung in verschiedenen sprachlichen Medien dissoziiert werden. Die Beziehungsdimension zwischen den Schülern, zwischen Lehrer und Schüler, aber auch Selbstdarstellung (expressive Funktion) und Metakommunikation werden zumeist in der Grundsprache realisiert. Unsere Lerner gaben an, daß selbst in ihrem Oberstufenunterricht relationelle, expressive und metakommunikative Funktionen überwiegend auf Deutsch vollzogen wurden (vgl. 4.2.2.2.2, Fragebogenitem A 7). Damit ist die Realisierung dieser Funktionen im fremdsprachlichen Medium redundant und führt zur "Redundanzvermeidung" als einem typischen Merkmal von Pidgins (vgl. z.B. Mühlhäusler 1979).

In der Zweitsprachenerwerbsforschung ist derzeitig die Pidginisierungshypothese als Erklärungsmodell für die Entwicklung von *Interlanguages* virulent (z.B. Schumann 1978; Shapira 1978; Stauble 1978; Andersen 1979; Bickerton 1979): sie besagt, grob zusammengefaßt, daß Zweitsprachenlerner unter Bedingungen sozialer und psychischer Distanz die Zweitsprache lediglich zum Ausdruck referentieller, nicht aber expressiver und relationeller Funktionen verwenden und daher redundante Strukturmerkmale, deren Verwendung immer auch Gruppenzugehörigkeit signalisiert, "vermeiden". Die Redundanzvermeidung wird dabei primär im morphosyntaktischen Bereich lokalisiert.

Gegen die Übertragung der Pidginisierungshypothese auf Interimsprachen wurde u.a. geltend gemacht, daß morphosyntaktische Redundanzen von Anfang an Teil des Fremdsprachenunterrichts sind und Pidginisierungen dieser Art vom Fremdsprachenlehrer nicht zugelassen werden (Bausch/Kasper 1979, 25).[1] Die Lernerperformanz in L enthält auch keine Merkmale, die sich sinnvollerweise als Indikatoren für Pidginisierung im morphosyntaktischen Bereich interpretieren ließen.

Dagegen scheint es durchaus plausibel, die Reduktion der modalen Komponente als Pidginisierungseffekt zu beschreiben, der durch die primäre Ausrichtung des fremdsprachlichen Diskurses an der referentiellen Funktion bei gleichzeitiger Übernahme relationeller, expressiver und metakommunikativer Funktionen durch das grundsprachliche Medium zustandekommt. Solange die nicht-referentiellen Funktionen befriedigend in der Grundsprache realisiert werden können - was prinzipiell immer möglich ist, wenn Lehrer und Lerner über dieselbe Grundsprache verfügen - entstehen in der unterrichtlichen Kommunikation keine funktionalen Defizite, die durch die Realisierung in der Fremdsprache, d.h. den Erwerb und die Verwendung entsprechender Ausdrucksmittel, kompensiert werden müßten. Der Lerner erfährt sich als "reduced personality" (Harder 1979) typischerweise erst außerhalb des schulischen Kontextes.

In der schulischen Interaktion bleibt die Pidginisierung der modalen Komponente jedoch ohne negative Konsequenzen für die Interaktanten: was in der Fremdsprache gesagt wird, zählt im traditionellen Anfangsunterricht primär unter Kor-

---

[1] *"Foreigner talk"*, der gegen die fremdsprachliche Akzeptabilität verstößt, wird offiziell als Lehrersprache in der BRD nicht geduldet. Inwieweit Lehrer dennoch *foreigner talk* verwenden, ist nicht ausgemacht; vgl. z.B. Kielhöfer 1975, 140, der durchaus ein "petit nègre" als Unterrichtssprache in manchem Fremdsprachenunterricht annimmt. Die starke Orientierung von Richtlinien, Lehrwerken und Lehrerausbildung an fremdsprachlicher Korrektheit läßt aber darauf schließen, daß sich die meisten Lehrer um "korrektes" Englisch etc. bemühen werden. Für den schriftlichsprachigen Bereich (Bewertungssysteme von Tests, Klassenarbeiten) gilt die starke Ausrichtung an Korrektheitsnormen auch für die Schüler. Einige Studien zum Lehrer-"*input*" aus USA und Kanada zeigen demgegenüber, daß die Lehrer in hohem Maße nicht-akzeptablen *foreigner talk* verwenden (z.B. Hatch 1978, 416; Chaudron 1980). Hier ist morphosyntaktische Pidginisierung also durchaus (mit) durch den Zweitsprachenunterricht bedingt.

rektheits-, später zunehmend unter inhaltlichen Gesichtspunkten (vgl. die Antworten zu Item A 9 des Fragebogens, 4.2.2.2.2). Die Vorteile der "geschützten Kommunikation" (Schwerdtfeger 1978), die der Fremdsprachenunterricht gegenüber außerschulischen Spracherwerbssituationen bietet, verkehren sich in ihrer Konsequenz leicht in ihr Gegenteil, wenn der "Freiraum" Fremdsprachenunterricht nicht zum Experimentieren mit allen relevanten Aspekten kommunikativer Kompetenz und ihrer Realisierung in der Fremdsprache genutzt wird, sondern der Reduktion von Funktionen Vorschub leistet, die die fremdsprachlichen Kommunikationsmöglichkeiten der Lerner außerhalb dieses Freiraums massiv einschränken.

7.7 ZUSAMMENFASSUNG DES EXPLIKATIONSTEILS

Um eine zusammenfassende Übersicht über die Verteilung der pragmatischen Fehler und angemessenen lernerspezifischen Merkmale auf die Kausalkategorien zu erhalten, sollen die quantitativen Ergebnisse aus den Kapiteln 7.1 - 7.6 tabellarisch dargestellt und im Licht der Interimsprachenhypothese interpretiert werden.

7.7.1 VERTEILUNG DER PRAGMATISCHEN FEHLER AUF DIE KAUSALKATEGORIEN

Aus Tab. 19 geht die Verteilung der aufgetretenen Fehler auf die pragmatischen Kategorien und die Kausalkategorien hervor.[1]
Wie aus Tab. 19 ersichtlich, sind nur bei der Realisierung respondierender Akte alle ermittelten Kausalkategorien fehlerbildend beteiligt. Bei Fehlern in initiierenden Akten, *gambits*, Eröffnungs- und Beendigungsphasen sind hingegen nur grundsprachlicher Transfer, Generalisierung und Fremdsprachenunterrichtsinduktion vertreten.

Betrachtet man zunächst nur die Prozesse, die unmittelbar fehlerverursachend wirksam sind, so ist festzustellen, daß der größte Fehleranteil (60 %) im vorliegenden Korpus auf Generalisierung zurückgeführt werden kann; 28 % der Fehler können durch grundsprachlichen Transfer erklärt werden. Bei aller Vorsicht, mit der diese und alle anderen quantitativen Ergebnisse in dieser Arbeit aufgrund des kleinen Korpus interpretiert werden müssen, läßt sich damit die Hypothese aufstellen, daß fortgeschrittene Lerner ihr be-

---

[1] Aus Gründen der Übersichtlichkeit sind in Tab. 19 nur die übergeordneten pragmatischen und Kausalkategorien aufgeführt. Eine ausführliche Tabelle mit den entsprechenden Feinverteilungen ist in Anhang 4 beigefügt (Tab. XII).

Tab. 19: Verteilung der Fehler auf die pragmatischen Kategorien und Kausalkategorien

Kausal-Kategorie \ pragmatische Kategorie	Initiierende Sprechakte fi	%	Respondierende Sprechakte fi	%	*Gambits* fi	%	Eröffnungsphasen fi	%	Beendigungsphasen fi	%
Grundsprachlicher Transfer	23	50	8	12	16	33	8	29	1	8
Generalisierung	23	50	34	52	32	67	20	71	11	92
Funktionale Reduktion	–	–	8	12	–	–	–	–	–	–
Inferenzieren	–	–	7	11	–	–	–	–	–	–
Diskursinduktion	–	–	8	12	–	–	–	–	–	–
Fremdsprachenunterrichtsinduktion*	23	50	22	34	2	4	15	54	3	25
∑	46	100	65	100	48	100	28	100	12	100

*Die in dieser Spalte angeführten Zahlen sind aus der Addition ausgenommen, da Fremdsprachenunterrichtsinduktion als <u>mittelbarer</u> Kausalfaktor wirksam ist und die davon ausgelösten Fehler bereits unter den Kausalfaktoren erfaßt sind, die sie <u>unmittelbar</u> bewirkt haben.

reits erworbenes interimsprachliches Wissen bei der Realisierung pragmatischer und Diskursfunktionen häufiger in fremdsprachlich unangemessener Weise anwenden als ihre anderen Wissensresourcen. Dies ist umso bemerkenswerter, als Lerneräußerungen, die zwischen grundsprachlichem Transfer und Generalisierung als kausalambig erschienen, als transferbedingt klassifiziert wurden (vgl. 7.0.5). Wenn nun trotz dieses Klassifikationsverfahrens der Anteil generalisierungsbedingter Fehler deutlich überwiegt, so läßt das folgende Schlüsse zu:

1. Die der "Transferhypothese" zugrundeliegende Annahme, daß die weniger stark strukturierten Regelmäßigkeiten im

Bereich der Pragmatik und das fehlende explizite Wissen der
Lerner über pragmatische Regularitäten im Englischen die
intralinguale Generalisierung erschwert und den grundsprachlichen Transfer begünstigt, hat sich als unzutreffend erwiesen. Vielmehr scheinen die fortgeschrittenen Lerner bei neuen Lern- und Kommunikationsaufgaben ihr interimsprachliches
pragmatisches Wissen zu aktualisieren, obwohl die pragmatischen Regularitäten weniger konturiert sind und durchgängig
den Status impliziter Regeln haben (vgl. z.B. die Ausführungen zur Modalitätsgeneralisierung in 7.2.1 und zur Verwendung von *imperial forms* in 7.2.2).

2. Die Präferenz der untersuchten Lernerstichprobe für die
Generalisierung interimsprachlichen pragmatischen Wissens
gegenüber grundsprachlichem Transfer ordnet sich ein in
die in der Literatur vertretene Annahme, nach der fortgeschrittene Lerner sich durchgängig eher auf interimsprachliches als auf grundsprachliches Wissen stützen (vgl.
7.0.5). Belege für die Generalisierungshypothese wurden
bisher für Aspekte der Morphosyntax erbracht, und zwar sowohl für fortgeschrittene Lerner in nicht-unterrichtsgesteuerten Zweitsprachenerwerbskontexten (Taylor 1975 a; b;
Dommergues/Lane 1976) als auch für Lerner im Fremdsprachenunterricht (Kielhöfer/Börner 1979). Es läßt sich damit verallgemeinernd - und im Gegensatz zu der in 7.0.5 vertretenen Annahme - die "starke" Hypothese aufstellen, daß fortgeschrittene Lerner
- unabhängig von der betroffenen Sprachebene
- unabhängig vom impliziten oder expliziten Status ihres
  interimsprachlichen Regelwissens
- unabhängig vom Lern-/Erwerbskontext
interimsprachliche Generalisierung dem grundsprachlichen
Transfer vorziehen.

Aus der Präferenz für Generalisierung kann jedoch keinesfalls geschlossen werden, daß grundsprachlicher Transfer
als Lern- und Kommunikationsplan/-strategie ein unbedeu-

tender Faktor bei der Entstehung pragmatischer Fehler wäre. Vielmehr variiert sein jeweiliger Anteil mit den verschiedenen pragmatischen und Diskursfunktionen:

- Bei den <u>initiierenden Akten</u> sind Fehler in den Direktiva *Auffordern, Vorschlagen* und *Anbieten/Einladen* zu 38 - 44 % durch Transfer, zu 56 - 62 % durch Generalisierung bedingt; fehlerhafte Beschwerden sind hingegen zu 88 % durch Transfer und nur zu 13 % durch Generalisierung erklärbar.
- Bei den <u>respondierenden Akten</u> kommt Transfer nur bei Annahmen und Versprechen mit 24 bzw. 27 % als fehlerbildender Faktor infrage; 30 - 60 % aller Fehler in dieser Kategorie sind generalisierungsbedingt.
- Fehler in der Verwendung von *gambits* sind in allen Kategorien zu 57 - 100 % generalisierungsbedingt; die einzige Ausnahme bilden *appealer*-Fehler, die zu 100 % transferbedingt sind.
- In <u>Eröffnungsphasen</u> sind 46 - 100 % aller fehlerhaft realisierten Funktionen durch Generalisierung hervorgerufen; Fehler im Eröffnungssignal sind zu 50 %, bei Themeneinführungen zu 63 % transferbedingt.
- Die einzelnen Funktionen in <u>Beendigungsphasen</u> sind - bis auf einen transferbedingten "Ausreißer" bei der Realisierung der Funktion *Dank* - zu 100 % durch Generalisierung verursacht.

Innerhalb der übergeordneten Kausalkategorien *Transfer* und *Generalisierung* ist weiterhin die Verteilung der pragmatischen Fehler auf die Subkategorien *pragmatischer Transfer, Transfer von Redemitteln, Transfer mit Reduktion* bzw. *pragmatische Generalisierung* und *Generalisierung von Redemitteln* interessant. Sie geht aus Tab. 20 und 21 hervor.

Von 56 <u>Transferfehlern</u> (Tab. 20) entfallen über die Hälfte (52 %) auf Redemitteltransfer; dieser Transfertyp tritt in allen pragmatischen Kategorien auf. Pragmatischer Transfer kommt hingegen ausschließlich bei den initiierenden Akten

Tab. 20: Verteilung der Fehler auf die pragmatischen Kategorien und Transfertypen

Transfertyp \ pragmatische Kategorie	Initiierende Sprechakte fi	%	Respondierende Sprechakte fi	%	*Gambits* fi	%	Eröffnungsphasen fi	%	Beendigungsphasen fi	%	∑ fi	%
Grundsprachlicher Transfer	23	100	8	100	16	100	8	100	1	100	56	100
Pragmatischer Transfer	4	18	-	-	-	-	-	-	-	-	4	7
Transfer von Redemitteln	5	22	5	63	16	100	2	25	1	100	29	52
Transfer mit Reduktion	14	61	3	38	-	-	6	75	-	-	23	41

Tab. 21: Verteilung der Fehler auf die pragmatischen Kategorien und Generalisierungstypen

Generalisierungstyp \ pragmatische Kategorie	Initiierende Sprechakte fi	%	Respondierende Sprechakte fi	%	*Gambits* fi	%	Eröffnungsphasen fi	%	Beendigungsphasen fi	%	∑ fi	%
Generalisierung	23	100	34	100	32	100	20	100	11	100	120	100
pragmatische Generalisierung	7	30	19	56	6	19	1	5	-	-	33	27,5
Generalisierung von Redemitteln	16	70	15	44	26	81	19	95	11	100	87	72,5

als fehlerverursachender Prozeß infrage. In den Kapiteln 7.1.1.1 und 7.1.2.1 wurde die unterschiedliche fehlerverursachende Wirkung von pragmatischem und Redemitteltrans-

fer mit der weitgehenden Übereinstimmung pragmatischer
Funktionen im Deutschen und Englischen einerseits und der
(Teil-) Divergenz ihrer sprachlichen Realisierungsmittel
andererseits in Verbindung gebracht. Größere Bedeutung
kommt dem Transfer mit Reduktion zu, der 41 % der Transferfehler ausmacht: wie in Kap. 7.1.3 beschrieben, transferieren die Lerner häufig nicht alle Komponenten ihrer ursprünglichen Ausdrucksintention, sondern beschränken den Transfer
auf diejenigen Komponenten, die sie für kommunikativ relevant halten. Dies hat zur Folge, daß die aktionale und propositionale Komponente per Transfer in der interimsprachlichen Äußerung realisiert wird, während die als redundant
betrachtete modale Komponente reduziert wird. Insbesondere in Interaktionssequenzen, in denen die Lerner die Initiative übernehmen (müssen), also bei der Realisierung initiierender Akte und in Eröffnungsphasen, verfahren sie nach
einem interimsprachlichen kommunikativen Relevanzprinzip
und eliminieren "redundante" modale Funktionen.

Auch innerhalb der <u>Generalisierungsfehler</u> (Tab. 21) entfällt der größte Teil auf die Generalisierung von Redemitteln (72,5 %); jedoch ist der Anteil pragmatischer Generalisierung mit 27,5 % relativ höher als derjenige pragmatischen Transfers (7 %). Pragmatische Generalisierung tritt
auf der Produktebene in der unangemessenen Verwendung diskursfunktionaler *gambits*, einer unangemessenen propositionalen Explizitheit von Sprechakten und Diskursfunktionen
und insbesondere als unangemessene Sprechaktmodalität auf.
Die Generalisierung unmarkierter Sprechaktrealisierungen
auf markierungsbedürftige Kontexte sowie die Abtönung verstärkungsbedürftiger Sprechakte wurde auf lernerspezifische Interaktionsnormen zurückgeführt (7.2.1), die ihrerseits durch den Fremdsprachenunterricht bedingt sind (7.6).
Während der Anteil pragmatischer Generalisierung stark mit
den verschiedenen pragmatischen Kategorien variiert (0 -
56 %), macht die Redemittelgeneralisierung durchgängig einen hohen Fehleranteil aus (44 - 100 %). Innerhalb des ge-

samten Fehlerkorpus von 199 Fehlern entfallen 44 % auf Redemittelgeneralisierung, die als Kausalfaktor für die unangemessene Verwendung prosodischer Strukturen, registerspezifischer Redemittel und individueller pragmatischer Elemente wie Modalitätsmarkierungen, *gambits* und Routineformeln ermittelt wurde (7.2.2.1).

Die im vorliegenden Korpus schwach vertretenen Kausalkategorien funktionale Reduktion, Inferenzieren und Diskursinduktion wirken sich nur bei der Realisierung respondierender Akte als fehlerbildend aus (vgl. Tab. 19). Während die Prozesse je 11 - 12 % der Fehler in respondierenden Akten erklären können, ist ihre Verteilung auf die einzelnen Sprechaktkategorien durchaus unterschiedlich: Aktionale Funktionalreduktion tritt nur bei den respondierenden Akten *Abbitte leisten* und *Bedanken*, modale Funktionalreduktion ebenfalls bei diesen beiden Sprechakten sowie bei Einwänden auf. Inferenzieren kommt als fehlerverursachender Prozeß bei allen Kategorien respondierender Akte mit 0 - 20 % zum Tragen. Diskursinduktion ist hingegen hauptsächlich bei fehlerhaft realisierten Einwänden als Kausalfaktor relevant. Im Zusammenhang mit dieser Fehlerkategorie wurde festgestellt, daß die geringe interimsprachliche Planungsflexibilität der Lerner sich in einem unzureichenden Eingehen auf den vorausgegangenen Koaktanten-Sprechakt (Non-/Teilresponsibilität) niederschlägt (7.5.1).

Wenn die drei zuletzt genannten Prozesse im vorliegenden Korpus nur in geringem Maße fehlerbildend wirken, so ist Vorsicht bei der Generalisierung dieses Befundes angebracht: es wird nämlich durchaus ein Zusammenhang zwischen der Wirksamkeit bestimmter Kausalkategorien und verschiedenen pragmatischen Aspekten bestehen. So kommt z.B. Inferenzieren nur in reaktiven Äußerungen wie respondierenden Sprechakten als fehlerverursachender Faktor infrage. Weiterhin kann man annehmen, daß Diskursinduktion als Kausalfaktor für unangemessen realisierte Diskursfunktionen wie Kohärenz und Kohäsion eine größere Rolle spielt als im Fall

der pragmatischen und Diskursaspekte, die in dieser Arbeit
untersucht wurden.

Von großer Bedeutung als mittelbar fehlerverursachender
Faktor ist im vorliegenden Korpus demgegenüber die Fremdsprachenunterrichtsinduktion. Wie Tab. 19 zeigt, ist an
50 % der Fehler in initiierenden Akten und 54 % der Fehler
in Eröffnungsphasen der Fremdsprachenunterricht indirekt
beteiligt; bei den übrigen pragmatischen Kategorien konnte sein fehlerbildender Einfluß ebenfalls - wenn auch in
geringerem Maße - nachgewiesen werden. Als fehlerauslösend
wurden zum einen Regelformulierungen, Übungen und die Progression des Lehrwerks, zum anderen die spezifischen Kommunikationsbedingungen des Fremdsprachenunterrichts identifiziert. Von den pragmatischen Fehlern, die primär durch
einen der zuvor angeführten psycholinguistischen Prozesse
ausgelöst wurden, erwiesen sich als sekundär fremdsprachenunterrichtsinduziert: die Verwendung eines zu förmlichen
Registers, der fehlerhafte Gebrauch von Modalverben, steigende Intonation bei Deklarativsatzsyntax, eine propositional unangemessene Explizitheit, die Tendenz zum "Komplettismus" und unzureichende Modalitätsmarkierung. Insbesondere im Zusammenhang mit dem letzten Fehlertyp wurde die
Hypothese formuliert, daß der defektive Kommunikationstyp
Fremdsprachenunterricht zur Bildung eines spezifischen Pidgins führt, das sich durch "Redundanzvermeidung" bei der
Markierung relationeller und expressiver Funktionen aus-
zeichnet.

7.7.2 VERTEILUNG DER ANGEMESSENEN LERNERSPEZIFISCHEN MERK- MALE AUF DIE KAUSALKATEGORIEN

In Tab. 22 ist die Distribution der angemessenen lernerspezifischen Merkmale auf die Kausalkategorien zusammengefaßt.
Hierzu wurden die in L ermittelten lernerspezifischen Merk-

Tab. 22: Verteilung der angemessenen lernerspezifischen Merkmale auf die pragmatischen Kategorien und Kausalkategorien

Kausal-Kategorie \ pragmatische Kategorie	Initiierende Sprechakte fi	%	Respondierende Sprechakte fi	%	*Gambits* fi	%	Eröffnungsphasen fi	%	Beendigungsphasen fi	%
Grundsprachlicher Transfer	5	26	5	31	9	47	1	100	1	20
Pragmatischer Transfer	4	21	-	-	4	21	1	100	1	20
Transfer von Redemitteln	1	5	5	31	3	16	-	-	-	-
Transfervermeidung	-	-	-	-	2	11	-	-	-	-
Generalisierung	11	58	8	50	2	11	-	-	-	-
Pragmatische Generalisierung	7	37	-	-	-	-	-	-	-	-
Generalisierung von Redemitteln	4	21	8	50	2	11	-	-	-	-
Funktionale Reduktion	-	-	3	19	3	16	-	-	1	20
Diskursinduktion	3	16	-	-	5	26	-	-	3	60
Fremdsprachenunterrichtsinduktion	-	-	-	-	3	16	-	-	-	-
∑	19	100	16	100	19	100	1	100	5	100

male jeweils als eine Einheit gesetzt und addiert (z.B. "Überrepräsentation von Direktheitsstufe 8 in Aufforderungsakten" + "Unterrepräsentation des +*consultative markers* in Aufforderungsakten" = 2 lernerspezifische Merkmale in initiierenden Akten).

Auch die angemessenen lernerspezifischen Merkmale sind mehrheitlich durch grundsprachlichen Transfer und Generalisierung hervorgerufen.

Grundsprachlicher Transfer wirkt sich in allen pragmatischen Kategorien lernerspezifisch aus, wenn auch im Fall der Eröffnungs- und Beendigungsphasen in nur geringem Maße. Den bedeutendsten Einfluß hat er auf die lernerspezifische Verwendung von *gambits*: hiervon sind 46 % transferbedingt, wobei der größte Anteil auf pragmatischen Transfer entfällt. Innerhalb des Transfertyps Redemitteltransfer geht eine besonders starke transferauslösende Wirkung von dem im Deutschen multifunktionalen Element "ja" auf sein englisches Formaläquivalent und partielles Funktionäquivalent "yes/yeah/yah" aus. Transfervermeidung war im vorliegenden Korpus nur bei den *gambits* festzustellen (7.1.4). Im Unterschied zu den pragmatischen Fehlern, an denen pragmatischer Transfer nur geringfügig ursächlich beteiligt war, kommt diesem Transfertyp als Ursache lernerspezifischer Merkmale größere Bedeutung zu: lernerspezifische Realisierungen initiierender Akte und *gambits* sind zu je 21 % durch pragmatischen Transfer bedingt (7.1.1.2). Redemitteltransfer spielt nur im Fall der respondierenden Akte eine größere Rolle (31 %) (7.1.2.2).

Generalisierung verursacht nur bei den initiierenden (58 %) und respondierenden Akten (50 %) sowie bei den *gambits* (11 %) lernerspezifische Merkmale. Pragmatische Generalisierung tritt nur im Fall der initiierenden Akte auf (31 %), wobei als auslösende Motive die "Strategie des geringsten Aufwandes" und die lernerspezifische Wahrnehmung englischer Interaktionsnormen genannt wurden (7.2.1.2). Auch für die Redemittelgeneralisierung, die sich insbesondere in der Verwendung von *imperial forms*, d.s. multifunktionale Elemente, und im "Komplettismus" niederschlägt, wurde die "Strategie des geringsten Aufwandes" als generalisierungsauslösendes Motiv angenommen. 50 % aller lernerspezifischen Merkmale in respondierenden Akten konnten auf Redemittelgeneralisierung zurückgeführt werden (7.2.2.2).

Durch <u>funktionale Reduktion</u> mit der "Strategie des geringsten Aufwandes" als auslösendem Motiv sind einige lernerspezifische Merkmale bei der Realisierung respondierender Akte, von Beendigungsphasen und der Verwendung von *gambits* bedingt, wobei der Anteil dieses Prozesses zwischen 16 und 20 % liegt (7.3.2).

Demgegenüber ist <u>Diskursinduktion</u> stärker vertreten; sie kommt bei lernerspezifischen Realisierungen initiierender Akte, von Beendigungsphasen und der Verwendung von *gambits* mit 16 - 60 % zum Tragen. Der aktuelle Diskurskontext wirkt sich dabei insbesondere durch verstärkte metakommunikative Aktivität zum Zweck der Verständnissicherung und die asymmetrische Rollenbeziehung zwischen Lerner und *native speaker* auf das Kommunikationsverhalten der Lerner aus (7.5.2).

Der Lernkontext <u>Fremdsprachenunterricht</u> hat an der Erzeugung lernerspezifischer Merkmale nur im Fall der *gambits* mit 16 % teil - ein Ergebnis, das mit seiner ausgeprägten Funktion als fehlerbildendem Faktor kontrastiert. Dieses divergierende Resultat wird im anschließenden Kapitel aufgegriffen, in dem der Zusammenhang zwischen den Kausalkategorien einerseits und den pragmatischen Fehlern und lernerspezifischen Merkmalen andererseits abschließend betrachtet werden soll.

7.7.3 VERTEILUNG VON PRAGMATISCHEN FEHLERN UND ANGEMESSENEN LERNERSPEZIFISCHEN MERKMALEN AUF DIE KAUSALKATEGORIEN

Tab. 23 faßt zusammen, wie sich die pragmatischen Fehler und angemessenen lernerspezifischen Merkmale auf die Kausalkategorien verteilen.

Tab. 23: Verteilung von pragmatischen Fehlern und angemessenen lernerspezifischen Merkmalen auf die Kausalkategorien

Kausal-Kategorie	pragmatische Fehler		angemessene lernerspezifische Merkmale	
	fi	%	fi	%
Grundsprachlicher Transfer	56	28	21	35
Generalisierung	120	60	21	35
Funktionale Reduktion	8	4	7	12
Inferenzieren	7	4	-	-
Diskursinduktion	8	4	11	18
Fremdsprachenunterrichtsinduktion	65	33	3	5
∑	199	100	60	100

Tab. 23 verdeutlicht noch einmal, daß <u>grundsprachlicher Transfer</u> und <u>Generalisierung</u> sowohl bei der Bildung pragmatischer Fehler als auch bei der Erzeugung lernerspezifischer Merkmale als Kausalkategorien dominieren: durch sie sind zusammen 88 % der Fehler und 70 % der angemessenen lernerspezifischen Merkmale bedingt. Bei der unterschiedlichen Verteilung beider Kausalfaktoren auf die Fehler und angemessenen lernerspezifischen Merkmale muß man zum einen den jeweiligen Anteil der pragmatischen Kategorien berücksichtigen: die lernerspezifischen Verwendungen von initiierenden und respondierenden Akten sind überwiegend durch Generalisierung bedingt; die Dominanz von grundsprachlichem Transfer bei den *gambits* hängt insbesondere mit dem multifunktionalen Element "yes/yeah/yah" zusammen (vgl.

7.7.2). Zum anderen ist der Anteil der übrigen primären Kausalkategorien im Fall der angemessenen lernerspezifischen Merkmale höher als im Fall der Fehler (30 %: 12 %), wobei anzunehmen ist, daß diese Prozesse eher als Alternativen zur Generalisierung als dem grundsprachlichen Transfer zu Buche schlagen: in beiden Fällen nutzt der Lerner nämlich sein interimsprachliches - und nicht sein grundsprachliches - System in spezifischer Weise, indem er pragmatische und Diskursfunktionen reduziert (Funktionale Reduktion) und mit seinen vorhandenen interimsprachlichen Mitteln aktuelle Diskursprobleme auf lernerspezifische Weise löst (Diskursinduktion). Die Hypothese, daß fortgeschrittene Lerner interimsprachliche Generalisierung dem grundsprachlichen Transfer vorziehen (vgl. 7.7.1), wird durch den im Bereich der angemessenen lernerspezifischen Merkmale vorliegenden Befund demnach nicht invalidiert.

Der insgesamt niedrige, jedoch an den angemessenen lernerspezifischen Merkmalen gegenüber den Fehlern relativ höhere Anteil funktionaler Reduktion läßt sich darauf zurückführen, daß die Lerner diesen (strategischen oder nichtstrategischen) Kommunikationsplan aufgrund der vorgegebenen Rollen zurückhaltend verwenden, und zwar vorzugsweise in solchen Fällen, in denen sich die reduzierte Sprechhandlung im Bereich angemessenen Kommunikationsverhaltens befindet. Es ist durchaus denkbar, daß funktionale Reduktion in nicht-schulischer, nicht-simulierter Realkommunikation eine größere Rolle als Kommunikationsstragie spielt als unter den hier vorliegenden Rollenspielbedingungen.

Erklärungsbedürftig sind schließlich die unterschiedlichen Auswirkungen des aktuellen Kommunikationskontestes auf die Fehler und die angemessenen lernerspezifischen Merkmale. Der stärkere Einfluß der Diskursinduktion auf die angemessenen lernerspezifischen Merkmale kommt vermutlich dadurch zustande, daß die Lerner über genügend Kommunikationserfahrung verfügen, um ihr Kommunikationsverhalten auf die ak-

tuellen Diskursbedingungen einzustellen und gleichzeitig
ihr interimsprachliches Redemittelrepertoire nicht zu über-
fordern: verständnissichernde metakommunikative Signale,
eine diskurstypspezifische Rollenverteilung und die Anwendung des Imitationsverfahrens ermöglichen eine zwar lernerspezifische, aber durchaus als angemessen zu wertende
Kommunikationsweise.

Die nur geringfügige mittelbare Auswirkung des <u>Lernkontex-</u>
<u>tes</u> auf die angemessenen lernerspezifischen Merkmale und
seine große Bedeutung als fehlerverursachender Faktor wird
dagegen in den diskurstypologischen Unterschieden zwischen
dem Fremdsprachenunterricht und dessen spezifischen Interaktionsnormen einerseits und den Bedingungen nicht-unter-
richtlicher Kommunikation andererseits begründet sein. Insbesondere die Dissoziation referentieller von relationellen
und expressiven Funktionen, die wesentlich an der Herausbildung eines fremdsprachenunterrichtsspezifischen Pidgins beteiligt ist (vgl. 7.6), muß bei ihrer Übertragung auf außerunterrichtliche Kontexte zu einem nicht nur lernerspezifischen,
sondern zu unangemessenem Kommunikationsverhalten führen.

Mit der hohen Beteiligung der Fremdsprachenunterrichtsinduktion an 1/3 der pragmatischen Fehler erhält die sechste
Bestimmung der Interimsprachenhypothese, derzufolge der
Fremdsprachenunterricht als relevanter Lernkontext sich
entscheidend auf die Entwicklung der Interimsprache und
ihre kommunikative Verwendung auswirkt, volle Unterstützung.
Wenn sich auch Zurückhaltung bei der Übertragung des hier
für die pragmatische Dimension erbrachten Befundes auf andere sprachliche Ebenen empfiehlt, so legt der umfangrei-
che Anteil des Fremdsprachenunterrichts an den vorgefunde-
nen Fehlern es dennoch nahe, Spracherwerbshypothesen er-
werbs-/lernkontextspezifisch zu formulieren und das Design
empirischer Untersuchungen entsprechend zu organisieren.

8. SCHLUSSBEMERKUNGEN UND AUSBLICK

Es sollen an dieser Stelle nicht noch einmal alle Ergebnisse der Interimsprachenanalyse resumiert werden; der Leser sei hierzu auf die Zusammenfassung des Deskriptionsteils (6.6) und des Explikationsteils (7.7) verwiesen. Vielmehr soll eines der auffälligsten Resultate - die lernerspezifische Markierung relationeller Funktionen - exemplarisch im Hinblick auf das Lernziel kommunikative Kompetenz und die Interimsprachenhypothese interpretiert werden.

Auf der <u>deskriptiven</u> Ebene kann man feststellen, daß die fortgeschrittenen Englischlerner pragmatische und Diskursfunktionen zumeist so vollziehen können, daß sie <u>referentielle</u> und <u>aktionale</u> Kommunikationsziele erreichen: sie führen in der Regel die beabsichtigte Handlung mit dem geplanten Inhalt aus. <u>Relationelle</u> Kommunikationsziele bleiben demgegenüber häufig unerreicht: Die wichtige "Aufgabe" kommunikativ kompetenter Interaktanten, Sprechhandlungen in Abhängigkeit von der aktuellen Beziehungssituation mit dem Koaktanten zu realisieren, wird von den Lernern nur unzureichend gelöst. Berücksichtigt man, daß dieser Aspekt nicht zu den Lernzielen des Englischunterrichts der untersuchten Stichprobe gehört (vgl. 4.2.2.2.1) und auch nicht implizit durch Aktivitäten im Englischunterricht gefördert wurde (vgl. 4.2.2.2.2), so muß man den Schluß ziehen, daß auch fortgeschrittene Lerner relationelle Funktionen in der Interimsprache nicht ohne explizite Vermittlung im Fremdsprachenunterricht realisieren können. Damit ist die Annahme der "Anti-Pragmadidaktiker", der zufolge durchgängig ein automatischer Transfer vorhandenen pragmatischen Wissens auf die Interimsprache stattfände (vgl. 1.2), exemplarisch widerlegt. Auf der normativen Ebene schließt sich die Forderung an, einen kommunikativen Fremdsprachenunterricht inhaltlich und methodisch so zu gestalten, daß die fremdsprachliche Realisierung des Beziehungsaspekts durch die Wahl einer angemessenen Sprechaktmodalität bei möglichst vielen Lernaktivitäten systematisch mit berücksichtigt wird.

Auf der _explikativen_ Ebene hat die Analyse gezeigt, daß die Diskrepanz zwischen Ziel- und Realnorm im Rahmen der Interimsprachenhypothese erklärt werden kann. Unter den vielfältigen Faktoren des Fremdsprachenunterrichts, die potentielle Determinanten von Interimsprachen sind (Bestimmung 6 der Interimsprachenhypothese), wurden seine spezifischen Interaktionsormen als maßgebliche Bedingung für die Herausbildung eines lernerspezifischen Kommunikationsverhaltens interpretiert. Im Unterschied zur Kommunikation außerhalb des Fremdsprachenunterrichts, die sich zumeist _nicht_ an den Griçe'schen Konversationspostulaten, sondern an sozial üblichen Taktprinzipien wie insbesondere der "H-Support"-Maxime ausrichtet, scheint die interimsprachliche Kommunikation im Fremdsprachenunterricht gerade Grice und seinem biblischen Vorläufer zu folgen: "Eure Rede aber sei: Ja, ja; nein, nein. Was drüber ist, das ist von Übel" (Matth. 5, 37). "Was drüber ist" - nämlich auch relationelle und expressive Funktionen auszudrücken - wird im Fremdsprachenunterricht häufig in der Grundsprache realisiert, die aufgrund ihrer stärkeren psychischen Präsenz und emotionalen "Besetztheit" dafür das geeignetere Medium ist. Sind die Lerner nun gezwungen, ausschließlich in der Fremdsprache zu kommunizieren, so sorgt das fremdsprachenunterrichtsspezifische "Relevanzprinzip" oftmals dafür, daß die Markierung der relationellen Funktion als redundant entfällt. Dieser Befund und seine Interpretation sollen kurz im Lichte einiger weiterer Bestimmungen der Interimsprachenhypothese betrachtet werden.

Wie für andere sprachliche Ebenen und Subsysteme, so gilt auch für den Aufbau der pragmatischen Komponente, daß die Lerner ihre sprachliche und kommunikative Vorerfahrung aktualisieren (Bestimmung 4 der Interimsprachenhypothese). Dies ist z.B. daran belegbar, daß die Lerner zumeist sprachliche Handlungen (wie Auffordern) identifizieren und vollziehen können, und daß sie über ein aktualisierungsfähiges Diskurswissen verfügen, was z.B. die Organisation von Eröffnungs- und Beendigungsphasen angeht. Wie gezeigt wurde, geschieht die Aktualisierung vorhandenen kommunikativen Wissens jedoch nicht in allen pragmatischen Bereichen in gleichem Maße: auf implizites Wissen über - grundsprachlich vermittelte - pragmatische Normen wie die "H-Support"-Maxime greifen die Lerner nur sehr bedingt zurück. Diesem "Transferblock" kann nicht, wie z.B. der Transfervermeidung von Redemitteln (vgl. 7.1.4), eine subjektive Betrachtungsweise der Lerner zugrunde liegen, derzufolge die betreffende Norm grundsprachenspezifisch und daher nicht transferfähig wäre. Vielmehr ist nach der obigen Argumentation anzunehmen, daß er durch den Lernkontext und seine Interaktionsbedingungen ausgelöst wird. Diese Interpretation beinhaltet, daß die (Nicht-)Aktualisierung kommunikativer und sprachlicher Vorerfahrung - u.a. - vom Lernkontext gesteuert wird.

Ein weiterer Gesichtspunkt, der die Aktualisierung pragmatischen Wissens im Lern- und Kommunikationsprozeß betrifft, ist sein Status - und derjenige der Regeln und Normen, aus denen es besteht - als implizites oder explizites Wissen. Der fünften Bestimmung der Interimsprachenhypothese zufolge verläuft das Fremdsprachenlernen unter schulischen Bedingungen typischerweise bewußt-strukturierend. Für den pragmatischen Bereich muß diese "Ist"-Bestimmung in eine "Kann"-Bestimmung überführt werden: zwar können im Fremdsprachenunterricht prinzipiell alle sprachlichen Aspekte didaktisch-methodisch aufbereitet werden, so daß die Lerner sie sich bewußt-strukturierend aneignen können; dies war jedoch im Englischunterricht der untersuchten Lernergruppe in der Pragmatik nicht der Fall. Die "große" Möglichkeit allen Unterrichts, über das Bewußtmachen dessen, was der Lerner bereits implizit weiß, sein Wissen und seine Handlungsmöglichkeiten auszuweiten, blieb damit ungenutzt. Das hat konkret zur Konsequenz, daß die praktischen

Defizite der fremdsprachenunterrichtsspezifischen Interaktion durch den Aufbau expliziten pragmatischen Wissens auch nicht potentiell kompensiert werden können. - Die Auffassung, daß explizite pragmatische Kenntnisse in implizite überführt werden und damit handlungsanleitend wirken können, stützt sich auf die Annahme einer Interaktion zwischen explizitem und implizitem sprachlichem und kommunikativem Wissen, die genauer untersucht werden muß (vgl. als Gegenposition Krashen 1976; 1977).

Ich möchte abschließend noch einmal betonen, daß die Ergebnisse dieser Untersuchung hypothetischen Charakter haben; sie sollen vor allem zur gezielten Weiterarbeit auf einem bisher wenig bearbeiteten praxisrelevanten Gebiet anregen. Von den vielen Problemen, die hier nicht oder nur ansatzweise behandelt wurden, müssen im Hinblick auf das Lernziel kommunikative Kompetenz vor allem die folgenden empirisch untersucht werden:

- Inwieweit ist kommunikative Kompetenz von Sprachkompetenz i.e.S., insbesondere der grammatischen Kompetenz abhängig?
- Welche pragmatischen Normen gelten in der Interaktion zwischen englischen *native speakers*, in der Lerner-*native speaker*- und in der Lerner-Lerner-Interaktion?
- Welche Abweichungstoleranzen bestehen unter welchen Kommunikationsbedingungen gegenüber pragmatisch unangemessenem Sprachverhalten?
- Welche pragmatischen und Diskursfunktionen werden im Fremdsprachenunterricht von wem vollzogen? Wie werden sie realisiert? Läßt sich die fremdsprachenunterrichtsspezifische "Pidgin"-Hypothese (Redundanzvermeidung von Sprechaktmodalität) empirisch belegen?
- Wie kann die Kluft zwischen der Kommunikationsfähigkeit im Fremdsprachenunterricht und der Kommunikationsfähigkeit außerhalb des Fremdsprachenunterrichts überbrückt werden?

- Durch welche Kommunikationsstrategien können pragmatische Defizite in der internationalen Kommunikation ausgeglichen werden?

- Welche konstanten Lernstrategien führen beim Aufbau der pragmatischen Komponente in Interimsprachen zum besten Lernerfolg?

- Welche Auswirkungen hat ein explizit-kognitives Unterrichten pragmatischer und Diskursregeln auf den Lerneffekt? Oder, hilft metakommunikatives Wissen beim Aufbau und bei der Verwendung der pragmatischen Komponente in Interimsprachen?

BIBLIOGRAPHIE

Adjemian, Christian (1976), On the Nature of Interlanguage Systems. *Language Learning* 26, 297-320

Ammon, Ulrich (²1973), *Dialekt, soziale Ungleichheit und Schule*. Weinheim-Basel: Beltz

Andersen, Roger W. (1979), Two Perspectives on Pidginization as Second-Language Acquisition. Vortrag gehalten auf dem 13. TESOL-Kongreß Boston

Arabski, Janusz (1973), Selected Bibliography on Error Analysis and Related Areas, in: Svartvik (1973), 161-169

Arbeitsgruppe "Norm" (1975), Kriterien zur Definition von Kommunikationsbereichssprachen und Kurssprachen, in: Zentrales Fremdspracheninstitut der Ruhr-Universität Bochum (1975), Band II, 373-414

Arndt, Horst (1970), Sprachlerntheorien und Fremdsprachenunterricht. *Der fremdsprachliche Unterricht* 4:16, 2-25

Arndt, Horst (1973), Fragen zum gegenwärtigen Stand einer Fremdsprachenlerntheorie, in: Hüllen (1973 a), 7-29

Austin, John L. (1962), *How to Do Things with Words*, Oxford: Oxford University Press

Ausubel, David P. (1963), *The Psychology of Meaningful Verbal Learning*. New York: Grune and Stratton

Badura, Bernhard (1973), *Sprachbarrieren. Zur Soziologie der Kommunikation*. Stuttgart - Bad Canstatt: Frommann-Holzboog

Bailey, Nathalie/Madden, Carolyn/Krashen, Stephen B. (1974), Is there a 'Natural Sequence' in Adult Second Language Learning? *Language Learning* 24, 235-243

Barik, Henri C./Swain, Merrill (1975), Three Year Evaluation of a Large Scale Early Grade French Immersion Program: The Ottawa Study. *Language Learning* 25, 1-31

Bateson, Gregory/Jackson, Don D./Haley, Jay/Weakland, John (1969), Auf dem Weg zu einer Schizophrenie-Theorie, in: dieselben, *Schizophrenie und Familie*. Frankfurt: Suhrkamp, 11-13

Baur, Micheline/Baur, Rupprecht S./Bausch, Karl-Richard/ Brammerts, Helmut/Kleppin, Karin/Lübbert, Elisabeth/Moffat, Ann (1975), *Pragmatik und Fremdsprachenunterricht. Eine rollentheoretische Pilotstudie* (= Manuskripte zur Sprachlehrforschung Nr. 8). Heidelberg: Groos

Bausch, Karl-Richard (1971), Ausgewählte Literatur zur Kontrastiven Linguistik und Interferenzproblematik. *Babel* 17, 45-52

Bausch, Karl-Richard (1976), Kontrastive Linguistik und Fehleranalyse, in: Kühlwein, Wolfgang/Barrera-Vidal, Alberto (eds.), *Kritische Bibliographie zur angewandten Linguistik*. Dortmund: Lensing

Bausch, Karl-Richard (1977 a), Hilft das Konstrukt der latenten Psychostruktur die Krise der angewandt-kontrastiven Linguistik überwinden?, in: Christ/Piepho (1977), 266-269

Bausch, Karl-Richard (1977 b), Zur Übertragbarkeit der "Übersetzung als Fertigkeit" auf die "Übersetzung als Übungsform". *Die Neueren Sprachen* 76, 517-534

Bausch, Karl-Richard (ed.) (1979 a), *Beiträge zur Didaktischen Grammatik*. Probleme, Konzepte, Beispiele. Königstein/Ts.: Scriptor

Bausch, Karl-Richard (1979 b), Die Erstellung von didaktischen Grammatiken als Exempel für das Verhältnis von angewandter Linguistik, Fremdsprachendidaktik und Sprachlehrforschung, in: Bausch (1979 a), 2-25

Bausch, Karl-Richard/Kasper, Gabriele (1979), Der Zweitsprachenerwerb: Möglichkeiten und Grenzen der "großen" Hypothesen. *Linguistische Berichte* 64, 3-35

Bausch, Karl-Richard/Raabe, Horst (1975), Der Filter 'Kontrastivität' in einer Lehrergrammatik. Eine Skizze der Probleme und Perspektiven, in: Zentrales Fremdspracheninstitut der Ruhr-Universität Bochum (1975), Band II, 415-439

Bausch, Karl-Richard/Raabe, Horst (1978), Zur Frage der Relevanz von kontrastiver Analyse, Fehleranalyse und Intersprachenanalyse für den Fremdsprachenunterricht, in: Wierlacher, Alois/Eggers, Dietrich/Engel, Ulrich/Krumm, Hans-Jürgen/Picht, Robert/Wahrig, Gerhard/Bohrer, Kurt-Friedrich (eds.), *Jahrbuch Deutsch als Fremdsprache*, Bd. 4, Heidelberg: Groos, 56-75

Beneke, Jürgen (1975), Verstehen und Mißverstehen im Englischunterricht. *Praxis des neusprachlichen Unterrichts* 22, 351-362

Berens, Franz-Josef (1976), Bemerkungen zur Dialogkonstituierung, in: Berens/Jäger/Schank/Schwitalla (1976), 15-34

Berens, Franz-Josef/Jäger, Karl-Heinz/Schank, Gerd/Schwitalla, Johannes (1976),*Projekt Dialogstrukturen*. Ein Arbeitsbericht. München: Hueber

Betten, Anne Marie (1976), Zur Sequenzierung von Sprechakten, in: Weber, Heinrich/Weydt, Harald (eds.), *Sprachtheorie und Pragmatik*. Akten des 10. Linguistischen Kolloquiums, Tübingen 1975, Bd. 1. Tübingen: Niemeyer, 279-289

Bialystok, Ellen (1978), A Theoretical Model of Second Language Learning. *Language Learning* 28, 69-83

Bickerton, Derek (1975), *Dynamics of a Creole System*. Cambridge: Cambridge University Press

Bieritz, Wulf-Dieter/Denig, Friedrich (1975), Der Filter "Lernpsychologie" in einer Lehrergrammatik, in: Zentrales Fremdspracheninstitut der Ruhr-Universität Bochum (1975), Bd. II, 441-460

Bieritz, Wulf-Dieter/Grotjahn, Rüdiger (1977), Kognitives oder imitatives Lernen im Ausspracheunterricht? *Der fremdsprachliche Unterricht* 11, 6-19

Bludau, Michael (1975), Didaktische Dialoge. *Praxis des neusprachlichen Unterrichts* 22, 251-264

Börner, Wolfgang/Kielhöfer, Bernd/Vogel, Klaus (eds.) (1976), *Französisch lehren und lernen*. Aspekte der Sprachlehrforschung. Kronberg/Ts.: Scriptor

Bolinger, Dwight L. (1968), Judgements of Grammaticality. *Lingua* 21, 34-40

Brend, Ruth M. (1978), Politeness. *IRAL* 18, 253-256

Brown, H. Douglas (ed.) (1976), *Papers in Second Language Acquisition* (= Language Learning Special Issue No. 4)

Brown, H. Douglas/Yorio, Carlos/Crymes, Ruth H. (eds.) (1977), *On TESOL '77: Teaching and Learning English as a Second Language*. Washington D.C.

Brown, Penelope/Levinson, Stephen (1978), Universals in Language Usage: Politeness Phenomena, in: Goody, Esther N. (ed.), *Questions and Politeness*. Strategies in Social Interaction. Cambridge: Cambridge University Press, 56-289

Bublitz, Wolfram (1978), *Ausdrucksweisen der Sprechereinstellung im Deutschen und Englischen*. Tübingen: Niemeyer

Burt, Marina K./Dulay, Heidi C./Hernández, Eduardo (1973), *Bilingual Syntax Measure*. New York: Harcourt Brace Jovanovich

Butzkamm, Wolfgang (1973), *Aufgeklärte Einsprachigkeit*. Zur Entdogmatisierung der Methode im Fremdsprachenunterricht. Heidelberg: Quelle und Meyer

Butzkamm, Wolfgang (1975), Überlegungen zur Fremdsprachendidaktik als Wissenschaft und Lehre. *Die Deutsche Schule*, 30-44

Cancino, Herlinda/Rosansky, Ellen/Schumann, John (1974), Testing Hypotheses about Second Language Acquisition. *Working Papers on Bilingualism* 3, 80-96

Candlin, Christopher N. (1978), Discoursal Patterning and the Equalizing of Interpretive Opportunity. Vortrag gehalten auf dem Kongreß "English as an International Auxiliary Language", East West Center, Honolulu

Carrel, Patricia L. (1979), Indirect Answers in ESL. Vortrag gehalten auf dem 13. TESOL-Kongreß Boston

Carton, Aaron S. (1971), Inferencing: a Process in Using and Learning Language, in: Pimsleur/Quinn (1971), 45-58

Chaudron, Craig (1977), A Descriptive Model of Discourse in the Corrective Treatment of Learners Errors. *Language Learning* 27, 29-46

Chaudron, Craig (1979), Complexity of Teacher Speech and Vocabulary Explanation/Elaboration. Vortrag gehalten auf dem 13. TESOL-Kongreß Boston

Chaudron, Craig (1980), Foreigner Talk in the Classroom - An Aid to Learning? Vortrag gehalten auf einer Tagung der New England Child Language Association, Cambridge, Mass.

Chomsky, Noam (1964), Degrees of Grammaticalness, in: Fodor, Jerry A./Katz, Jerrold J. (eds.), *The Structure of Language. Readings in the Philosophy of Language*. Englewood Cliffs, N.J.: Prentice-Hall, 384-389

Christ, Herbert/Piepho, Hans-Eberhard (eds.) (1977), *Kongreßdokumentation der 7. Arbeitstagung der Fremdsprachendidaktiker Gießen 1976*. Limburg: Frankonius

Clark, Ruth/Hutcheson, Sandy/van Buren, Paul (1974), Comprehension and Production in Language Acquisition. *Journal of Linguistics* 10, 39-54

Cohen, Andrew (1974), The Culver City Spanish Immersion Program: How Does Summer Recess Affect Spanish Speaking Ability? *Language Learning* 24, 55-68

Cohen, Andrew D./Robbins, Margaret (1976), Towards Assessing Interlanguage Performance: The Relationship between Selected Errors, Learners' Characteristics and Learners' Explanations. *Language Learning* 26, 45-66

Cole, Peter (1975), The Synchronic and Diachronic Status of Conversational Implicature, in: Cole/Morgan (1975), 257-288

Cole, Peter/Morgan, Jerry L. (eds.) (1975), *Syntax and Semantics*. Vol. 3: Speech Acts. New York: Academic Press

Conseil de Coopération Culturelle du Conseil de l'Europe (ed.) (1976), *Un niveau-seuil*. Strasbourg

Corder, S. Pit (1967), The Significance of Learner's Errors. *IRAL* 5, 161-169

Corder, S. Pit (1972), Die Rolle der Interpretation bei der Untersuchung von Schülerfehlern, in: Nickel, Gerhard (ed.), *Fehlerkunde*. Beiträge zur Fehleranalyse, Fehlerbewertung und Fehlertherapie. Berlin: Cornelsen, 38-50

Corder, S. Pit (1973 a), The Elicitation of Interlanguage, in: Svartvik (1973), 36-47

Corder, S. Pit (1973 b), *Introducing Applied Linguistics*. Harmondsworth: Penguin

Corder, S. Pit (1976), The Study of Interlanguage, in: Nickel (1976), Bd. 2, 9-34

Corder, S. Pit (1977), Language Continua and the Interlanguage Hypothesis, in: Corder/Roulet (1977), 11-17

Corder, S. Pit (1978), Language-Learner Language, in: Richards (1978 a), 71-93

Corder, S. Pit/Roulet, Eddy (eds.) (1977), *The Notions of Simplification, Interlanguages and Pidgins and Their Relation to Second Language Pedagogy* (= Actes du 5ême Colloque de linguistique appliquée de Neuchâtel 20-22 Mai 1976). Neuchâtel/Genf

Coseriu, Eugenio (1970), System, Norm und 'Rede', in: ders., *Sprache, Strukturen und Funktionen. 12 Aufsätze* (= Tübinger Beiträge zur Linguistik 2). Tübingen: Narr, 193-212

Coseriu, Eugenio (1972), Über Leistung und Grenzen der kontrastiven Grammatik, in: Nickel, Gerhard (ed.), *Reader zur kontrastiven Linguistik*. Frankfurt: Athenäum, 39-58

Coulmas, Florian (1978), Routineformeln und pragmatische Interferenzen, in: Kühlwein, Wolfgang/Raasch, Albert (eds.), *Kongreßberichte der 8. Jahrestagung der Gesellschaft für Angewandte Linguistik GAL e.V. Mainz 1977*. Stuttgart: Hochschulverlag, Band II, 31-40

Coulmas, Florian (1979), On the Sociolinguistic Relevance of Routine Formulae. *Journal of Pragmatics* 3, 239-266

Coulmas, Florian (ed.) (1981), *Conversational Routine. Explorations in Standardized Communication Situations and Prepatterned Speech*. The Hague: Mouton

Coulthard, Malcolm (1977), *An Introduction to Discourse Analysis*. London: Longman

Crystal, David/Davy, Derek (1975), *Advanced Conversational English*. London: Longman

Davison, Alice (1975), Indirect Speech Acts and What to Do with Them, in: Cole/Morgan (1975), 143-185

Dickerson, Lonna J. (1975), The Learner's Interlanguage as a System of Variable Rules. *TESOL Quarterly* 9, 401-407

Dickerson, Lonna J./Dickerson, Wayne B. (1977), Interlanguage Phonology: Current Research and Future Directions, in: Corder/Roulet (1977), 18-29

Dietrich, Inge (1974), *Kommunikation und Mitbestimmung im Fremdsprachenunterricht*. Kronberg/Ts.: Scriptor

Digeser, Andreas (1979), Forderungen aus dem Begriff 'Kommunikative Kompetenz', in: Heuer/Kleineidam/Obendiek/Sauer (1979), 221-224

Dittmar, Norbert (1979), An Explanatory Study on the Verbal Organization of L_2 Tense Marking in an Elicited lation Task by Spanish Immigrants in Germany. MS Berlin (West)

Dommergues, Jean-Ives/Lane, Harlan (1976), On Two Independent Sources of Error in Learning the Syntax of a Second Language. *Language Learning* 26, 111-123

Dulay, Heidi C./Burt, Marina K. (1974 a), You Can't Learn Without Goofing. An Analysis of Children's Second Language 'Errors', in: Richards (1974), 95-123

Dulay, Heidi C./Burt, Marina K.(1974 b), Errors and Strategies in Child Second Language Acquisition. *TESOL Quarterly* 8, 129-136

Dulay, Heidi C./Burt, Marina K. (1976), Creative Construction in Second Language Learning and Teaching, in: Brown (1976), 65-79

Dulay, Heidi C./Burt, Marina K. (1977), Remarks on Creativity in Language Acquisition, in: Burt, Marina K./Dulay, Heidi C./Finocchiaro, Mary (eds.), *Viewpoints on English as a Second Language*. New York: Regent, 95-126

Duncan, Starkey Jr. (1974), On the Nature of Speaker-Auditor Interaction during Speaking Turns. *Language and Society* 3, 161-180

Eckman, Fred R. (1977), Markedness and the Contrastive Analysis Hypothesis. *Language Learning* 27, 315-330

Edmondson, Willis (1977 a), Gambits in Foreign Language Teaching, in: Christ/Piepho (1977), 45-47

Edmondson, Willis (1977 b), Gambits Revisited. MS Bochum

Edmondson, Willis (1978), Worlds within Worlds - Problems in the Description of Teacher-Learner Interaction in the Foreign Language Classroom. Vortrag gehalten auf dem 5. AILA-Kongreß Montreal

Edmondson, Willis (1979 a), Funktionen von Fragen im Fremdsprachenunterricht, in: Heuer/Kleineidam/Obendiek/Sauer (1979), 206-209

Edmondson, Willis (1979 b), On Negotiation in Discourse: Contras and Counters in Exchange Structure. *Grazer Linguistische Studien* 11, 28-44

Edmondson, Willis (1981 a), Illocutionary Verbs, Illocutionary Acts, and Conversational Behaviour, in: Eikmeyer, Hans-Jürgen/Rieser, Hannes (eds.), *Words, Worlds and Contexts. New Approches in Word Semantics*. Berlin: de Gruyter (erscheint)

Edmondson, Willis (1981 b), On Saying You're Sorry, in: Coulmas (1981), 273-288

Edmondson, Willis/House, Juliane (1981), *Let's Talk and Talk about It. A Pedagogic Interactional Grammar of English*. München: Urban and Schwarzenberg

Edmondson, Willis/House, Juliane/Kasper, Gabriele/McKeown, John (1977), *A Pedagogic Grammar of the English Verb*. Tübingen: Narr

Edmondson, Willis/House, Juliane/Kasper, Gabriele/McKeown, John (1979), Sprachliche Interaktion in lernzielrelevanten Situationen: Kommunikative Kompetenz als realisierbares Lernziel. L.A.U.T. paper No. 51, Series B, Trier

Edmondson, Willis/House, Juliane/Kasper, Gabriele/Stemmer, Brigitte (1980), Kurzbeschreibung des Projekts "Kommunikative Kompetenz als realisierbares Lernziel". *Linguistische Berichte* 67, 50-57

Edmondson, Willis/House, Juliane/Kasper, Gabriele/Stemmer, Brigitte (in Vorbereitung), Kommunikative Kompetenz als realisierbares Lernziel: Abschlußbericht zu einem Forschungsprojekt

Ehlich, Konrad/Rehbein, Jochen (1972), Einige Interrelationen von Modalverben, in: Wunderlich (1972 a), 318-340

Ehlich, Konrad/Rehbein, Jochen (1977), Batterien sprachlicher Handlungen. *Journal of Pragmatics* 1, 393-406

Ehlich, Konrad/Rehbein, Jochen (1979 a), Sprachliche Handlungsmuster, in: Seffner, Hans-Georg (ed.), *Interpretative Verfahren in den Sozial- und Textwissenschaften.* Stuttgart: Metzler, 243-274

Ehlich, Konrad/Rehbein, Jochen (1979 b), Handlungsmuster im Unterricht, in: Mackensen, Rainer/Sagebier, Felizitas (eds.), *Soziologische Analysen.* Berlin: TU

Ehrich, Veronika/Saile, Günter (1972), Über nicht-direkte Sprechakte, in: Wunderlich (1972 a), 255-287

Ek, Jan A. van (1976), The Threshold Level for Modern Language Learning in Schools. Committee for General and Technical Education, Europarat, Strasbourg

Elias, Norbert (1977), *Über den Prozeß der Zivilisation.* Frankfurt: Suhrkamp, Band 1

Emons, Rudolf (1975), Linguistik und Fremdsprachenunterricht. Vorüberlegungen zu einer pädagogischen Grammatik. *Praxis des neusprachlichen Unterrichts* 22, 341-346

Engel, Ulrich/Stickel, Gerhard (eds.) (1973), *Gesprochene Sprache.* Forschungsbericht des Instituts für deutsche Sprache Mannheim 1972. Tübingen: Narr

English G. Berlin: Cornelsen und Oxford University Press 1972 ff.

Essentials of English Grammar. Stuttgart: Klett 1959

Faerch, Claus (1978 a), "Complexification" and "Communicative Potential" - Two Basic Notions in the Description of Learner Language. Vortrag gehalten auf dem Internationalen Kolloquium zu Fragen der Kontrastiven Linguistik und Übersetzungswissenschaft Trier und Saarbrücken, September 1978 (erscheint in den Kolloquiumsberichten, ed. Kühlwein, Wolfgang)

Faerch, Claus (1978 b), Language Learning Studies: A Survey of Some Recent Research Strategies, in: Caie, Graham D./Chesnutt, Michael/Christensen, Lis/Faerch, Claus (eds.), *Occasional Papers 1976-1977* (= Publications of the Department of English, University of Copenhagen, Vol. 5). Kopenhagen: Akademisk Forlag, 64-82

Faerch, Claus (1978 c), Performance Analysis of Learner's Language, in: Gregersen, Kirsten (ed.), *Papers from the Fourth Scandinavian Conference of Linguistics, Hindsgavl, January 6-8, 1978*. Odense: Odense University Press, 87-95

Faerch, Claus (1979 a), Describing Interlanguage Through Interaction. Problems of Systematicity and Permeability. *Working Papers on Bilingualism* 19, 59-78

Faerch, Claus (1979 b), Research in Foreign Language Pedagogy - the PIF Project (= Anglica et Americana 7). Department of English, University of Copenhagen

Faerch, Claus/Kasper, Gabriele (1980 a), Processes and Strategies in Foreign Language Learning and Communication. *Interlanguage Studies Bulletin Utrecht* 5:1, 47-118

Faerch, Claus/Kasper, Gabriele (1980 b), Stratégies de communication et marqueurs de stratégie. *Encrages* 1980, 17-24

Fathman, Ann (1977), Similarities and Simplification in the Interlanguage of Second Language Learners, in: Corder/Roulet (1977), 30-38

Ferguson, Charles A. (1976), The Structure and Use of Politeness Formulas. *Language and Society* 5, 137-151

Foreman, Donald (1974), The Speaker Knows Best Principle. *Papers from the Tenth Regional Meeting of the Chicago Linguistic Society*. Chicago, 162-176

Franck, Dorothea (1975), Zur Analyse direkter Sprechakte, in: Ehrich, Veronika/Finke, Peter (eds.), *Beiträge zur Grammatik und Pragmatik*. Kronberg/Ts.: Scriptor, 219-231

Fraser, Bruce (1974), An Analysis of Vernacular Performative Verbs, in: Shuy, Roger W./Bailey, Charles-James (eds.) (1974), *Towards Tomorrow's Linguistics*. Washington: Georgetown University Press

Fraser, Bruce (1975), Hedged Performatives, in: Cole/Morgan (1975), 187-210

Freudenstein, Reinhold (1978), Vom Sinn und Unsinn der Sprechakte. *Praxis des neusprachlichen Unterrichts* 25, 129

Fries, Charles Carpenter (1945), *Teaching and Learning English as a Foreign Language*. Ann Arbor: University of Michigan Press

Frith, May B. (1975), Second Language Learning: An Examination of Two Hypotheses. *IRAL* 13, 327-332

Funke, Peter (1974), Anglistische Fachdidaktik: Probleme und Lösungen, in: Pelz (1974), 55-65

Gagné, Robert M. (^{2}1970), *Die Bedingungen des menschlichen Lernens*. Hannover: Schroedel

Gaies, Stephen J. (1977), The Nature of Linguistic Input in Formal Second Language Learning: Linguistic and Communicative Strategies in ESL Teachers' Classroom Language, in: Brown/Yorio/Crymes (1977)

George, H.V. (1972), *Common Errors in Language Learning. Insights from English*. Rowley/Mass.: Newbury House

Geukens, Steven K.J. (1978), The Distinction between Direct and Indirect Speech Acts. A Surface Approach. *Journal of Pragmatics* 2, 261-276

Glahn, Esther (1980 a), Introspection as a Method of Elicitation in Interlanguage Studies. *Interlanguage Studies Bulletin Utrecht* 5:1, 119-128

Glahn, Esther (1980 b), The Metalinguistic Function in Native Speaker-Learner Conversations. Vortrag gehalten auf dem 14. TESOL-Kongreß San Francisco

Götz, Dieter (1977), Analyse einer in der Fremdsprache (Englisch) durchgeführten Konversation, in: Hunfeld (1977), 71-81

Goffmann, Erving (1967), *Interaction Ritual*. Essays on Face-to-Face Behavior. New York: Anchor Books

Goffmann, Erving (1974), *Das Individuum im öffentlichen Austausch*. Microstudien zur öffentlichen Ordnung. Frankfurt: Suhrkamp

Goffmann, Erving (1976), Replies and Responses. *Language and Society* 5, 257-313

Gordon, David/Lakoff, George (1975), Conversational Postulates, in: Cole/Morgan (1975), 83-106

Green, Georgia M. (1975), How to Get People to Do Things with Words, in: Cole/Morgan (1975), 107-141

Grice, H. Paul (1975), Logic and Conversation, in: Cole/Morgan (1975), 41-58

Grotjahn, Rüdiger/Kasper, Gabriele (1979), Zur Konzeption und Bewertung didaktischer Grammatiken, in: Bausch (1979 a), 98-116

Gutfleisch, Ingeborg/Rieck, Bert-Olaf/Dittmar, Norbert (1979, 1980), Interimsprachen- und Fehleranalyse. Teilkommentierte Bibliographie zur Zweitsprachenerwerbsforschung 1967-1978. *Linguistische Berichte* 64, 105-142 (Teil 1), 65, 51-81 (Teil 2)

Hackmann, Dorothea J. (1977), Patterns in Purported Speech Acts. *Journal of Pragmatics* 1, 143-154

Hamayan, Else/Markman, Barbara R./Pelletier, Susanne/Tucker, G. Richard (1976), Differences in Performance in Elicited Imitation between French Monolingual and English-Speaking Bilingual Children. *Working Papers on Bilingualism* 8, 30-58

Hamayan, Else V./Tucker, G. Richard (1979), Strategies of Communication Used by Native and Non-Native Speakers of French. *Working Papers on Bilingualism* 17, 83-96

Hammarberg, Björn (1973), The Insufficiency of Error Analysis, in: Svartvik (1973), 29-35

Hancher, Michael (1979), The Classification of Cooperative Illocutionary Acts. *Language and Society* 8, 1-14

Harder, Peter (1979), Discourse as Self-Expression and the Reduced Identity of the L2 Learner. Vortrag gehalten auf dem 1979er Neuchâtel-Kolloquium

Hatch, Evelyn Marcussen (1978 a), Discourse Analysis and Second Language Acquisition, in: Hatch (1978 b), 401-435

Hatch, Evelyn Marcussen (ed.) (1978 b), *Second Language Acquisition*. A Book of Readings. Rowley, Mass.: Newbury House

Heidelberger Forschungsprojekt "Pidgin-Deutsch" (1978), The Acquisition of German Syntax by Foreign Migrant Workers, in: Sankoff, David (ed.), *Linguistic Variation: Models and Methods*. New York: Academic Press

Heuer, Helmut (1976), *Lerntheorie des Englischunterrichts*. Heidelberg: Quelle & Meyer

Heuer, Helmut/Kleineidam, Hartmut/Obendiek, Edzard/Sauer, Helmut (eds.) (1979), *Dortmunder Diskussion zur Fremdsprachendidaktik*. Kongreßdokumentation der 8. Arbeitstagung der Fremdsprachendidaktiker Dortmund 1978. Dortmund: Lensing

Higa, Masanori (1966), The Psycholinguistic Concept of 'Difficulty' and the Teaching of Foreign Language Vocabulary. *Language Learning* 16, 167-179

Holly, Werner (1979), Zum Begriff der Perlokution. *Deutsche Sprache* 1979:1, 1-27

Holmes, Janet (1978), Sociolinguistic Competence in the Classroom, in: Richards (1978 a), 134-162

Hornby, A.S. (^{3}1974), *Oxford Advanced Learner's Dictionary of Current English*. Oxford: Oxford University Press

House, Juliane (1979), Interaktionsnormen in deutschen und englischen Alltagsdialogen. *Linguistische Berichte* 59, 76-90

House, Juliane (1980), Gambits in deutschen und englischen Alltagsdialogen. Versuch einer pragmatisch-kontrastiven Analyse, in: Kühlwein, Wolfgang/Raasch, Albert (eds.), *Sprache und Verstehen*. Tübingen: Narr, Bd. II, 101-108

House, Juliane (1981), Opening and Closing Phases in German and English Dialogues. *Grazer Linguistische Studien* (erscheint)

House, Juliane/Kasper, Gabriele (1981 a), Politeness Markers in English and German, in: Coulmas (1981), 157-185

House, Juliane/Kasper, Gabriele (1981 b), Zur Rolle der Kognition in Kommunikationskursen. *Die Neueren Sprachen* 80, 42-55

Hüllen, Werner (ed.) (1973 a), *Neusser Vorträge zur Fremdsprachendidaktik*. Berlin: Cornelsen

Hüllen, Werner (1973 b), Pragmatik - die dritte linguistische Dimension, in: Hüllen (1973 a)

Hüllen, Werner (1976), *Linguistik und Englischunterricht* 2. Didaktische Analysen. Heidelberg: Quelle und Meyer

Hüllen, Werner (1977), Linguistische Pragmatik und Fremdsprachenunterricht, in: Christ/Piepho (1977), 106-109

Hunfeld, Hans (ed.) (1977), *Neue Perspektiven der Fremdsprachendidaktik*. Kronberg: Scriptor

Hyltenstam, Kenneth (1977), Implicational Patterns in Interlanguage Syntax Variation. *Language Learning* 27, 383-411

Hyltenstam, Kenneth/Linnarud, Moira (eds.) (1979), *Interlanguage. Workshop at the Fifth Scandinavian Conference of Linguistics, Frostavallen April 1979*. Stockholm: Almquist and Wiksell

Ickenroth, Jacques (1975), *On the Elusiveness of Interlanguage*. Progress Report, Utrecht

Ingram, Elisabeth (1973), Psychology and Language Learning, in: Allen, J.P.B./Corder, S. Pit (eds.),*The Edinburgh Course in Applied Linguistics* Vol. 2. Oxford: Oxford University Press, 218-290

Jäger, Karl-Heinz (1976), Zur Beendigung von Dialogen, in: Berens/Jäger/Schank/Schwitalla (1976), 105-135

Jain, M.P. (1974), Error Analysis: Source, Cause and Significance, in: Richards (1974), 189-215

Jakobovits, Leon A. (1969), Second Language Learning and Transfer Theory: A Theoretical Assessment. *Language Learning* 19, 55-86

James, Juliane (1977), Language Transfer Reconsidered. *Interlanguage Studies Bulletin Utrecht* 2:3, 7-21

Janicki, Karol (1979), Deviance Beyond Grammar. MS Poznan

Jefferson, Gail (1972), Side Sequences, in: Sudnow (1972), 294-338

Jordens, Peter (1977), Rules,Grammatical Intuitions and Strategies in Foreign Language Learning. *Interlanguage Studies Bulletin Utrecht* 2:2, 5-76

Juhász, János (1970), *Probleme der Interferenz*. München: Hueber

Jung, Lothar (1979), Planung und Auswertung textueller Äußerungen von Fremdsprachenlernern der Sekundarstufe I, in: Heuer/Kleineidam/Obendiek/Sauer (1979), 200-202

Kahrmann, Bernd (1979), Kommunikation durch Frageinduktion?, in: Heuer/Kleineidam/Obendiek/Sauer (1979), 209-212

Kasper, Gabriele (1975), *Die Problematik der Fehleridentifizierung. Ein Beitrag zur Fehleranalyse im Fremdsprachenunterricht* (= Manuskripte zur Sprachlehrforschung Nr. 9). Heidelberg: Groos

Kasper, Gabriele (1977), Normentscheidungen bei der Identifizierung fremdsprachlicher Fehler, in: Kühlwein, Wolfgang/Raasch, Albert (eds.) (1977), *Kongreßberichte der 7. Jahrestagung der Gesellschaft für Angewandte Linguistik GAL e.V. Trier 1976*. Stuttgart: Hochschulverlag, Band IV, 47-59

Kasper, Gabriele (1979 a), Errors in Speech Act Realization and Use of Gambits. *The Canadian Modern Language Review/Revue Canadienne des langues vivantes* 35, 395-406

Kasper, Gabriele (1979 b), Pragmatische Defizite im Englischen deutscher Lerner. *Linguistik und Didaktik* 10, 370-379

Kasper, Gabriele (1979 c), Communication Strategies: Modality Reduction. *Interlanguage Studies Bulletin Utrecht* 4:2, 266-283

Kaufmann, Franz (1974), *Der Fehler im Französischunterricht. Verstöße gegen Morphologie und Syntax der französischen Elementargrammatik in schriftlichen Arbeiten deutschschweizerischer Schüler*. Bern und Frankfurt: Lang

Keller, Eric (1977), Gambits - Introductory Phrases in Conversational English. Vortrag gehalten auf dem Kongreß "On the Teaching of Spoken English", University of Leeds

Keller, Eric (1979), Gambits: Conversational Strategy Signals. *Journal of Pragmatics* 3, 219-238

Keller, Eric/Taba-Warner, Sylvia (1976, 1977, 1979), *Gambits 1, Openers; Gambits 2, Links; Gambits 3, Responders, Closes and Inventory. A Series of Three Modules*. Ottawa: Government of Canada

Kellerman, Eric (1974), Elicitation, Lateralisation and Error Analysis. *York Papers in Linguistics* 4, 165-189

Kellerman, Eric (1977), Towards a Characterisation of the Strategy of Transfer in Second Language Learning. *Interlanguage Studies Bulletin Utrecht* 2:1, 58-145

Kellerman, Eric (1978), Giving Learners a Break: Native Language Intuitions as a Source of Predictions about Transferability. *Working Papers on Bilingualism* 15, 59-92

Kellerman, Eric (1979), The Problem with Difficulty. *Interlanguage Studies Bulletin Utrecht* 4:1, 27-48

Kelly, Louis G. (²1976), *25 Centuries of Language Teaching*. Rowley, Mass: Newbury House (¹1969)

Kielhöfer, Bernd (1975), *Fehlerlinguistik des Fremdsprachenerwerbs*. Linguistische, lernpsychologische und didaktische Analyse von Französischfehlern. Kronberg/Ts.: Scriptor

Kielhöfer, Bernd (1976), Sprachkontrast und Lernschwierigkeit, in: Börner/Kielhöfer/Vogel (1976), 82-112

Kielhöfer, Bernd/Börner, Wolfgang (1979), *Lernersprache Französisch*. Psycholinguistische Analyse des Fremdsprachenerwerbs. Tübingen: Niemeyer

Kleppin, Karin (1980), *Das Sprachlernspiel im Fremdsprachenunterricht*. Untersuchungen zum Lehrer- und Lernerverhalten. Tübingen: Narr

Knapp, Mark L./Hart, Roderick P./Friedrich, Gustav W./ Shulman, Gary M. (1973), The Rhetoric of Goodbye: Verbal and Nonverbal Correlates of Human Leave-Taking. *Speech Monographs* 40, 183-198

Knapp-Potthoff, Annelie (1977), Linguistische Pragmatik und Fremdsprachenunterricht - Probleme eines Verwertungszusammenhangs. *Linguistische Berichte* 50, 58-75

Kohn, Kurt, *Kontrastive Syntax und Fehlerbeschreibung*. Kronberg/Ts.: Scriptor

Koordinierungsgremium im DFG-Schwerpunkt "Sprachlehrforschung" (ed.) (1977), *Sprachlehr- und Sprachlernforschung*. Eine Zwischenbilanz. Kronberg/Ts.: Scriptor

Krashen, Stephen D. (1976). Formal and Informal Linguistic Environments in Language Acquisition and Language Learning. *TESOL Quarterly* 10, 157-168

Krashen, Stephen D. (1977), Some Issues Relating to the Monitor Model, in: Brown/Yorio/Crymes (1977), 144-158

Krumm, Hans-Jürgen (1974), Fremdsprachenunterricht: Der Unterrichtsprozeß als Kommunikationssituation. *Unterrichtswissenschaft* 4, 30-38

Kufner, Herbert L.(1973), Kontrastive Grammatik und dann ...?, in: Nickel (1973), 17-31

Kultusministerium NRW (1963), Richtlinien für den Unterricht in der Höheren Schule Englisch, Ratingen: Henn

Kultusministerium NRW (1973), Empfehlungen für den Kursunterricht im Fach Englisch in der Sekundarstufe II, Schulreform NW, Heft 4, Gymnasiale Oberstufe KM NW, Krefeld: Janßen

Lado, Robert (1957), *Linguistics across Cultures*. Applied Linguistics for Language Teachers. Ann Arbor: University of Michigan Press.

Lado, Robert (1964), *Language Teaching*. A Scientific Approach. New York: MacGraw-Hill

Lakoff, George (1972), Hedges: A Study in Meaning Criteria and the Logic of Fuzzy Concepts. *Papers from the Eighth Regional Meeting of the Chicago Linguistic Society*. Chicago, 184-227

Lakoff, Robin (1973), The Logic of Politeness; or, Minding Your P'S and q's. *Papers from the Nineth Regional Meeting of the Chicago Linguistic Society*. Chicago, 292-305

Larsen-Freeman, Diane (1977), A Rationale for Discourse Analysis in Second Language Acquisition Research, in: Brown/Yorio/Crymes (1977), 172-177

Lauerbach, Gerda (1977), Lernersprache: Ein theoretisches Konzept und seine praktische Relevanz. *Neusprachliche Mitteilungen* 30, 208-214

Laver, John/Hutcheson, Sandy (eds.) (1972), *Communication in Face-to-Face Interaction*. Harmondsworth: Penguin

Learning English, Ausgabe A, Stuttgart: Klett, 1968 ff.

Leech, Geoffrey N. (1971), *Meaning and the English Verb*. London: Longman

Leech, Geoffrey N. (1977), *Language and Tact*. L.A.U.T. paper No. 46, Series A, Trier

Leech, Geoffrey/Svartvik, Jan (1975), *A Communicative Grammar of English*. London: Longman

Legenhausen, Lienhard (1975), *Fehleranalyse und Fehlerbewertung*. Untersuchungen an englischen Reifeprüfungsnacherzählungen. Berlin: Cornelsen

Levenston, Eddie/Blum, Shoshana (1978), Discourse-Completion as a Technique for Studying Lexical Features of Interlanguage. *Working Papers on Bilingualism* 15, 2-13

LoCoco, Veronica G.M. (1976), A Comparison of Three Methods for the Collection of L_2 Data: Free Composition Translation and Picture Description. *Working Papers on Bilingualism* 8, 59-86

Lohmann, Christa (1975), Überlegungen zur Kommunikativen Kompetenz im Englischunterricht. *Die Neueren Sprachen* 74, 18-29

Lütjen, Hans Peter (1973), Zur Kommunikativen Kompetenz in der Fremdsprache. *IRAL* 1, 81-91

Maas, Utz (1972), Grammatik und Handlungstheorie, in: Maas/Wunderlich (1972), 189-276

Maas, Utz/Wunderlich, Dieter (1972), *Pragmatik und sprachliches Handeln*. Frankfurt: Athenäum

Mackey, William Francis (ed.) (1972), *Bibliographie internationale sur le bilinguisme*. Québec: Les Presses de l'Université Laval

Mann, Renate (1979), Pragmatik und Englischunterricht: Ein Beitrag zur Rezeption der Sprechakttheorie in der Fachdidaktik. *Neusprachliche Mitteilungen* 32, 211-221

Mans, Elmar (1976), Lernziel 'kommunikative Kompetenz': Zu einigen neuen Versuchen,ein altes Problem der Fremdsprachendidaktik zu lösen, in: Kramer, Jürgen (ed.), *Bestandsaufnahme Fremdsprachenunterricht. Argumente zur Reform der Fremdsprachendidaktik*. Stuttgart: Metzler, 202-246

Markman, Barbara R./Spilka, Irène V./Tucker, G. Richard (1976), The Use of Elicited Imitation in Search of an Interim French Grammar. *Language Learning* 25, 31-41

Melenk, Hartmut (1977), Der didaktische Begriff der 'Kommunikativen Kompetenz' - Kritische Bemerkungen. *Praxis des neusprachlichen Unterrichts* 24, 3-12

Mindt, Dieter (1977), Kommunikative Kompetenz und Englischunterricht: Probleme der Anwendung pragmalinguistischer Kategorien bei der Planung von Englischunterricht, in: Christ/Piepho (1977), 113-115

Moser, Hugo (ed.) (1974), *Gesprochene Sprache*. Jahrbuch des Instituts für deutsche Sprache 1972. Düsseldorf: Schwann

Mühlhäusler, Peter (1979), Structural Expansion and the Process of Creolization. MS Berlin (West)

Müller, Richard M. (1977), Kommunikative Kompetenz und Arbitrarität: Pragmalinguistische Irrwege der Fremdsprachendidaktik. *Linguistik und Didaktik* 29, 63-77

Naiman, Neil (1974), The Use of Elicited Imitation in Second Language Acquisition Research. *Working Papers on Bilingualism* 2, 1-37

Naiman, Neil/Fröhlich, Maria/Stern, H.H./Todesco, Angela (1978), *The Good Language Learner*. Toronto: The Modern Language Centre, OISE

Nemser, William/Slama-Cazacu, Tatiana (1970), A Contribution to Contrastive Linguistics (A Psycholinguistic Approach: Contact Analysis). *Revue Roumaine de Linguistique* 15, 101-128

Neuner, Gerhard (ed.) (1979), *Pragmatische Didaktik des Englischunterrichts*. Paderborn: Schöningh

Nickel, Gerhard (ed.) (1973), *Angewandte Sprachwissenschaft und Deutschunterricht*. München: Hueber

Nickel, Gerhard (ed.)(1976), *Proceedings of the 4th International Congress of Applied Linguistics*. Stuttgart: Hochschul Verlag

Nold, Günter (1978), Second Language Speech Behaviour after Nine Years of Instruction - A Contrastive Study of Discourse. Vortrag gehalten auf dem 5. AILA-Kongreß Montreal

Nold, Günter (1979), Sprachverhalten im Rollenspiel. *Praxis des neusprachlichen Unterrichts* 26, 38-48

Norrick, Neal R. (1978), Expressive Illocutionary Acts. *Journal of Pragmatics* 2, 277-291

Oller, John W. Jr. (1971), Difficulty and Predictability, in: Jackson, Kenneth L./Whitman, Randal L. (eds.), *The Pacific Conference on Contrastive Linguistics and Language Universals (PCCLU)* (= Working Papers in Linguistics 3:4). Honolulu

Oller, John W. Jr./Richards, Jack C. (eds.) (1973), *Focus on the Learner. Pragmatic Perspectives for the Language Teacher*. Rowley, Mass.: Newbury House

Osgood, Charles E. (1953), *Method and Theory in Experimental Psychology*. London: Oxford University Press

Palmberg, Rolf (1976), A Select Bibliography of Error Analysis and Related Topics. *Interlanguage Studies Bulletin Utrecht* 1:2/3, 340-389

Palmberg, Rolf (1977), Recent Books and Articles on Error Analysis and Interlanguage Research (1976 and 1977). *Interlanguage Studies Bulletin Utrecht* 2:3, 91-99

Parreren, Carel F. van (1966), *Lernprozeß und Lernerfolg. Eine Darstellung der Lernpsychologie auf experimenteller Grundlage*. Braunschweig: Westermann

Parreren, Carel F. van (1972), "Reine" Lernpsychologie und Fremdsprachenlernpsychologie, in: Freudenstein, Reinhold (ed.), *Fokus '80. Fremdsprachenunterricht in den siebziger Jahren*. Berlin: Cornelsen, 94-104

Pauels, Wolfgang (1978), Kritische Anmerkungen zur wissenschaftlichen Ehe von Pragmatik und Fremdsprachendidaktik. *Englisch* 13, 99-102

Peck, Sabrina (1978), Child-Child Discourse in Second Language Acquisition, in: Hatch (1978 b), 383-400

Pelz, Manfred (ed.) (1974), *Freiburger Beiträge zur Fremdsprachendidaktik*. Berlin: Cornelsen

Petersen, Uwe Helm (1979), Morphologische Erwerbssequenzen der gesprochenen und geschriebenen Interimsprache, in: Hyltenstam/Linnarud (1979), 77-94

Piepho, Hans-Eberhard (1974), *Kommunikative Kompetenz als übergeordnetes Lernziel im Englischunterricht*. Dornberg-Frickhofen: Frankonius

Piepho, Hans-Eberhard (1975), Systematische Lernziel- und Lehrplanpräzisierung im Fremdsprachenunterricht mit Erwachsenen. *Zielsprache Französisch* 2, 18-26

Piepho, Hans-Eberhard (1976), Über das Verhältnis von linguistischen Mitteln, Fertigkeiten und Kommunikativen Kompetenzen im Englischunterricht auf der Sekundarstufe I, in: Protokoll der 8. Arbeitstagung in der Reinhardswaldschule vom 9.-13.6.1975: *Progressionen im Englischunterricht der Sekundarstufe I*. Hessisches Institut für Lehrerfortbildung Fuldatal, 1-41

Piepho, Hans-Eberhard (1979), Kommunikative Kompetenz, in: Kleine, Winfried (ed.), *Perspektiven des Fremdsprachenunterrichts in der Bundesrepublik Deutschland*. Frankfurt: Diesterweg, 65-73

Pimsleur, Paul/Quinn, Terence (eds.) (1971), *The Psychology of Second Language Learning*. Cambridge: Cambridge University Press

Polenz, Peter von (1973), Sprachkritik und Sprachnormenkritik, in: Nickel (1973), 118-167

Politzer, Robert L. (1965), Some Reflections on Transfer of Training in Foreign Language Learning. *IRAL* 3, 171-177

Projektgruppe 'Englische Korrektive Grammatik' (1975), Englische Korrektive Grammatik, in: Zentrales Fremdspracheninstitut der Ruhr-Universität Bochum (1975), Band I, 59-108

Quirk, Randolph/Greenbaum, Sidney (1973), *A University Grammar of English*. London: Longman

Quirk, Randolph/Greenbaum, Sidney/Leech, Geoffrey N./Svartvik, Jan (1972), *A Grammar of Contemporary English*. London: Longman

Quirk, Randolph/Svartvik, Jan (1966), *Investigating Linguistic Acceptability*. The Hague: Mouton

Raabe, Horst (1974), Interimsprache und kontrastive Analyse, in: ders. (ed.), *Trends in kontrastiver Linguistik I*. Tübingen: Narr, 1-50

Raabe, Horst (1976), Einleitung: Konzeptionen der angewandten Kontrastiven Linguistik, in: ders. (ed.), *Trends in kontrastiver Linguistik II*. Tübingen: Narr, 5-75

Raabe, Horst (1977), Kontrastive Syntax und Fehlerdeskription? *Linguistische Berichte* 48, 57-64

Raabe, Horst (1979 a), Der Fehler beim Fremdsprachenerwerb und Fremdsprachengebrauch, in: Cherubim, Dieter (ed.) (1979), *Fehlerlinguistik*. Beiträge zum Problem der sprachlichen Abweichung. Tübingen: Niemeyer, 61-93

Raabe, Horst (1979 b), Zur Bedeutung des Performanzfehlers, in: Kühlwein, Wolfgang/Raasch, Albert (eds.)(1979), *Kongreßberichte der 9. Jahrestagung der Gesellschaft für Angewandte Linguistik GAL e.V. Mainz 1978*. Heidelberg: Groos, Band III, 61-69

Rattunde, Eckhard (1977), Transfer - Interferenz? Probleme der Begriffsdefinition bei der Fehleranalyse. *Die Neueren Sprachen* 76, 4-14

Rattunde, Eckhard (1978), Problèmes d'analyse de fautes: interprétation plausible vs. interprétation autorisée. Vortrag gehalten auf dem 5. AILA-Kongreß Montreal

Rattunde, Eckhard/Weller, Franz-Rudolf (1977), Auswahlbibliographie zur Fehlerkunde (Veröffentlichungen 1967-1976). *Die Neueren Sprachen* 76, 102-113

Ravem, Roar (1974), The Development of *Wh*-Questions in First and Second Language Learners, in: Richards (1974), 134-155

Rehbein, Jochen (1972), Entschuldigungen und Rechtfertigungen, in: Wunderlich (1972 a), 288-317

Rehbein, Jochen (1976 a), *Planen I: Elemente des Handlungsplans*. L.A.U.T. paper No. 38, Series A, Trier

Rehbein, Jochen (1976 b), *Planen II: Planbildung in Sprechhandlungssequenzen*. L.A.U.T. paper No. 39, Series A, Trier

Rehbein, Jochen (1977), *Komplexes Handeln*. Elemente zur Handlungstheorie der Sprache. Stuttgart: Metzler

Rehbein, Jochen (1978), Reparative Handlungsmuster und ihre Verwendung im Fremdsprachenunterricht. MS Bochum

Rehbein, Jochen (1979 a), Elizitieren. Fragemodifizierung im Unterricht. MS Bochum

Rehbein, Jochen (1979 b), Sprechhandlungsaugmente, in: Weydt (1979), 58-74

Reibel, David A. (1971), Language Learning Strategies of the Adult, in: Pimsleur/Quinn (1971), 87-96

Richards, Jack C. (1971), A Non-Contrastive Approach to Error Analysis. *English Language Teaching* 25, 204-219

Richards, Jack C. (ed.) (1974), *Error Analysis*. Perspectives on Second Language Acquisition. London: Longman

Richards, Jack C. (1975), Simplification: A Strategy in the Adult Acquisition of a Foreign Language: An Example from Indonesian/Malay. *Language Learning* 25, 115-126

Richards, Jack C. (ed.) (1978 a), *Understanding Second and Foreign Language Learning*. Issues and Approaches. Rowley, Mass.: Newbury House

Richards, Jack C. (1978 b), Introduction: Understanding Second and Foreign Language Learning, in: Richards (1978 a), 1-14

Rintell, Ellen (1979), Getting Your Speech Act Together: The Pragmatic Ability of Second Language Learners. *Working Papers on Bilingualism* 17, 97-106

Rosansky, Ellen J. (1976), Methods and Morphemes in Second Language Acquisition Research. *Language Learning* 26, 409-425

Rudner, Richard S. (1966), *Philosophy of Social Science*. Englewood Cliffs: Prentice-Hall

Sacks, Harvey (1972), An Initial Investigation of the Usability of Conversational Data for Doing Sociology, in: Sudnow (1972), 31-74

Sacks, Harvey/Schegloff, Emanuel A./Jefferson, Gail (1974), A Simplest Systematics for the Organization of Turn-Taking for Conversation. *Language* 50, 696-735

Sajavaara, Kari/Lehtonen, Jaakko (eds.) (1975), *A Select Bibliography of Contrastive Analysis*. Jyväskylä Contrastive Studies No. 1, Jyväskylä

Schachter, Jacqueline/Tyson, Adele F./Diffley, Frank J. (1976), Learner Intuitions of Grammaticality. *Language Learning* 26, 67-76

Schank, Gerd/Schoenthal, Gisela (1976), *Gesprochene Sprache*. Eine Einführung in Forschungsansätze und Analysemethoden. Tübingen: Niemeyer

Schegloff, Emanuel A. (1972 a), Notes on a Conversational Practice: Formulating Place, in: Sudnow (1972), 75-119

Schegloff, Emanuel A. (1972 b), Sequencing in Conversational Openings, in: Laver/Hutcheson (1972), 374-405

Schegloff, Emanuel A. (1977), On Some Questions and Ambiguities in Conversation, in: Dressler, Wolfgang (ed.), *Current Trends in Textlinguistics*. Berlin: de Gruyter, 81-102

Schegloff, Emanuel A./Sacks, Harvey (1973), Opening up Closings. *Semiotica* 8, 289-327

Schegloff, Emanuel A./Jefferson, Gail/Sacks, Harvey (1977), The Preference for Self-Correction in the Organization of Repair in Conversation. *Language* 53, 361-382

Schlieben-Lange, Brigitte (1975), *Linguistische Pragmatik*. Stuttgart: Kohlhammer

Schmidt, Richard/Richards, Jack C. (1980), Speech Acts and Second Language Learning. *Applied Linguistics* 1 (im Druck)

Schmidt, Siegfried J. (1973), *Texttheorie*. München: Fink

Schopf, Alfred (1974), Fachdidaktik und Fachwissenschaft, in: Pelz (1974), 134-143

Schröder, Konrad (1973), Sprachunterricht, Sprachenpolitik und internationale Kommunikation, in: Hüllen (1973 a), 138-151

Schumann, John (1978), *The Pidginization Process: a Model for Second Language Acquisition*. Rowley, Mass.: Newbury House

Schwerdtfeger, Inge Christine (1973), *Medien und Fremdsprachenunterricht*. Eine Analyse unter pragmatischem Aspekt. Hamburg: Helmut Buske

Schwerdtfeger, Inge Christine (1978), Wahrnehmungsorientierter Fremdsprachenunterricht - Überlegungen zur Theorie und Praxis. Vortrag Bochum

Schwitalla, Johannes (1976), Dialogsteuerung. Vorschläge zur Untersuchung, in: Berens/Jäger/Schank/Schwitalla (1976), 73-104

Searle, John R. (1969), *Speech Acts*. An Essay in the Philosophy of Language. Cambridge: Cambridge University Press

Searle, John R. (1975), Indirect Speech Acts, in: Cole/Morgan 1975, 59-82

Searle, John R. (1976), A Classification of Illocutionary Acts. *Language and Society* 5, 1-23

Selinker, Larry (1969), Language Transfer. *General Linguistics* 9, 67-92

Selinker, Larry (1972), Interlanguage. *IRAL* 10, 209-231

Selinker, Larry/Lamendella, John T. (1978), Two Perspectives on Fossilization in Interlanguage Learning. *Interlanguage Studies Bulletin Utrecht* 3:2, 143-191

Selinker, Larry/Swain, Merrill/Dumas, Guy (1975), The Interlanguage Hypothesis Extended to Children. *Language Learning* 25, 139-152

Shapira, Rina G. (1978), The Non-Learning of English: Case Study of an Adult, in: Hatch (1978 b), 246-253

Sharwood Smith, Michael (1979), Strategies, Language Transfer and the Simulation of the Second Language Learner's Mental Operations. *Interlanguage Studies Bulletin Utrecht* 4:1, 66-83

Sinclair, John McH./Coulthard, R. Malcolm (1975), *Towards an Analysis of Discourse. The English Used by Teachers and Pupils*. London: Oxford University Press

Sluzki, Carlos E./Beavin, Janet/Tarnopolsky, Alejandro/Veron, Eliseo (1967), Transactional Disqualification. *Archives of General Psychiatry* 16, 494-504

Stauble, Ann-Marie E. (1978), The Process of Decreolization: A Model for Second Language Development. *Language Learning* 28, 29-54

Sornig, Karl (1977), Disagreement and Contradiction as Communicative Acts. *Journal of Pragmatics* 1, 347-374

Speight, Stephen (1977), German English and English as Esperanto, in: Christ/Piepho (1977), 156-158

Steger, Hugo/Deutrich, Helge/Schank, Gerd/ Schütz, Eva (1974), Redekonstellation, Redekonstellationstyp, Textexemplar, Textsorte im Rahmen eines Sprachverhaltensmodells. Begründung einer Forschungshypothese, in: Moser (1974), 39-97

Stemmer, Brigitte (1981), *Kohäsion im gesprochenen Diskurs deutscher Lerner des Englischen* (= Manuskripte zur Sprachlehrforschung Nr. 16). Heidelberg: Groos

Stenson, Nancy (1975), Induced Errors, in: Schumann, John/Stenson, Nancy (eds.) (1975), *New Frontiers in Second Language Learning*. Rowley, Mass.: Newbury House, 54-70

Stockwell, Robert P./Bowen, J. Donald/Martin, John W. (1965), *The Grammatical Structures of English and Spanish*. Chicago: University of Chicago Press

Sudnow, David (ed.) (1972), *Studies in Social Interaction*. New York: Free Press

Svartvik, Jan (ed.) (1973), *Errata.* Papers in Error Analysis. Lund: Gleerup

Swain, Merrill (1977), Future Directions in Second Language Research, in: Henning, Carol (ed.), *Proceedings of the Los Angeles Second Language Research Forum*. Los Angeles

Swain, Merrill/Dumas, Guy/Naiman, Neil (1974), Alternatives to Spontaneous Speech: Elicited Translation and Imitation as Indicators of Second Language Competence. *Working Papers on Bilingualism* 3, 68-79

Tarone, Elaine (1977), Conscious Communication Strategies in Interlanguage: A Progress Report, in: Brown/Yorio/Crymes (1977), 194-203

Tarone, Elaine (1979), Interlanguage as Chameleon. Vortrag gehalten auf dem 13. TESOL-Kongreß Boston

Tarone, Elaine/Cohen, Andrew D./Dumas, Guy (1976), A Closer Look at some Interlanguage Terminology: A Framework for Communicative Strategies. *Working Papers on Bilingualism* 9, 76-90

Tarone, Elaine/Frauenfelder, Uli/Selinker, Larry (1976), Systematicity/Variability and Stability/Instability in Interlanguage Systems, in: Brown (1976), 93-134

Taylor, Barry P. (1974), Toward a Theory of Language Acquisition. *Language Learning* 24, 23-35

Taylor, Barry P. (1975 a), Adult Learning Strategies and Their Pedagogical Implications. *TESOL Quarterly* 9, 391-407

Taylor, Barry P. (1975 b), The Use of Overgeneralization and Transfer Learning Strategies by Elementary and Intermediate Students of ESL. *Language Learning* 25, 73-107

Thorndike, Edward Lee (1913), *The Psychology of Learning*. Band 2. New York

Thorndike, Edward Lee (1932), *The Fundamentals of Learning*. New York

Tran-Thi-Chau (1975), Error Analysis, Contrastive Analysis, and Students' Perception: A Study of Difficulty in Second-Language-Learning. *IRAL* 13, 119-143

Unwerth, Heinz-Jürgen von/Buschmann, Ulrich (1978), Konfliktive Sprechakte und Lehrwerktext. Vortrag gehalten auf der 9. Jahrestagung der Gesellschaft für Angewandte Linguistik GAL e.V. Mainz

Valdmann, Albert/Walz, J. (1975), *A Selected Bibliography on Language Learners' Systems and Error Analysis*. Center for Applied Linguistics. Washington, D.C.

Váradi, Tamás (1980), Strategies of Target Language Learner Communication: Message-Adjustment. *IRAL* 18, 59-72

Ventola, Eija (1979), The Structure of Casual Conversation in English. *Journal of Pragmatics* 3, 267-298

Vigil, Neddy A./Oller, John W. Jr. (1976), Rule Fossilization: A Tentative Model. *Language Learning* 26, 281-295

Vogel, Klaus (1976), Transfer und Fremdsprachenunterricht, in: Börner/Kielhöfer/Vogel (1976), 40-58

Vogel, Klaus/Vogel, Sigrid (1975), *Lernpsychologie und Fremdsprachenerwerb*. Tübingen: Niemeyer

Wagner, Johannes (1979), Interlanguage-Kommunikation. Vortrag gehalten auf der 5. Skandinavischen Linguistik-Konferenz Frostavallen 1979

Wagner, Klaus R. (1977), Sprechstrategie-Illokution versus Sprechakt-Illokution. *Deutsche Sprache* 1977:5, 126-140

Walter, Gertrud (1977), Studien zur fremdsprachlichen Kommunikationsfähigkeit deutscher Schüler, in: Hunfeld (1977), 82-96

Walters, Joel (1979), The Perception of Politeness in English and Spanish. Vortrag gehalten auf dem 13. TESOL-Kongreß Boston

Wardhaugh, Ronald (1970), The Contrastive Analysis Hypothesis. *TESOL Quarterly* 4, 123-130

Watzlawick, Paul/Beavin, Janet H./Jackson, Don D. (1969), *Menschliche Kommunikation. Formen, Störungen, Paradoxien*. Bern: Huber

Weber, Hans (1973), Äußerungen als illokutive Handlungen. *Praxis des neusprachlichen Unterrichts* 20, 22-32

Weinreich, Uriel (1953), *Languages in Contact*. New York: Linguistic Circle of New York

Weydt, Harald (ed.) (1977), *Aspekte der Modalpartikeln*. Studien zur deutschen Abtönung. Tübingen: Niemeyer

Weydt, Harald (ed.) (1979), *Die Partikeln der deutschen Sprache*. Berlin: de Gruyter

Widdowson, Henry G. (1978), The Significance of Simplification. *Studies in Second Language Acquisition* 1, 11-20

Wilkins, David A. (1976), *Notional Syllabuses*. Oxford: Oxford University Press

Wunderlich, Dieter (1970), Die Rolle der Pragmatik in der Linguistik. *Der Deutschunterricht* 22, 5-41

Wunderlich, Dieter (ed.) (1972 a), *Linguistische Pragmatik*. Frankfurt: Athenäum

Wunderlich, Dieter (1972 b), Sprechakte, in: Maas/Wunderlich (1972), 69-188

Wunderlich, Dieter (1974), *Grundlagen der Linguistik*. Reinbek: Rowohlt

Wunderlich, Dieter (1976), *Studien zur Sprechakttheorie*. Frankfurt: Suhrkamp

Wunderlich, Dieter (1979), Wie analysiert man Gespräche? Beispiel Wegauskünfte. *Linguistische Berichte* 58, 41-76

Zaefferer, Dietmar (1977), Understanding Misunderstanding: A Proposal for an Explanation of Reading Choices. *Journal of Pragmatics* 1, 329-346

Zentrales Fremdspracheninstitut der Ruhr-Universität Bochum (ed.) (1975), *Beiträge und Materialien zur Ausbildung von Fremdsprachenlehrern*. Bochum

Zydatiß, Wolfgang (1972), Aspects of the Language of German Learners of English in the Area of Thematization. M. Litt. Dissertation, University of Edinburgh

Zydatiß, Wolfgang (1973), Fehler in der englischen Satzgliedfolge. *IRAL* 11, 329-355

Zydatiß, Wolfgang (1974 a), A 'Kiss of Life' for the Notion of Error. *IRAL* 12, 231-237

Zydatiß, Wolfgang (1974 b), Some Test Formats for Elicitation Procedures. *IRAL* 12, 281-287

Zydatiß, Wolfgang (1976 a), *Tempus und Aspekt im Englischunterricht*. Kronberg/Ts.: Scriptor

Zydatiß, Wolfgang (1976 b), Over-Compensation, Zero-Occurrence and Idiosyncrasies - Some Limits of Contrastive and Error Analysis in the Description of Interlanguage, in: Nickel (1976), Bd. 2, 359-369

Zydatiß, Wolfgang (1977), Eliciting Foreign Language Learners' Semantic Intuitions, in: Corder/Roulet (1977), 39-50

ANHANG 1

ROLLENBESCHREIBUNGEN ZUR SITUATION $1B_1$

L

Background Information for Situational Role X

You, Susanne Schwarzer, are a 21 year old German student spending a year at London University taking courses in English language and literature. Since you discovered that your grant does not cover you living expenses, you decided to take on a part time job. Last week you answered an ad for a babysitter and after a short interview with the woman who had placed the ad, you got the job. She is Mrs. Lynne Norton, a recently divorced teacher, with a three year old son Stephen whom you have agreed to take care of on Friday evenings beginning tomorrow. You were pleased at the prospect of earning some extra money. Moreover, Mrs Norton struck you as a very agreeable person and her flat is quite convenient to yours.

A problem has arisen, however. This morning, your boyfriend Tony phoned you to say he had managed to get two black market tickets for a concert by the Three Degrees at the Albert Hall. Since you are both great fans of the group, you do not want to miss them. You have told Tony that you will go round this evening and try to get out of your babysitting engagement tomorrow night. It is now 7.30 and you have just rung Mrs Norton's doorbell ...

Background Information for Situational Role Y

You, Lynne Norton, are 31 years old, recently divorced, and have a 3 year old son. You teach Maths and Science at a London comprehensive school. Last week, through an ad, you engaged a German student, Susanne Schwarzer, to babysit for you on Friday evenings. She is coming round to babysit for the first time tomorrow evening when you have to go to your school's first Parent-Teacher Meeting of the term. You have just put your son Stephen to bed when the door-bell rings. You go to the door and find Susanne Schwarzer standing there ...

E

Background Information for Situational Role X

You, Susan Blakely, are a 19 year old economics student at the London Scool of Economics. Last week you answered an ad for a babysitter and after a short interview with the woman who had placed the ad, you got the job. She is Mrs Lynne Norton, a recently divorced teacher, with a three year old son Stephen whom you have agreed to take care of on Friday evenings beginning tomorrow. You were pleased at the prospect of earning some extra money which you can well use. Moreover, Mrs Norton struck you as a very agreeable person and her flat is quite convenient to yours.

A problem has arisen, however. This morning, your boyfriend Tony phoned you to say he had managed to get two black market tickets for a concert by the Three Degrees at the Albert Hall. Since you are both great fans of the group and since it is their only appearance in Britain, you do not want to miss them. You have told Tony that you will go round this evening and try to get out of your babysitting engagement tomorrow night. It is now 7.30 and you have just rung Mrs Norton's doorbell ...

Background Information for Situational Role Y

You, Lynne Norton, are 31 years old, recently divorced, and have a 3 year old son. You teach Maths and Science at a London comprehensive school. Last week, through an ad, you engaged a student, Susan Blakely, to babysit for you on Friday evenings. She is coming round to babysit for the first time tomorrow evening when you have to go to your school's first Parent-Teacher Meeting of the term. You have just put your son Stephen to bed when the door-bell rings. You go to the door and find Susan Blakely standing there ...

D

Hintergrundinformationen für Situationsrolle X

Du, Susanne Schwarzer, bist eine 19jährige Studentin der Wirtschaftswissenschaften an der Ruhr-Universität Bochum. Vor einigen Tagen hast du dich auf eine Kleinanzeige hin gemeldet, in der ein Babysitter gesucht wurde. Nach einem kurzen Gespräch mit Sybille Bergmann, einer vor kurzem geschiedenen Studienrätin, seid ihr übereingekommen, daß du ab morgen jeden Freitagabend auf ihren 3jährigen Sohn Stefan aufpaßt. Dir gefiel die Aussicht auf ein zusätzliches Taschengeld sehr, insbesondere weil Frau Bergmann auf dich einen äußerst angenehmen Eindruck machte und ihre Wohnung in Stiepel nur zehn Minuten von deiner entfernt ist.

Inzwischen hat sich insofern ein Problem ergegen, als dein Freund Toni dich heute angerufen und dir ganz aufgeregt erzählt hat, daß er durch einen glücklichen Umstand noch zwei Karten für das erste deutsche Konzert der "Three Degrees" in der Grugahalle bekommen hat. Er hat die Karten auf dem Schwarzmarkt gekauft und mußte daher viel für sie bezahlen. Du hast ihm gesagt, daß du bei Frau Bergmann vorbeigehen und versuchen wirst, die Verabredung für morgen abend rückgängig zu machen, damit du mit ihm in das Popkonzert gehen kannst. Es ist jetzt 19.30, und du hast gerade an Frau Bergmanns Tür geklingelt.

Hintergrundinformationen für Situationsrolle Y

Du, Sybille Bergmann, bis 31, geschieden, hast einen 3jährigen Sohn, Stefan, und unterrichtest Mathematik und Physik in der Bochumer Gesamtschule. Vor kurzem hast du durch eine Kleinanzeige eine Studentin, Susanne Schwarzer, für freitagabends als Babysitter engagiert. Morgen abend, am ersten Elternabend in diesem Schuljahr, kommt sie zum erstenmal. Du hast gerade Stefan zu Bett gebracht, als es schellt. Es ist Susanne Schwarzer.

ANHANG 2

DIALOGE DER SITUATION $1B_1$

X = Lerner, Y = englischer native speaker (L)

(Door rings, opened by Y)

Y: hello
X: hello Mrs Norton erm I beg your pardon er I wanted to have a short er small talk with you
Y: well come in
X: er thank you very much er you see a problem has arisen now er and I want to ask you a favour erm it's really impossible for me now to erm do the baby-sitting tomorrow night
Y: [oh dear]
X: and I wanted to ask you whether it's possible to find er someone else er helping you
Y: well I was er depending on your coming tomorrow erm I don't think I know anybody else who could come
X: (clears her throat) sure but it is very difficult for me to come tomorrow but er let me see I've got an idea I've got a lot a very lot of friends and er I might ring some of them up er and ask them whether they have er time to help you it's just that I need some time perhaps I could er phone you at about twelve o'clock today or is it too late or [ain] aren't you at home
Y: yes I'll be home at twelve so you could phone me but I'm really going to be stuck if you if you can't find anybody you know because er I have this meeting tomorrow night and I have to go it's the parents at school and so it's impossible for me to (laughs) to er cancel the meeting so I hope you're going to find somebody
X: I hope so too erm but would you also be able to ask some persons or will that [be impossible]
Y: [well I can try] so you'll phone up at twelve o'clock
X: I'll phone up at twelve o'clock and I'll see what I can do and erm then we'll see er what we can do for it is impossible for me to er to do this tomorrow er as well but I think we'll solve this problem
Y: well will you be able to come next Friday

X: erm of course I will er and if I'm not able I'll ring
you up earlier because er this time it's just it has
come up very suddenly I just heard it yesterday that
we that I couldn't do that and normally er I know what
I'm going to do on Friday evenings a lot [bi] a lot
earlier and so I'm nearly sure that next Friday nothing
will happen and
Y: okay mean as long as we can keep to our original arrangement
X: oh yes of course I'm interested I'm interested in the
job as well you know (laughs) I haven't got that much
money and I'm very interested in earning some money and
I can it's just that I would really like to go on doing
that job
Y: okay well I'll hear from you tomorrow then
X: oh no today at about twelve (laughing)
Y: today then

X und Y = englische native speaker (E)

(Door rings, opened by Y)

X: oh hello mrs Norton
Y: oh hello Susan
X: yes erm well Im afraid Ive got afraid Ive got a bit of
a problem
Y: you mean about tomorrow night
X: yees erm you [know I
Y: oh dear]
X: know that you said
Y: yeah
X: er you wanted me tomorrow night
Y: uhuh yeah
X: well I just thought erm (clears throat) I've got some-
thing else on which I just didn't think about when I ar-
ranged it with you you know and er
Y: (sighs) yes

X: I'm just wondering if I could possibly back down on tomorrow

Y: well it's ah you know this this is one of the things that I was hoping I wouldn't find in you erm I've been let down before by babysitters

X: yes I appreciate the you know the problem [I've cause

Y: yes w w] well yes this is what I've been told again several times

X: umm

Y: by them erm its extremely important that I go to this parent [teacher business tomorrow

X: yes I did understand that] yes

Y: er obviously it's part of my job I have to be there er I don't really want to go but I [must go

X: --- (= sympathetic noises)]

Y: and when I have said that I will do something I will stand by it

X: yes

Y: and I think it's a shame that you have said that you will come and you're not going to appear

X: yeah well I I'm very sorry I'm not in the habit of letting people down I can assure you but (inhales) it's just the fact that well you know I'd got this date in my diary you know and I sort of put it I in fact I put it in next week's by mistake and yesterday you know my boyfriend said erm don't forget tomorrow night you know and it's a big pop concert and I said what pop concert and of course it's something that I put in next week's diary as I explained and he said well it's [this week

Y: (clears throat)]

X: not next week and of course

Y: uhm (Exhales)

X: naturally I'm sort of split between torn between the devil and the d_ deep blue sea now you know now I don't know whether to (inhalation) you know I don't like letting you down but at the same time I'm sure he's going to explode and that'll be the finish of a nice cosy

relationship you know with him
Y: well I mean fair enough you know [I mean you do exactly what you want
X: you know I feel terrible] about it but erm you know do you think we could I mean I have got a friend who you know had a word with her sort of I obviously knew you'd be upset about it and erm I had a word with this friend and she said she'd stand in for me if it was allright with you but naturally I er you know I'd like to see what you have [to say about that
Y: well I'd like to] meet her I mean you've er already met my child he seemed quite erm agreeable [to the new situation you seemed
X: yes that's true yes yes]
Y: to get on okay that's [er
X: yes]
Y: is it possible for her to come round
X: erm yes I'm quite sure she'll be able to come round you know later this evening you know if it's convenient for you then
Y: yeah erm
X: I know it's sort of troubling you again but erm you know I I wou_ you know I'd like to sort of resolve the problem for you if we can
Y: yeah well could if you if you if you could bring her round er later on this evening erm could I just ask you do you think this is gonna happen frequent[ly
X: oh no] no no no no I this is purely an oversight on my part it was [just the
Y: yeah]
X: wrong thing I put in my diary and I really I just can't understand how it happened to be quite honest cos I'm usually so methodical about these things
Y: yeah okay well look if you can bring her round okay erm I don't want to have to erm say anything er angry to you but erm as I've said it's happened to me before I I've had other babysitters they don't turn up

X: uhm
Y: and I'm just about you know getting to the point where I think I'm gonna have to er employ someone slightly older
X: oh well well I don't think that will arise I'm quite sure it won't arise [again
Y: yeah]
X: you know and I'll do my very best once I say a thing I'll usually carry it [through
Y: yeah]
X: without an it's just I I just feel terrible about it I really do you know to think I'm letting you down right on this very first instance but er anyway but perhaps we can do that I'll bring my friend round tonight
Y: yeah [okay
X: what time] would you like
Y: oh any time about eight thirty'll be [fine
X: oh] yes allright fine well I'll bring her round tonight
Y: yeah
X: we'll get together and erm you know it should be okay then I'm quite sure we'll come to some agreement then
Y: yes
X: and once again I'm terribly sorry about that
Y: well okay okay [then Susan
X: see you] then then shall we
Y: yes yes that'll [be fine
X: right] cheerio then I'll see [you later
Y: cheerio]
X: bye
Y: bye

(X departs, Y closes door)

X und Y = deutsche native speaker (D)

(es schellt)

Y: oh je wer ist das denn heute abend (öffnet Tür)
X: ja guten Abend Frau Bergmann ich wollte nur noch mal
   vorbeikommen und zwar hat sich folgendes ergeben mein
   Freund hat angerufen und äh wir möchten morgen abend
   auf'n Pop-Konzert gehen das war eigentlich nicht vor-
   gesehen aber er ist doch an die Karten gekommen und wir
   ham uns da jetzt unheimlich drüber gefreut und ging das
   vielleicht daß wir das nochmal für nächs also für morgen
   abend rückgängig machen werden
Y: ach je morgen abend ist genau so äh der Elternabend also Sie wissen ja daß ich an der Bochumer Gesamtschule
   beschäftigt bin als Lehrerin und morgen ist der erste
   Elternabend und ich muß da unbedingt hin und das ist ja
   ne ganz dumme Angelegenheit jetzt - (seufz)
X: ja können wir das da nicht irgendwie anders lösen
   Kennen Sie nicht noch irgendwie jemand der das übernehmen
   könnte
Y: ja das ist im Moment ganz schwierig weil ich ja gar
   nicht weil ich mich jetzt auf Sie verlassen hab und im
   Moment ist das ganz dumm für mich
X: ja
Y: Gott sei Dank daß Sie heute abend schon kommen dann könnt
   ich mir das noch mal überlegen und müßte noch mal
X: sonst rufen Sie mich doch mal morgen an wenn das nicht
   geht dann äh muß ich halt eben kommen oder ich versuch
   jemand zu finden der das für mich machen könnte bei Ihnen
   ich mein das ist natürlich jetzt blöd aber
Y: ja wissen Se denn jemand ne Freundin oder so der jemand
   der jetzt einsteigen kann so für Sie nur einmal sonst würden Sie ja kommen nä
X: ja sonst würd ich kommen aber das hat sich gerade so ergeben und wir freuen uns da jetzt so drauf nä aber ich
   weiß also jemanden und wenn wenn das bei Ihnen nicht
   klappt dann können Sie mich ja mal anrufen dann würde ich

die fragen
Y: ja ja ich müßte mal schauen vielleicht hätte äh ne
Freundin Zeit morgen zu kommen also äh einzuspringen
äh ansonsten ruf ich an wann sind Sie denn morgen da
daß ich Sie anrufen kann
X: ja meine Mutter ist morgen da dann können Sie anrufen
die wird das ich werd ihr das erklären
Y: [ist sie den ganzen Morgen da]
X: ja hmm
Y: ja ist gut aber sonst äh kann ich mich doch auf Sie verlassen denn das ist ja schwierig jetzt äh ich muß jemanden haben der hundertprozentig zuverlässig ist weil ich
abends des öfteren mal weg muß und wenn wir den Zeitpunkt
dann abmachen daß Sie dann auch wirklich kommen nicht
daß ich dann öfter vor solche Situationen gesetzt werde
X: ja ich werd mich drum bemühen wirklich aber das eine Mal
können wir ja noch mal davon absehen ja (haha)
Y: gut dann fragen Sie schon mal nach da Ihre Bekannte und
äh ich frag dann auch noch mal nach ob meine Freundin
kann und wenn nicht dann ruf ich Sie morgen an und dann
geht das auch hunderprozentig klar weil ich ja morgen
abend dort hin muß
X: ja ja machen wir auf jeden Fall klar
Y: ja [gut]
X: [gut]
X: [nett von Ihnen] ja
Y: [wiedersehen dann]
X: wiedersehen

ANHANG 3

FRAGEBOGEN ZUM LERN-/ERWERBSKONTEXT

A SCHULISCHE AKTIVITÄTEN

1. Wieviele Jahre hast Du Englischunterricht gehabt? _____ Jahre
2. Als wievielte Fremdsprache hast Du Englisch gelernt? _____
3. Welche Fremdsprachen hast Du vorher gelernt? _____
4. Welche Fremdsprachen hast Du parallel zum Englischen gelernt? _____
5. Welche(s) Lehrwerk(e) wurde(n) in Deinem Englischunterricht benutzt? _____
6. Wieviel Englisch wurde in Deinem Englischunterricht gesprochen?

   Unterstufe: nur Engl. 1 2 3 4 5 6 7 kaum Englisch
   Mittelstufe: nur Engl. 1 2 3 4 5 6 7 kaum Englisch
   Oberstufe: nur Engl. 1 2 3 4 5 6 7 kaum Englisch

7. In welcher Sprache habt Ihr im Englischunterricht über den Unterricht selbst gesprochen (z.B. Kritik an Lehrer oder Mitschülern geübt, das weitere Vorgehen diskutiert, Klassen- und Hausarbeiten besprochen u.ä.)?

   Unterstufe: nur auf Engl. 1 2 3 4 5 6 7 nur auf Deutsch
   Mittelstufe: nur auf Engl. 1 2 3 4 5 6 7 nur auf Deutsch
   Oberstufe: nur auf Engl. 1 2 3 4 5 6 7 nur auf Deutsch

8. Habt Ihr Unterricht im Sprachlabor gehabt?

   Unterstufe: ☐ nein
               ☐ ja unregelmäßig   ☐ regelmäßig _____ mal wöchentl.
   Mittelstufe: ☐ nein
               ☐ ja unregelmäßig   ☐ regelmäßig _____ mal wöchentl.
   Oberstufe: ☐ nein
               ☐ ja unregelmäßig   ☐ regelmäßig _____ mal wöchentl.

8a. Wenn ja:
Welche Unterrichtsmaterialien wurden im Sprachlabor benutzt?
_____
_____

8b. Wenn ja:
War der Sprachlaborunterricht Deiner Meinung nach effektiv?

      sehr effektiv   1 2 3 4 5 6 7   völlig ineffektiv

9. Welche Aktivitäten habt Ihr im Englischunterricht auf der Oberstufe ausgeübt?

	oft						nie
Lektüre fiktionaler Texte	1	2	3	4	5	6	7
Lektüre non-fiktionaler Texte	1	2	3	4	5	6	7
Übersetzen	1	2	3	4	5	6	7
Grammatikübungen	1	2	3	4	5	6	7
Essay writing	1	2	3	4	5	6	7
freie Diskussion	1	2	3	4	5	6	7
Anhören von Schallplatten, Hörspielen u.ä.	1	2	3	4	5	6	7
Rollenspiele	1	2	3	4	5	6	7
Sonstiges _____	1	2	3	4	5	6	7

9a. Bitte ordne die ausgeübten Aktivitäten nach ihrer Effektivität für die Entwicklung Deiner englischen Sprachkompetenz.

1. _____   6. _____
2. _____   7. _____
3. _____   8. _____
4. _____   9. _____
5. _____   10. _____

10. Wurde Euch im Englischunterricht gezeigt, wie man im Englischen Sprechhandlungen vollzieht wie z.B. jemanden beschuldigen, sich rechtfertigen, Freude oder Enttäuschung äußern etc.?

    ☐ nein

    ☐ ja, und zwar anhand von

        ☐ schriftlichen Texten

        ☐ Tonbandaufnahmen, Filmen

10a. Wie oft habt Ihr Euch mit solchen Sprechhandlungen beschäftigt?

    oft 1 2 3 4 5 6 7 nie

11. Habt Ihr solche Sprechhandlungen selbst aktiv ausgeübt?

    ☐ nein

    ☐ ja, und zwar durch

Nachsprechen vorgegebener Dialoge	1	2	3	4	5	6	7
Simulieren vorgegebener Dialoge im Rollenspiel	1	2	3	4	5	6	7
freies Rollenspiel ohne Vorlage	1	2	3	4	5	6	7
schriftliche Erstellung von Dialogen	1	2	3	4	5	6	7
Sonstiges _____	1	2	3	4	5	6	7

11a. Wie oft habt Ihr insgesamt solche Sprechhandlungen aktiv geübt?

    oft 1 2 3 4 5 6 7 nie

12. Worauf legten Deine Englischlehrer Deiner Meinung nach mehr Wert: daß Ihr fehlerfreies Englisch produziertet (Korrektheit) oder daß Ihr das, was Ihr sagen wolltet, auf Englisch auszudrücken versuchtet (Kommunikationsfähigkeit)?

    ☐ mehr Korrektheit   ☐ mehr Kommunikationsfähigkeit

B. AUSSERSCHULISCHE AKTIVITÄTEN WÄHREND DER SCHULZEIT

1. Hattest Du häufig Kontakt mit englischsprechenden Personen?

    ☐ nie   ☐ manchmal   ☐ oft

1a. Wenn ja: War der Kontakt überwiegend mündlich oder schriftlich?

    ☐ überwiegend mündlich   ☐ überwiegend schriftlich   ☐ 50 : 50

2. Wie oft und wie lange hast Du Dich im englischsprachigen Ausland aufgehalten?

    Großbritannien und Irland ____ mal, insgesamt ____ Wochen/Monate

    USA ____ mal, insgesamt ____ Wochen/Monate

    Sonstige _____ ____ mal, insgesamt ____ Wochen/Monate

3. Hast Du englische Bücher/Zeitschriften gelesen?

    regelmäßig 1 2 3 4 5 6 7 nie

4. Hast Du englischen Rundfunk gehört und/oder englische Filme im Originalton gesehen?

    regelmäßig 1 2 3 4 5 6 7 nie

C. SELBSTEINSCHÄTZUNG DER KOMMUNIKATIVEN KOMPETENZ

1. Wie sicher fühlst Du Dich hinsichtlich Deiner Fähigkeit, im englischsprachigen Ausland zu sagen, was Du sagen möchtest, und zu verstehen, was zu Dir gesagt wird?

    sehr sicher 1 2 3 4 5 6 7 sehr unsicher

2. Hältst Du Deine jetzige Kompetenz im Englischen für ausreichend, um als Englischlehrer auf der Sekundarstufe II zu unterrichten?

    völlig ausreichend 1 2 3 4 5 6 7 absolut unzulänglich

3. Auf welche Weise könntest Du Deiner Meinung nach Deine Kompetenz im Englischen am effektivsten verbessern?

_____

_____

_____

ANHANG 4

TABELLEN ZU MODALITÄTSMARKIERUNGEN IN INITIIERENDEN SPRECHAKTEN (I-XI) UND ZUR DISTRIBUTION DER PRAGMATISCHEN FEHLER AUF DIE KAUSALKATEGORIEN (XII)

Tab. I: Modalitätsmarkierungen in Aufforderungakten (L)

Auffordern L	\multicolumn{16}{c}{Direktheitsstufen}															
	\multicolumn{2}{c}{1}	\multicolumn{2}{c}{2}	\multicolumn{2}{c}{3}	\multicolumn{2}{c}{4}	\multicolumn{2}{c}{5}	\multicolumn{2}{c}{6}	\multicolumn{2}{c}{7}	\multicolumn{2}{c}{8}	\multicolumn{2}{c}{Σ}
	f_x	$\bar{x}$	f_x	$\bar{x}$	f_x	$\bar{x}$	f_x	$\bar{x}$	f_x	$\bar{x}$	f_x	$\bar{x}$	f_x	$\bar{x}$	f_x	$\bar{x}$	f_x	$\bar{x}$

Auffordern L	1 f_x	1 $\bar{x}$	2 f_x	2 $\bar{x}$	3 f_x	3 $\bar{x}$	4 f_x	4 $\bar{x}$	5 f_x	5 $\bar{x}$	6 f_x	6 $\bar{x}$	7 f_x	7 $\bar{x}$	8 f_x	8 $\bar{x}$	Σ f_x	Σ $\bar{x}$
politeness marker					4	0.364									3	0.333	7	0.226
playdown					6	0.546			2	0.5	1	0.5					9	0.29
hedge																		
understater																		
downtoner			1	0.333	1	0.091	1	1.									3	0.097
hesitator	4	4.	5	1.667	3	0.273			4	1.			6	3.			22	0.71
-committer									1	0.25							1	0.032
fore-warn																		
agent avoider																		
scope stater											1	0.5					1	0.032
+consultative																		
cajoler			1	0.333					1	0.25							2	0.065
appealer																		
preparator	2	2.	3	1.	1	0.091							4	2.			10	0.323
grounder			3	1.	3	0.273			3	0.75			2	1.	2	0.222	13	0.419
steer					2	0.182											2	0.065
Σ downgrader	6	6.	13	4.333	20	1.818	1	1.	11	2.75			14	7.	5	0.556	70	2.258
overstater																		
intensifier									1	0.25							1	0.032
lexical intensifier																		
rhetorical appeal																		
+committer																		
aggressive interrogative																		
Σ upgrader									1	0.25							1	0.032
no modality markers					2	0.182			1	0.25			6	0.667	9	0.29		
Σ	6	6.	13	4.333	20	1.818	1	1.	12	3.			14	7.	5	0.556	71	2.29

Tab.: II: Modalitätsmarkierungen in Aufforderungsakten (E)

Auffordern E	Direktheitsstufen									$\leq$
	1 f_x $\bar{x}$ f_y $\bar{y}$	2 f_x $\bar{x}$ f_y $\bar{y}$	3 f_x $\bar{x}$ f_y $\bar{y}$	4 f_x $\bar{x}$ f_y $\bar{y}$	5 f_x $\bar{x}$ f_y $\bar{y}$	6 f_x $\bar{x}$ f_y $\bar{y}$	7 f_x $\bar{x}$ f_y $\bar{y}$	8 f_x $\bar{x}$ f_y $\bar{y}$	f_x $\bar{x}$ f_y $\bar{y}$
politeness marker	1 0.125 - -	2 1. - -	2 0.111 - -					2 0.4 4 0.235	7 0.104 4 0.103
playdown	4 0.5 1 0.5		15 0.833 5 0.5	1 1. 3 0.6	1 0.5 2 2.	1 0.5 1 0.5		- - 1 0.059	22 0.579 13 0.333
hedge	1 0.125 1 0.5		1 0.056 - -			- - 1 0.5			2 0.053 2 0.051
understater			3 0.3	1 0.2					4 0.103
downtoner	1 0.125 2 1.	- - 1 1.	7 0.309 - -	1 1. 2 0.4	- - 2 2.	1 0.5 1 0.5		1 0.2 4 0.235	11 0.29 12 0.308
hesitator	3 1. 1 0.5		7 0.309 6 0.6	- - 3 0.6	1 0.5 2 2.	1 0.5 3 1.5		1 0.2 3 0.529	16 0.474 24 0.615
-committer			1 0.056 1 0.1	- - 2 0.4		- - 1 0.5			1 0.026 4 0.103
fore-warn	4 0.5 - -		2 0.111 - -			- - 1 0.5			6 0.158 1 0.026
agent avoider						- - 2 1.			- - 2 0.051
scope stater			2 0.111 - -		1 0.5 1 1.				3 0.079 1 0.026
+consultative	- - 1 0.5		4 0.222 3 0.3	1 1. 1 0.2					5 0.132 5 0.123
cajoler	2 0.25 - -		3 0.167 1 0.1	1 1. 1 0.2		1 0.5 - -			7 0.134 2 0.051
appealer								4 0.235	4 0.103
preparator	1 0.125 - -		1 0.056 - -						2 0.053
grounder	2 0.25 1 0.125		14 0.778 4 0.4	1 1. 1 0.2	2 1. - -	2 1. - -	- - 1 1.		21 0.553 7 0.18
steer			7 0.389 1 0.1		1 0.5 - -				8 0.211 1 0.026
$\sum$ downgrader	24 3. 7 3.5	2 1. 1 1.	66 3.667 24 2.4	5 5. 14 2.8	6 3. 7 7.	6 3. 10 5.	- - 1 1.	4 0.8 22 1.294	113 2.974 86 2.205
overstater	1 0.125 - -	1 0.5 - -							2 0.053
intensifier	1 0.125 - -	1 0.5 - -						- - 1 0.059	2 0.053 1 0.026
lexical intensifier									
rhetorical appeal						- - 1 0.5			1 0.026
+committer	1 0.125 - -								1 0.026
aggressive interrogative			1 0.056 - -						1 0.026
$\sum$ upgrader	3 0.375 - -	2 1. - -	1 0.056 - -			- - 1 0.5		- - 1 0.059	6 0.153 2 0.051
no modality markers			3 0.167 3 0.3					2 0.4 6 0.353	5 0.132 9 0.231
$\sum$	27 3.375 7 3.5	4 2. 1 1.	67 3.722 24 2.4	5 5. 14 2.8	6 3. 7 7.	6 3. 11 5.5	- - 1 1.	4 0.3 23 1.353	119 3.132 38 2.256

Tab. III: Modalitätsmarkierungen in Aufforderungsakten (D)

Auffordern D	Direktheitsstufen									$\sum$
	1	2	3	4	5	6	7	8	
	f_x $\bar{x}$ f_y $\bar{y}$	f_x $\bar{x}$ f_y $\bar{y}$	f_x $\bar{x}$ f_y $\bar{y}$	f_x $\bar{x}$ f_y $\bar{y}$	f_x $\bar{x}$ f_y $\bar{y}$	f_x $\bar{x}$ f_y $\bar{y}$	f_x $\bar{x}$ f_y $\bar{y}$	f_x $\bar{x}$ f_y $\bar{y}$	f_x $\bar{x}$ f_y $\bar{y}$
politeness marker			1 0.143 3 0.3				1 0.333 - -	5 0.455 - -	1 0.039 9 0.2
playdown			5 0.714 2 0.2	- - 3 1.	- - 2 2.	6 0.75 - -			11 0.432 7 0.156
hedge		1 0.5 2 2.	1 0.143 2 0.2	- - 1 0.333	2 0.667 1 1.		1 1. 1 0.333		5 0.192 7 0.156
understater			3 0.3	1 0.333	1 1.				5 0.111
downtoner	1 0.333 - -	6 3. 1 1.	3 0.429 5 0.5	- - 3 1.	5 1.667 1 1.	3 0.375 7 0.438	- - 2 0.667	1 0.5 7 0.636	19 0.731 26 0.578
hesitator	1 0.333 - -	3 1.5 - -	2 0.286 - -	- - 1 0.333	- - - -	1 0.333 2 0.25 1 0.063	- - 1 0.333	1 0.5 - -	10 0.385 3 0.067
-committer		1 0.5 - -	- - 2 0.2			4 0.5 - -			5 0.192 2 0.044
fore-warn				- - 1 0.333					1 0.022
agent avoider scope stater						5 0.313	1 0.333		6 0.133
+consultative						1 0.063		1 0.091	2 0.044
cajoler	1 0.333 - -			- - 1 0.333		3 0.375 2 0.125		1 0.5 - -	5 0.192 3 0.067
appealer		- - 1 1.				- - 5 0.313		1 0.5 1 0.091	7 0.156
preparator					1 0.333 1 1.	1 0.125			2 0.077 1 0.022
grounder	2 0.667 - -	1 0.5 1 1.	4 0.571 4 0.4	- - 1 0.333	5 1.667 - -	4 0.5 4 0.25		- - 1 0.091	16 0.615 11 0.244
steer					3 1. - -				3 0.115
$\sum$ downgrader	5 1.667 - -	12 6. 5 5.	16 2.286 21 2.1	- - 12 4.	17 5.667 6 6.	23 2.875 25 1.563	1 1. 6 2.	4 2. 15 1.364	78 3. 90 2.
overstater									
intensifier	2 0.667 - -	1 0.5 - -	1 0.143 - -			- - 4 0.25	- - 1 0.333	- - 2 0.182	4 0.154 7 0.156
lexical intensifier						2 0.25 1 0.063			2 0.077 1 0.022
rhetorical appeal	1 0.333 - -						1 0.333		1 0.039 1 0.022
+committer				- - 1 0.333	- - 1 1.	1 0.125 1 0.063	1 1. 1 0.333	- - 1 0.091	2 0.077 5 0.111
aggressive interrogative									
$\sum$ upgrader	3 1. - -	1 0.5 - -	1 0.143 - -	- - 1 0.333	- - 1 1.	3 0.375 6 0.375	1 1. 3 1.	- - 3 0.273	9 0.346 14 0.311
no modality markers			2 0.286 2 0.2			1 0.063			2 0.077 3 0.067
$\sum$	8 2.667 - -	13 6.5 5 5.	17 2.429 21 2.1	- - 13 4.333	17 5.667 7 7.	26 3.25 31 1.938	2 2. 9 3.	4 2. 18 1.636	87 3.345 104 2.311

Tab. IV: Modalitätsmarkierungen in Vorschlagsakten (L)

Vorschlagen L	Direktheitsstufen								Σ
	1	2	3	4	5	6	7	8	
	f_x $\bar{x}$	f_x $\bar{x}$	f_x $\bar{x}$	f_x $\bar{x}$	f_x $\bar{x}$	f_x $\bar{x}$	f_x $\bar{x}$	f_x $\bar{x}$	f_x $\bar{x}$
politeness marker									
playdown			7 1.167	8 0.533		7 0.583		22 0.611	
hedge			1 0.167	2 0.133				3 0.083	
understater									
downtoner				9 0.6		4 0.333		13 0.361	
hesitator	2 2.		2 0.333	12 0.8		9 0.75		25 0.694	
-committer				1 0.067		2 0.167		3 0.083	
fore-warn				1 0.067				1 0.028	
agent avoider									
scope stater									
+consultative									
cajoler									
appealer									
preparator			1 0.167	3 0.2		2 0.167		6 0.167	
grounder			1 0.167	2 0.133	2 1.	2 0.167		7 0.194	
steer						1 0.083		1 0.028	
Σ downgrader	2 2.		12 2.	37 2.467	2 1.	27 2.25	-	80 2.222	
overstater									
intensifier						1 0.083		1 0.028	
lexical intensifier									
rhetorical appeal									
+committer									
aggressive interrogative									
Σ upgrader						1 0.083		1 0.028	
no modality markers				1 0.067		2 0.167		3 0.083	
Σ	2 2.		12 2.	37 2.467	2 1.	28 2.333		81 2.25	

Tab. V: Modalitätsmarkierungen in Vorschlagsakten (E)

Vorschlagen D	Direktheitsstufen								Σ
	1	2	3	4	5	6	7	8	
	f_x $\bar{x}$ f_y $\bar{y}$	f_x $\bar{x}$ f_y $\bar{y}$	f_x $\bar{x}$ f_y $\bar{y}$	f_x $\bar{x}$ f_y $\bar{y}$	f_x $\bar{x}$ f_y $\bar{y}$	f_x $\bar{x}$ f_y $\bar{y}$	f_x $\bar{x}$ f_y $\bar{y}$	f_x $\bar{x}$ f_y $\bar{y}$	f_x $\bar{x}$ f_y $\bar{y}$
politeness marker									
playdown	2 1. - -		6 0.6 - -	4 0.16 7 0.467	1 0.5 1 1.	10 0.263 7 0.292	- - 1 0.167	3 0.158 - -	26 0.268 16 0.276
hedge			6 0.6 - -	1 0.04 1 0.067	- - 1 1.	3 0.079 2 0.083		2 0.105 - -	12 0.124 4 0.069
understater				1 0.04 - -					1 0.01 - -
downtoner		3 1.5 - -	4 0.4 2 0.5	27 1.08 16 1.067	1 0.5 - -	29 0.763 15 0.625	- - 3 0.5	8 0.421 4 0.5	72 0.742 40 0.69
hesitator		1 0.5 - -		2 0.08 3 0.2	1 0.5 - -	1 0.026 3 0.125	1 1. - -	2 0.105 2 0.25	8 0.083 8 0.135
+committer						1 0.026 1 0.042			1 0.01 1 0.017
fore-warn									
agent avoider		1 0.5 - -	1 0.1 - -	3 0.12 3 0.2		- - 1 0.042		- - 1 0.125	5 0.052 5 0.086
scope stater									
+consultative			3 0.3 - -	1 0.04 - -		3 0.079 - -			7 0.072 - -
cajoler				2 0.08 1 0.067		1 0.026 2 0.083			3 0.031 3 0.052
appealer		1 0.5 - -	1 0.1 - -	2 0.08 3 0.2	2 1. - -	2 0.053 - -		2 0.105 2 0.25	10 0.103 5 0.086
preparator							1 1. 3 0.5		1 0.01 3 0.052
grounder		1 0.5 - -		3 0.12 - -		4 0.105 2 0.083		2 0.105 - -	10 0.103 2 0.035
steer									
Σ downgrader		9 4.5 - -	21 2.1 2 0.5	46 1.84 34 2.267	5 2.5 2 2.	54 1.421 33 1.375	2 2. 7 1.167	19 1. 9 1.125	156 1.608 87 1.5
overstater									
intensifier				1 0.04 2 0.133		1 0.026 1 0.042		- - 1 0.125	2 0.021 4 0.069
lexical intensifier rhetorical appeal									
+committer				1 0.04 5 0.333		1 0.026 1 0.042	- - 2 0.333	2 0.105 - -	4 0.041 8 0.138
aggressive interrogative									
Σ upgrader				2 0.08 7 0.467		2 0.053 2 0.083	- - 2 0.333	2 0.105 1 0.125	6 0.062 12 0.207
no modality markers			1 0.1 1 0.25	4 0.16 - -		9 0.237 5 0.208	- - 2 0.333	6 0.316 1 0.125	20 0.206 9 0.155
Σ		9 4.5 - -	21 2.1 2 0.5	48 1.92 41 2.733	5 2.5 2 2.	56 1.474 25 1.458	2 2. 9 1.5	21 1.105 10 1.25	162 1.67 99 1.707

Tab. VI: Modalitätsmarkierungen in Vorschlagsakten (D)

Vorschlagen E	Direktheitsstufen									$\leq$
	1	2	3	4	5	6	7	8	
	f_x $\bar{x}$ f_y $\bar{y}$	f_x $\bar{x}$ f_y $\bar{y}$	f_x $\bar{x}$ f_y $\bar{y}$	f_x $\bar{x}$ f_y $\bar{y}$	f_x $\bar{x}$ f_y $\bar{y}$	f_x $\bar{x}$ f_y $\bar{y}$	f_x $\bar{x}$ f_y $\bar{y}$	f_x $\bar{x}$ f_y $\bar{y}$	f_x $\bar{x}$ f_y $\bar{y}$
politeness marker									
playdown			1 0.333 1 0.125	7 0.7 8 0.8	2 2. - -	5 0.313 2 0.091			15 0.455 11 0.22
hedge			1 0.333 4 0.5	2 0.2 2 0.2		3 0.188 3 0.136			6 0.182 9 0.18
understater			- - 1 0.125	- -		- - 1 0.046			- - 2 0.04
downtoner			- - 2 0.25	4 0.4 5 0.5		2 0.125 4 0.182			6 0.182 11 0.22
hesitator			2 0.667 2 0.25	5 0.5 3 0.3	1 1. - -	4 0.25 5 0.227		- - 2 0.222	12 0.364 12 0.24
-committer				- - 2 0.2		2 0.125 1 0.046			2 0.061 3 0.06
fore-warn									
agent avoider						- - 1 0.046			- - 1 0.02
scope stater						- - 1 0.046			- - 1 0.02
+consultative			2 0.667 4 0.5	2 0.2 3 0.3		2 0.125 4 0.182			6 0.182 11 0.22
cajoler			- - 1 0.125	- - 4 0.4		5 0.227			10 0.2
appealer						3 0.188 2 0.091	...		3 0.091 2 0.04
preparator				1 0.1 - -					1 0.03
grounder			1 0.333 - -	- - 1 0.1	- - 1 1.	2 0.125 1 0.046	1 1. - -		4 0.121 3 0.06
steer									
$\leq$ downgrader			7 2.333 15 1.875	21 2.1 28 2.8	3 3. 1 1.	23 1.438 30 1.364	1 1. - -	- - 2 0.222	55 1.667 76 1.52
overstater									
intensifier				- - 1 0.1					- - 1 0.02
lexical intensifier						1 0.063 - -			1 0.03 - -
rhetorical appeal									
+committer				- - 1 0.1		- - 1 0.046			- - 2 0.04
aggressive interrogative									
$\leq$ upgrader				- - 2 0.2		1 0.063 1 0.046			1 0.03 3 0.06
no moaality markers			2 0.667 2 0.25	- - 1 0.1		4 0.25 7 0.318	1 1. - -	2 1. 7 0.778	9 0.273 17 0.34
$\leq$			7 2.333 15 1.875	21 2.1 30 3.	3 3. 1 1.	24 1.5 31 1.409	1 1. - -	- - 2 0.222	56 1.697 79 1.58

Tab. VII: Modalitätsmarkierungen im Sprechakt *Anbieten/Einladen* (L)

Anbieten/ Einladen L	Direktheitsstufen									Σ
	1		2		3		4		5		6		7		8		
	f_x	$\bar{x}$	f_x	$\bar{x}$	f_x	$\bar{x}$	f_x	$\bar{x}$	f_x	$\bar{x}$	f_x	$\bar{x}$	f_x	$\bar{x}$	f_x	$\bar{x}$	f_x	$\bar{x}$
politeness marker																		
playdown					5	0.556					1	1.					6	0.316
hedge					1	0.111											1	0.053
understater					2	0.222							1	0.5			3	0.158
downtoner					1	0.111	2	0.667									3	0.158
hesitator	2	2.									4	2.					6	0.316
-committer			1	1.							1	0.5					2	0.105
fore-warn																		
agent avoider																		
scope stater																		
+consultative																		
cajoler																		
appealer																		
preparator																		
grounder																		
steer																		
Σ downgrader	2	2.	1	1.	12	1.333	2	0.667			5	2.5	1	1.	1	0.5	24	1.263
overstater																		
intensifier																		
lexical intensifier																		
rhetorical appeal																		
+committer																		
aggressive interrogative																		
Σ upgrader																		
no modality markers					4	0.444	1	0.333					1	0.5	6	0.316
Σ	2	2.	1	1.	12	1.333	2	0.667			5	2.5	1	1.	1	0.5	24	1.263

Tab. VIII: Modalitätsmarkierungen im Sprechakt Anbieten/Einladen (E)

Anbieten/ Einladen E	Direktheitsstufen									Σ
	1	2	3	4	5	6	7	8	
	$f_x\ \bar{x}$ / $f_y\ \bar{y}$	$f_x\ \bar{x}$ / $f_y\ \bar{y}$	$f_x\ \bar{x}$ / $f_y\ \bar{y}$	$f_x\ \bar{x}$ / $f_y\ \bar{y}$	$f_x\ \bar{x}$ / $f_y\ \bar{y}$	$f_x\ \bar{x}$ / $f_y\ \bar{y}$	$f_x\ \bar{x}$ / $f_y\ \bar{y}$	$f^*_x\ \bar{x}$ / $f_y\ \bar{y}$	$f_x\ \bar{x}$ / $f_y\ \bar{y}$
politeness marker									
playdown			2 0.154 / 5 0.5	6 0.546 / 1 0.25	2 0.5 / - -	1 0.125 / - -			11 0.212 / 6 0.24
hedge			3 0.231 / 4 0.4		1 0.25 / 1 0.5	1 0.125 / - -			5 0.096 / 5 0.2
understater			1 0.077 / - -						1 0.019 / - -
downtoner				1 0.091 / - -	- - / 1 0.5			- - / 1 0.25	1 0.019 / 2 0.08
hesitator		2 2. / - -	9 0.692 / 1 0.1	6 0.546 / 3 0.75	7 1.75 / 1 0.5	1 0.125 / 1 0.2		1 0.071 / - -	26 0.5 / 5 0.24
-committer					2 0.5 / - -				2 0.039 / - -
fore-warn									
agent avoider									
scope stater					1 0.25 / - -				1 0.019 / - -
+consultative			7 0.539 / 6 0.6	3 0.273 / 1 0.25	2 0.5 / - -	- - / 1 0.2		2 0.143 / 1 0.25	14 0.269 / 9 0.36
cajoler		1 1. / - -	1 0.077 / - -	2 0.182 / - -	5 1.25 / 2 1.	1 0.125 / 1 0.2		1 0.071 / 4 1.	11 0.212 / 7 0.28
appealer									
preparator									
grounder		1 1. / - -	1 0.077 / - -	2 0.182 / - -	3 0.75 / - -	- - / 1 0.2		3 0.214 / 1 0.25	10 0.192 / 2 0.08
steer			3 0.231 / - -						3 0.058 / - -
Σ downgrader		4 4. / - -	27 2.08 / 16 1.6	20 1.818 / 5 1.25	23 5.75 / 5 2.5	4 0.5 / 4 0.8		7 0.5 / 7 1.75	85 1.635 / 37 1.48
overstater				1 0.091 / - -				1 0.071 / - -	2 0.039 / - -
intensifier				1 0.091 / 1 0.25	- - / 1 0.5	1 0.125 / - -		2 0.143 / 1 0.25	4 0.077 / 3 0.12
lexical intensifier									
rhetorical appeal									
+committer				2 0.182 / - -		1 0.125 / - -		- - / 1 0.25	3 0.058 / 1 0.04
aggressive interrogative									
Σ upgrader				4 0.364 / 1 0.25	- - / 1 0.5	2 0.25 / - -		3 0.214 / 2 0.5	9 0.173 / 4 0.16
no modality markers				5 0.385 / 5 0.5	3 0.273 / 1 0.25	1 0.25 / - -	3 0.375 / 2 0.4	1 1. / - -	11 0.786 / 2 0.5	24 0.462 / 10 0.4
Σ		4 4. / - -	27 2.08 / 16 1.6	24 2.182 / 6 1.5	23 5.75 / 6 3.	6 0.75 / 4 0.8		10 0.714 / 9 2.25	94 1.808 / 41 1.64

Tab. IX: Modalitätsmarkierungen in Beschwerdeakten (L)

Beschweren L	Direktheitsstufen																	∑	
	1		2		3		4		5		6		7		8			
	f_x	$\bar{x}$	f_x	$\bar{x}$	f_x	$\bar{x}$	f_x	$\bar{x}$	f_x	$\bar{x}$	f_x	$\bar{x}$	f_x	$\bar{x}$	f_x	$\bar{x}$	f_x	$\bar{x}$
politeness marker																		
playdown									1	0.25							1	0.036
hedge									1	0.25							1	0.036
understater																		
downtoner									2	0.5	1	0.067					3	0.107
hesitator			1	0.333	2	0.667	3	0.75	8	0.533	3	1.					17	0.607
-committer			1	0.333			1	0.25	3	0.2							5	0.179
fore-warn																		
agent avoider			1	0.333					2	0.133							3	0.107
scope stater																		
+consultative																		
cajoler									1	0.067							1	0.036
appealer																		
preparator																		
grounder									2	0.133							2	0.071
steer									2	0.133							2	0.071
∑ downgrader	3	1.	2	0.667	8	2.			19	1.267	3	1.					35	1.25
overstater																		
intensifier					1	0.333			3	0.2							4	0.143
lexical intensifier					1	0.333											1	0.036
rhetorical appeal																		
+committer																		
aggressive interrogative			2	0.667	1	0.333	1	0.25	4	0.267	2	0.667					10	0.357
∑ upgrader			2	0.667	3	1.	1	0.25	7	0.467	2	0.667					15	0.536
no modality markers							1	0.25	2	0.133	1	0.333					4	0.143
∑			5	1.667	5	1.667	9	2.25	26	1.733	5	1.667					50	1.786

Tab. X: Modalitätsmarkierungen in Beschwerdeakten (E)

Beschweren E politeness marker	Direktheitsstufen								≤
	1 $\frac{f_x \bar{x}}{f_y \bar{y}}$	2 $\frac{f_x \bar{x}}{f_y \bar{y}}$	3 $\frac{f_x \bar{x}}{f_y \bar{y}}$	4 $\frac{f_x \bar{x}}{f_y \bar{y}}$	5 $\frac{f_x \bar{x}}{f_y \bar{y}}$	6 $\frac{f_x \bar{x}}{f_y \bar{y}}$	7 $\frac{f_x \bar{x}}{f_y \bar{y}}$	8 $\frac{f_x \bar{x}}{f_y \bar{y}}$	$\frac{f_x \bar{x}}{f_y \bar{y}}$
playdown	- - / - -	- - / 1 0.25	1 0.333 / 2 0.182	6 0.546 / - -	1 0.111 / 2 0.4	- - / 2 0.143	- - / - -	8 0.229 / 7 0.159
hedge			- - / 2 0.5	- - / 1 0.091	1 0.111 / - -	- - / 3 0.214		1 0.029 / 6 0.136
understater	- - / 1 0.2		- - / 1 0.091					- - / 2 0.046
downtoner			- - / 3 0.75	- - / 1 0.091	- - / 1 0.2		5 0.357	10 0.227
hesitator	3 0.429 / 4 0.8		2 0.667 / 11 1.	2 0.182 / 6 1.2	2 0.222 / 4 0.8	- - / 6 0.429		9 0.257 / 31 0.705
-committer				3 0.273 / - -	1 0.111 / - -	- - / 1 0.071		4 0.114 / 1 0.023
fore-warn	- - / 1 0.2	- - / 1 0.25	- - / 3 0.273		1 0.111 / 1 0.2			1 0.029 / 6 0.136
agent avoider					1 0.2			
scope stater			- - / 2 0.5	- - / 1 0.091	1 0.111 / 1 0.2	1 0.25 / 4 0.286	1 0.071	2 0.046 / 2 0.357 / 8 0.182
+consultative								
cajoler	3 0.429 / 1 0.2	1 1. / - -	2 0.667 / 6 0.727	2 0.182 / 5 1.	2 0.222 / 3 0.6	- - / 1 0.071		10 0.286 / 15 0.409
appealer		- - / 1 0.25	2 0.182		1 0.111 / 1 0.2	2 0.143		1 0.029 / 6 0.136
preparator	- - / 1 0.2				1 0.111 / - -			1 0.029 / 1 0.023
grounder	2 0.286 / 2 0.4		- - / 3 0.273	1 0.091 / 1 0.2	1 0.111 / 1 0.2	1 0.071		4 0.114 / 8 0.182
steer	- - / 2 0.4				3 0.6	1 0.071		6 0.136
≤ downgrader	8 1.143 / 12 2.4	1 1. / - -	5 1.667 / 33 3.	14 1.273 / 13 2.6	12 1.333 / 16 3.2	1 0.25 / 27 1.929		41 1.171 / 101 2.3
overstater					1 0.111 / 3 0.6	- - / 2 0.143		1 0.029 / 5 0.114
intensifier			- - / 1 0.25	- - / 2 0.182	1 0.091 / - -	- - / 2 0.4		1 0.029 / 5 0.114
lexical intensifier				1 0.091		1 0.2		2 0.046
rhetorical appeal				1 0.333 / - -	4 0.364 / - -		1 0.071	5 0.143 / 1 0.023
+committer	3 0.429 / - -			1 0.333 / 5 0.455	1 0.091 / - -		1 0.071	5 0.143 / 6 0.136
aggressive interrogative						2 0.143		- -
≤ upgrader	3 0.429 / - -	- - / 1 0.25	2 0.667 / 8 0.727	6 0.546 / - -	1 0.111 / 6 1.2	6 0.429		2 0.046 / 12 0.343 / 21 0.477
no modality markers	2 0.286 / 1 0.2		- - / 2 0.182	1 0.091 / 2 0.4	- - / 1 0.2	3 0.75 / 5 0.357		7 0.2 / 11 0.25
≤	11 1.571 / 12 2.4	1 1. / 1 0.25	7 2.333 / 41 3.727	20 1.818 / 13 2.6	13 1.444 / 22 4.4	1 0.25 / 33 2.357		53 1.514 / 122 2.773

Tab. XI: Modalitätsmarkierungen in Beschwerdeakten (D)

Beschweren D	Direktheitsstufen									Σ
	1	2	3	4	5	6	7	8	
	f_x $\bar{x}$ / f_y $\bar{y}$	f_x $\bar{x}$ / f_y $\bar{y}$	f_x $\bar{x}$ / f_y $\bar{y}$	f_x $\bar{x}$ / f_y $\bar{y}$	f_x $\bar{x}$ / f_y $\bar{y}$	f_x $\bar{x}$ / f_y $\bar{y}$	f_x $\bar{x}$ / f_y $\bar{y}$	f_x $\bar{x}$ / f_y $\bar{y}$	f_x $\bar{x}$ / f_y $\bar{y}$
politeness marker									
playdown				1 0.167 / - -		3 0.177 / 5 0.25			4 0.071 / 5 0.079
hedge		- - / 4 1.	- - / 3 0.158	- - / 1 0.125	- - / - -	- - / 8 0.4	1 0.143 / - -		1 0.018 / 16 0.254
understater		- - / 1 0.25	- - / 1 0.053	- - / 1 0.125		2 0.118 / - -	3 0.429 / - -		5 0.089 / 3 0.048
downtoner	1 0.2 / 2 1.	1 0.5 / - -	2 0.333 / 5 0.263	1 0.167 / 8 1.	2 0.167 / 6 1.333	12 0.706 / 25 1.25	3 0.429 / 3 0.75	1 1. / - -	23 0.411 / 51 0.81
hesitator				2 0.333 / - -	3 0.25 / 3 0.5	5 0.294 / 2 0.1	2 0.286 / - -		12 0.214 / 5 0.08
-committer			1 0.167 / 2 0.105		4 0.333 / 1 0.167	- - / 4 0.2			5 0.089 / 7 0.111
fore-warn			- - / 1 0.053		1 0.083 / - -	2 0.118 / 1 0.05			3 0.054 / 2 0.032
agent avoider				- - / 1 0.125	- - / 1 0.167	3 0.177 / 9 0.45	1 0.143 / - -		4 0.071 / 11 0.175
scope stater				- - / 1 0.125		3 0.177 / - -	4 0.571 / 1 0.25		7 0.125 / 2 0.032
+consultative						1 0.05 / - -			1 0.016 / - -
cajoler			- - / 8 0.421	1 0.167 / - -	1 0.083 / 3 0.5	7 0.412 / 5 0.25	3 0.429 / - -		12 0.214 / 16 0.254
appealer					- - / 3 0.5	4 0.235 / 2 0.1	1 0.143 / - -		5 0.089 / 5 0.079
preparator									
grounder		- - / 1 0.5	- - / 3 0.158			- - / 3 0.15	- - / 1 0.25		8 0.127 / - -
steer			- - / 2 0.105						2 0.032 / - -
Σ downgrader	1 0.2 / 3 1.5	1 0.5 / 5 1.25	3 0.5 / 25 1.316	5 0.833 / 12 1.5	11 0.917 / 19 3.167	41 2.412 / 65 3.25	10 2.571 / 5 1.25	1 1. / - -	81 1.446 / 134 2.127
overstater			- - / 2 0.105			1 0.059 / 1 0.05	- - / 1 0.25		1 0.018 / 4 0.064
intensifier		- - / 1 0.5	1 0.5 / - -	3 0.5 / 7 0.368	2 0.333 / 3 0.375	- - / 3 0.5	7 0.412 / 4 0.2	5 0.714 / 2 0.5	18 0.321 / 20 0.318
lexical intensifier			1 0.167 / 1 0.053		- - / 2 0.333	- - / 2 0.1	- - / 1 0.25		1 0.018 / 6 0.095
rhetorical appeal	4 2.		- - / 3 0.158	1 0.167 / 3 0.375		1 0.059 / - -			2 0.357 / 10 0.159
+committer	3 0.6 / 1 0.5		- - / 7 0.368		1 0.083 / 3 0.5	7 0.412 / 6 0.3	2 0.286 / 2 0.5		13 0.232 / 19 0.302
aggressive interrogative			2 0.333 / 1 0.053	1 0.167 / - -	2 0.167 / 2 0.333	1 0.059 / 4 0.2			6 0.107 / 7 0.111
Σ upgrader	3 0.6 / 6 3.	1 0.5 / - -	6 1. / 21 1.105	4 0.667 / 6 0.75	3 0.25 / 10 1.667	17 1. / 17 0.85	7 1. / 6 1.5		41 0.732 / 66 1.048
no modality markers	2 0.4 / - -	- - / 1 0.25		1 0.167 / 1 0.125	3 0.25 / 1 0.167	1 0.059 / - -			7 0.125 / 3 0.048
Σ	4 0.8 / 9 4.5	2 1. / 5 1.25	9 1.5 / 46 2.421	9 1.5 / 18 2.25	14 1.167 / 29 4.833	56 3.412 / 82 4.1	25 3.571 / 11 2.75	1 1. / - -	122 2.179 / 200 3.175

Tab. XII: Distribution der pragmatischen Fehler auf die Kausalkategorien

Kausal- kategorien \ pragmatische Kategorien	Initiierende Akte ∑	%	Auffordern ∑	%	Vorschlagen ∑	%	Anbieten/ Einladen ∑	%	Beschweren ∑	%	Respondierende Akte ∑	%	Annehmen ∑	%
Grundsprachlicher Transfer	23	50	5	38	7	44	4	44	7	88	8	12	4	24
pragmatischer Transfer	4	9	1	8	2	13			1	13				
Transfer von Redemitteln	5	11			1	6	2	22	2	25	5	8	3	18
Transfer mit Reduktion	14	30	4	31	4	25	2	22	4	50	3	5	1	6
Generalisierung	23	50	8	62	9	56	5	56	1	13	34	52	9	53
pragmatische Generalisierung	7	15	4	31	2	13	1	11			19	29	7	41
Generalisierung von Redemitteln	16	35	4	31	7	44	4	44	1	13	15	23	2	12
Funktionale Reduktion											8	12		
Inferenzieren											7	11	2	12
pragmatisches Inferenzieren											3	5		
Inferenzieren von Redemitteln											4	6	2	12
Diskursinduktion											8	12	2	12
Fremdsprachenunterrichtsindukt.	2	4					2	22			1	2	1	6
Total ∑	46		13		16		9		8		65		17	

pragmatische Kategorien / Kausalkategorien	Versprechen Σ	%	Einwenden Σ	%	Ablehnen Σ	%	Abbitte leisten Σ	%	Bedanken Σ	%	Gambits Σ	%	Starter Σ	%
Grundsprachlicher Transfer	4	27									16	33	6	43
pragmatischer Transfer														
Transfer von Redemitteln	2	14									16	33	6	43
Transfer mit Reduktion	2	14												
Generalisierung	9	60	2	33	6	60	2	29	6	60	32	67	8	57
pragmatische Generalisierung	6	40	1	17	1	10	2	29	2	20	6	13	3	21
Generalisierung von Redemitteln	3	20	1	17	5	50			4	40	26	54	5	36
Funktionale Reduktion							5	71	3	30				
Inferenzieren	2	14			2	20			1	10				
pragmatisches Inferenzieren	2	14							1	10				
Inferenzieren von Redemitteln					2	20								
Diskursinduktion			4	67	2	20								
Fremdsprachenunterrichtsindukt.														
Total Σ	15		6		10		7		10		48		14	

pragmatische Kategorien Kausalkategorien	Receipt ∑	%	Exclaim ∑	%	Check ∑	%	Agree ∑	%	Go-on ∑	%	Cajoler ∑	%	Underscorer ∑	%
Grundsprachlicher Transfer	3	21			1	33								
pragmatischer Transfer														
Transfer von Redemitteln	3	21			1	33								
Transfer mit Reduktion														
Generalisierung	11	79	1	100	2	67	5	100	1	100	3	100	1	100
pragmatische Generalisierung	3	21												
Generalisierung von Redemitteln	8	57	1	100	2	67	5	100	1	100	3	100	1	100
Funktionale Reduktion														
Inferenzieren														
pragmatisches Inferenzieren														
Inferenzieren von Redemitteln														
Diskursinduktion														
Fremdsprachenunterrichtsinduk.														
Total ∑	14		1		3		5		1		3		1	

Kausal- kategorien \ pragmatische Kategorien	Appealer ∑	%	Eröffnungs- phasen ∑	%	Eröffnungs- signal ∑	%	Territoriums- invasionssig- nal ∑	%	Themenein- führung ∑	%	Bereitschafts- signal ∑	%	Identifi- zierung ∑	%
Grundsprachli- cher Transfer	6	100	8	29	1	50			5	63				
pragmatischer Transfer														
Transfer von Redemitteln	6	100	2	7	1	50								
Transfer mit Reduktion			6	21					5	63				
Generalisie- rung			20	71	1	50	4	100	3	46	1	100	4	100
pragmatische Generalisierung			1	4										
Generalisierung von Redemitteln			19	68	1	50	4	100	3	46	1	100	4	100
Funktionale Re- duktion														
Inferenzieren														
pragmatisches Inferenzieren														
Inferenzieren von Redemitteln														
Diskursinduk- tion														
Fremdsprachenun- terrichtsinduk.			3	11										
Total ∑	6		28		2		4		8		1		4	

pragmatische Kategorien / Kausalkategorien	Pathische Erkundigung		Pathische Replik		Anteilnahmesignal		Beendigungsphasen		Schlußeinleitungssignal		Schlußzustimmungssignal		Legitimierung	
	Σ	%	Σ	%	Σ	%	Σ	%	Σ	%	Σ	%	Σ	%
Grundsprachlicher Transfer	1	33	1	33			1	8						
pragmatischer Transfer														
Transfer von Redemitteln			1	33			1	8						
Transfer mit Reduktion	1	33												
Generalisierung	2	67	2	67	3	100	11	92	1	100	1	100	2	100
pragmatische Generalisierung			1	33			11	92	1	100	1	100	2	100
Generalisierung von Redemitteln	2	67	1	33	3	100								
Funktionale Reduktion														
Inferenzieren														
pragmatisches Inferenzieren														
Inferenzieren von Redemitteln														
Diskursinduktion														
Fremdsprachenunterrichtsinduk.			1	33										
Total Σ	3		3		3		12		1		1		2	

pragmatische Kategorien Kausalkategorien	Ergebnisfeststellung		Dank		Terminalsignal									
	∑	%	∑	%	∑	%								
Grundsprachlicher Transfer			1	25										
pragmatischer Transfer														
Transfer von Redemitteln			1	25										
Transfer mit Reduktion														
Generalisierung	2	100	3	75	2	100								
pragmatische Generalisierung														
Generalisierung von Redemitteln	2	100	3	75	2	100								
Funktionale Reduktion														
Inferenzieren														
pragmatisches Inferenzieren														
Inferenzieren von Redemitteln														
Diskursinduktion														
Fremdsprachenunterrichtsinduk.														
Total ∑	2		7		2									